TRÊS IRMÃS

JUNG CHANG

Três irmãs

As mulheres que definiram a China moderna

Tradução
Odorico Leal

Companhia Das Letras

Grafia atualizada segundo o Acordo Ortográfico da Língua Portuguesa de 1990, que entrou em vigor no Brasil em 2009.

Título original
Big Sister, Little Sister, Red Sister: Three Women at the Heart of Twentieth-Century China

Capa
Claudia Espínola de Carvalho

Foto de capa
Colorização de foto das irmãs Soong, cortesia de Archives and Special Collections/ Willet Memorial Library/ Wesleyan College.
Ilustração reproduzida de Examples of Chinese Ornament, de Owen Jones. Londres: S. & T. Gilbert, 1867.

Preparação
Julia Passos

Índice remissivo
Luciano Marchiori

Revisão
Carmen T. S. Costa
Valquíria Della Pozza

Dados Internacionais de Catalogação na Publicação (CIP)
(Câmara Brasileira do Livro, SP, Brasil)

Chang, Jung
Três irmãs : As mulheres que definiram a China moderna / Jung Chang ; tradução Odorico Leal. — 1ª ed. — São Paulo : Companhia das Letras, 2021.

Título original : Big Sister, Little Sister, Red Sister : Three Women at the Heart of Twentieth-Century China.
Bibliografia.
ISBN 978-85-359-3331-4

1. Chiang, May-ling Soong, 1897-2003 2. China - História - Século 20 3. China - Política e governo - Século 20 4. Comunismo 5. Ideologia 6. Mulheres - História 7. Pós-comunismo 8. Song, Qinling, 1893-1981 9. Soong, Ai-ling, 1890-1973 I. Título.

20-33494 CDD-951-040922

Índice para catálogo sistemático:
1. China : Mulheres : História 951.040922

Cibele Maria Dias - Bibliotecária - CRB-8/9427

[2021]

EDITORA SCHWARCZ S.A.
Rua Bandeira Paulista, 702, cj. 32
04532-002 — São Paulo — SP
Telefone: (11) 3707-3500
www.companhiadasletras.com.br
www.blogdacompanhia.com.br
facebook.com/companhiadasletras
instagram.com/companhiadasletras
twitter.com/cialetras

Para minha mãe

Sumário

Lista de ilustrações

PRIMEIRO CADERNO DE IMAGENS

SEGUNDO CADERNO DE IMAGENS

TERCEIRO CADERNO DE IMAGENS

QUARTO CADERNO DE IMAGENS

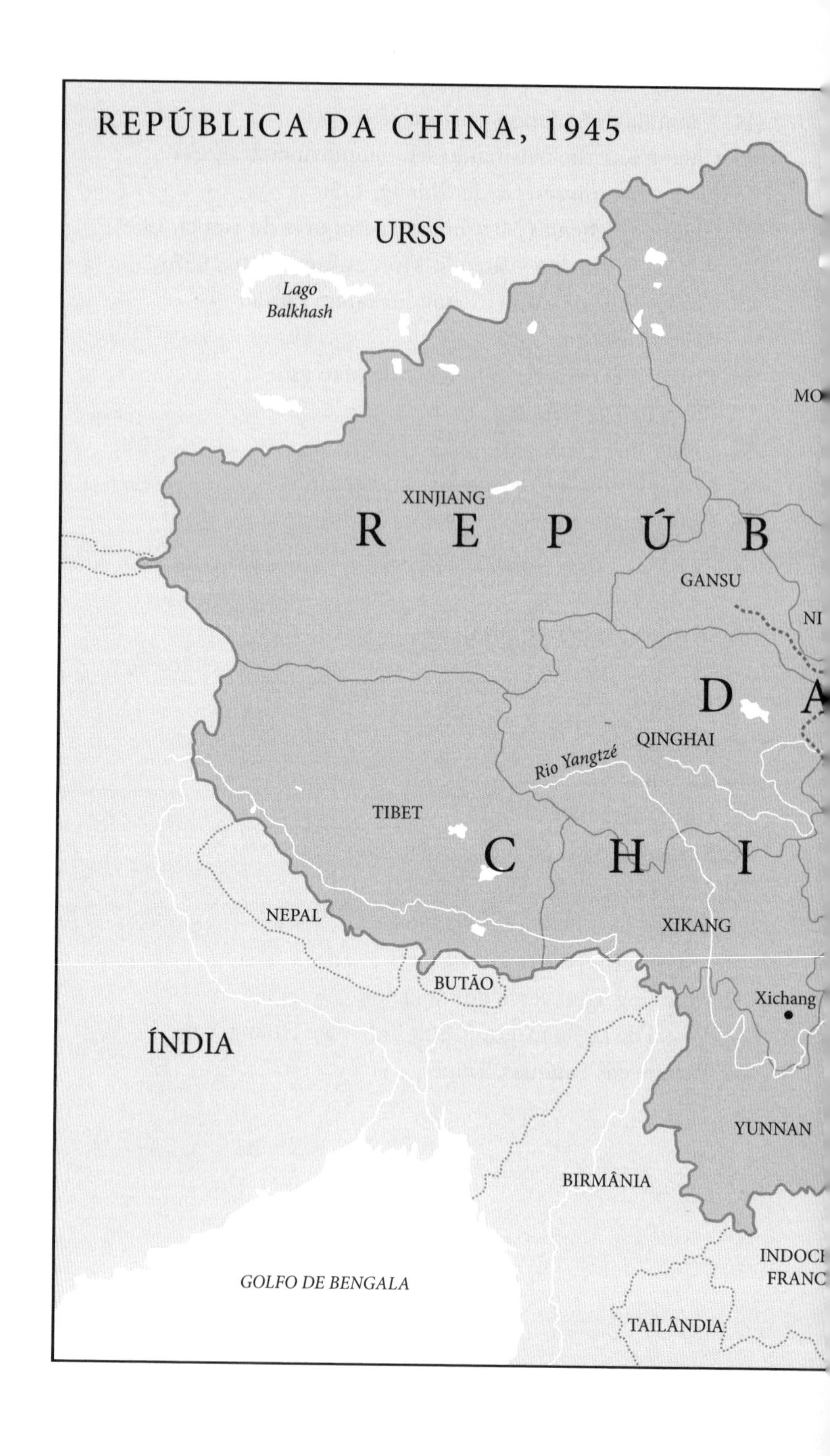
REPÚBLICA DA CHINA, 1945
URSS
Lago Balkhash
XINJIANG
R E P Ú B
GANSU
D A
QINGHAI
Rio Yangtzé
TIBET
C H I
NEPAL
XIKANG
BUTÃO
Xichang
ÍNDIA
YUNNAN
BIRMÂNIA
GOLFO DE BENGALA
TAILÂNDIA

URSS
Lago Baikal
Rio Amur
Rio Ussuri
XING'AN
HEILONGJIANG
HEJIANG
MANCHÚRIA
NENJIANG
SONGJIANG
LIAOBEI
JILIN
CHAHAR
C
A
REHE
ANDONG
LIAONING
SUIYUAN
MAR DO JAPÃO
Beijing
Tianjin
HEBEI
A Grande Muralha da China
JAPÃO
COREIA
SHANXI
Jinan
SHANDONG
Yenan
Shangdang
Rio Amarelo
Qingdao
MAR AMARELO
Grande Canal
Xian
Luoyang
SHAANXI
HENAN
A
JIANGSU
ANHUI
Nanjing
Rio Yangtzé
Shanghai
HUBEI
Wuhan
Hangzhou
Xikou
ZHEJIANG
Nanchang
MAR DA CHINA ORIENTAL
HUNAN
JIANGXI
Ilhas Ryūkyū
FUJIAN
Taipei
Amoy
Cihu
OCEANO PACÍFICO
Quemoy
GUANGXI
GUANGDONG
TAIWAN
Canton (Guangzhou)
Cuiheng
Hong Kong
Macau
ILHA HAINAN
MAR DA CHINA MERIDIONAL
0 100 200 300 400 500 mi
0 200 400 600 800 km

Introdução

O mais conhecido "conto de fadas" chinês moderno é a história de três irmãs, nascidas nos últimos anos do século XIX, em Shanghai. Vinham de uma família rica e proeminente — os Soong —, parte da elite da cidade. Os pais eram cristãos devotos: a mãe integrava o clã cristão mais ilustre da China (o de Xu, que dá nome a um distrito de Shanghai), e o pai fora o primeiro chinês convertido pelos metodistas no Sul dos Estados Unidos, ainda adolescente. As três filhas — Ei-ling ("Doce Idade", nascida em 1889), Ching-ling ("Idade Gloriosa", nascida em 1893) e May-ling ("Bela Idade", nascida em 1898) — foram enviadas ainda crianças para estudar nos Estados Unidos, algo extremamente raro na época. Voltaram anos depois, dominando mais o inglês do que o chinês. Pequenas e de queixo anguloso, não eram beldades pelos padrões convencionais: o rosto não tinha a forma de sementes de melão, os olhos não se assemelhavam a amêndoas, e as sobrancelhas não arqueavam como os brotos do salgueiro. Mas tinham a pele muito bonita, traços delicados e a postura graciosa, conjunto que se realçava pelo requinte das roupas. As três irmãs tinham visto o mundo, eram inteligentes, autoconfiantes e independentes. Em uma palavra, tinham "classe".

Contudo, o que fez delas, em última análise, "princesas" modernas da China foram seus casamentos extraordinários. Quem se apaixonou por Ei-ling e, depois, por Ching-ling foi Sun Yat-sen, pioneiro da revolução republicana que depôs a monarquia, em 1911. Conhecido como "Pai da República Chinesa", Sun é reverenciado em todo o mundo sinofalante. Ching-ling se casou com ele.

Sun morreu em 1925; seu sucessor, Chiang Kai-shek, cortejou May-ling, a Irmã Mais Nova, e se casou com ela. Chiang formou um governo nacionalista em 1928 e comandou a China até que os comunistas o obrigassem a partir para Taiwan, em 1949. A Irmã Mais Nova foi primeira-dama do país por 22 anos — tempo que o marido esteve no poder. Durante a Segunda Guerra Mundial, enquanto Chiang liderava a resistência contra a invasão japonesa, May-ling se tornou uma das mulheres mais famosas de sua época.

Já Ei-ling, a Irmã Mais Velha, casou-se com H. H. Kung, que, graças às conexões da esposa, ocupou os postos de primeiro-ministro e de ministro das Finanças por muitos anos. O que, por sua vez, ajudou Ei-ling a se tornar uma das mulheres mais ricas da China.

A família Soong, que também tinha três filhos, constituía o círculo íntimo do regime de Chiang Kai-shek — exceto Ching-ling, a viúva de Sun Yat-sen, que se aliou aos comunistas. Era referida, por vezes, como a Irmã Vermelha, o que a posicionava em um campo político antagônico, separada das irmãs. Durante a guerra civil que se seguiu ao fim da Segunda Guerra Mundial, a Irmã Vermelha fez o que pôde para ajudar os comunistas a derrotarem Chiang, muito embora isso implicasse a ruína de sua própria família. Depois do colapso do regime de Chiang e da fundação da China comunista governada por Mao Tsé-tung, em 1949, a Irmã Vermelha tornou-se vice-presidente.

Naturalmente, as irmãs eram excepcionais para além dos casamentos influentes. No mundo sinófono, as pessoas nunca se cansavam de falar delas, inclusive de suas vidas íntimas. Lembro-me de duas histórias em particular, que remontam à minha juventude na China de Mao, entre as décadas de 1950 e 1970, quando o país se encontrava sob rígido controle totalitário, absolutamente isolado do mundo exterior. Uma das histórias contava que madame Chiang — a Irmã Mais Nova — banhava-se em leite todos os dias a fim de manter a pele luminosa. Naqueles tempos, o leite, produto nutritivo e desejado, era escasso e fora do alcance das famílias comuns. Usá-lo para o banho era considerado uma indulgência escandalosa. Certo dia, um dos meus professores tentou reparar essa conhecida lenda e sussurrou a seus pupilos:

"Por favor, vocês realmente acham que seria prazeroso tomar banho com leite?". O professor logo entrou para as fileiras dos "direitistas" condenados.

A outra história que me marcou muito dizia que Ching-ling, vice-presidente da puritana China Vermelha, vivia com seu principal guarda-costas, que tinha menos da metade de sua idade. Contava-se que os dois haviam desenvolvido uma relação física por ele sempre colocá-la e retirá-la da cama, quando Ching-ling estava idosa e presa a uma cadeira de rodas. Especulava-se infinitamente sobre se os dois teriam ou não se casado, e se discutia se a relação era aceitável. O boato era que o Partido fazia vista grossa por Ching-ling ser viúva havia muito tempo e precisar de um homem. Ao mesmo tempo, o Partido permitia que mantivesse o prestigioso nome de Madame Sun. Lembro-me particularmente bem dessa história, pois era raríssimo ouvir qualquer fofoca sobre a vida sexual de um dos líderes do país. Ninguém se atreveria a abrir a boca sobre qualquer outro oficial do alto escalão.

Depois que Mao morreu, em 1976, a China se abriu, eu me estabeleci na Inglaterra e aprendi muito mais sobre as irmãs. Cheguei a ser contratada para escrever um pequeno livro sobre a Irmã Vermelha, Ching-ling. No entanto, mesmo tendo levantado material e escrito 30 mil palavras, eu, curiosamente, não me sentia envolvida com o tema. Nem mesmo tentei ir a fundo no escândalo envolvendo o guarda-costas.

Em 1991, *Cisnes selvagens: Três filhas da China*, o livro sobre a vida da minha avó, da minha mãe e a minha foi publicado. Depois disso, escrevi uma biografia de Mao, em parceria com meu marido, Jon Halliday. Mao e sua sombra haviam dominado os primeiros 26 anos da minha vida, e eu estava ansiosa para descobrir mais sobre ele. Depois, a imperatriz-viúva Cixi, a última grande monarca da China (jamais coroada, pois mulheres não podiam ser monarcas), despertou minha atenção. Elevando-se de concubina subalterna a chefe de Estado, Cixi governou o império durante décadas e conduziu um país medieval ao mundo moderno. Ambos os temas me fascinavam e consumiram vinte anos da minha vida. O personagem seguinte era uma escolha difícil. Surgiu a ideia das irmãs Soong, que descartei. Depois de *Cisnes selvagens*, eu passei a escrever sobre estadistas e figuras que revolucionaram a história, o que não era o caso das irmãs.

O que se apreendia das informações disponíveis é que elas, como indivíduos, permaneciam figuras de contos de fadas, evocadas por uma descrição bastante repisada: "Na China, havia três irmãs. Uma delas amava o dinheiro, a outra amava o poder, e a última amava seu país". Não parecia haver nenhum conflito mental, dilemas morais ou decisões agonizantes — todas as coisas que tornam os seres humanos reais e interessantes.

Em vez disso, pensei em escrever sobre Sun Yat-sen, o Pai da China republicana. Tendo vivido de 1866 a 1925 e alcançado proeminência no período entre Cixi e Mao, Sun também era estadista e, de certa forma, constituía uma "ponte" entre os dois. Sob Cixi, a China começara a jornada em direção à democracia parlamentarista e esperava alcançar mais liberdade e abertura. No entanto, quatro décadas depois da morte da imperatriz-viúva (1908), Mao tomou o poder, isolou o país e o mergulhou numa tirania totalitária. O que aconteceu nessas quatro décadas, nas quais Sun Yat-sen teve um papel-chave? Essa questão vinha me incomodando. Agora, era minha chance de descobrir.

Para os chineses, e para aqueles fora do mundo sinófono que ouviram falar dele, a imagem de Sun é a de um santo. Mas ele era mesmo santo? O que ele fez pela China e com a China, exatamente? E que tipo de pessoa ele era? Eu queria descobrir as respostas para essas e muitas outras questões.

Foi enquanto costurava a vida de Sun — e das pessoas a seu redor — que a profundidade do caráter de sua esposa e de suas duas irmãs emergiu e capturou minha imaginação. Sun, compreendi, era um animal político consumado que perseguia suas ambições com determinação. Que não fosse um santo foi um alívio (para uma biógrafa). Acompanhar seu caminho em direção ao poder, repleto de altos e baixos, mercenários e métodos mafiosos (incluindo vinganças e assassinatos) era como ler um romance policial. Revelar como esse homem fez história era decerto satisfatório. Mas a vida das mulheres, das quais a política era apenas uma parte, gradualmente se tornou algo mais rico e mais atrativo para mim. Decidi fazer delas o tema deste livro.

Quando mudei o foco da pesquisa para as irmãs, meus olhos se abriram para o caráter extraordinário das três. Suas vidas tocaram três séculos (May-ling morreu em 2003, aos 105 anos de idade), e elas estiveram no centro da ação durante cem anos de guerras, revoluções sísmicas e transformações dramáticas. O cenário vai de grandes festas em Shanghai a coberturas em Nova York, de círculos de exilados no Japão e em Berlim a reuniões secretas em

Moscou, das sedes da elite comunista em Pequim aos corredores do poder na Taiwan democratizante. As irmãs vivenciaram esperança, coragem e amor passional, bem como desespero, medo e desilusões amorosas. Gozaram de imenso luxo, glória e privilégio, mas também arriscaram a vida constantemente. Numa ocasião em que chegou perto da morte, Ching-ling sofre um aborto (graças a Sun Yat-sen, que a usava para provocar fogo inimigo com o intuito de promover seus objetivos políticos) e nunca mais pôde ter filhos. Essa angústia desempenharia enorme papel em seu comportamento como vice-presidente da China comunista. May-ling, por sua vez, também sofre um aborto que a deixa sem filhos. Seu marido, Chiang Kai-shek, cuja carreira política começa a ascender depois de matar um dos rivais de Sun, foi ele próprio perseguido por assassinos, dois dos quais, certa noite, chegaram bem próximo de seu leito marital. Já Ei-ling, que ajudou a Irmã Mais Nova a preencher o vazio da falta de filhos, também tinha de lidar com as decepções de sua própria vida, entre as quais sua reputação universalmente ruim: era vista como a Irmã Mais Velha cruel e gananciosa, ao passo que a Irmã Vermelha era tratada como deusa imaculada, e a Irmã Mais Nova, como uma glamorosa estrela internacional. O relacionamento entre as três mulheres era emocionalmente pesado, e não só porque Ching-ling trabalhava ativamente para destruir a vida das outras duas. Chiang Kai-shek matou o homem que ela amou depois da morte de Sun — Deng Yan-da, líder carismático que fundara um Terceiro Partido como alternativa aos comunistas e aos nacionalistas. A história da China moderna está intimamente entrelaçada aos traumas pessoais das irmãs Soong.

Ao escrever sobre as três — e sobre os colossos chineses Sun Yat-sen e Chiang Kai-shek —, fui abençoada pela abundância de material. Uma farta correspondência está publicada ou acessível, bem como escritos e memórias, incluindo muitos registros feitos na China. Em Taiwan, agora uma democracia, os arquivos abriram suas portas. Londres, onde Sun articulou seu próprio "sequestro", lançando sua carreira política, oferece muitos insights. Acima de tudo, nos Estados Unidos — onde a família estendida tinha íntimas conexões —, bibliotecas e outras instituições abrigam inúmeros acervos que são verdadeiros tesouros. Uma adição bastante recente, de valor imenso, é o diário de Chiang Kai-shek, no qual ele escreveu todos os dias por quinze anos, seguindo um registro excepcionalmente pessoal, repleto de revelações sobre o casamento com May-ling.

A história das irmãs Soong começou quando a China embarcava em sua transição de monarquia para república. O homem que assumiu o papel mais importante nesse processo histórico foi Sun Yat-sen. Sun e sua revolução republicana moldariam a vida das três irmãs.

PARTE I

O CAMINHO ATÉ A REPÚBLICA (1866-1911)

1. A ascensão do Pai da China

Em 4 de julho de 1894, logo após a deposição da rainha Liliuokalani, no ano anterior, o Havaí declarou-se república. Esse evento no Oceano Pacífico, a pouco mais de 9 mil quilômetros de distância da costa chinesa, teve um impacto que ninguém poderia prever e ajudou a moldar a China de hoje. Um radical chinês de 27 anos, Sun Yat-sen, desembarcou no arquipélago e adentrou um mundo onde a palavra "república" estava na boca de todos. Os monarquistas tramavam para restaurar Liliuokalani, enquanto as tropas republicanas se articulavam para esmagá-los. A atmosfera era febril. Foi então que ocorreu àquele jovem, que preparava um golpe contra a monarquia na China, a ideia de que seu país também poderia se tornar uma república.

O conceito era novo. Monarquia era o único sistema político que os chineses conheciam. À época, o país era governado pela dinastia Manchu. Os manchus não eram chineses autóctones, mas haviam conquistado o território em meados do século XVII. Como constituíam não mais do que 1% da população, eram considerados soberanos estrangeiros e nunca lhes faltou oposição dos nativos rebeldes da etnia han. Sun era um deles. Os rebeldes geralmente advogavam pela restauração da dinastia pré-Manchu, de origem han — a dinastia Ming (1368-1644). Porém, era uma hipótese problemática. A dinastia Ming já havia se tornado uma velha árvore apodrecida, desenraizada por um levante camponês, quando os manchus, aproveitando-se do caos, invadiram, encerrando a questão num só golpe. O retorno dos Ming não era algo que inspirasse o povo. Faltava um plano preciso para o futuro. Graças aos acontecimentos no Havaí, Sun Yat-sen pôde conceber uma visão para a China voltada para o futuro: uma república. Naquele novembro, na ensolarada Honolulu, articulou uma organização política chamada Xing-zhong-hui ("Sociedade China Renascida"). O encontro de fundação se deu na casa de um gerente de banco chinês, num sobrado de madeira com varandas largas sombreado por treliças e arbustos tropicais. Cada um dos mais de vinte membros pôs a mão esquerda sobre a Bíblia, seguindo o estilo havaiano, e, erguendo a mão direita, recitou o juramento redigido por Sun: "Expulsar os manchus [...] e fundar uma república".[1]

A combinação dos dois objetivos provou-se uma jogada de mestre. Deu ao republicanismo um apelo popular. Em 1911, menos de duas décadas depois, a dinastia Manchu foi deposta e a China se tornou a república que transformou Sun em seu "Pai".

A ideia de uma república ocorreria a outras pessoas mais cedo ou mais tarde. Graças ao Havaí, Sun Yat-sen apossou-se dela primeiro. Em todo caso, o caráter ambicioso de Sun e tudo o que ele se dispunha a fazer para alcançar seus objetivos foram essenciais para determinar o curso da China republicana.

Sun Yat-sen, homem de baixa estatura, pele morena e feições proporcionais e agradáveis, nasceu na costa sul da China, próximo a Hong Kong e Macau, colônias inglesa e portuguesa, respectivamente. A capital da província era Cantão, cem quilômetros ao norte. Sun era cantonês. Sua vila costeira de origem, cercada por morros verdes de baixa altitude, tinha um nome pitoresco: Cuiheng ("Broadway Esmeralda"). O solo, contudo, era composto na maior parte de argila arenosa, imprópria para a agricultura, e a vida era de uma pobreza abjeta. Sun nasceu em 12 de novembro de 1866, numa choupana de barro de dez por quatro metros, que dividia com os pais — o sr. e a sra. Sun Da-cheng —, com a avó paterna, além de um irmão de doze anos e uma irmã de três. Quando cresceram e começaram a ocupar mais espaço, as crianças mais velhas precisaram passar a noite na casa de parentes. A família comia batata-doce e raramente conseguia colocar as mãos no cobiçado arroz. Os homens quase nunca calçavam sapatos. Na esperança de que o recém-nascido tivesse mais sorte na vida, o sr. e a sra. Sun o batizaram Di-xiang — Imagem do Deus do Norte —, o patrono celestial da região.[2]

Aos quatro anos de idade, o futuro iconoclasta expressou a primeira objeção às estimadas tradições. Sua mãe estava ocupada amarrando os pés de sua irmã Miao-xi, então com sete anos. A prática de envolver os pés das mulheres de etnia han com amarras apertadas era milenar. Compreendia quebrar os quatro dedos menores de cada pé do bebê, dobrando-os para baixo da sola, a fim de produzir pés na forma de pétalas de lírio. Uma longa peça de tecido era então usada para amarrar os pés bem apertados, impedindo que os ossos quebrados sarassem e os pés crescessem. Meninas camponesas tendiam a ser submetidas a essa tortura numa idade mais avançada do que as crianças das classes altas, cujos pés eram geralmente amarrados aos dois ou três anos, de modo que os pés aleijados permanecessem pequenos. Como as camponesas tinham de trabalhar, se permitia que os pés das meninas crescessem um pouco mais. Quando a mãe de Sun, que tinha ela própria os pés deformados e ainda sofria por causa da dor, pôs-se a mutilar a filha, Sun viu a irmã se revirar desesperadamente, como se buscasse agarrar alguma coisa que aliviasse aquela agonia, e pediu que a mãe parasse.[3] Chorando, a sra. Sun lhe disse que, se a irmã dele não tivesse um par de pés de lírios, quando crescesse seria tratada como uma proscrita, uma "não chinesa", e ela mesma "nos censuraria". Sun continuou protestando até que a mãe cedesse — e ela cedeu, por ora: mais tarde levou filha a um especialista em "pés de lírio" do vilarejo.

Quando Sun tinha cinco anos, seu irmão Ah Mi, de dezessete anos, embarcou numa viagem de quarenta dias para o Havaí, em busca de uma vida melhor. O então reino independente sob imensa influência americana queria fomentar a agricultura e recebia de bom grado agricultores chineses. Ah Mi trabalhou duro, primeiro como trabalhador agrícola, depois estabelecendo seu próprio negócio. Conseguiu um bom dinheiro e mandou boa parte para os pais. A vida da família melhorou drasticamente. Uma nova casa foi construída, e Sun foi para a escola da vila, aos nove anos. Contudo, odiava memorizar os clássicos de Confúcio tanto quanto odiava trabalhar no campo. Mais tarde, contou a amigos que, desde que começou a desenvolver a capacidade de elaborar pensamentos, vivera obcecado com a ideia de escapar da vida que levava.[4] Por fim, em 1879, o irmão o chamou, e Sun viajou para o Havaí. Assim que desembarcou, o garoto de doze anos se apaixonou pelo novo lar. O porto de Honolulu, com seus magníficos edifícios em estilo europeu, o fascinou como uma "terra de maravilhas".[5] As ruas, limpas e ordenadas, pareciam um paraíso se comparadas às de sua vila suja e decrépita.

Ah Mi pretendia que Sun o ajudasse nos negócios. Mas, quando o irmão não demonstrou o menor interesse em fazê-lo, Ah Mi o matriculou no Iolani College, escola fundada por missionários da Igreja anglicana para garotos nativos e imigrantes. O currículo seguia o modelo das escolas públicas inglesas, e os professores eram, na maior parte, anglo-saxões. Sun se adaptou muito bem e, ao se formar, três anos depois, em 1882, terminou em segundo lugar no exame de gramática inglesa. Ah Mi, orgulhoso, celebrou o feito do irmão com uma grande festa. O prêmio foi um livro sobre cultura e história chinesas. A escola não queria que seus pupilos esquecessem suas raízes. De fato, os professores nunca tentaram anglicizar Sun; o menino manteve o peculiar penteado obrigatório para homens chineses sob o domínio manchu: uma longa trança na parte de trás da cabeça. Sun adorava a escola: o uniforme, a disciplina e, em particular, os treinamentos militares — marchar para cima e para baixo o empolgava.[6]

Seguiu, então, para a mais alta instituição educacional no arquipélago: a escola missionária americana Oahu College, em Honolulu. (O ex-aluno mais famoso da instituição, agora conhecida como Punahou School, é Barack Obama, que se formou quase cem anos depois, em 1979.) As mensalidades eram caras: um dólar de prata por semana, o preço de uma cabra de mais de 45 quilos. Não era um sacrifício insignificante para Ah Mi, para quem a vida não era fácil. Acabara de comprar um terreno na ilha de Maui, na esperança de plantar cana-de-açúcar. Mas a fazenda ficava nas montanhas, a mais de 1200 metros acima do nível do mar, roçando as nuvens; era íngreme e pedregosa, com tufos de ervas daninhas se agarrando tenazmente ao solo já bastante erodido. Plantar cana ali era impossível, e vacas e ovelhas não teriam o que pastar. Só cabras conseguiam sobreviver, tornando-se, assim, os principais ativos de Ah Mi, que se sacrificou bastante pelo irmão.

Ao nível do mar, no sopé das montanhas, Oahu era o paraíso para Sun. Tinha aula em grandes mansões de mármore, palmilhava avenidas ladeadas por coqueiros, divertia-se nos gramados sempre muito bem cuidados. Havia uma fonte, coberta de samambaias, onde todos os dias, na hora do almoço, suas colegas de classe se reuniam para rir e conversar, comendo o que traziam de casa. Eram garotas americanas, bonitas, confiantes e cheias de vida. As professoras eram sobretudo mulheres, incluindo a diretora e a subdiretora. Esta última era publicamente cortejada por um dos professores.

Tudo isso era um mundo completamente diferente de sua vila cantonesa de origem — e de suas mulheres. O impacto no jovem de dezesseis anos foi imenso. Por toda a vida, Sun desejaria mulheres como as que vira naquela escola, ao contrário de muitos homens chineses, que preferiam esposas educadas no modelo tradicional: discretas e obedientes.

A companhia dessas jovens moças, todas cristãs (como, aliás, seus amigos homens), pode muito bem ter motivado Sun a ingressar na Igreja, integrando a comunidade a que elas pertenciam. Mas, quando mencionou a intenção ao irmão, Ah Mi se entristeceu. Para ele, o Deus do Norte era sagrado. Depois de muitas contendas acaloradas, Ah Mi comprou para o irmão obstinado uma passagem de volta para a China, desperdiçando as mensalidades pré-pagas da escola.

A ausência de quatro anos só tornou o retorno mais insuportável. Desde que chegou, no verão de 1883, Sun só pensava em ir embora. E rapidamente encontrou um jeito. O templo era o lugar mais importante do vilarejo: lá se sentava o Deus do Norte, uma estátua de argila pintada de dourado. O deus empunha uma espada; o polegar apontava para o céu, indicando poder divino. Dos dois lados havia figuras secundárias, femininas, deusas do mar e da fertilidade. Adorar o Deus do Norte era a essência do modo de vida das pessoas nessa região.

Um dia, Sun puxou alguns amigos de lado e contou que iria ao templo para "acabar com um pouco dessa superstição, despojando o próprio deus".[7] Luke Chan, um dos garotos presentes, contou mais tarde que todos ficaram chocados com a ideia de Sun, mas também animados. Dirigiram-se para o templo ao meio-dia, quando se encontrava praticamente vazio; um único guarda cochilava escorado em um muro. Com Luke e outro garoto de olho no guarda, Sun adentrou o templo com outro amigo, Lu, jovem aspirante a artista, de olhos melancólicos e lábios carnudos e expressivos. Lu só teve coragem de raspar um pouco da tinta das bochechas de uma das deusas menores; Sun, por outro lado, abriu um canivete e, sem pressa, decepou o polegar do Deus do Norte que apontava para o céu. Quando os demais colegas entraram e viram o dedo decepado, ficaram pasmos. Luke mais tarde descreveu aquilo como "um passo gigantesco" para um garoto camponês de um pequeno vilarejo.

O guarda do templo acordou e soou o alarme. Os outros garotos fugiram para casa, mas Sun, indiferente, deixou-se ser avistado e reconhecido como chefe da operação. Uma consternação incrédula tomou conta de Cuiheng. Furiosos, os anciões repreenderam Da-cheng pelo que seu filho fizera e lhe disseram que Sun tinha de ser banido, ou então o Deus do Norte não se apaziguaria e poderia invocar algum desastre sobre todos eles. Com o pai perplexo, fazendo de tudo para se desculpar e revirando os bolsos para reparar a estátua profanada, Sun saiu de casa.

Luke notou que Sun "parecia perfeitamente tranquilo e aprumado quando deixou em desgraça a vila". Ocorreu-lhe que o amigo provavelmente havia "planejado e executado aquela ação" justamente para poder ir embora. Mais tarde, conhecendo-o melhor, Luke concluiu que Sun "jamais movia um dedo sem primeiro pesar causa e efeito contra o resultado final". Desde cedo, Sun se revelara um grande estrategista.

Após ter voltado para casa naquele verão, já no outono Sun partiu para Hong Kong. A colônia britânica — originalmente um aglomerado de pequenas vilas de pescadores nos sopés de montanhas ondulantes — era agora uma metrópole espetacular. O porto lembrava o de Honolulu, só que ainda maior. Uma vez lá, o rebelde inteligente seguiu de imediato para a Escola e Orfanato Diocesano para Garotos, sob a gerência da Igreja anglicana, onde sabia que poderia encontrar abrigo — e encontrou, no andar acima das salas de aula.

Seus pais, ansiosos pela reconciliação, propuseram que ele se casasse com a filha de um amigo de uma vila vizinha. Como muitos, pensavam que casamento e filhos fariam o filho sossegar e ter responsabilidade. Sun concordou, e foi para casa no ano seguinte para se casar com a escolhida dos pais — isso depois de ter se registrado na Escola Central, em Hong Kong, o que parece ter sido a condição que impôs.

O noivo de dezessete anos entrou num casamento arranjado que de fato lhe servia muito bem. Sua esposa, Mu-zhen, um ano mais nova que ele, era meiga, letrada e bonita. Tinha a natureza doce de alguém que nunca provocaria escândalos. Depois de se casarem, ela permaneceu no vilarejo cuidando dos pais dele e da casa e mancando por causa dos pés amarrados, enquanto Sun partiu, não mais de duas semanas após a cerimônia. Nos anos seguintes, apareceria ocasionalmente, mas, em geral, ele levaria uma vida separada, acumulando uma sucessão de amantes.[8]

Pouco depois do casamento, em 1884, Sun foi batizado em Hong Kong pelo dr. Charles R. Hager, missionário americano que vivia no andar acima do seu. Para o batismo, Sun mudou seu nome de "Imagem do Deus do Norte" para Yat-sen, que significa "Um novo homem a cada dia".[9] Sun não acreditava genuinamente em Deus,[10] e amigos seus observaram o fato de que ele raramente ia à igreja. (Mais tarde, ridicularizaria a fé.) Mas as missões cristãs lhe apontavam um caminho para além de sua antiga vida e lhe ofereciam uma comunidade valiosa. Quando Ah Mi, entristecido com o batismo, interrompeu brevemente suas mensalidades escolares, a igreja veio em seu auxílio e lhe ofereceu um lugar na escola missionária anglo-americana de medicina em Cantão, no continente, cruzando o mar, rio das Pérolas acima.

Cantão era um labirinto de becos de terra estreitos, onde pedestres se empurravam e liteiras sacolejavam, muitas vezes precedidas por homens que abriam caminho gritando a plenos pulmões. Na mesma luta por espaço, fileiras de comerciantes, alguns vendendo cobras e gatos como alimento. Suja, com multidões suadas e malcheirosas, Cantão não era um lugar onde Sun desejasse viver. Não demorou a fazer as pazes com Ah Mi, e logo retornou a Hong Kong, onde se matriculou na Faculdade de Medicina de Hong Kong para Chineses,[11] recentemente inaugurada. Ah Mi foi facilmente persuadido a financiar sua busca por aquela respeitável carreira. Alguns meses depois, o pai dos dois morreu; Ah Mi, de luto e sentindo que devia cuidar do irmão caçula, dobrou sua mesada. Assim, Sun pôde viver cinco anos bastante confortáveis numa cidade que amava.

Formou-se no verão de 1892, mas não encontrou emprego. Seu diploma não era reconhecido em Hong Kong:[12] o currículo da faculdade, naqueles anos iniciais, não correspondia inteiramente aos padrões ingleses. Macau, a colônia portuguesa vizinha, tampouco o reconhecia. Depois de insistir por mais um ano, viu-se obrigado a se mudar para Cantão, onde o certificado não era problema. Mas ainda não tinha a menor vontade de viver e trabalhar naquela cidade. Foi então que, extinta toda esperança, por mais inconvicta, de uma carreira médica nas cidades que desejava, Sun Yat-sen abraçou seriamente a vocação de revolucionário.

A experiência de Sun além-mar o fez desprezar seu próprio país, e ele culpava o governo manchu por todos os problemas. Por muitos anos, ele e alguns amigos que pensavam o mesmo conversaram sobre como abominavam os manchus, desde as longas tranças caindo-lhes atrás da cabeça até o ressentimento histórico pela conquista. Entre xícaras de chá e porções de macarrão, sonhavam com a derrubada do trono manchu. Entre os amigos estava Lu, seu velho cúmplice na profanação dos deuses do vilarejo, e um novo irmão espiritual, Cheng, chefe da Tríade, sociedade secreta que atuava em Cantão. Esses dois jovens não poderiam ter aspectos mais distintos: Lu tinha uma face delicada; Cheng, por outro lado, era um tipo mafioso, de olhar sombrio, pálpebras caídas e dentes trincados por trás de lábios repuxados. O grupo podia ser uma mera coleção de desconhecidos, mas suas ambições eram grandes: queriam nada menos que pôr abaixo a dinastia Manchu e assumir o governo da China. Não temiam o fato de que, diante deles, havia um aparato estatal gigantesco.

A aspiração e a ousadia daqueles rapazes não eram inéditas. A China já contava com uma longa história de rebeliões levadas a cabo por homens comuns que terminavam ascendendo ao trono. A Rebelião Taiping — a maior sublevação camponesa na história da China — fracassara em 1864, dois anos antes de Sun nascer. O chefe da rebelião, Hong Xiu-quan, oriundo de uma vila não muito distante da de Sun, marchou com seu exército até bem perto de Beijing, ocupando grandes extensões da China e quase depondo o trono manchu. Hong chegou até mesmo a estabelecer um Estado rival. Depois de sua derrota — e de sua morte —, seus soldados se espalharam. Um deles voltou para casa, no vilarejo de Sun. O velho soldado costumava sentar à sombra de uma grande figueira, contando histórias das batalhas que havia lutado. Sun ouvia tudo mesmerizado. Agora, expressava admiração pelo líder Taiping e dizia que queria que Hong tivesse vencido. Quando lhe disseram, jocosamente, que ele devia ser o "Segundo Hong", Sun tomou o comentário a sério e pensou que podia mesmo se tornar exatamente aquilo.[13]

Logo vislumbrou uma oportunidade. Em 1894, o Japão declarou guerra à China, vencendo de maneira espetacular no ano seguinte. À época, o Império Celestial era comandado pelo imperador Guangxu, de 23 anos. Guangxu era fraco, totalmente incapaz de conduzir a primeira guerra moderna do país.* As más notícias que não paravam de chegar trouxeram um sorriso ao rosto de Sun. "É a oportunidade da nossa vida, não podemos desperdiçá-la", disse aos amigos. Traçaram um plano. Primeiro, dariam início a uma revolta em Cantão e ocupariam a cidade; depois desse primeiro momento, que batizaram de "O Levante de Cantão", tomariam outras partes da China. Cheng, o chefe da Tríade, ofereceu uma sugestão que tornou todo o empreendimento mais propício: poderiam usar mercenários como seus "irmãos" da Tríade como combatentes. Havia muitas gangues pelo país, e alguns membros podiam ser contratados. Sun viu ali uma chance real.

Mas a empreitada era extremamente cara. Seriam necessárias grandes somas de dinheiro para pagar aos mercenários e adquirir armas. Com o intuito de arrecadar fundos, Sun voltou ao Havaí em 1894, encontrando lá a inspiração para o futuro pós-manchus: a república.

Os chineses que viviam no Havaí doaram milhares de dólares americanos. Sun planejava ir aos Estados Unidos arrecadar mais. Então, recebeu uma carta de um amigo de Shanghai. Urgia-o a voltar imediatamente e começar a revolução. A China sofria derrotas desastrosas nas mãos dos japoneses, e o regime manchu se provava absolutamente inepto e destituído de apoio popular. Sun zarpou na mesma hora.

O homem que escreveu a carta e ajudou a engatilhar a revolução republicana era Soong Charlie, um ex-pregador da Igreja metodista do Sul dos Estados Unidos de 33 anos, agora um rico empresário em Shanghai. Conhecera Sun naquele ano, quando este visitou a cidade por um breve período, e Lu os apresentou (depois de profanar os deuses do vilarejo, Lu se mudou para Shanghai). Os três conversaram sobre política até bem tarde da noite. Charlie compartilhava dos sentimentos antimachu e admirava Sun por seu ímpeto para a ação, o que o diferenciava da maioria das pessoas, que só reclamava. Embora Sun fosse naquela época um mero desconhecido, já transmitia uma aura — discreta, mas poderosa — de crença em si mesmo, no que estava fazendo e no sucesso futuro. Essa grande autoconfiança atraiu não poucos seguidores como Charlie, que o financiariam generosamente.[14]

* O imperador tinha muitas fobias, entre elas o medo de trovão. Quando havia tempestade com trovões, eunucos o cercavam, gritando o mais alto que podiam, na vã esperança de abafar o som das trovoadas. (N. A.)

Charlie era o pai das três irmãs Soong. Nessa época, a filha mais velha, Ei-ling, tinha cinco anos, e a mais nova, May-ling, ainda não havia nascido. A do meio, Ching-ling, que terminaria casando com Sun — a despeito da furiosa oposição de Charlie —, era um bebê de um ano.

Em 1895, assim que Sun Yat-sen e seus companheiros retornaram do Havaí a conselho de Soong Charlie, começaram os preparativos para a insurreição. O gerente de um escritório em Hong Kong chamado Yeung aderira à causa e, com ele, sua organização, que operava como um clube do livro. Exibindo geralmente um terno completo e um lenço de bolso extravagante, Yeung gozava de boas conexões com a comunidade empresarial da colônia. Trouxe consigo apoios potenciais de jornais locais, tanto em inglês quanto em chinês, e prometeu recrutar os chamados *coolies* — trabalhadores braçais —, em vez de bandidos mercenários. O clube do livro tinha um número muito maior de membros do que os associados de Sun, e muitos eram reticentes em relação ao revolucionário.[15] Numa anotação de 5 de maio de 1895, um deles escreveu em seu diário: "Sun Yat-sen me parece um camarada estourado e imprudente. Arriscaria a própria vida para tornar seu nome conhecido". No dia 23 de junho, lê-se: "Sun quer que todos lhe deem ouvidos. É impossível". Outro comentário: "Quero distância de Sun".

Dessa forma, quando os dois grupos se reuniram para eleger o "presidente" do novo regime, Yeung venceu pelo voto. Sun ficou furioso: o levante era ideia dele — e ele tinha de ser o presidente. Cheng, chefe da Tríade, também ficou furioso e disse a Sun: "Deixe-me lidar com Yeung. Eu o tiro da jogada. Só preciso matá-lo".[16] Um dos presentes alertou: "Se você matá-lo, você cria um caso de assassinato em Hong Kong, e não vamos poder seguir adiante com a revolta". Por ora, Sun aceitou que Yeung fosse chamado de presidente, pelo menos até que Cantão fosse tomada. Contudo, conflitos sangrentos por poder já aconteciam nos bastidores antes mesmo de a revolução republicana começar. Igualmente impressionante era a objetividade da ambição de Sun, desde o começo — ser o presidente da China —, pela qual se mostrava disposto a derramar sangue.

Por ora, os camaradas colocaram as diferenças de lado e determinaram a data do golpe: o nono dia do nono mês lunar — tradicionalmente, o dia de visitar o túmulo dos ancestrais. Muitas famílias tinham lotes em cemitérios de Cantão, onde o movimento seria grande naquele dia, o que conferiria aos rebeldes o disfarce perfeito para entrar na cidade.

Em Beijing, o governo foi alertado por oficiais que atuavam nos países onde Sun vinha arrecadando fundos e comprando armas clandestinamente — em grande parte, entre chineses de além-mar. Beijing alertou o governador de Cantão, que também já havia sido notificado por seus próprios informantes. O governador não prendeu Sun, mas reforçou a segurança e o manteve sob silenciosa e intensa vigilância.

Sun sentiu o cheiro de perigo. No último minuto, uma complicação: os *coolies* recrutados por Yeung em Hong Kong não conseguiriam chegar a tempo, de modo que Yeung pediu que a ação fosse adiada por dois dias. Sun, então, decidiu abortar o plano por completo. Na manhã programada para o levante, cancelou tudo, e Cheng pagou aos mercenários que havia reunido e os dispensou. Cheng fugiu de balsa para Hong Kong, ao entardecer; Sun suspeitou que soldados estariam vigiando o porto e seguiu por uma rota diferente.

Naquela noite, um pastor local, amigo de Sun, ofereceu um grande banquete em celebração ao casamento do filho. Escolher um dia tradicionalmente reservado para a visita aos túmulos dos ancestrais era estranho: chineses considerariam aquilo muito pouco auspicioso. É possível que o pastor tenha realizado o banquete com o intuito de encobrir Sun. Sun foi ao banquete, meteu-se entre os convivas e escapuliu para o rio das Pérolas. Um pequeno barco o aguardava. Seguiram rio abaixo, viajando por afluentes que nem o próprio barqueiro conhecia. Era Sun quem indicava o caminho: havia claramente estudado as rotas.[17] Foi primeiro a Macau, onde descansou por alguns dias, depois reapareceu em Hong Kong. Não queria ficar marcado como o primeiro a fugir.

Quando decidiu abortar a revolta, seu velho amigo Lu não estava presente e não conseguiu fugir. Foi preso e teve a cabeça decepada. Vários chefes de gangue de Hong Kong também foram executados tão logo desembarcaram em Cantão com seus recrutas. Muitos *coolies* foram presos. A essa altura, Sun já havia fugido. Os jornais de Hong Kong o atacaram por abandonar os camaradas à própria sorte,[18] embora provavelmente não houvesse nada que ele pudesse fazer que não implicasse arriscar a própria vida. Em todo caso, sua fuga bem planejada revelou um homem astuto, excepcionalmente hábil no quesito autopreservação.

De volta a Hong Kong, Sun se aconselhou com o dr. James Cantlie, seu antigo professor na escola de medicina, com quem desenvolvera uma relação de amizade.[19] O doutor, que tinha olhos gentis e uma barba espessa tipicamente vitoriana, era um entusiasta energético que amava ensinar — e também um radical frustrado de espírito aventureiro. Profundamente contrário ao governo manchu na China, descrevia-se como um escocês fervorosamente nacionalista. Um amigo escreveu sobre ele: "A mais notável de todas as suas qualidades peculiares era seu nacionalismo apaixonado". Quando estudava medicina em Londres, fazia questão de usar o kilt no dia a dia, algo excepcional na época. Cantlie salvaria a vida de seu pupilo e o ajudaria a lançar sua carreira política.

Por ora, tomado de empatia, Cantlie conduziu Sun a um advogado, que o aconselhou a deixar a ilha imediatamente. Beijing requisitava a extradição de Sun e dos demais conspiradores. Sun (e Cheng) subiu no primeiro vapor de Hong Kong para o Japão. Chegando lá, descobriu que o governo japonês pensava em extraditá-lo e por isso precisou fugir. Para se disfarçar, cortou a trança (que, em todo caso, ele detestava), deixou o bigode crescer e passou a vestir um terno ocidental. Sob o disfarce de homem japonês moderno, partiu para o Havaí.

Uma lista de procurados circulava com o nome de Sun no topo. O prêmio pela captura chegava a mil dólares de prata. E foi assim, com a cabeça a prêmio, que Sun Yat-sen começou sua vida como exilado político.

No Havaí, Sun tentou arrecadar dinheiro para uma segunda investida. Dessa vez, fracassou de maneira retumbante. As pessoas ou abominavam a violência de seus métodos ou temiam a associação com ele. Quando Sun abria a boca, cobriam os ouvidos e se retiravam. Mas Sun era imune a embaraços — e inabalável diante do perigo. Começou a olhar para além do Havaí e, em junho de 1896, zarpou para o continente americano. Viajando da Costa Oeste para a Costa Leste, procurou colônias chinesas e pregou a revolução, antes de solicitar doações. Mas, por onde ia, fosse em Nova York ou em San Francisco, os chineses o rejeitavam. Como diria mais tarde, seus compatriotas o tratavam "como uma cobra venenosa ou um escorpião peçonhento";[20] apenas alguns poucos cristãos aceitavam conversar com ele. Após alguns meses infrutíferos, cruzou o Atlântico em direção à Inglaterra.

Enquanto isso, Beijing monitorava seus movimentos. Em Londres, a

Legação Chinesa contratou uma agência de detetives para segui-lo. No dia 1º de outubro, Henry Slater, o responsável, apresentou o primeiro relatório: "De acordo com as instruções, enviamos um de nossos representantes para Liverpool, com o propósito de vigiar um homem chamado Sin Wun [um dos nomes de Sun], passageiro a bordo do *SS Majestic* da White Star Company, e reportamos que um chinês que responde às descrições da parte interessada foi visto desembarcando do referido navio ao meio-dia — ontem, no Prince's Landing Stage, em Liverpool".[21]

A agência de detetives registrou em detalhes a estadia de Sun em Liverpool: mencionam o trem que ele pretendia tomar, mas que perdeu; o trem que tomou; a forma como pegou suas bagagens na agência de transporte de encomendas, "seguindo, então, para o hotel, no táxi n. 12616".

No dia seguinte, Sun ligou para a residência do dr. Cantlie, na Devonshire Street, número 46, no centro de Londres. Cantlie retornara de Hong Kong em fevereiro daquele ano. Antes de partir, um amigo de Sun "apareceu e me disse que Sun queria me ver, e que estava em Honolulu", de acordo com o testemunho posterior de Cantlie às autoridades britânicas.[22] Cantlie fez um desvio gigantesco e viajou para o Havaí, onde encontraria seu antigo pupilo. O doutor era, de fato, uma espécie de irmão espiritual de Sun.

Cantlie ajudou Sun a conseguir acomodações em Holborn. Durante a estadia londrina, Sun visitou com frequência os Cantlies: não tinha outros amigos e não havia muito mais que gostasse de fazer. Os detetives reportavam dias típicos: o revolucionário "andou pela Oxford Street, conferindo as vitrines [...]. Depois, entrou num estabelecimento chamado Express Dairy Co.'s, às 13h45. Às 18h45, saiu outra vez e foi a um restaurante em Holborn, onde permaneceu por 45 minutos, retornando subsequentemente ao Gray's Inn Place, número 8, às 20h30, não sendo mais visto depois disso".

Uma semana depois, a agência voltou a reportar: "A vigília tem sido renovada a cada dia, mas nada relevante foi registrado — o cavalheiro em questão só é visto ocupado em caminhadas pelas principais avenidas, observando a cidade". A Legação pedira à agência que prestasse atenção especial a qualquer chinês que visitasse Sun. Slater reportou: "Ele não foi visto se encontrando com nenhum compatriota". Passados alguns dias, os detetives deram a vigilância por encerrada.

Logo chegou o aniversário do fracassado Levante de Cantão. Se não quisesse que sua empreitada caísse no esquecimento, Sun precisava fazer alguma coisa. Foi quando lhe ocorreu uma ideia. A Legação Chinesa ficava na Portland Place, número 49; passava por ela sempre que caminhava para a residência do dr. Cantlie, ao descer do ônibus na Oxford Circus. Era uma caminhada de três minutos da casa do médico até a Legação. Por causa dessa extraordinária coincidência, Cantlie, um dia, lhe disse: "Bem, suponho que você não irá à Legação Chinesa".[23] Sun "riu", de acordo com o testemunho do médico, e disse: "Acho que não". A sra. Cantlie comentou: "Melhor você não aparecer por lá; eles te colocariam num navio direto para a China, e você perderia a cabeça".

Embora tivessem rido da ideia, a mente de Sun fora acionada. Ele poderia ir à Legação — que, teoricamente, era território chinês — e provocar um pequeno incidente, enredando os oficiais numa discussão ou mesmo numa briga que terminasse com ele, Sun, sendo jogado no meio da rua. Isso era o pior que poderia acontecer, calculava. Mas com isso era possível criar um pequeno escândalo, algo que chamasse atenção. Quem sabe até virasse notícia. Era arriscado, mas Sun era, sobretudo, audacioso. Sua vida sempre envolvera a tomada de riscos calculados. Pesquisou um pouco e chegou à seguinte conclusão: "Estamos na Inglaterra. O ministro chinês não pode me acusar por nenhum crime. Mesmo que me detenham, não há nada que possam fazer comigo. O ministro chinês não tem jurisdição, e não há acordo de extradição entre a China e a Inglaterra".[24] Sun descartou a hipótese de que terminaria transportado secretamente do centro de Londres para a China, parecia improvável. Também descartou a possibilidade de ser assassinado dentro da Legação. Teria sido muito mais fácil para o governo chinês contratar um assassino que desse cabo dele em algum quarto de hotel desconhecido. A Legação ficava num prédio que se abria para uma rua no centro de Londres, onde a maioria dos funcionários era composta por ingleses locais, incluindo o faxineiro, o mordomo, o criado e o porteiro. Não se poderia esperar deles que participassem de um assassinato. E, além de tudo, era um escocês, Sir Halliday Macartney, quem comandava a Legação à época, pois o ministro chinês, Gong, estava doente. Sun soube disso pelo dr. Cantlie, que conhecia a função de Sir Halliday; sabia até onde o compatriota vivia.

Que um inglês fosse o chefe da Legação era algo que reconfortava Sun ao contemplar a entrada do prédio. Um inglês conhecia as leis britânicas e não o machucaria de modo fatal.

Sun sondou dr. Patrick Manson, o reitor de sua faculdade em Hong Kong.[25] Cientista de alto nível cujas conquistas lhe valeram o epíteto de "o Pai da Medicina Tropical", o médico desaprovava a ação de Sun em Cantão e pediu que ele "parasse com esse tipo de coisa". Mais tarde, Manson contou às autoridades britânicas que Sun "falara sobre ir à Legação Chinesa, e eu disse a ele que aquilo não era aconselhável. Ele disse que aceitaria meu conselho e não iria".

Mas foi — no sábado, dia 10 de outubro de 1896, na época do primeiro aniversário do fracassado Levante. Entrou no prédio e perguntou se havia algum irmão cantonês por lá. Um intérprete cantonês, Tang, conversou com ele. Concordaram que Sun retornaria no dia seguinte, e que os dois iriam juntos ao porto conhecer alguns mercadores cantoneses. Depois que Sun foi embora, Tang refletiu sobre a conversa e ficou convencido de que havia conversado com ninguém menos que Sun Yat-sen, o homem mais procurado pelas autoridades manchu. Tang reportou-se ao ministro Gong.

Sun não dera muita atenção ao chefe da Legação. Como burocrata, Gong era, na verdade, profundamente ambicioso, embora pouco inteligente. Pensando apenas na recompensa que ganharia por capturar um inimigo do trono, assumiu o caso com entusiasmo e tomou todas as decisões pessoalmente, a despeito da condição física debilitada (morreria em alguns meses). Deu ordens para que detivessem Sun, informando Beijing por telegrama que, como Sun era um criminoso procurado e a Legação era território chinês, "ele devia, naturalmente, ser detido".

Na manhã de domingo, Sir Halliday orientou os funcionários, incluindo o porteiro inglês George Cole, a preparar um quarto no terceiro andar, nos fundos do edifício, para a detenção de Sun. Quando Sun apareceu, Tang fingiu que lhe apresentaria as acomodações e o levou ao tal quarto, onde Sir Halliday o mandou entrar. O escocês, de presença impositiva, anunciou então ao "diminuto" Sun (assim ele seria descrito pelos jornalistas londrinos) que sabia que ele era um criminoso perigosíssimo, segundo a lei chinesa. "Agora que está aqui, por favor, fique um dia e uma noite, esperando até recebermos uma resposta" de Beijing. Saiu em seguida, fechando a porta e orientando Cole a "não deixar que aquele homem fugisse". Cole montou guarda do lado de fora do quarto, alternando-se com outros funcionários.

Sun não antecipara nada daquilo. Queria ser jogado no olho da rua, não preso. Quando ouviu Tang ordenando Cole a colocar outra tranca na porta, e quando depois a ouviu sendo instalada, sua ansiedade disparou. Naquela noite, dormiu muito pouco.

O ministro Gong enviou um telegrama para Beijing, reportando, satisfeito, que havia capturado Sun e perguntando o que deveria fazer. Estava acostumado a seguir instruções, nada mais. Mas Beijing não sabia o que fazer. Os ingleses já haviam se recusado a prender e extraditar Sun. O Ministério das Relações Exteriores chinês pediu a Gong que resolvesse a questão pessoalmente: "Como você propõe enviá-lo de navio para Cantão sem que a Inglaterra atrapalhe a jogada e que ele chegue? Por favor, consulte advogados com cuidado e planeje um esquema antes de tomar qualquer atitude". Beijing se mostrava claramente apreensiva com a reviravolta, e até um pouco irritada com Gong: "Esperamos de verdade que você tenha absoluta precaução e não deixe nada de fora".

Gong consultou Sir Halliday. O escocês abordou um amigo que tinha uma companhia marítima, a Glen Line of Steamers, sondando a possibilidade de arranjar um navio que transportasse um "lunático" pelo oceano. A companhia pediu 7 mil libras por um cargueiro de 2 mil toneladas. Gong voltou a contatar Beijing, agora pedindo autorização e informando que, caso a opção fosse rejeitada, ele teria de libertar Sun. O Ministério de Relações Exteriores não respondeu, percebendo, obviamente, que transportar Sun às escondidas do centro de Londres para a China era impraticável. Mas não queria rejeitar o plano, pois implicaria ordenar a libertação de Sun e arcar com a responsabilidade. De Beijing, só se obteve silêncio.

Sem autorização para pagar as 7 mil libras, Gong não podia seguir com o plano. Porém não libertou Sun, pois também não queria ser responsabilizado. Sun continuou detido.

Na cela, Sun se precaveu contra envenenamentos. Seu treinamento médico mostrava-se útil agora; viveu à base de pão, leite engarrafado e ovos crus. Um dia, Tang, o intérprete, apareceu e contou sobre o plano Glen Line. Aquilo o deixou com medo. Pediu a Tang que "implorasse" ao ministro e, por meio dele, ao trono para pouparem sua vida, prometendo que "nunca mais se envolveria em outra rebelião".

Sua prioridade era enviar uma mensagem ao dr. Cantlie. Deu vários bilhetes a George Cole, suplicando-lhe para que os entregasse ao médico e prometendo uma grande recompensa. Cole entregou tudo a Sir Halliday, que havia lhe explicado que Sun era "um louco". Sentindo que suas mensagens não haviam chegado ao destino, Sun disse a Cole que precisava de ar fresco, e Cole abriu a janela do quarto. Havia barras na janela, Sun não poderia escapar por ali, mas o vão entre as barras era largo o suficiente para colocar uma mão para fora. Jogou uma nota no telhado da casa vizinha, amarrando-a em moedas para torná-la suficientemente pesada. Um empregado chinês viu tudo, Cole subiu no telhado, recolheu a nota e entregou mais uma vez a Sir Halliday. O escocês mandou Henry isolar a janela.

Por fim, Sun persuadiu Cole de que não era louco, mas sim um líder de um partido da oposição, "e porque sou o líder desse partido, eles me prenderam aqui. Querem me prender e me amordaçar, e vão me colocar num navio e me enviar para a China". Essas palavras tocaram o coração do porteiro, que consultou a faxineira, a sra. Howe, sobre se deveria ou não ajudar Sun. Howe respondeu: "Se eu fosse você, George, eu ajudaria". Antes de Cole levar a mensagem de Sun para o dr. Cantlie, essa compassiva mulher, por conta própria, escreveu uma carta anônima e a colocou debaixo da porta do médico. Dizia: "Há um amigo seu encarcerado aqui na Legação Chinesa, desde o domingo passado. Querem enviá-lo para a China, onde com certeza vão enforcá-lo. É muito triste a situação daquele pobre homem, e a não ser que algo seja feito ele será levado [...]. Não ouso assinar meu nome, mas essa é a verdade, então acredite".

Quando o dr. Cantlie ouviu a campainha e encontrou a carta, eram onze da manhã do sábado, dia 17 de outubro. Sun estava preso havia uma semana. O médico iniciou imediatamente uma campanha de resgate. Foi direto à residência de Sir Halliday, mas não encontrou ninguém. Tomou, então, um cabriolé para a delegacia de polícia de Marylebone e, em seguida, para a Scotland Yard. Teve dificuldade em fazer com que alguém acreditasse na história. O inspetor em serviço na Scotland Yard pensou que ele pudesse ser um bêbado ou um maluco e o mandou de volta para casa. Dr. Cantlie passou o resto da noite na rua, do lado de fora da Legação, caso tentassem levar Sun.

Em seu diário, a sra. Cantlie escreveu que aquele domingo "foi um dia de medos e esperanças. Hamish [dr. Cantlie] foi ver, primeiro, o juiz A... Depois, o sr. H... Mas não teve a satisfação de fazer coisa alguma por Sun Yat-sen. Voltei da igreja, e Hamish foi encontrar Manson, para ver se ele conseguiria encontrar Sir Halliday MacCartney [sic]. Manson ficou do nosso lado, indignado com a Legação. Um homem [Cole], que no fim das contas era o vigia de Sun, apareceu e trouxe dois cartões em que Sun implorava por resgate".

No verso de um dos cartões, Sun escrevera: "Fui sequestrado na Legação Chinesa no domingo, e serei enviado da Inglaterra para morrer. Imploro, me resgatem depressa!". Essas palavras foram escritas, primeiro, com um lápis, e depois reforçadas com uma caneta. Na frente, em cima de seu nome impresso, "Dr. Y. S. Sun", Sun escrevera o nome e o endereço de Cantlie, acrescentando abaixo: "Por favor, cuide do meu mensageiro, ele é muito pobre e vai perdeu [sic] o emprego por me ajudar".

No segundo cartão, o apelo era mais urgente, escrito apenas em caneta: "Um navio já foi arranjar [sic] pela L. C. para me levar para a China. Ficarei preso por todo o caminho, sem comunicação com ninguém. Ah, pobre de mim!".

Com esses cartões, e junto com o dr. Manson, Cantlie foi à Scotland Yard pela segunda vez e, em seguida, ao ministério das Relações Exteriores. Um membro da equipe clerical do ministério imediatamente se envolveu com o assunto. Os médicos foram à Legação para anunciar que as autoridades britânicas estavam cientes do caso. A Legação sentiu que o jogo estava perdido. Gong contatou Beijing imediatamente, perguntando se deveria libertar Sun antes que começasse qualquer problema com o governo britânico. Mais uma vez, não recebeu resposta. Ninguém queria arcar com a responsabilidade de dizer: "Libertem-no". Sun continuou preso.

Enquanto os mandarins enterravam a cabeça na areia, esperando que o problema fosse embora, mensagens iam e vinham entre o Ministério das Relações Exteriores britânico, o Departamento de Justiça e a Scotland Yard — e Lord Salisbury, que era tanto primeiro-ministro quanto secretário de Assuntos Estrangeiros. Com seu consentimento, policiais se posicionaram do lado de fora da Legação, prontos para pular em cima de qualquer um que tentasse retirar Sun do edifício em segredo. Ordens foram dadas para que se vigiassem todos os navios com destino à China. Enquanto isso, Cole era entrevistado. E os dois médicos altamente respeitáveis, Cantlie e Manson, prestaram depoimento sob juramento. Com base nessa informação, no dia 22 de outubro, terça-feira, onze dias depois de Sun ser detido, Lord Salisbury escreveu à Legação Chinesa: "A detenção desse homem contra sua vontade na Legação Chinesa foi, na opinião do governo de Sua Majestade, uma infração da lei britânica, que não a permite, e um abuso do privilégio diplomático dispensado a um representante estrangeiro. Tenho, portanto, a honra de requerer que Sun Yat-sen seja libertado imediatamente".

Sir Halliday foi convocado ao Ministério de Relações Exteriores para ouvir o pedido de Lord Salisbury. Ele concordou, fazendo arranjos para que Sun fosse entregue na Legação, às 16h30 do dia seguinte. Na hora marcada, no dia 23 de outubro, o inspetor-geral F. Jarvis e um oficial do ministério foram à Legação buscar Sun, acompanhados por um alegre dr. Cantlie.*

Ao ser conduzido pelas escadas para se juntar ao dr. Cantlie, Sun foi descrito como "com boa saúde e [...] num ânimo excelente". Depois, ficou encantado ao se ver perseguido por uma aglomeração de repórteres. Dr. Cantlie havia alertado a imprensa. Uma multidão se juntara do lado de fora da Legação, com fotógrafos, ilustradores e observadores indignados, e o inundaram de perguntas. Nos dias que se seguiram, jornais de todas as partes do mundo, mesmo de locais distantes, como Estados Unidos e Austrália, sem mencionar Japão, Shanghai e Hong Kong, falavam em pormenores sobre Sun, com a chamativa palavra "sequestro" em destaque nas manchetes.[26]

Sir Halliday escreveu ao *The Times* para explicar que Sun entrara na Legação por livre e espontânea vontade. Mas não fez diferença. Para os britânicos, como apontou Lord Salisbury, o que importava é que "tendo entrado [...], foi mantido prisioneiro". Sun negou com veemência que tivesse entrado no prédio por livre e espontânea vontade, alegando que não tinha ideia de que aquele edifício fosse a sede da Legação Chinesa. Escolheu as palavras com cuidado, afirmando que foi "abordado [...] e compelido a entrar".[27] Num inquérito posterior do governo britânico, Sun foi ainda mais cuidadoso, frisando que "nenhuma violência real foi aplicada; tudo foi feito de maneira amigável".[28] Um sequestro violento demandaria uma investigação criminal, caso em que precisaria descrever os eventos sob juramento, e nisso a verdade talvez viesse à tona.

Por outro lado, não precisava ser tão circunspecto se decidisse escrever um livro. Com uma boa ajuda do dr. Cantlie, compôs rapidamente um relato com um título perspicaz: *Sequestro em Londres*. Foi um best-seller instantâneo,

* Depois que Sun foi libertado, os mandarins em Beijing voltaram à vida e enviaram um telegrama à Legação, endossando a ideia de contratar um navio para transportá-lo à China, acrescentando detalhes: Sun deveria ser acorrentado e vigiado meticulosamente. O telegrama fora datado para quando Sun ainda estava encarcerado. O objetivo era claramente estabelecer um rastro de documentação aos olhos do trono. O ministro Gong, por sua vez, contou a Beijing que já havia separado um vapor e estava prestes a embarcar Sun para a China quando o governo britânico interveio (Luo Jia-lun, pp. 53, 61).

traduzido para diversas línguas. Sun se tornara agora bastante conhecido, embora seu nome gerasse reações ambivalentes. Depois da boa vontade inicial dedicada à vítima, o público britânico, avesso a revoluções violentas, esfriou. Amigos dos Cantlies se referiam a Sun, em tom de zombaria, como "aquele seu amigo problemático".[29] O casal continuou sendo praticamente os únicos apoiadores europeus de Sun.

Mas o que importava para ele era o que os radicais chineses pensavam, e sua história os havia inspirado. Procuraram-no e o receberam com entusiasmo. Quando finalmente deixou Londres, em julho de 1897, dirigindo-se ao Extremo Oriente via Canadá, foi recebido de braços abertos por onde desembarcava. O detetive particular que o vigiava notou que ele tinha uma agenda cheia e que, quando falava a um público chinês, "prestava-se muita atenção à sua conversa". E também abriam as carteiras. Em Vancouver, Sun pôde pagar a diferença de cem dólares canadenses e trocar seu bilhete de segunda classe por uma cabine de primeira, vestindo agora "um terno sofisticado com o qual nunca havia sido visto antes". Dali por diante, como contou ao amigo de infância Luke Chan, rindo com óbvia satisfação, "consigo tudo o que quero aonde quer que eu vá".[30] Luke comentou: "Era bem verdade [...]. Podia viajar de um lado a outro do mundo dependendo apenas da fama. Havia sempre transporte disponível, casa e comida à mão, fundos tão logo os solicitasse [...]. E mesmo carros motorizados — e barcos, se necessário". O badalado sequestro em Londres estabeleceu Sun como o único revolucionário chinês de alcance internacional.

Com a fama recém-conquistada, Sun Yat-sen procurou por uma base perto da China de onde pudesse instigar novas rebeliões. O Japão, que antes ameaçara deportá-lo, agora permitiu que ficasse, para o caso de se tornar útil politicamente, e lhe ofereceu apoio financeiro e proteção policial.

Em 1900, uma associação camponesa anticristã e xenófoba conhecida como Boxers vinha fomentando o caos no Norte da China. Considerando insuficientes os passos tomados pelo governo manchu para suprimi-la, um exército aliado de oito poderes, incluindo Japão, Estados Unidos e Inglaterra, invadiu Beijing. A corte precisou fugir da capital, exilando-se em Xian, antiga capital no Nordeste chinês. Por um momento, o trono manchu parecia abalado. Sun propôs ao governo japonês que ele aproveitasse a ocasião e mobilizasse mercenários para capturar algumas províncias ao sul, estabelecendo uma "república" com o apoio do Japão. Para começar, sugeriu, organizaria uma revolta da Tríade na costa sudeste,[31] cruzando o mar saindo de Taiwan, que estava sob ocupação japonesa desde a guerra de 1894-5; o Japão usaria aquela "perturbação" como desculpa para invadir o continente chinês a partir de Taiwan.

Depois de muita deliberação, Tóquio rejeitou o plano. Sun decidiu criar um *fait accompli* e orientou seu comparsa Cheng a seguir adiante com a revolta na costa. Enquanto isso, ele próprio seguiu para Taiwan, onde o governador japonês mal conseguia se conter, desejando a invasão. No começo de outubro, Cheng deu início à rebelião na costa sudeste, contando com algumas centenas de homens. Atacaram Amoy, um grande porto. Tóquio, contudo, enviou uma ordem, proibindo o governador de Taiwan de intervir: enviar tropas ou munições estava fora de cogitação. A revolta logo colapsou, e Taiwan expulsou Sun. (Meses mais tarde, Cheng morreu subitamente em Hong Kong, depois de uma refeição. O veredito do médico legista foi infarto. Suspeitas de envenenamento, contudo, persistiram.)

Sun voltou para o Japão, onde já não se sentia bem-vindo. Tentou encontrar outra base amigável perto da China, mas só obteve reveses.[32] A Tailândia, o Vietnã francês e a Hong Kong britânica, todos o rejeitaram. Os governos estrangeiros decidiram trabalhar junto com a imperatriz-viúva Cixi, agora no poder.[33] Enquanto Sun, no exterior, buscava uma revolução violenta, a China, sob o regime de Cixi, vivenciava em seu interior uma revolução não violenta. Antiga concubina imperial, essa mulher extraordinária tomara o poder por meio de um golpe palaciano depois da morte do marido, em 1861, quando começou a trazer aquele país ainda medievalesco para o mundo moderno. Grandes conquistas foram realizadas. Em 1889, foi obrigada a se aposentar quando seu filho adotivo, o imperador Guangxu, alcançou a maioridade e assumiu o trono; mas, depois da catastrófica guerra com o Japão em 1895, Cixi reconquistou o poder e retomou as reformas, em 1898.* Embora tenham

* As reformas de 1898 são geralmente creditadas ao imperador Guangxu e a outros homens, com a imperatriz-viúva Cixi retratada como uma vilã antirreforma. Não é verdade. Para os documentos que revelam a verdade, ver Jung Chang, *A imperatriz de ferro: A concubina que criou a China moderna*, cap. 19.

sido temporariamente interrompidas, primeiro, por causa da trama para assassinar o imperador Guangxu, e depois pelo caos criado pelos Boxers, Cixi levou suas reformas para novos patamares tão logo o turbilhão passou. Na primeira década do século XX, a imperatriz introduziu uma série de mudanças fundamentais, que incluíam um novo sistema educacional, uma imprensa livre e a emancipação das mulheres, começando por um decreto contra a prática de amarrar os pés, em 1902. O país se tornaria uma monarquia constitucional com um Parlamento eleito. Esse processo de ilustração seguia numa velocidade de "mil *li* [isto é, quinhentos quilômetros] por dia", como notou o próprio Sun.[34] O dr. Charles Hager, que o havia batizado, esbarrou com ele em Los Angeles, em 1904, e argumentou que "as reformas que ele vinha defendendo estavam sendo adotadas" pelo trono manchu, e que a China podia se renovar por meio da monarquia. Sun disse apenas que "os manchus precisam ser depostos".[35]

Naquela década, o projeto de Sun — expulsar os manchus e instaurar uma república — alcançara popularidade entre os chineses. Milhares de estudantes estavam estudando no Japão, e muitos apoiavam o republicanismo. Quando desembarcou em Yokohama depois de suas viagens, no verão de 1905, as pessoas chegavam até ele em grupos, como peregrinos. Foi escoltado até Tóquio, onde falaria em um grande auditório lotado. A multidão transbordava até a porta da rua, esticando o pescoço para entrever o visionário. Quando Sun apareceu, num terno branco engomado, os aplausos foram estrondosos. E, ao começar a falar, o auditório caiu num silêncio absoluto.

Sun logo conseguiu fundar uma organização em Tóquio, a Tong-meng-hui ("Liga Unida"). Sua organização anterior — a Sociedade China Renascida —, fundada no Havaí, havia acabado. A nova investida também não foi bem-sucedida. Colegas o acusaram de se apropriar das doações — e de ser "ditatorial".[36] Sun não trabalhava bem em grupo. Seu estilo era o de quem toma todas as decisões, dá ordens e espera ser obedecido.

No dia 5 de novembro de 1908, a imperatriz-viúva morreu. Como observou o *New York Times*: "Tão logo ela faleceu, a China imediatamente sentiu falta de um líder forte [...]. O país não tem lideranças e se deteriora rapidamente".[37] A onda mais forte, então, era a do republicanismo. Os manchus eram estrangeiros, e seu governo estava fadado a desaparecer. Assim, muito embora a organização de Sun não estivesse funcionando, republicanos comprometidos continuavam trabalhando por conta própria, desgastando a monarquia.

* * *

Três anos depois da morte de Cixi, no dia 10 de outubro de 1911, um motim antimanchu envolvendo alguns milhares de soldados se deflagrou em Wuhan, cidade às margens do rio Yangtzé, na parte central da China. Dessa vez, os rebeldes não eram bandidos, mas tropas do governo sob influência republicana. Sun viajava pelos Estados Unidos e não comandou a insurreição. O chefe do Exército Li Yuan-hong, homem entroncado e modesto, muito amado pelos soldados e pela população local (que o chamava de "o Buda"), mostrou-se à altura dos acontecimentos e assumiu a liderança. Foi o primeiro alto oficial admirado a se juntar aos revolucionários, o que fez uma diferença enorme para a causa republicana.

A Li logo se juntou Huang Xing, o segundo homem mais influente entre os republicanos. Robusto e de aspecto duro, Huang era um lutador destemido. Naquela primavera, havia acabado de liderar uma revolta impactante, embora fracassada, em Cantão, ocasião em que perdera dois dedos. Agora liderava a resistência aos contra-ataques do exército do governo, segurando a cidade por tempo suficiente para instaurar levantes republicanos e motins em outras províncias.

Sun Yat-sen evitou voltar às pressas. Por mais de dois meses, continuou a viajar pelos Estados Unidos e pela Europa, demorando-se depois no Sudeste Asiático. Precisava ter certeza de que os republicanos venceriam, de modo que pudesse voltar sem o risco de ter a cabeça decepada. As viagens eram também viagens publicitárias bastante efetivas. Com a ajuda de estudantes chineses locais, contou aos jornais — ou tomou providências para que os jornais fossem informados — que os levantes aconteciam sob suas ordens e que, uma vez que a república fosse fundada, ele seria alçado ao posto de primeiro presidente.[38] Para tanto, fez que se publicasse um manifesto em nome do "Presidente Sun". Jornais da China o entrevistaram, elevando ainda mais sua posição.

A fim de explicar sua longa ausência aos revolucionários, Sun contatou Huang via cabo,[39] informando que se encontrava no Ocidente, buscando apoio diplomático, a chave para o sucesso da causa, segundo ele. Por meio da imprensa, alegou também que vinha arrecadando "somas gigantescas de dinheiro".[40] Vários bancos, como fez questão de sugerir, prometeram financiar os republicanos com dezenas de milhões de dólares uma vez que ele, e não outro, fosse declarado presidente. Sun tentara de fato se encontrar com pessoas em posição de lhe oferecer apoio ou dinheiro, e quando esteve em Londres hospedou-se no Savoy, um dos hotéis mais caros da cidade, valendo-se prodigamente de seu papel timbrado. Mas não conseguiu nada. Seu mundo era quase exclusivamente o mundo das chamadas "Chinatowns", as colônias chinesas, e não teve acesso algum aos altos círculos ocidentais.

Em 18 de dezembro de 1911, a corte manchu iniciou deliberações pela paz com os republicanos, acossada por levantes que se espalhavam por todo o território. Os revolucionários venciam, não havia dúvidas. Formou-se um governo interino para lidar com as negociações e nomearam Huang Xing como chefe. Huang aceitou. Tão logo soube da notícia, Sun Yat-sen se apressou a voltar para a China, desembarcando em Shanghai no dia 25. Já não tinha tempo a perder. Precisava acompanhar o nascimento da república, que havia sido um projeto seu e cuja centelha mantivera acesa por quase duas décadas. E tinha de estar lá para reivindicar o que enxergava como seu lugar de direito: o posto de presidente da República Chinesa.

2. Soong Charlie: Pastor metodista e um revolucionário em segredo

Charlie, pai das três irmãs Soong, foi um dos primeiros apoiadores de Sun Yat-sen.[1] Nascido em 1861, era contemporâneo de Sun, de origem igualmente humilde. Camponês simples da ilha Hainan, na costa sul da China, ele, como Sun, deixou a terra natal aos catorze anos, na companhia de seu irmão mais velho, em busca de uma vida melhor além-mar.[2] A primeira parada foi Java, onde podia passar facilmente por nativo, por causa de sua pele amorenada, os olhos grandes e fundos e os lábios grossos, virados para fora, nada chineses. Foi adotado por um tio, que o levou para os Estados Unidos quando ele tinha dezessete anos. Na abarrotada Chinatown de Boston, o tio era dono de uma pequena loja de chá e tecidos, onde o adolescente trabalhou como faz-tudo. Charlie nunca aprendera a ler ou a escrever. Queria ir para a escola, mas o tio se recusava. A adoção parecia ter sido apenas uma forma de conseguir um funcionário que trabalhasse de graça. Não era essa vida que Charlie imaginava e, poucos meses depois, ele fugiu. Um dia, em janeiro de 1879, foi ao porto e subiu na embarcação *Albert Gallatin*, da Guarda Costeira americana, para pedir emprego. O capitão Gabrielson simpatizou com o rapazote e o tornou grumete. Ao que parece, o capitão achou que Charlie tinha por volta de catorze anos: medindo pouco mais de um metro e meio, ele parecia mesmo muitos anos mais novo do que realmente era. Charlie, claro, não corrigiu a confusão.

Era mais fácil para as pessoas serem gentis e afetuosas com ele se pensassem que era uma criança.

Charlie tinha o dom de angariar simpatias. Era deferente, bem-disposto e descontraído. Trabalhava com diligência. Capitão Gabrielson o tratava como seu protegido e muitas vezes o convidava para ficar em sua casa em Edgartown, em Massachusetts. A esposa do capitão era sobrinha do juiz de paz da cidade, juiz Pease, e os dois viviam numa casa majestosa. Pela primeira vez, Charlie experimentou o conforto e o luxo, bem como uma vida em família sem grandes preocupações. Os Gabrielson eram metodistas devotos, e Charlie passou a frequentar a igreja aos domingos sempre que se hospedava lá. Sua convicção religiosa cresceu junto com o apego ao capitão. Quando um ano mais tarde o capitão foi transferido para outra embarcação — *Colfax*, em Wilmington, na Carolina do Norte —, Charlie pediu dispensa e foi com ele. Nessa cidade que se orgulhava de sua coleção de igrejas, o capitão o apresentou ao reverendo Thomas Ricaud, que o batizou em novembro de 1880. Charlie foi "provavelmente o primeiro Celestial a se submeter à ordenação do batismo na Carolina do Norte", registrou com estusiasmo um jornal local, notando que "Charlie despertara um profundo interesse na comunidade religiosa". As pessoas viam nele uma figura "extremamente notável", circulando, depois do culto, distribuindo apertos de mão, contando como descobrira o Salvador e como agora desejava voltar para a China e pregar o Evangelho ao seu povo.[3]

O cristianismo de Charlie aumentou tremendamente seu apelo. Na época, as igrejas protestantes expandiam-se com rapidez pela China, e os metodistas se consideravam entre os "soldados cristãos" mais zelosos. Charlie se tornou famoso naquela comunidade bastante fechada de metodistas sulistas. Aos poucos, o capitão Gabrielson esvaneceu de sua vida, e agora Julian Carr, filantropo magnata do tabaco, assumira o papel de padrinho. A Trinity College (hoje, Duke University), perto de Durham, o matriculou em abril de 1881 como estudante especial, para estudar a língua inglesa e a Bíblia. O presidente da faculdade, Braxton Craven, junto com a sra. Craven eram seus tutores nos estudos de inglês. Depois de Trinity, Charlie foi para a Vanderbilt University, em Nashville, no Tenessee, o quartel-general dos metodistas do Sul, a fim de se tornar missionário. Ao todo, ficou sete anos entre os metodistas — experiência que determinaria seu futuro e o de suas três filhas.

Na primeira — e única — carta ao pai, escrita tão logo se estabeleceu em Trinity, expressou apreço por seus patrocinadores, bem como um grande fervor religioso:*

> Querido pai,
>
> Escrevo esta carta para lhe informar onde estou. Deixei meu irmão na Índia Oriental em 1878 e vim para os Estados Unidos e finalemente [finalmente] eu tinha encontrado Cristo nosso Salvador [...], agora a Durham Sunday School e Trinity estão me ajudando e estou [com] grande pressa de ser educado para poder voltar para a China e contar a vocês sobre a bondade dos amigos em Durham e a graça de Deus [...]. Eu lembro quando eu era um garotinho você me levou ao grande templo para cultuar os deuses de madeira [...] mas agora eu tinha encontrado o Salvador ele me confortou aonde eu for [...]. Ponho meu confiança em Deus e espero ver você de novo nesta terra com a vontade de Deus. Agora temos férias e fico na casa do sr. J. S. Carr em Durham. Logo que você receba minha carta por favor responda e eu ficaria muito feliz de ter notícia sua. Dê minha lembrança para a mãe o Irmão e Irmãs por favor e também a você [...]. Sr. e sra. Carr eles são uma boa família cristã e tinham sido bons para mim.[4]

A carta de Charlie, contudo, não pôde ser entregue. Ele a enviara ao dr. Young J. Allen, decano da Missão Metodista do Sul em Shanghai, pedindo-lhe que a repassasse.[5] Mas, quando dr. Allen respondeu pedindo o nome do pai de Charlie e seu endereço em chinês, Charlie não foi capaz de informar. Era completamente iletrado na língua materna — sua família era pobre demais para mandá-lo à escola, e o chinês escrito era muito difícil. Ele apenas copiou alguns nomes de lugares — Shanghai, Hong Kong e ilha Hainan — de um mapa para missionários, marcando-os num desenho bem simples, indicando a localização aproximada de sua vila. O nome de seu pai era a transliteração dos sons originais do dialeto local. Como havia centenas, se não milhares, de famílias naquela região que tinham filhos vivendo além-mar, era impossível para o dr. Allen agir. Charlie precisou abandonar a tentativa de contatar a família.

Sentia-se sozinho. Certa manhã, em Vanderbilt, juntou-se a um grupo de garotos numa capela, onde cantaram, rezaram e trocaram experiências religiosas. Um colega de classe, o reverendo John C. Orr, lembra que Charlie

* Todos os erros presentes nesta e em outras cartas de Charlie estão reproduzidos sem correções.

"levantou-se e ficou parado por um instante, antes de dizer qualquer coisa. Então seus lábios tremeram, e ele disse: 'Eu me sinto tão pequeno. Tão sozinho. Tão longe da minha gente. Há tanto tempo entre estranhos. Me sinto como uma pequena lasca de madeira flutuando no rio Mississippi'". Orr escreveu: "As lágrimas corriam pelo seu rosto, e antes que pudesse dizer outra coisa os garotos o cercaram com seus braços, assegurando-o que o amavam como a um irmão".[6]

De fato, aonde fosse, Charlie era tratado com doçura e decência. As pessoas tinham por ele "o maior respeito, e o admiravam por ser ambicioso e esforçado nos estudos".[7] Ainda assim, um colega da Trinity, Jerome Dowd, notou que "os garotos tinham certa disposição para provocá-lo, fazendo toda sorte de pegadinha com ele".[8] Em Vanderbilt, o reitor, bispo McTyeire, era, não raro, desagradável. Ao fim dos estudos, Charlie pediu para receber treinamento em medicina. O bispo se recusou. Como escreveu ao dr. Allen, em tom arrogante, "Soon[g] queria ficar mais um ou dois anos a fim de estudar medicina e se tornar mais útil etc. E seu generoso patrocinador, sr. Julian Carr, não se opunha a manter o auxílio. Mas concluímos que seria melhor para o *china* que ele é não ser demasiadamente burilado antes de seus labores entre os chineses. Ele já provou da 'vida fácil' — e não é avesso aos confortos da civilização superior. Não que isso seja um defeito seu...".[9]

Charlie tinha o dom de colocar as coisas em perspectiva e dificilmente se ofendia. Mostrava infalíveis "boas maneiras" e era "muito, muito polido". Continuou "cheio de vida e alegria" e, quando provocado, mostrava-se "sempre pronto a responder num espírito zombeteiro", dissipando tensões. As pessoas se lembram de sua "jovialidade excepcional", sua "natureza amável e amigável". Tinha senso de humor. Quando foi batizado, soletraram seu sobrenome como se fosse "Soon" [adiantado, em inglês], uma aproximação da pronúncia no seu dialeto de origem. Um colega de classe de Vanderbilt, James C. Fink, lembra que, "ao se apresentar a algum dos garotos, ele comentava, sorrindo: 'Prefiro ser *soon* do que *too late* [atrasado, em inglês]'".[10]

Essa aparência de jovialidade era produto, em parte, de um esforço determinado e, por vezes, doloroso no sentido de reprimir suas emoções. Charlie amava as mulheres — como mostra esta carta a um colega de classe, na Trinity, de 1882:

> Ambas as srtas. Field estão aqui, embora partam para casa na próxima sexta-feira, pela manhã. Te digo que as duas são damas muito simpáticas, gosto delas cada vez mais [...]. Trinity está uma maravilha agora, mas não sei como será depois que as garotas forem embora [...]. A srta. Bidgood está aqui [...]. Mais bonita do que nunca. Fui ver às vezes a ela e a srta. Cassie. Ela fala de um jeito vivaz [...]. Ando tendo bons momentos com as garotas o dia inteiro. Mal olhei os livros. A srta. Mamie e duas outras visitaram ontem à noite, nós tivemos, sim, uma grande noite [...]. Fortisty e eu fomos chamar Ella Carr e tivemos a melhor noite que você já ouviu falar.[11]

Mas o rapazinho não pôde desenvolver nenhuma relação. Ella Carr, mencionada nessa carta, era a sobrinha de seu benfeitor Julian, e filha de um dos professores da faculdade. Cinco décadas depois, ela contou a um jornal local, o *Greenboro Daily News*, que Charlie fora muitas vezes à casa dela para vê-la tocar piano — até que um dia sua mãe disse a ele que "parasse de fazer tantas visitas". Charlie se manteve afastado e se despediu presenteando-lhe com uma foto dele mesmo "muito elegante, impecavelmente vestido".[12]

Charlie era particularmente próximo de uma senhorita chamada Annie Southgate, filha de uma figura influente em Durham. Numa carta endereçada a ela, na qual sugeria seus sentimentos, ele, primeiro, desculpava-se por ter perdido o endereço de alguém e, em seguida, escrevia: "Por que não cometi e não poderia cometer um erro em referência ao seu endereço, é o que me pergunto". "Não há risco algum de eu me apaixonar por alguma das filhas do Tio R[ichard]; a srta. Jennie está comprometida com um rapaz, ele tem só dois metros de altura, e a srta. Ross é jovem demais, pois tem apenas quinze anos e foi passar o verão com a irmã. Então não há chance alguma de eu me apaixonar, se eu quiser."[13] (Mais tarde, ele batizaria uma de suas filhas, a futura madame Sun Yat-sen, Rosamonde, em homenagem à srta. Ross.)

Usando as palavras mais explícitas possíveis, mais desejosas e até pungentes, Charlie expressou o amor que sentia pela srta. Annie: "Suponho que você esteja em algum lugar, e, onde quer que você esteja, espero que esteja feliz. Srta. Annie, preciso confessar que a amo mais do que a qualquer outra garota em Durham. Você não acredita?". Era o mais longe que Charlie podia ir. Estava se apaixonando, mas continha-se para não se entregar por completo. Não havia esperança: ele era um "china".

Charlie considerava tão importante controlar as emoções que, mais tarde, exigiria que seus filhos fizessem o mesmo, desde a mais tenra idade. May-ling, a mais nova entre as irmãs, lembrava que, quando criança, seu pai muitas vezes dizia aos filhos "para não demonstrarem emoção e detestarem o sentimentalismo". Certa vez, ela "se desfez em lágrimas", pois o irmão mais velho estava prestes a sair de casa pela primeira vez, para um colégio interno; May-ling, contudo, abafou as lágrimas quando percebeu que o pai se mostrava "subitamente severo, aparentemente inatingível". A partir de então, raramente chorava. "Conto nos dedos as ocasiões em que chorei desde que cresci."[14]

Apesar das frustrações que vivenciou nos Estados Unidos, Charlie amava o país. Mais tarde, oferecer a seus seis filhos uma educação americana se tornou uma de suas prioridades. Isso o motivou a ganhar dinheiro, do qual a educação dos filhos viria a consumir a maior parte. As três filhas estudaram nos Estados Unidos — May-ling tinha apenas nove anos quando se mudou para lá, permanecendo uma década inteira. E havia um dado mais extraordinário: as garotas viveram lá sozinhas, sem nenhum membro adulto da família que tomasse conta delas. Tal era a confiança sem reservas que Charlie desenvolvera pela comunidade metodista e pela sociedade americana.

Como ele se mostrara sempre "muito sociável, muito comunicativo, muito jocoso", alguns dos colegas americanos de Charlie o consideravam frívolo e tinham dificuldade em imaginar que "qualquer coisa séria estivesse acontecendo em sua cabeça".[15] Mas a resolução mais grave já estava formada: Charlie estava determinado a ajudar a tornar sua terra natal mais parecida com os Estados Unidos — *mei-guo* — o "país bonito". No fim de 1885, deixou sua amada América por Shanghai.

Na época, Shanghai já era uma das cidades mais cosmopolitas e espetaculares do mundo. Situada nas proximidades da foz do Yangtzé, o mais longo rio chinês, havia sido uma área coberta de pântanos até que, algumas décadas antes, o governo manchu permitiu que ocidentais a explorassem e desenvolvessem. Agora, sólidos edifícios em estilo europeu ombreavam com frágeis casas de bambu; grandes ruas pavimentadas mesclavam-se a estradinhas de terra, atravessadas por carrinhos de mão; e parques brotavam em meio aos arrozais. Na frente do Bund, na orla, sob o olhar estático dos arranha-céus, inúmeras sampanas flutuavam ao sabor das ondas, oferecendo uma visão inspiradora da vitalidade da cidade.

Dr. Allen, chefe da Missão Metodista do Sul, fez de Shanghai seu lar, devotando a vida a introduzir a cultura ocidental na China. Foi um dos primeiros a levar a educação moderna ao antigo império. Homem solene, de barba longa e espessa, Allen era um erudito de renome em cultura chinesa, bem como em cultura ocidental, enormemente respeitado tanto pelos intelectuais quanto pelo trono manchu. Fundara o inovador Colégio Anglo-Chinês para rapazes, pouco antes da chegada de Charlie, que tinha esperanças de lecionar nessa instituição.

Allen considerou a ambição de Charlie presunçosa e até estapafúrdia, já que, tratando-se do idioma chinês, Charlie era iletrado. Em carta ao bispo McTyeire, Allen não se deu ao trabalho de esconder seu desprezo: "Os garotos e rapazes em nosso Colégio Anglo-Chinês estão bem à frente dele, pois são — os mais avançados — eruditos tanto em inglês quanto em *chinês* [...]. E Soon[g] nunca se tornará um erudito em cultura chinesa, no máximo se tornará um chinês *desnacionalizado*, sempre descontente e infeliz, a não ser que seja posicionado e remunerado para além dos seus méritos — e a consequência disso tudo é que não encontro ninguém entre nossos irmãos disposto a recebê-lo".[16]

Allen, então, despachou Charlie de Shanghai para uma pequena cidade, Kunshan, e o classificou como "pregador nativo", o que implicava que Charlie receberia uma remuneração bem mais modesta do que a dos missionários estrangeiros. Isso o magoou profundamente. Mas confinou sua raiva às cartas que escrevia para a srta. Annie, suprimindo o desejo de desafiar Allen.

O chefe da missão parecia determinado a punir Charlie de outras formas. Recusou-se a lhe conceder licença para que visitasse a família imediatamente. Charlie ficou indignado e, dessa vez, fincou pé. Ainda assim, como assegurou à srta. Annie, protestou de modo a não se chegar a um conflito explícito.[17] Foi só no outono de 1896 que retornou à sua vila de origem. Os pais quase não o reconheceram, mas, quando compreenderam que aquele era o garoto que achavam que tinham perdido para sempre, derramaram muitas lágrimas de felicidade. Depois da breve reunião, Charlie voltou para Kunshan, a 1700 quilômetros de distância.

Havia outros problemas. Charlie não se sentia em casa na China. À srta.

Annie, escreveu: "Estou outra vez andando pela terra onde nasci, mas não é nem de longe como um lar para mim. Sinto-me mais em casa nos Estados Unidos do que na China". Precisou fazer um curso intensivo para aprender chinês escrito, e depois precisou aprender o dialeto falado em Kunshan. "O idioma dessas pessoas é inteiramente diferente daquele da minha língua materna; então sou tão estrangeiro em relação a esses nativos quanto fui nos Estados Unidos ou na Europa." Os locais o ridicularizavam. Garotos camponeses zombavam dele, gritando "Anãozinho!". (Com apenas um metro e meio de altura, era mais baixo do que o homem médio local.)[18]

Charlie trincou os dentes e batalhou. Por fim, tornou-se capaz de pregar no dialeto local, com alguma hesitação. Confidenciava as misérias que sofria à srta. Annie. Embora seus anseios por ela fossem eles mesmos outra fonte de agonia, o tom de suas cartas era sempre comedido e otimista. Quando ela morreu, em 1887, viu-se imerso numa "grande tristeza!", como escreveu ao pai.

Mais tarde, naquele mesmo ano, a vida de Charlie mudou: casou-se com a srta. Ni Kwei-tseng, de dezoito anos. A srta. Ni era membro do mais ilustre clã cristão chinês, o clã Xu Guang-qi (que dá nome a um dos distritos de Shanghai). Xu fora um alto oficial da dinastia Ming, tendo sido convertido pelos jesuítas no começo do século XVII. Colaborara com Matteo Ricci na introdução das ciências ocidentais na China. A linhagem católica havia sido interrompida quando a mãe da srta. Ni se casou com um missionário protestante, convertendo-se ao protestantismo, o que causou grande celeuma.

Como seus ilustres ancestrais, a srta. Ni era uma cristã singularmente devota. May-ling, sua filha, rememorou mais tarde: "Eu sabia que minha mãe vivia muito perto de Deus [...]. Uma das minhas impressões de infância mais fortes é minha mãe indo a um quarto no terceiro andar, que lhe servia de sala de orações. Passava horas rezando e começava muitas vezes antes do amanhecer. Quando pedíamos seu conselho sobre qualquer coisa, ela dizia: 'Preciso perguntar a Deus primeiro'. E não podíamos apressá-la. Perguntar a Deus não era uma questão de passar cinco minutos pedindo-lhe que abençoe sua filha e conceda o pedido. Significava esperar por Deus até que ela sentisse a orientação Dele".[19]

De fato, as pessoas comentavam que, em seu rosto, "havia uma força de caráter e uma serenidade espiritual que multiplicavam a beleza de seus traços".[20] Sua presença era imperiosa. Todas as suas filhas e os respectivos maridos, por mais celebrados e poderosos, buscavam sua aprovação, que ela não concedia com facilidade.

Começara a vida como uma criança inflexivelmente independente. Quando sua mãe tentou amarrar seus pés, como fizera com as outras filhas, Ni reagiu com violência e desenvolveu febres assustadoramente altas. Os pais precisaram abandonar a tentativa e se resignaram à perspectiva de que, com seus "pés grandes", ela talvez jamais encontrasse marido.

Então, Charlie, o pregador, entrou na sua vida. Uma parente dela apresentou os dois. Eram almas gêmeas e, juntos, foram felizes. Charlie enviou uma nota alegre e caracteristicamente jocosa para a Carolina do Norte sobre seu casamento. Anunciava que ele se casaria "em Shanghai, na China, no quarto dia da nona lua chinesa. Aqueles que conseguirem decifrar a data estão cordialmente convidados a comparecer".[21]

Bill Burke, amigo de Charlie dos seus dias em Vanderbilt, fez uma visita aos recém-casados em Kunshan. Viviam no presbitério da missão, uma pequena casa ao fim de um beco longo e sinuoso, que funcionava também como casa de chá. A memória mais persistente de Burke eram os pés naturais da noiva: "Seus pés íntegros e firmes eram tão graciosos quanto os pés de qualquer americana". Percebeu que Charlie estava "apaixonado pela esposa".[22] Charlie finalmente encontrara sua companheira de vida, com quem tomaria decisões e discutiria todas as suas questões. A impressão que passavam às pessoas era a de um "casal cheio de afinidades".[23]

A primeira criança, uma filha, Ei-ling, nasceu no dia 15 de julho de 1889. Seguir-se-iam mais cinco — duas filhas, Ching-ling e May-ling, e três filhos, Tse-ven, Tse-liang e Tse-na, nascidos em 1894, 1899, 1906. Os garotos eram referidos por suas iniciais: T. V., T. L. e T. A.

Na expectativa por uma família grande e planejando dar aos filhos uma educação americana, Charlie renunciou ao emprego como pastor em 1892. Entre os missionários, correu o boato de que ele "retornara ao costume pagão de idolatrar ídolos". Charlie, então, escreveu uma carta aberta aos amigos da Carolina do Norte: "Abandonei a missão porque ela não me concedia o suficiente para viver. Eu não podia sustentar a mim mesmo, minha esposa e meus filhos com mais ou menos quinze dólares americanos por mês".[24] Jurou ser um "trabalhador independente em prol de nossa Missão Metodista", pelo que dava sua palavra.

Charlie ingressou no ramo do comércio e, com sua formação americana e seu caráter jovial, sem falar do talento e da disposição, o sucesso veio rápido. Importava maquinário para fábricas de algodão e farinha e abriu uma editora que publicava a Bíblia, isso numa época em que a Sociedade Americana da Bíblia, da qual Charlie era afiliado, oferecia Bíblias de graça para quem quisesse.

Rapidamente adentrou na alta-roda de Shanghai e construiu para a família que crescia uma grande casa, num estilo mais europeu do que chinês e equipada com confortos americanos, como aquecedor interno. Charlie sentia que "nunca poderia ser tão chinês a ponto de querer sentar num quarto gelado vestindo todas as minhas roupas de frio".[25] (Também não gostava de comida chinesa.)[26] Camas e banheiros em estilo americano também foram instalados. Na descrição de Ei-ling, sua filha mais velha, eles tinham

> banheiros equipados com lindas tinas "*soochow*", com dragões amarelos se enredando na parte de fora e esmalte verde na parte de dentro. Tinha água fria; a água quente era preparada no andar de baixo e levada até lá [...]. O aquecimento era provido por radiadores a gás, um requinte que muitos estrangeiros em Shanghai dispensavam. As camas, ao invés das estruturas amadeiradas planas e duras usadas pela maioria dos chineses, eram confortáveis canapés americanos, de boa qualidade. Os vizinhos apareciam para espiar aquelas camas, testavam-nas criticamente com pequenos golpes de dedos, concordando entre si que eram muito perigosas e pouco saudáveis para crianças.[27]

Pelos critérios dos ricos de Shanghai, aquela casa grande, moderna e confortável não era particularmente luxuosa (não era suntuosa, com certeza). Além disso, ficava "no meio do mato", nos campos distantes do centro da cidade. As pessoas consideravam Charlie e a esposa um casal excêntrico. Charlie, contudo, tinha suas razões: estava poupando dinheiro para patrocinar a revolução republicana de Sun Yat-sen.

A sra. Louise Roberts, missionária americana, alugava uma saleta para a própria imprensa missionária no complexo construído por Charlie, que abrigava tanto seu escritório quanto sua casa. Charlie não raro aparecia para uma conversa, e os dois ficaram próximos. A julgar pelas conversas que tinham, Louise "ficou com a impressão de que seu principal interesse, depois da família, era ajudar seu país a se tornar a grande terra que deveria ser".[28] Charlie já sonhava em transformar a China ao embarcar dos Estados Unidos, e, naqueles dez anos que se passaram desde que retornara, o desejo tornara-se ainda mais intenso. No fim da primavera de 1894, conheceu Sun e passou várias noites insones com ele (e Lu, um amigo mútuo). Aquele jovem de 27 anos o impressionava. Depois que Sun partiu, Charlie ruminou bastante sobre suas conversas. No final daquele ano, depois que a guerra com o Japão se deflagrou e a China sofreu derrotas catastróficas, Charlie ficou completamente desiludido com o regime manchu e convencido de que a revolução proposta por Sun era a melhor forma de salvar o país. Para ele, Sun era o homem certo; tinha uma educação ocidental e gostava dos modos ocidentais. Era um cristão devoto — ou pelo menos era o que Charlie acreditava. (Sun conhecia a formação de Charlie e, naturalmente, jogava com suas convicções religiosas.) Charlie, então, escreveu a Sun, urgindo-o a voltar do Havaí e agir. Ajudou a financiar o Levante de Cantão; quando veio o fracasso, com Lu executado e Sun exilado com a cabeça a preço, Charlie não fraquejou e continuou a ajudar o fugitivo, enviando-lhe dinheiro clandestinamente ao longo dos anos.[29]

Aquilo era extremamente arriscado. Se fosse descoberto, o governo manchu o perseguiria, e o dr. Allen, que já não lhe era muito simpático, poderia ter-lhe provocado danos reais entre os membros da comunidade metodista. Allen odiava revoluções violentas e, num jornal que editava em chinês, usou a linguagem mais dura para condenar Sun Yat-sen, chamando-o de "criminoso vil".[30] Charlie tinha de esconder sua persuasão política, o que fazia muito bem. Ninguém suspeitava que aquele empresário rico e afável, um dos pilares da sociedade de Shanghai, era secretamente um revolucionário. E poucos imaginariam que, por baixo desse exterior sensível e simpático, Charlie tivesse uma natureza apaixonada, até impulsiva. Tendo por base nada mais do que alguns breves encontros, comprometeu-se com a aventura perigosa e, ao que tudo indicava, impraticável de Sun. Mal conhecia o sujeito quando ficou encantado e escreveu a Sun: "Não conheço nenhum homem entre os chineses que seja mais nobre, mais gentil e mais patriota do que você".[31]

Charlie não buscou nenhuma recompensa quando a revolução republicana triunfou. Não pediu um cargo oficial nem fama — e não se apresentou a Sun quando o futuro "Pai da China" chegou a Shanghai, onde permaneceu por uma semana, no fim de 1911. Só revelou seu segredo, quase por impulso, à sra. Roberts, quando os republicanos tomaram Shanghai em novembro. Na manhã seguinte, ele entrou no escritório dela cheio de energia. A sra. Roberts começou a falar sobre a noite anterior, claramente animada. Ele se iluminou e disse: "Agora posso te contar".[32] Numa entrevista a uma rádio americana anos depois, a sra. Roberts recordou a ocasião: "Ele, então, me contou da amizade antiga com Sun Yat-sen e de como ajudou Sun de todas as maneiras possíveis, especialmente com dinheiro. 'Não que eu tenha me dado ao trabalho de fazer recibos de tudo que mandei para ele', ele disse, sorrindo". Charlie sorria muito e tinham "olhos que brilhavam sempre", notou a sra. Roberts. Ele perguntou a ela: "Talvez você tenha se perguntado por que vivemos de modo tão simples aqui neste lugar?". A missionária respondeu: "Não pensei muito sobre isso, mas achei que você e a sra. Soong não gostassem de ostentação, e sei que você é muito generoso em suas doações aos trabalhos da igreja. Além disso, vocês têm muitos gastos com a educação das crianças". "É verdade", Charlie disse, "mas economizei tudo o que pude para ajudar a causa de Sun, porque achei que era a melhor forma de ajudar meu país." Ele sorriu de novo e começou a falar sobre outra coisa: como persuadir sua irmã a vir para Shanghai, onde ela poderia ficar a salvo das agitações da revolução.

PARTE II
AS IRMÃS E SUN YAT-SEN (1912-25)

3. Ei-ling: Uma jovem de "grande inteligência"

Em 1894, Charlie e a esposa enviaram Ei-ling, a filha mais velha, com cinco anos de idade, à McTyeire School, o colégio interno metodista fundado pelo dr. Allen, cujo nome homenageava o bispo McTyeire. O fato de que os dois fundadores da escola haviam sido hostis ou arrogantes em relação a Charlie não importava. Era a melhor escola para mulheres de Shanghai — e era uma escola americana. A própria Ei-ling pediu para estudar lá, pois notara que as alunas daquela escola ganhavam lugares de destaque nas cerimônias dominicais. Mesmo tão jovem, Ei-ling já demonstrava o temperamento forte e a fascinação por status que moldaria seu futuro. Sua mãe hesitou: a criança era nova demais para o internato. Mas Ei-ling insistiu e, no fim do outono, foi matriculada.[1] Vovó Ni protestou chorosa. Para os chineses, não era certo separar-se dos filhos pequenos, a não ser que a família fosse pobre. Enviá-los para longe de casa, quando havia outras possibilidades, era simplesmente "cruel". Mas Charlie e a esposa estimulavam os filhos a serem independentes, e reprimiam o que sentiam.

Houve ainda outra indicação do ânimo posterior que faria de Ei-ling uma das mulheres mais ricas da China: sua reação à mala que lhe compraram para levar para a escola. Por uma semana, como informou à Emily Hahn, sua biógrafa, Ei-ling esteve "numa febre de excitação por causa das preparações, das roupas e da Mala. Era sua primeira mala própria, individual, uma linda mala preta, brilhante". Mas, quando viu a peça com suas roupas novas dentro, "sua decepção foi intensa [...]. A mala não estava completamente cheia". Ei-ling, então, "insistiu em levar todas as roupas de inverno, preenchendo, assim, todo o espaço".

Outra coisa que incomodou a menina de cinco anos era que, "em casa, ela tinha chás adoráveis; será que na escola eles teriam?". Na dúvida, só foi embora depois de a mãe empacotar uma cesta de delícias que ela mesma especificou: "um pacote de caramelo da Callard & Bowser's e um de chocolate amargo".

Por fim, Ei-ling partiu, com o pai a seu lado, vestindo uma jaqueta xadrez escocesa e calças verdes, os cabelos pululando num rabo de cavalo. A excitação desapareceu quando o pai se despediu: a menina se agarrou a seu pescoço, aos prantos, e não soltava. Muitas décadas depois relembrou esse episódio, sem mencionar o modo como o pai se desvencilhou e foi embora.

Suas memórias de escola eram, em geral, tristes. Era a única criança da idade dela. As mesas eram altas demais, e seus pés não alcançavam o chão; durante as aulas intermináveis, suas pernas ficavam dormentes. Mais tarde, confidenciou que "sofreu muito com aquilo, e ninguém deu atenção, nem pensou em remediar o problema". Precisou encontrar uma forma de manter o sangue circulando. Mas a pior lembrança era, talvez, o terror noturno. Enquanto as alunas mais velhas seguiam com seus trabalhos, ela "deitava sozinha no grande dormitório do andar de cima, tremendo de medo". O momento de conforto vinha quando ouvia o hino *Abide with Me* [Permaneça comigo], cantado pelas garotas que retornavam ao dormitório, após encerrarem os trabalhos da noite. Aquilo sinalizava o fim da solidão. E, embalada pelo hino, ela adormecia. Pelo resto da vida, sempre que ouvia aquela melodia, uma onda de alívio a tomava.

Na escola McTyeire, Ei-ling desenvolveu um caráter ainda mais forte e se tornou dependente da religião. Nunca falou para os pais sobre seus sofrimentos. O pai e a mãe não encorajavam a lamúria. Essa vida escolar tornou a infância de Ei-ling bastante solitária, sem colegas da mesma idade. Tornou-se uma pessoa introvertida, quase hostil. Por toda a vida, fez poucos amigos de verdade, de modo que, quando era criticada, não encontrava quem saísse em sua defesa.

A segunda filha dos Soong, Ching-ling, era três anos mais nova, nascida no dia 27 de abril de 1893. Bebê delicado, mais tarde uma "criança bonita e sonhadora",[2] "quieta e obediente", era a favorita da mãe. Teve aulas em casa e só foi enviada à McTyeire aos onze anos. A sra. Soong talvez tenha pressentido a angústia de Ei-ling e, assim, apiedou-se de sua frágil filha do meio. Ching-ling seguia a mãe por toda parte, ruminando seus próprios pensamentos em silêncio. Reagia de forma bem diferente aos sinais de privilégio. "Quando criança", ela própria recordou, "minha mãe, que era cristã devota, me levava à igreja aos domingos. Quando chegávamos, o pastor e seus assistentes costumavam retirar as mulheres pobres e malvestidas que estavam sentadas na primeira fileira, a fim de nos ceder os lugares!".[3] Isso a indispôs com os missionários e plantou as sementes de sua futura conversão ao comunismo. Tímida, mas amigável, fez poucos amigos — e os manteve.

A extrovertida da família era May-ling, a filha mais nova. Foi para a McTyeire aos cinco anos, pois queria imitar a irmã mais velha. Nascida no dia 12 de fevereiro de 1898, era saudável, robusta e espirituosa. No inverno, a mãe a vestia com uma grossa jaqueta de algodão acolchoado e calças, e ela perambulava parecendo uma abóbora de Dia das Bruxas, instigando apelidos, que em nada a incomodavam. Seus sapatos de algodão, chamados de "cabeças de tigre", tinham longos bigodes coloridos, orelhas pontiagudas e olhos estranhamente esbugalhados. O cabelo era partido em duas tranças com fitas vermelhas, que depois se entrelaçavam em círculos. Esse estilo de penteado, especial para meninas, tinha um nome nada lisonjeiro: "buracos de caranguejo" — o que, de novo, não a incomodava.[4]

Na McTyeire, May-ling era obrigada a caminhar por corredores escuros e acompanhar lições complicadas, mas repetia aos professores que não achava nada difícil ou intimidador. Certa noite, contudo, uma das professoras a flagrou acordando subitamente, tremendo, e a viu pular da cama e pôr-se de pé, recitando as lições do dia. A escola logo a mandou de volta para casa, e a mais nova preservou sua disposição solar e receptível.

Em família, a vida era disciplinada e religiosa. Porque "Deus não aprovaria", não era permitido jogar cartas — ou dançar, o que era considerado "coisa do diabo". Havia as orações diárias da família e as visitas frequentes à igreja. Quando criança, May-ling achava as sessões de oração em família entediantes e se retirava da sala inventando desculpas. Na igreja, temia os longos sermões. Ching-ling fazia o que a mãe lhe ordenava, mas mantinha certo distanciamento; Ei-ling, por outro lado, foi aos poucos se tornando uma mulher devota.[5]

Parece que as crianças genuinamente não se ressentiram do rigor dos pais. Pelo contrário: o rigor inspirou devoção por parte das seis crianças, que tinham os progenitores como modelos e se reconfortavam com a constância dos dois. Nunca foram mimadas como muitas outras crianças ricas, mas também tinham suas pequenas diversões. A sra. Soong era uma boa pianista, e as noites da família eram muitas vezes animadas pelo piano da mãe, acompanhada por Charlie, que cantava as músicas que aprendera nos Estados Unidos. Quando estava em casa, Ei-ling se juntava ao pai para um dueto. As crianças eram estimuladas a correr livremente pelos campos e a subir em árvores. Brincavam entre si. Qualquer rivalidade era mantida sob controle, e esse relacionamento afetuoso e próximo se estendeu pela vida adulta, cimentando, mais tarde, os pilares e os muros da famosa "dinastia Soong".

O sr. e a sra. Soong estavam determinados a dar aos filhos uma educação americana. Antes de Ei-ling completar treze anos, o pai entrou em contato com seu velho amigo da Vanderbilt, Bill Burke, e providenciou que ele a levasse para os Estados Unidos. O gigante irlandês, de natureza doce, viera de Macon, na Geórgia, um centro para metodistas do Sul, onde um colégio para garotas, o Wesleyan, distinguia-se por ser o primeiro do mundo a outorgar diplomas a mulheres. Burke escreveu ao presidente do colégio, coronel DuPont Guerry, que acolheu Ei-ling. Quando Burke levou sua jovem família de volta ao seu país de origem durante uma breve licença, Ei-ling foi com ele. Na época, os Estados Unidos vinham endurecendo as leis de exclusão a fim de limitar o número de chineses que entravam no país. Para contornar o problema, Charlie comprou um passaporte português para Ei-ling, uma prática que não era incomum.

Num dia de sol de maio de 1904, Ei-ling, aos catorze anos, aguardou calada e impassível no cais do Bund, em Shanghai, com uma mala repleta de roupas novas, de estilo ocidental. Aguardava o momento de embarcar no escaler que a levaria com a família Burke ao *Korea*, o navio de longo curso que os transportaria para o outro lado do mundo. A filha mais velha seria a primeira chinesa a ser educada nos Estados Unidos. Contudo, não havia sinal de excitação nem de tristeza por deixar a família, nem qualquer temor em relação à viagem rumo ao desconhecido. Despediu-se do pai, que a acompanhara até o navio, com um adeus verbal contido — e sem lágrimas, diferentemente da despedida na McTyeire, anos antes. A adolescente havia sido moldada num paradigma do autocontrole. No entanto, quando o navio fez vela, Ei-ling explodiu em soluços, ainda que silenciosamente, apartada a um canto. Burke reparou e, mais tarde, disse que foi a primeira e única vez em que viu Ei-ling revelar seus sentimentos.

Ei-ling atraiu muita atenção. Certa noite, durante uma festa depois do jantar, a orquestra do navio começou a executar valsas no convés. Ei-ling passava por ali com os Burke quando um dos oficiais se aproximou e a convidou para dançar. "Não, obrigada, não sei dançar", ela disse, balançando a cabeça com severidade. O oficial tentou convencê-la: "Bem, não há hora melhor para aprender. Vamos, eu ensino". "Não, eu não posso dançar, não é certo", respondeu a garota de catorze anos. "Por quê?" "Porque sou cristã, e os cristãos não dançam", arrematou, sem sorrir.

A família Burke a acompanhou apenas até Yokohama, no Japão. A mãe definhava da febre tifoide que contraíra antes da viagem, e a família desembarcou para ficar com ela. Burke providenciou que um casal a bordo tomasse conta de Ei-ling. Quando Ei-ling foi vê-los, não os encontrou, mas, como a porta da cabine estava aberta, sentou-se para esperar. Quando o casal se aproximava pelo corredor, a esposa dizia em voz alta: "Estou tão cansada daqueles chineses imundos... Espero não ver nenhum deles por um bom tempo!". Quando entraram na cabine, Ei-ling se levantou e, desculpando-se rapidamente pela invasão, disse que voltaria para a cabine dela. Mais tarde, contou que aquele comentário marcou seu coração para sempre. A tristeza foi apenas parcialmente amenizada pela aparição de uma missionária americana de meia-idade, a srta. Anna Lanius, que bateu à sua porta, apresentou-se e lhe fez companhia durante a viagem. (Entre os outros passageiros a bordo estava Jack London, que voltava da Coreia. O autor de *O chamado selvagem*, então com 28 anos, vinha cobrindo a guerra russo-japonesa, e aparentemente enviara mais despachos sobre a guerra do que qualquer outro correspondente americano.)

Um golpe mais duro do que aquele comentário desagradável estava esperando por Ei-ling quando o vapor chegou à Golden Gate, em San Francisco, no dia 30 de junho de 1904. Os oficiais de imigração se recusaram a reconhecer seu passaporte português e ameaçaram retê-la. Ei-ling perdeu a serenidade e explodiu: "Vocês não podem me colocar em detenção. Eu vim numa cabine particular, não na terceira classe". Com isso, queria dizer que não devia ser tratada como um *coolie*. No fim, não foi detida, mas teve de esperar como uma espécie de prisioneira no *Korea*. Quando o navio partiu, foi transferida para outra embarcação, e depois para outra.

Passou quase três semanas incertas entre aqueles navios. A srta. Lanius permaneceu a seu lado, mudando-se de navio com ela, embora seu próprio pai estivesse no leito de morte esperando seu regresso. Finalmente, por meio de contatos na comunidade metodista, Ei-ling entrou nos Estados Unidos. Guardou a lembrança da srta. Lanius com carinho, mas zangou-se com o tratamento concedido pelos oficiais. Pelo resto da viagem até a Geórgia, em que cruzou de trem o continente, manteve-se num silêncio sombrio. Burke, cuja esposa morrera no Japão, juntou-se a ela para a travessia. Estava ansioso para lhe mostrar os pontos turísticos, na esperança de esquecer um pouco de sua própria tristeza através da alegria de Ei-ling. Mas se decepcionou amargamente. Como relatou, "teria sido mais fácil entreter um manequim de plástico".[6]

Que não se desse ao trabalho de ser gentil com o homem que a ajudou a ter uma educação americana e que acabara de perder a esposa, demonstra que Ei-ling era uma jovem voluntariosa. Ainda se mostrava incomodada com a péssima experiência do desembarque quando Wen, seu tio, veio a Washington, um ano depois, como membro de uma delegação do governo manchu. Ei-ling o persuadiu a deixar que ela o acompanhasse à Casa Branca, a fim de ter um encontro particular com o presidente Theodore Roosevelt. Ela foi e, uma vez lá, fez uma queixa franca e brusca ao presidente, que se desculpou.

O trem que transportava aquela jovem de personalidade forte chegou a Macon no dia 2 de agosto. Pelos próximos cinco anos, Ei-ling levou uma vida de jovem americana privilegiada o suficiente para frequentar uma escola no começo do século XX. Sua experiência, contudo, não seria como a de qualquer outra pessoa. Macon era um município religioso, com igrejas de escolas diferentes uma ao lado da outra, seus domos e espirais competindo pela supremacia. A cidade não se entusiasmara universalmente com a ideia de receber a primeira estudante chinesa em seu meio. O *Macon Telegraph* sentiu necessidade de frisar as credenciais cristãs de Ei-ling: "ela era o produto de nosso próprio trabalho missionário", e a Wesleyan "a credenciaria para o trabalho cristão entre seu povo, na China". O presidente Guerry, por sua vez, explicou que "ela não vai se impor, nem será imposta como companheira a nenhuma das outras jovens". Por fim, emitiu um apelo velado: "Não tenho dúvidas em relação ao tratamento gentil e respeitoso que ela receberá".

Ei-ling teve, assim, uma recepção um tanto desconfortável, o que decerto ela notou. Mesmo quando a tratavam com gentileza, havia algo de artificial. Sua reação foi se recolher para dentro de si mesma — tanto que, nos anos seguintes, quando se tornou famosa e seus contemporâneos eram questionados sobre ela, ninguém conseguia pensar em nada peculiar para dizer. Lembravam-se de sua "postura", sua "dignidade calma" e que ela era "uma estudante séria, silenciosa e reservada". Isso era tudo — fora a observação de que ela "nunca se integrou de verdade". Pequena, simples e um tanto robusta, contornava facilmente as atenções e se escondia nos cantos do campus, entre grandes freixos e faias e arbustos exuberantes, onde lia, estudava e pensava. Vestia roupas americanas e trocou as tranças por um penteado alto, no estilo pompadour. Nas manhãs de domingo, juntava-se às outras estudantes para marchar colina acima, em direção à igreja metodista da Mulberry Street. Porém, mal conversava com elas e, naqueles cinco anos, não fez nenhuma amiga — ao contrário das irmãs e do pai, que travaram amizades nos Estados Unidos, algumas até bastante íntimas e duradouras.

Ei-ling foi se tornando, assim, autossuficiente e orgulhosa. Uma colega de classe notou que ela pareceu "ofendida [...] quando um dos professores da Wesleyan lhe disse que ela havia se tornado uma boa cidadã americana". Numa ocasião, Ei-ling fez um recital em que executou seu próprio arranjo de *Madame Butterfly*, apresentando-se no palco não como uma vítima, mas como uma rainha. Pedira à família que lhe enviassem brocados de seda para fazer uma fantasia, e Charlie lhe mandou quarenta jardas. O belo e colorido figurino encantou as demais alunas, que sussurraram com inveja, tecendo comentários sobre seus "grandes baús de seda".

As garotas notavam que Ei-ling tinha uma inclinação para assuntos sérios e que era "bem informada sobre história contemporânea, enquanto o restante de nós sequer demonstrava interesse". Seu último ensaio na escola revela uma maturidade política bem além de seus dezenove anos. Intitulado "Meu país e seus atrativos", ela examinava o ícone cultural chinês Confúcio: "Seu maior equívoco foi a incapacidade de enxergar o gênero feminino com o devido respeito. Aprendemos pela observação que país algum pode se elevar em distinção se suas mulheres não são educadas nem consideradas iguais aos homens moralmente, socialmente e intelectualmente [...]. O progresso da China deve vir em grande parte por meio de mulheres instruídas".

A descrição que Ei-ling fazia da modernização chinesa era surpreendentemente correta, até mais do que outras narrativas contemporâneas e mesmo futuras: "Podemos marcar o ano de 1861* como o começo de seu despertar". Desde então, "a grande transformação da China, embora gradual, tem sido transparente [...]. Desde a celeuma dos Boxers, que veio como uma dádiva disfarçada", argumentava a adolescente, "a China tem experimentado avanços como nunca antes".

Ei-ling se mantinha informada sobre os eventos na China e tinha suas próprias opiniões sobre eles. Esses anos de faculdade também reforçaram suas crenças religiosas. "O apelo da China é por mais missionários", escreveu. As autoridades da faculdade ficaram impressionadas com sua inteligência e satisfeitas com seu compromisso com o cristianismo. Estavam convencidos de que a jovem "exerceria uma grande influência cristã" na China. E estavam certos: mais tarde, Ei-ling ajudaria a converter o líder chinês Chiang Kai-shek ao cristianismo, bem como a transformar a primeira-dama, May-ling, numa pessoa profundamente religiosa, eventos que tiveram grande impacto na história chinesa.[7]

Em 1908, durante seu último ano na Wesleyan, as duas irmãs de Ei-ling juntaram-se a ela. Ching-ling ganhou uma bolsa do governo aos catorze anos e, com um grupo de outros bolsistas, foi escoltada aos Estados Unidos por um oficial e sua esposa — tio e tia Wen. Para os pais, fazia sentido que May-ling também fosse, embora tivesse apenas nove anos. A consideração mais importante era que, na companhia daquele grupo, ela não enfrentaria problemas para entrar no país, tamanho era o receio do sr. e da sra. Soong de perderem aquela chance para a educação de May-ling.

As irmãs chegaram sem contratempos. Ei-ling ajudou as duas a se acomodarem na Wesleyan, empenhando-se e cuidando do que fosse preciso. Seu lado afetuoso, que até então fora reprimido, encontrava agora um escape. Foi aqui que ela começou a cuidar como uma mãe das duas irmãs, o que continuou a fazer mesmo quando ambas se tornaram "primeiras-damas".

* Ano em que a imperatriz-viúva Cixi tomou o poder, iniciando a modernização da China.

Foi uma mãe especialmente para May-ling, que era quase dez anos mais nova. Certa vez, uma estudante flagrou Ei-ling "repreendendo" May-ling por "se aproximar de uma garota que E[i]-ling não considerava boa influência. May-ling respondeu impulsivamente: 'Mas eu *gosto* dela — ela me *fascina*'".[8] A Irmã Mais Nova se comportava como uma criança voluntariosa e amada, tentando convencer uma mãe rigorosa e preocupada. May-ling sempre tivera a mais velha como modelo e, na Wesleyan, ficou espantada com a inteligência de Ei-ling, que era, aos olhos da caçula, "sem dúvida, a mente mais brilhante da família".[9] Mais tarde, muitas pessoas próximas das irmãs notariam como a Irmã Mais Nova se comportava como uma verdadeira filha diante da Irmã Mais Velha, obedecendo com humildade a suas orientações e se colocando completamente sob sua influência. Na Wesleyan, as duas demonstraram (involuntariamente) a natureza daquela relação no auditório da escola, numa opereta chamada *A garota japonesa*. Ei-ling representava a imperatriz japonesa, e May-ling, a criada.[10]

Em 1909, enquanto suas irmãs seguiram com os estudos na Wesleyan — formando amizades rapidamente —, Ei-ling se graduou e voltou para Shanghai. Começou seus vinte anos com o desejo de realizar grandes feitos em prol da China. Em 1911, a revolução republicana se deflagrou, e seu pai lhe revelou sua relação com Sun Yat-sen. A descrição que ele fazia de Sun conjurava uma figura à imagem de Cristo, que se sacrificava pela salvação de seu povo. Ei-ling passou a idolatrar Sun. Embora nunca o tivesse conhecido, via-o como um tio heroico. Enquanto Charlie fazia lobby com os missionários buscando apoio para os republicanos, Ei-ling montava espetáculos de caridade para arrecadar dinheiro para a causa. No passado, Charlie sugerira que ela organizasse concertos de caridade, mas ela resistira à ideia. Agora, mostrava-se cheia de entusiasmo, revelando-se uma organizadora de primeira linha, de mente sistemática, repleta de ideias. Um grande teatro foi alugado para sediar os eventos, que contavam com performances em inglês — algo inteiramente novo, mesmo em Shanghai. Ei-ling mal podia esperar para conhecer seu herói e oferecer seu serviço à revolução.

Enquanto isso, Sun se esforçava na batalha para se tornar presidente da vindoura república, o que considerava um direito seu. A luta começou tão logo chegou a Shanghai, em 25 de dezembro de 1911. O fato de não haver participado dos levantes e ter adiado o retorno à China por muito mais de dois meses lhe rendeu muito desprezo. Muitos revolucionários o viam como "um covarde".[11] O correspondente do *The Times*, George Morrison, reportou que os republicanos "falavam com certo desdém de um homem que tinha sido apenas um batedor de bumbo da revolução, que não tomara parte de verdade, mantendo-se sempre longe para salvar a própria pele".[12] Sun, diziam, "fica sempre na retaguarda quando há perigo". Como Sun alegara que tinha permanecido no estrangeiro a fim de arrecadar fundos para a revolução, os jornais pediram que confirmasse que havia realmente trazido "gigantescas somas de dinheiro". Sun tinha preparado uma resposta. Com muita habilidade, evitou dizer uma mentira escancarada e, rindo, como se a pergunta fosse tola, mas divertida, disse: "Uma revolução não depende de dinheiro; depende de paixão. O que eu trouxe não foi dinheiro, foi espírito".[13] Disso era possível depreender que ele tinha, sim, trazido dinheiro, mas que preferia não tocar num assunto tão vulgar.

Para se tornar presidente, Sun precisava ser eleito pelos votos dos delegados de dezessete províncias — dentre as 22 — nas quais haviam se deflagrado levantes. A via eleitoral era agora a rota aceita para o cargo. Dezenas de delegados haviam se reunido em Nanjing para votar para o cargo de "presidente interino".

Nanjing, velha cidade imperial, cercada pela majestosa Montanha Púrpura, era imbuída de uma rica atmosfera cultural. No passado, requintadas casas flutuantes destacaram-se como espaços afamados no canal no centro da cidade, onde poetas, mandarins e gueixas talentosas podiam compor poemas e músicas, entornando delicadas taças de licor perfumado. Quando alguns versos eram compostos a contento, os ocupantes faziam generosas doações aos pobres, deixando cair punhados de moedas nas pequenas bolsas de veludo que balançavam na ponta de longas varas de bambu, estendidas de outras casas flutuantes. O canal era mais charmoso ao entardecer, quando lanternas brilhavam por entre as treliças das janelas das barcaças.

Depois da revolução republicana, a cidade se tornara, na prática, território de Chen Qimei, o "chefão" da principal sociedade secreta de Shanghai, a Gangue Verde. Homem de aspecto frágil, com olhos que instilavam terror e lábios finos que murmuravam ordens letais, Chen era devoto de Sun. Durante a revolução, assumira o controle de Shanghai, comandando também a cidade vizinha de Nanjing, onde a votação aconteceria. Os delegados estavam sujeitos a seu veto. Um dos delegados de Fujian,[14] chamado Lin Chang-min, pertencia a uma organização política diferente. Sem hesitar, o chefão despachou um pistoleiro para encontrá-lo na estação de trem de Nanjing. Lin foi baleado, mas não morreu. O aviso era claro: fique longe da votação. Lin fugiu, obediente.

Com oponentes mais determinados, o chefão não era tão gentil. Velho camarada, transmutado agora em nêmesis de Sun, Tao Cheng-zhang gozava de um grande número de seguidores e vinha atacando Sun numa linguagem virulenta, acusando-o de ser "mentiroso", um "arrivista" que teria "atacado companheiros de maneira criminosa". Chen decidiu silenciá-lo para sempre. Para a tarefa, enviou um de seus sequazes, ninguém menos que o futuro generalíssimo Chiang Kai-shek. Chiang descobriu que Tao estava hospedado num hospital católico em Shanghai. Vestido num respeitoso terno, adentrou a ala correspondente e matou Tao na cama, com um tiro à queima-roupa. Chiang anotou esse episódio em seu diário com orgulho — assassinos, afinal, eram celebrados pelos revolucionários —, refletindo que aquele episódio podia muito bem ter sido a origem da simpatia que Sun lhe reservava e o início de sua ascensão política.[15]

Embora Shanghai não tivesse sido a primeira cidade a se rebelar, Sun declarou o chefão Chen como "primeiro homem dos levantes republicanos". Chen, de fato, foi crucial para a eleição de Sun.

Só havia dois outros candidatos: os líderes do motim Wuhan, o chefe de Exército Li Yuan-hong, e o republicano número dois, Huang Xing. Felizmente — para Sun —, nenhum dos dois alimentava ambições presidenciais. Huang, em particular, não tinha interesse nenhum em legislar e pediu a seus apoiadores que votassem em Sun.

Fisicamente gigante, Huang era apaixonado pelo campo de batalha, onde parecia buscar a morte. A impaciência explosiva com a qual se lançava a ataques aparentemente suicidas fazia as pessoas pensarem que ele era "louco". O triunfo na guerra o obcecava. Embora tenha segurado Wuhan por um mês inteiro, além de instigar a revolução republicana em muitas outras províncias, Huang se sentiu deprimido por ter, em última análise, perdido a cidade. Num vapor pelo rio Yangtzé, viajando de Wuhan a Shanghai, ele cismava sobre a batalha e disse a amigos que perdera Wuhan porque os alemães haviam oferecido canhões às tropas do governo, e que por isso desejava matar os seis alemães que vira no vapor. Um amigo japonês o dissuadiu, explicando que o vapor pertencia a uma companhia japonesa, que sem dúvida conduziria uma investigação minuciosa, rastreando o assassinato até ele, o que prejudicaria a causa republicana. Huang assentiu com relutância: "Bem, então vamos jogar o comprador chinês no mar e afogá-lo. Ele ajuda os alemães nos negócios e isso é asqueroso". Huang, mais uma vez, concordou que o assassinato precisava ser adiado até que eles desembarcassem no dia seguinte. Tão logo deu a ordem no dia seguinte, o semblante de Huang se iluminou visivelmente, "suas energias se renovaram", segundo o amigo japonês. Com um sorriso, Huang disse ao grupo que o assassino que ele escolhera era um pistoleiro excelente, "muito experiente". Durante o almoço, o assassino fixou o olhar no comprador, de modo a gravar seu rosto, enquanto o pobre desafortunado comia e bebia alegremente. O amigo japonês conta que sentiu um frio na espinha, embora não fosse estranho aos derramamentos de sangue. O comprador tombou na entrada do passadiço, quando deixava o navio. A história não acabou aí. Pouco depois, o mesmo assassino foi contratado por outra pessoa para matar o próprio Huang, e foi obrigado a aceitar o trabalho, pois seu pai havia sido feito refém. Huang foi informado disso e confrontou o assassino, que confessou. Huang o consolou e lhe deu dinheiro para deixar a China. Pouco tempo depois, seu corpo foi encontrado numa praia nas proximidades de Tóquio.[16]

Huang considerava Sun um líder mais adequado. Não obstante, Sun precisou fazer grandes concessões antes da votação. Aos delegados que vieram encontrá-lo em Shanghai, disse que queria a palavra "interino" excluída do título "presidente interino", ao que os delegados responderam que não tinham mandato para eleger um presidente em definitivo. Isso teria de ser decidido em uma eleição geral em seu devido tempo. Os delegados argumentaram que estavam elegendo alguém apenas para "presidir os acordos de paz" entre republicanos e o trono manchu. Além disso, durante as negociações, sem estarem certos de que venceriam, os republicanos haviam prometido que, caso Yuan Shi-kai, o primeiro-ministro do governo manchu, persuadisse o trono a entregar o poder (evitando uma sangrenta guerra civil), eles apoiariam Yuan para o posto de presidente interino. Sun foi informado de que essa promessa teria de ser honrada.[17]

Sun aceitou o acordo, e, no dia 29 de dezembro, os delegados o elegeram presidente interino. Sun seguiu num trem especial de Shanghai para Nanjing e foi juramentado em 1º de janeiro de 1912. Na ocasião, precisou jurar publicamente que abdicaria em favor de Yuan se e quando o trono entregasse o poder.[18]

Sun fez o juramento com extrema relutância e tentou impedir Yuan de assumir o cargo. Como Yuan só poderia assumi-lo se as negociações de paz fossem bem-sucedidas, Sun procurou induzir os republicanos a abandonar as negociações e continuar lutando. Os delegados e a maioria dos demais líderes republicanos declinaram. Um deles o confrontou diretamente: "Por que não quer negociações de paz? É por não querer abdicar da presidência?".[19]

Secretamente, Sun entrara em contato com os japoneses, solicitando 15 milhões de iuanes para formar um exército e continuar lutando.[20] Em retribuição, prometeu "alugar" a Manchúria ao Japão quando tivesse derrubado os manchus. Sun sabia que o Japão desejava ardentemente aquele rico território chinês, maior do que a França e a Inglaterra juntas. Mas o Japão recusou a oferta.

No dia 12 de fevereiro, o trono manchu entregou o poder aos republicanos. No dia seguinte, Sun foi compelido a abdicar. Tentou impor uma "condição", demandando que Nanjing, onde o Chefão Chen dava as cartas, fosse declarada capital do país e que Yuan tomasse posse ali. Seu cálculo era que, com o Chefão no comando da cidade, Yuan nunca conseguiria tomar posse. Os delegados rejeitaram essa "condição" e votaram a favor de deixar a capital em Beijing. Sun explodiu num ataque de raiva e "ordenou" outra votação, ameaçando enviar um exército para "escoltar" Yuan de Beijing a Nanjing. Os delegados não recuaram, mas Sun não tinha exército algum para convocar. Não havia mais nada que pudesse fazer.[21] No dia 10 de março, Yuan Shi-kai foi juramentado em Beijing como presidente interino da China. Sun teve de renunciar depois de apenas quarenta dias no cargo.

Em abril de 1912, Sun voltou para Shanghai, buscando outras formas de suplantar Yuan. A principal atração de Shanghai eram suas Concessões, áreas governadas por leis ocidentais, em vez de leis chinesas. Enquanto preparava sua batalha, queria ficar fora do alcance de Yuan. Além disso, a Shanghai ocidentalizada lhe agradava muito mais. Agora com 45 anos, durante a maior parte da vida — desde os doze anos —, Sun vivera longe do solo chinês.

Em Shanghai, o ex-presidente interino se encontrou de novo com Soong Charlie, depois de quase duas décadas. O homem que havia sido tão generoso com ele por todos aqueles anos agora gentilmente o convidava a se hospedar em sua casa. Charlie considerava Sun o homem mais nobre da China e ficou indignado quando o amigo foi posto de lado em favor de Yuan Shi-kai, que só abandonara o campo manchu no último minuto. Para Charlie, Yuan era um oportunista cínico. Sun montou seu quartel-general na casa de Charlie. Nessa época, Ching-ling, com dezenove anos, e May-ling, com catorze anos, ainda estavam nos Estados Unidos; de suas três filhas, apenas Ei-ling, com 23 anos, estava em casa. Ela vinha esperando ansiosamente para trabalhar pelo herói, e agora pôde se oferecer para atuar como assistente de língua inglesa de Sun.

Estar no turbilhão de eventos políticos atraiu Ei-ling para fora de si mesma, e ela agora florescia, tornando-se uma jovem atraente e encantadora. Embora ainda não fosse exatamente bonita, perdera muito de seu peso de adolescente e se tornara radiante e graciosa. Uma certa gentileza atenciosa se introduzira na sua postura eficiente, talvez porque tivesse consciência de que circulava entre homens importantes que estavam realizando grandes feitos. Quem visitava a casa dos Soong se impressionava com ela. John Cline, presidente da Universidade Soochow, também fundada por metodistas, veio convidar Sun para falar a um grupo de estudantes e ficou imediatamente encantado. Sua descrição também oferece um vislumbre da vida de Sun entre os Soong:

> Primeiro, conheci o *coolie* responsável pelo riquixá particular de Soong na porta de entrada. Era o guarda-costas. Se ele não tivesse me reconhecido, eu não poderia entrar. Depois dele, surgiu outro guarda, posicionado na escada. No segundo andar, um secretário me fez esperar do lado de fora de um escritório particular, onde ele entrou, saindo em seguida acompanhado de Eling [Ei-ling]. Eling foi o máximo a que consegui chegar. Soon[g] e Sun estavam numa conferência importante com líderes do partido. Mas Eling foi tão gentil quanto possível e, depois de compreender o que eu queria, disse que prepararia tudo, e preparou. Uma jovem muito inteligente e eficiente, essa Eling. Vai chegar a algum lugar nesse mundo.[22]

Sua primeira conquista, parece, foi Sun Yat-sen. Desde seus dias de juventude no Havaí, Sun se sentira atraído por mulheres ocidentalizadas. Educada na Wesleyan, Ei-ling o cativou facilmente. William Donald, jornalista australiano de cabelo dourado, faces coradas e óculos, conselheiro de Sun, observou (nas palavras de seu biógrafo) que, quando ele e Sun conversavam, "[E]i-ling muitas vezes se sentava perto deles, anotava coisas e sorria de maneira encorajadora. Sun transferia seu olhar calmo, sem expressão, de Donald para ela, e lá ele parava, e nem um cílio tremia [...]. Um dia, em Shanghai, depois que a docemente tímida [E]i-ling passou pelo escritório, ele olhou atentamente para Donald, sentado a sua frente, e sussurrou que desejava se casar com ela. Donald o aconselhou a sublimar aquele desejo, pois ele já era casado, mas Sun disse que se propunha a se divorciar da esposa atual". Donald argumentou que ele era como um tio para Ei-ling (ele era 23 anos mais velho do que ela). "Eu sei", Sun respondeu, "eu sei. Mas quero me casar com ela mesmo assim."[23]

As más línguas começaram a espalhar entre os camaradas revolucionários em Shanghai que Sun estava vivendo com Ei-ling.[24] Era apenas um boato: os pais nunca tolerariam aquilo, e a própria Ei-ling, religiosa como eles, certamente não aceitaria a condição de amante. Mas estava, sem dúvida, ciente das intenções amorosas de Sun. O modo como Sun olhava para ela tornava seus sentimentos transparentes. Ei-ling, contudo, jamais retribuía. Pelo contrário: aquela atenção indesejada pode muito bem ter atenuado o entusiasmo que sentia por ele. Sun, no fim das contas, não era tão nobre. E mais: Ei-ling passou a admirar Mu-zhen, a esposa de Sun, que foi se juntar a ele com os filhos e era sempre extremamente atenciosa para com ela. Quando saíam juntas, Ei-ling tomava o braço de Mu-zhen e a apoiava, pois os pés atados de Mu-zhen dificultavam seu passo. Fazia questão de chamar Mu-zhen de "Mãe", talvez como um sinal para que Sun cessasse suas investidas.[25]

Essa era a primeira vez que Sun se encontrava com sua família, desde o Levante de Cantão, em 1895. Diante daquela empreitada perigosíssima, não tomou nenhuma providência em relação à família — sua mãe, Mu-zhen, um filho, Fo, de quatro anos, e uma filha, Yan, um bebê de alguns meses. Ao fugir de Cantão, largou todos à própria sorte. No vilarejo, foi seu amigo Luke Chan, de volta do Havaí para se casar, quem ouviu a notícia da revolta frustrada e resolveu ajudar a família de Sun — e de Ah Mi — a escapar para Macau. Depois, Luke os escoltou até o Havaí — dessa vez, sim, a pedido de Sun.[26] Quando o próprio Sun chegou à ilha, seu único objetivo era arrecadar fundos para uma nova revolta. Mal se interessou pelo bem-estar dos familiares. Permaneceu por seis meses — durante os quais Mu-zhen ficou grávida da terceira criança, uma filha, Wan —, e, em seguida, partiu de novo.

Sun não se dobrava às lágrimas das mulheres da família. Amigos o ouviam dizer: "Qualquer um que esteja engajado na revolução deve dominar as lágrimas".[27] Isso não parece ter sido uma tarefa muito difícil para ele, já que concubinas e amantes lhe faziam companhia. Um amigo certa vez lhe perguntou quais eram seus grandes interesses; ele respondeu sem hesitar: "revolução" e, em segundo lugar, "mulheres". No Japão, por exemplo, era notório que pelo menos duas japonesas eram suas consortes. Uma delas, Haru Asada, viveu com Sun até falecer, em 1902, e era referida nos arquivos japoneses como sua concubina. Quando morreu, uma linda jovenzinha adolescente, Kaoru Otsuki, tomou seu lugar. Conta-se que ela teve uma filha de Sun, que nunca conheceu o pai, pois Sun abandonou Kaoru e nunca voltou nem escreveu.

Mu-zhen e a mãe de Sun estavam arrasadas. Sem compreender por que o filho mais novo escolhera a vida de fora da lei, a velha sra. Sun indignava-se com aquela total indiferença pela família. Luke muitas vezes a ouviu reclamar "amargamente por ter de deixar o vilarejo", perdendo sua casa. "Muitas vezes, quando eu os visitava na casa de [Ah] Mi, em Maui, a velha mãe me falava da dor e da decepção com as atitudes do filho. E a pobre [Mu-zhen] chorava a qualquer menção da revolução." Mu-Zhen já sofrera um terrível golpe no fato de ter se casado com um marido distante que não lhe ajudava a sustentar a família incipiente nem a cuidar dos pais. Sobre um par de pés quebrados e amarrados, o peso da vida era quase impossível de suportar. Com esses mesmos pés, teve de fugir por milhares de quilômetros, puxando uma criança pela mão e carregando um bebê no colo, apoiando uma sogra que por sua vez também tinha os pés deformados e mal podia andar, tudo isso enquanto carregava quantos pertences seu corpo exausto pudesse aguentar. Vivera imersa em medo e frenesi, primeiro se escondendo em Macau, depois no Havaí, do outro lado do mundo.[28]

O que consolava as mulheres era a generosidade infalível do irmão de Sun, Ah Mi, e sua esposa. A sra. Ah Mi, mulher forte que desamarrara os próprios pés, comandava a casa e nunca tratou os parentes como um fardo. Era bonita e gentil, e quase não havia conflitos entre as mulheres. Com o passar do tempo, Mu-Zhen buscou consolo na religião e se tornou cristã, estudando a Bíblia diligentemente todos os dias. Ah Mi aceitou. A sra. Ah Mi acompanhava a cunhada à igreja e celebrava o Natal com ela na casa do pastor. Ela própria nunca virou cristã, por respeito aos sentimentos do marido. Reunida a família estendida no Havaí, todos se tornaram muito próximos. Gradualmente, a mãe de Sun abandonou qualquer esperança em relação ao caçula e se resignou a uma vida sem ele. Embora nunca tenha deixado de se preocupar com Sun, considerava aqueles anos em Maui os mais felizes de sua vida.[29]

Depois de dez anos vivendo no Havaí, um revés: o negócio de Ah Mi faliu. A família precisou levantar acampamento para Hong Kong, onde Ah Mi alugou uma pequena casa caindo aos pedaços. Agora já não podia bancar as mensalidades da escola das crianças. A velha sra. Sun ficou cega, mas não havia muito dinheiro para consultas médicas. Morreu em 1910, sem nenhum dos filhos a seu lado. Ah Mi estava viajando, desesperado para voltar, mas sem dinheiro. Ficou devastado — e com raiva do irmão, que se desobrigou de qualquer responsabilidade em relação à família. Numa ocasião em que os dois se encontraram brevemente, ele explodiu na frente do irmão revolucionário, que baixou a cabeça e não disse uma palavra.[30]

Depois da vitória republicana, Sun foi buscar sua família em 1912 e passou, finalmente, a cuidar deles. O filho mais velho, Fo, estava agora com vinte anos, e as filhas, Yan e Wan, com dezoito e quinze anos. Mal conheciam o pai, e essa foi a primeira vez que passaram um longo período juntos. Sun tomou providências para que Fo estudasse em San Francisco, e tentou conseguir bolsas de estudos para as filhas. Contudo, o reencontro familiar foi prejudicado pelo desejo de Sun por Ei-ling, que Yan, a filha mais velha, notou. Quando, no ano seguinte, adoeceu, ela disse, amargamente, pouco antes de morrer, que o pai "comportara-se muito mal".[31]

O comportamento de Sun também magoara profundamente sua concubina, Chen Cui-fen. Ela se apaixonara por ele no círculo da igreja no começo dos anos 1890, quando Sun ainda era um estudante de medicina. Era uma linda jovem de dezenove anos, olhos grandes, maçãs salientes e queixo anguloso, compartilhando de sua vida na época em que o revolucionário batalhava para praticar medicina, trabalhando para ele como recepcionista, enfermeira e assistente-geral, e seguindo-o quando ele adotou a luta revolucionária como vocação.

Vinda de uma família pobre, Cui-fen não se incomodava com a vida dura, e o perigo que envolvia a vida de um revolucionário também não a intimidava. Durante a preparação para o Levante de Cantão, ajudou a contrabandear armas para dentro da cidade escondendo rifles no caixão de uma procissão funerária e munições e explosivos debaixo do assento de sua liteira. Os amigos de Sun se impressionavam com seus modos. Nela não havia timidez, nem outras posturas convencionais de feminilidade. Mantinha contato visual quando conversava com eles: seus longos cílios nunca baixavam, como era esperado das mulheres. Nem tinha uma fala mansa. Nas refeições, usava o hashi dos homens, em vez dos pauzinhos mais finos e delicados considerados mais adequados para as mulheres, e devorava a comida como um *coolie*. Mas era linda. Cui-fen permaneceu totalmente leal a Sun durante as quase duas décadas em que ele viveu como fugitivo. Cozinhava, lavava e passava para ele e para qualquer um de seus companheiros, e jamais reclamava. Os amigos de Sun diziam às suas próprias esposas, que há tempos sofriam, para seguirem o exemplo de Cui-fen.

Mas agora, em meio à glória, ela se tornara um elemento inconveniente. A prática de possuir concubinas continuou como sempre sob a nova república, mas Sun tinha consciência de que aquilo era inaceitável para os Soong, que eram cristãos. Sun escreveu, então, para Ah Mi, pedindo-lhe que oferecesse Cui-fen a um amigo como concubina, prometendo pagar 10 mil iuanes. Mesmo para os critérios de uma sociedade que tolerava o concubinato, aquele era um ato de absoluta insensibilidade, até de traição, para com uma mulher que, antes do triunfo, dedicara-se fielmente a ele. Ah Mi rejeitou a proposta e, em vez disso, convidou Cui-fen a se juntar à grande família. Cui-fen aceitou e se tornou como uma irmã para Mu-zhen.

Por mais magoada que estivesse, Cui-fen nunca reclamou publicamente. Pelo contrário, insistiu que se separar de Sun era também seu desejo. Era uma mulher orgulhosa. E também generosa e indulgente. Pelo resto da vida, guardaria com muita estima dois presentes de Sun: um anel dourado e um relógio que fora dado a Sun pelo dr. Cantlie, depois do episódio do "sequestro" em Londres. Mulher independente, não querendo se tornar um fardo para Ah Mi, partiu para Penang a fim de começar um negócio no plantio de borracha. O empreendimento fracassou. Mas lá ela adotou uma filha que se tornou a alegria de sua vida. A filha cresceu e se casou com o neto de Ah Mi, acrescentando um novo laço à família. Anos depois, durante a guerra contra o Japão, nos anos 1940, o genro de Cui-fen retornou voluntariamente para China, ingressando no Exército e servindo como operador de rádio. Cui-fen e a filha partiram da segura e neutra Macau e viajaram com ele para o território assolado pela guerra. Acompanhavam-no para onde quer que ele fosse, a despeito dos constantes bombardeios japoneses que perseguiam os operadores de rádio. Uma vida amorosa em família era de importância fundamental para Cui-fen, que morreu aos 88 anos, cercada pelos entes queridos.[32]

Ah Mi morreu bem antes, em 1915, talvez de ataque do coração, aos 61 anos. Seus últimos anos foram marcados pela tristeza. Durante o breve mandato de Sun como presidente interino, amigos fizeram pressão para que Ah Mi fosse nomeado governador de sua província natal, Guangdong. Sun vetou a nominação. "Meu irmão", disse, "é excepcionalmente honesto, e, se entrar na política, irá se lamentar por isso."[33] Quando Ah Mi veio até Nanjing argumentar a favor de sua nomeação, Sun lhe disse que ele não tinha talhe para a política e que devia se manter afastado. Ah Mi teve de aceitar a dura realidade de que, apesar de tudo que fizera pelo irmão e pela revolução, não receberia nada em troca. Não era sequer tratado como "revolucionário", a despeito de ter sido banido por vários anos de Hong Kong e outras colônias britânicas por conduzir atividades republicanas. Ainda assim, Ah Mi seguiu arcando com a responsabilidade de cuidar da família estendida, até a morte.

A família de Sun despertou grande admiração em Ei-ling, que tinha imensa simpatia por todos e era excepcionalmente afetuosa com Mu-Zhen. A jovem dama lidou habilmente com os avanços de Sun, mantendo-o à distância, ao mesmo tempo que trabalhava para ele.

4. A China embarca na democracia

Sun Yat-sen por certo não ignorava a rejeição de Ei-ling. Mas sua mente estava focada em outro assunto: a luta para suplantar o presidente interino Yuan Shi-kai.

Yuan era um rival temível. Apesar de pequeno e corpulento, exultava estatura e inspirava admiração. Nascido em 1859, sete anos mais velho do que Sun, tinha origens completamente distintas. Seu local de nascimento era a planície de Henan, no Norte da China, e seus antepassados pertenciam à aristocracia rural. De criação puramente chinesa, tivera uma existência arraigada à tradição, elevando-se pelas patentes do Exército imperial. Nunca viajou para o Ocidente, e sua vida privada era uma versão extrema da vida dos homens chineses muito ricos daquele período. Tinha uma esposa e nove concubinas, somando dezessete filhos e quinze filhas. Suas mulheres não tinham permissão para sair de casa e todas tinham os pés deformados. Três concubinas eram coreanas — Yuan ficara aquartelado lá por mais de uma década, quando a Coreia era um Estado tributário da China. Por ele, as mulheres coreanas tinham de suportar a agonia de comprimir seus pés amarrados dentro de pequenos sapatos pontiagudos.

Os hábitos pessoais de Yuan eram conservadores. Quando banheiros foram introduzidos no palácio presidencial, continuou evitando a descarga, preferindo o velho banco de madeira. A banheira só era usada uma vez por ano; de resto, suas concubinas limpavam seu corpo com toalhas quentes. Para ele, o segredo de uma vida saudável era a ancestral receita chinesa: beber leite humano. Duas amas espremiam leite numa tigela, que ele bebia. Yuan desconfiava da medicina ocidental e resistia à ideia de consultar médicos ocidentais, o que pode ter apressado sua morte por uremia.

Era, não obstante, um admirável reformista. Durante o reinado da imperatriz-viúva Cixi, provara-se muito eficiente na execução das reformas mais radicais, incluindo a substituição completa do antigo sistema educacional por escolas em estilo ocidental. Tanto os ocidentais quanto os chineses se impressionavam com a performance de Yuan. O reverendo Lord William Gascoyne-Cecil, em viagem pelo país, escreveu em seu livro de 1910, *Changing China* [Mudando a China]: "Nas províncias onde H. E. Yuan Shi-Kai governava, as escolas se aproximavam dos níveis de eficiência ocidentais".[1] Outro de seus muitos feitos foi reformar o Exército chinês de acordo com modelos ocidentais. Como comandava a aliança do Exército, Yuan se tornou a maior força do país — o que ele fazia questão de demonstrar em grande estilo. Certa vez, selecionou um grupo de guardas pela estatura elevada e os vestiu em uniformes com padrões de pele de leopardo, a fim de parecerem "tigres e ursos" aos olhos de espectadores embasbacados.

O poder de Yuan, aliado à sua óbvia ambição, fez dele uma ameaça aos sucessores de Cixi, que não gozavam de autoridade. Assim, foi removido da corte. Quando os levantes republicanos começaram, os mesmos sucessores foram forçados a convocá-lo, na esperança de que ele pudesse comandar o Exército na contenda com os republicanos. Yuan usou essa posição para negociar um arranjo que o favorecesse: ele "persuadiria" o trono a abdicar, e, em troca, os republicanos o endossariam como líder da república. E deu certo. Sun Yat-sen achava que Yuan havia "roubado" sua posição. Mas os ocidentais gostaram da escolha. Já tendo travado negociações com ele, os líderes ocidentais gostavam dele e o respeitavam como reformista. O público chinês também gostou da ideia. Yuan fornecia uma continuidade crucial no momento em que a China passava de monarquia anciã para república.

De fato, o país passou por uma transição notavelmente pacífica. O tecido social não foi perturbado, e a vida comum seguiu como antes. O maior sinal de mudança se revelou no corte de cabelo dos homens: a trança se estendendo na parte de trás da cabeça, imposta pelos manchus desde o século XVII, desapareceu. Pequenos funcionários do governo, portando tesouras, perambulavam pelas ruas e mercados cortando tranças. Outra mudança perceptível se deu no vestuário, com a emergência de novos estilos, de influência ocidental. De resto, havia poucas diferenças visíveis. A nação rumava para uma nova época numa tranquilidade extraordinária.

Aquela transição suave tinha muito a ver com o fato de que os últimos anos da dinastia Manchu e os primeiros anos da república compartilhavam o mesmo objetivo: transformar a China numa democracia parlamentarista. Antes de sua morte, em novembro de 1908, a imperatriz-viúva Cixi se comprometera em transformar a China em uma monarquia constitucional, com um Parlamento eleito, autorizando procedimentos de votação.[2] No começo de 1909, poucos meses depois de sua morte, aconteceram eleições de assembleias provinciais (*zi-yi-ju*) em 21 das 22 províncias do país (exceto Xinjiang) — a primeira fase na formação de um Parlamento nacional.[3] Embora não mais do que 1,7 milhão de chineses, numa população de 410 milhões, estivessem registrados para votar, o precedente fora estabelecido. Era a primeira eleição na longa história da China. Surpreendentemente, as pessoas não acharam estranha a ideia. Competição justa como caminho para o alto oficialato era algo profundamente arraigado na cultura chinesa. Historicamente, a elite política da China havia sido selecionada por meio de exames competitivos nacionais, abertos a todos os homens. Aquele sistema fora abolido em 1905, como parte do processo de modernização. Para a elite frustrada, o Parlamento oferecia uma rota alternativa ao poder, e uma grande quantidade de homens de boa formação competiu pelos cargos.

Ao alcançar o triunfo da revolução republicana, aceitava-se de modo geral que o "Parlamento" era a futura instituição de autoridade. Também se concordava que era preciso haver uma Constituição regente. Os delegados republicanos que haviam votado em Sun para presidente interino se consideravam membros de um "Parlamento em exercício",[4] guiado por uma "Constituição provisória", que fora esboçada. Esse "Parlamento" se opôs a Sun quando ele tentou reter o cargo e votou decisivamente a favor da posse de Yuan Shi-kai. Por seguidas vezes, os delegados demonstraram que não obedeceriam às ordens de Sun. Contudo, o futuro Pai da China, que já fora visto como "ditatorial" pelos companheiros, queria ser plenamente obedecido e chegou à conclusão de que a política parlamentar não lhe interessava.

O país, por outro lado, estava ocupado construindo uma democracia. À eleição das assembleias provinciais de 1909, seguiu-se uma eleição geral, em 1913, envolvendo todas as 22 províncias. O objetivo era eleger os membros do primeiro Parlamento da história da China.[5] Dez por cento da população — cerca de 43 milhões de homens — registrara-se para votar. Observadores do consulado americano notaram que, nos dois condados cujas eleições eles tiveram a chance de acompanhar, algo entre 60% e 70% dos votantes registrados votaram. Uma pesquisadora francesa concluiu: "Essas eleições constituíram uma verdadeira consulta nacional [...]. Havia 40 milhões de eleitores registrados [...]. O debate político foi aberto e livre, e houve cobertura da imprensa. Em muitos aspectos, essa eleição parece ter sido mais democrática e mais significativa do que qualquer outra que se seguiu".[6] Essa primeira eleição geral produziu 870 membros do Parlamento, uma constelação impressionante de especialistas altamente educados, com destaque em diferentes campos.[7] Segundo o cronograma, desembarcariam em Beijing no final de março para a sessão de abertura.

Sun não tomou parte desse evento histórico, embora fosse o líder nominal de um partido político que conduzira uma campanha eleitoral energética. O partido — o Kuomintang ("Nacionalistas") — foi fundado por uma nova estrela de trinta anos de idade, Song Jiao-ren, bigodudo da província de Hunan e pensador de raro calibre. Partidário da democracia, traçara um plano para fazê-la funcionar na China, e foi uma das lideranças na criação da Constituição provisória. Assumira a disfuncional e arrasada Liga, antiga organização de Sun Yat-sen, e a fundiu com quatro outros grupos políticos, criando assim um novo partido. Lançado em Beijing em agosto de 1912, o Partido Nacionalista elegeu Sun seu líder honorário, mas o líder real era Song, administrador natural e orador brilhante. As pessoas vinham em bando para ouvi-lo. (Mais tarde, alguns compararam seu carisma natural ao do presidente americano John Kennedy.) Com ele, os Nacionalistas empreenderam uma campanha eficiente e se tornaram o partido majoritário no Parlamento. Song parecia pronto para o posto de primeiro-ministro da república chinesa, enquanto Yuan seria eleito presidente. Não havia lugar para Sun Yat-sen.

Sun declarou, então, que estava desistindo da política para se devotar à construção de ferrovias nacionais. Todos celebraram aquela ambição tão benigna. O presidente interino Yuan o convidou para ir a Beijing. Com um nome que significa literalmente Capital do Norte, Beijing situa-se no extremo do Deserto de Gobi. Tempestades de areia periodicamente varriam a cidade, e as ruas, depois de fortes chuvas, se transformavam em rios lamacentos. Mas a magnificência da capital não podia ser diminuída. Aqui, os camelos eram os burros de carga, levando suas encomendas em longas e elegantes caravanas. As ruas eram traçadas como num tabuleiro de xadrez, com todas as principais vias desembocando na Cidade Proibida, um vasto complexo de palácios protegidos por majestosos muros exteriores. O último imperador, Pu Yi, ainda residia em seu interior, em conformidade com o acordo de abdicação.

Ao fim da dinastia Manchu, Beijing passara por modernizações, mas sempre preservando cuidadosamente sua essência ancestral. Algumas ruas eram pavimentadas, iluminadas e limpas. Mas camelos, cavalos e carroças coloridas puxadas por mulas ainda eram uma imagem cotidiana, andando lado a lado com bicicletas e carros motorizados. O serviço de telefone da cidade era relativamente novo, a caminho de superar o de Shanghai.

Em Beijing, Sun se mostrou gracioso em público, gritando "Vida longa ao grande presidente Yuan!". Yuan, por sua vez, estendeu o tapete vermelho. Mas era óbvio para observadores atentos que aquela relação estava longe de ser amigável; era, na verdade, uma competição virulenta. Pouco antes, naquele mesmo ano, Yuan sobrevivera a uma tentativa de assassinato: um grupo, posicionado na janela superior de um restaurante, bombardeou sua carruagem. Homens e cavalos de sua comitiva foram mortos. Yuan acreditava que os assassinos agiram a mando de Sun.[8] E Sun, por sua vez, temia que Yuan buscasse vingança. Além da segurança rigorosa providenciada pelo Chefão Chen, Sun mantinha William Donald, seu conselheiro australiano, próximo de si em todas as ocasiões. Para Donald, Sun calculara que qualquer eventual assassino "poria os olhos em Donald, um estrangeiro, e hesitaria, refletindo sobre as complicações internacionais".[9]

Sun tratou de fazer de seu afastamento da política um grande evento, dizendo a Yuan que tudo que solicitava era autoridade plena para construir ferrovias. O ponto crucial do pedido era que o governo chinês cobriria qualquer empréstimo estrangeiro que ele contraísse e, mais, lhe daria comando absoluto dessas vastas quantias. Tais demandas despertaram a desconfiança de Yuan.[10] De fato, o interesse de Sun em construir ferrovias parecia estar focado exclusivamente na arrecadação do dinheiro. Nenhum outro aspecto do projeto monumental parecia interessá-lo, e nem sequer se abastecera das informações mais elementares. Falou sobre a extensão das futuras ferrovias, mas os valores não partiam de nenhum estudo ou consulta com especialistas, ou de qualquer discussão com outra pessoa. Donald descreveu como Sun parecia conjurar do nada as dimensões do projeto. Um dia, entrou numa sala onde encontrou Sun recurvado sobre um grande mapa da China, com um pincel em mãos. Desenhava linhas negras:

"Ah", disse dr. Sun, virando-se, as bochechas rosadas como as de um querubim. "Quero que você me ajude com esse mapa das ferrovias [...]. Pretendo construir 100 mil quilômetros de ferrovias em dez anos", declarou. "Estou marcando aqui. Vê as linhas mais grossas indo de uma província a outra? Pois bem, essas serão as linhas mestras. As outras são conexões laterais, menos importantes."

De tempos em tempos, Sun "pegava um pedaço de algodão, mergulhava na água, apagava uma linha tortuosa, substituindo por uma linha reta [...]. Com hábeis pinceladas, o doutor construía cem milhas de ferrovia em um ponto, e mil milhas no outro".[11]

O presidente interino Yuan estava convencido de que Sun planejava usar a construção de ferrovias como um ardil para angariar grandes quantias de dinheiro — dinheiro com o qual poderia construir um exército e encenar uma tomada de poder. Diante disso, contra-atacou: recusou-se a prometer cobertura automática por parte do governo de qualquer dinheiro que Sun arrecadasse e pôs a companhia ferroviária sob jurisdição do Ministério dos Transportes. Ao mesmo tempo, autorizou a nomeação de Sun como responsável pela construção das ferrovias.[12]

Ludibriado por Yuan, Sun partiu para o Japão no dia 11 de fevereiro de 1913. Sofrera um revés, mas apareceu em público com espírito altivo, rindo ao recordar de suas antigas viagens clandestinas ao Japão. Saudado por uma multidão de bons votos e com muita publicidade na imprensa japonesa, Sun anunciou que aquela visita não tinha propósitos políticos; buscava apenas arrecadar fundos para a rede de ferrovias da China. Não arrecadou dinheiro algum, mas permaneceu no Japão por quarenta dias.

* * *

Charlie e Ei-ling acompanharam Sun ao Japão. Charlie ainda se achava sob o feitiço de Sun e o seguia lealmente, negligenciando seu negócio e deixando a esposa sozinha em Shanghai. Ei-ling continuou a trabalhar como assistente de Sun.

Em março de 1913, Mu-zhen foi ao Japão com Wan, filha de Sun, talvez para contar da grave doença da outra filha, Yan (que morreria em junho). Sun estava em meio às viagens e se encontrou com a esposa em Osaka por apenas meia hora. Ei-ling se voluntariou para acompanhar Mu-zhen até Tóquio. Em Tóquio, o carro delas acertou um poste telegráfico, e ambas ficaram bastante feridas. Amigos logo enviaram um telegrama a Sun, informando-lhe que o estado de Mu-zhen era particularmente grave.[13]

Charlie ficou fora de si de tanta ansiedade. Enquanto preparava a logística da viagem, correu a Sun e perguntou: "O que fazemos com a bagagem?". Supunha que Sun desejaria trocar de trem para visitar a esposa e a filha em Tóquio. Um amigo japonês na comitiva de Sun notou que, quando Charlie se aproximou, Sun, que conversava animadamente, congelou o sorriso e, "com muita frieza", respondeu: "Qual o sentido de ir a Tóquio, se não somos médicos?". Depois, como que se lembrando que tinha formação em medicina, acrescentou: "Mesmo se fôssemos, seria tarde demais quando chegássemos lá. Além disso, temos um compromisso em Fukuoka". Mesmo o japonês com ares de samurai que narrou esse episódio considerou o desinteresse de Sun impressionante.

Sun não foi a Tóquio ver a esposa e a filha — nem Ei-ling. Dias depois do acidente, chegou a notícia do assassinato do fundador e líder do Partido Nacionalista, Song Jiao-ren. Na noite de 20 de março, Song conduziria a delegação de seu partido em viagem de trem de Shanghai a Beijing, a fim de participar da sessão de abertura do Parlamento. No acesso à estação de trem de Shanghai, foi baleado, morrendo no hospital.

Tão logo a notícia o alcançou, Sun emitiu um pronunciamento, denunciando Yuan Shi-kai como responsável. Correu para Shanghai no dia seguinte a fim de começar uma guerra, com o objetivo expresso de depor Yuan.

O assassino, um pobretão chamado Woo, logo foi preso. Confessou imediatamente, mas depois, de maneira súbita e inexplicável, morreu em detenção. A identidade do responsável pelo assassinato de Song Jiao-ren é debatida até hoje, mais de cem anos depois. Tanto Yuan quanto Sun são suspeitos. Os dois tinham motivos: Yuan ficaria ameaçado se tivesse de compartilhar o poder com Song; Sun, por outro lado, corria o risco de perder qualquer papel político, ficando completamente marginalizado. A própria vítima, contudo, não suspeitava de Yuan. Depois de ser levado ao hospital, Song dirigiu suas últimas palavras ao "presidente Yuan",[14] urgindo-o a não deixar que sua morte lançasse uma sombra sobre a florescente política parlamentar chinesa. Não enviou mensagem alguma a Sun, líder honorífico de seu próprio partido.

A maior parte dos Nacionalistas não se apressou para acusar Yuan. Perguntaram a Sun que evidência ele tinha. Sun disse que tinha suspeitas, mas nenhuma evidência: Yuan "deve ter dado a ordem", ainda que não houvesse prova.[15]

Huang Xing, o verdadeiro número dois entre os republicanos, argumentou que o caso tinha de ser resolvido por meio de procedimentos legais, já que havia um sistema judiciário em funcionamento. Era contra o chamado de Sun à guerra, insistindo que aquilo destruiria a recém-nascida república, sem contar que era possível que eles não vencessem. Quando o tiro foi disparado, Huang estava ao lado de Song no acesso à estação e poderia muito bem ter sido a vítima, caso a bala errasse o alvo. Essa disputa entre Huang e Sun quanto a aderir ou não à guerra provocou o rompimento entre os dois. Sun o denunciou, em privado, como uma "cobra", um "homem muito ruim".[16] (Huang morreu três anos depois, em 1916.) Sun não desistiu e convocou uma série de manifestações violentas contra Yuan, tentando forçá-lo a renunciar em seu favor. Isso — a primeira guerra na jovem república — deflagrou décadas de disputas internas sangrentas. E o chamado "Pai da China" foi o homem que deu o primeiro tiro.

A guerra contra o presidente interino tinha pouco apoio popular e rapidamente colapsou. Como resultado, Sun foi expulso das Concessões estrangeiras em Shanghai, onde tinha sua base. Fugiu para o Japão em agosto de 1913 — dessa vez, como exilado, tolerado pelas autoridades japonesas meramente como potencial carta naquele eterno jogo de forças. Em outubro, Yuan assumiu o posto de presidente da China, reconhecido e parabenizado ao redor do mundo. A despeito de sucessivas tentativas, Sun não conseguiu ascender ao topo. Mas não desistiu.

5. Os casamentos de Ei-ling e Ching-ling

Charlie se viu agora obrigado a prolongar sua estadia no Japão: tornara-se perigoso voltar para Shanghai, dada sua associação com Sun. Sentia muita falta de Shanghai, de sua casa e de seus amigos. Um dia, viu a srta. Roberts, sua vizinha e amiga missionária, na estação de trem de Tóquio. Ficou tão feliz ao vê-la que lhe deu um abraço caloroso (pessoas de sexos opostos se abraçando em público não era algo comum no Japão daquela época). Quando o trem arrancou, Charlie ficou parado "com os olhos cheios de lágrimas", lembrou a srta. Roberts, "e nunca lamentei tanto ter de deixar alguém".[1]

Charlie passava muito tempo na Associação Cristã de Moços local. Lá conheceu um jovem chamado H. H. Kung, de quem gostou muito. Kung era um rapaz viúvo, disciplinado, de bom temperamento e modos contidos, poucos anos mais velho do que Ei-ling. Viera da província de Shanxi, no Nordeste da China, de uma família rica o bastante para bancar uma vida confortável. A grande casa da família, no estilo tradicional chinês, tinha elegantes telhas pretas e janelas de esteira que se abriam para múltiplos pátios. H. H. compartilhava do histórico educacional de Ei-ling, tendo frequentado uma escola missionária e faculdades nos Estados Unidos. Tinha graduação pela Oberlin College e um mestrado em Yale (ambos em química). Sobretudo, era um cristão devoto, batizado aos doze anos, depois de um médico missionário curá-lo de um tumor. Em Tóquio, Oberlin lhe pagava um salário pelos seus serviços na Associação.

Charlie convidou H. H. para jantar, ocasião em que ele conheceu Ei-ling, e os dois logo se apaixonaram. Já velho, H. H. escreveu em suas memórias: "Nós muitas vezes passeávamos pelo parque. Minha esposa ama poesia. Graduou-se em literatura inglesa [...]. Aquilo era amor de verdade!".[2]

Ei-ling desenvolvera reservas em relação não apenas ao comportamento pessoal de Sun, mas também a suas iniciativas políticas. Como H. H., nutria forte repulsa à guerra de Sun contra o presidente Yuan. Uma vez que Sun se valera do assassinato de Song Jiao-ren como pretexto para iniciar a guerra. H. H., que era um admirador de Song, desafiou Sun a produzir alguma prova da culpa de Yuan. Sun admitiu que não tinha provas, apenas suspeitas. H. H. ficou enojado. Nas suas memórias, disse que sentia que o que Sun tinha feito era de interesse do Japão, não da China: alguns "grupos japoneses queriam ajudar o dr. Sun a criar tumultos na China. O Grupo dos Jovens Oficiais queria assumir o comando da China. Tentaram ajudar dr. Sun para dividir o país [...]. Senti que os japoneses estavam tentando usar o sr. Sun". H. H. "alertou" Sun "do perigo de ser usado pelos japoneses" e lhe deu sua opinião: "Eu acreditava que o certo era que Yuan Shi-kai e o dr. Sun cooperassem para que a China pudesse ficar unida, não dividida". H. H. também tinha aversão aos modos autoritários de Sun. Depois que, finda a guerra fracassada, voltou ao Japão, Sun pretendia deixar de lado o Partido Nacionalista, que relutava em apoiar sua causa, e se dedicar a fundar um novo partido — Zhonghua-geming-dang (Partido da Revolução Chinesa). Sun demandava que os membros do novo partido jurassem obediência absoluta. H. H. ficou abismado e manteve-se longe do círculo de Sun. Um amigo escreveu que H. H. "nunca se identificara com os revolucionários, embora ofertas tenham sido feitas a ele". De fato, ele "desprezava" os revolucionários e "era um leal apoiador do governo [Yuan] [...], sacrificando sua popularidade pessoal com alguns dos estudantes chineses". Ei-ling concordava com H. H. e, valendo-se de muito tato, mas sem ambiguidades, também se afastou de Sun.[3]

O casal decidiu se casar e levar sua própria vida. Em setembro de 1914, deu-se o casório, numa pequena igreja no topo de uma colina, em Yokohama, na presença de familiares e amigos próximos. Sun não esteve presente. Ei-ling se lembrava bem dos detalhes do dia: a roupa de casamento, um casaco e uma saia, era de cetim rosa-claro, bordada com um padrão de botões de ameixa de um rosa mais escuro. Enfeitara o cabelo com flores naturais. Depois de um café da manhã de casamento na casa dos Soong, os recém-casados partiram de carro para a lua de mel — Ei-ling num vestido de cetim verde, bordado com pequenos pássaros dourados. O tempo estava instável, mas, sempre que ficavam ao ar livre, a chuva cedia lugar ao sol claro, de modo que o traje e o cabelo de Ei-ling não sofreram. Ela e o noivo acharam que aquelas oportunas visitas do sol eram "um presságio muito feliz".

Voltaram para a cidade natal de H. H., em Shanxi, para viver. H. H. trabalhava como diretor da escola missionária local, onde Ei-ling dava aulas. Logo ele entrou para a iniciativa privada e, com a ajuda dela, enriqueceu.[4]

Sun não escondeu seu desagrado em relação ao casamento, mas não ficou nem um pouco magoado — uma mulher mais nova e mais bonita surgira em cena para substituir Ei-ling: sua irmã, Ching-ling, recém-saída da Wesleyan College, em Macon, na Geórgia. Ching-ling retornara no ano anterior, no fim de agosto de 1913. Diferentemente da circunspecta Ei-ling, a irmã mais jovem era passional e impulsiva. E era uma beldade com pele de porcelana. Não demorou a assumir a posição de assistente de língua inglesa de Sun. Parece que Ei-ling não comentou nada sobre as investidas amorosas de Sun. Era de seu temperamento ser reticente nesses assuntos.

Do tempo em que ela esteve na Wesleyan, entre 1908 e 1913, os contemporâneos de Ching-ling lembravam-se de "seu casaco feito sob medida" e de "seu quarto, que tinha sempre um odor de perfume oriental". Era "mais silenciosa até do que sua irmã mais velha", e era "bastante tímida" e "reservada". Mas havia outro lado. Uma colega comentou: "Lembro-me da felicidade com que Ching-ling recebeu a notícia de que a China se tornara uma república. Fiquei interessada por causa da animação que ela demonstrou. Ela parecia sempre tão calada e reservada, então fiquei surpresa ao vê-la expressar tanta vitalidade". Não apenas vitalidade, mas paixão política. No quarto, Ching-ling pendurara a bandeira chinesa sob o trono manchu, o Dragão Amarelo. Depois, sua colega de quarto a viu "subir numa cadeira para retirar o dragão chinês da parede quando seu pai lhe enviou a nova bandeira da república"; ouviu também a "exclamação dramática de Ching-ling ao jogar a bandeira antiga no chão e pisoteá-la: 'Abaixo o Dragão! Viva a bandeira da república!'".[5]

Sun Yat-sen era seu herói. Enquanto viajava ao Japão para conhecê-lo — e encontrar seu pai —, escreveu a uma de suas professoras: "Estou levando uma caixa de frutos da Califórnia para o dr. Sun, como lembrança de seus admiradores daqui, e sou também a feliz portadora de uma carta privada para ele".[6] Por causa da associação de sua família com Sun, a jovem de 22 anos era celebrada pelos admiradores do revolucionário. Ching-ling, que tinha uma tendência a zombar de sentimentos presunçosos, escreveu à outra professora, Margaret Hall: "Eu [...] fui de jantares a teatros, até me acostumar com o nível elevado de vida [...]. Fui 'convidada de honra' na Recepção dos Estudantes Chineses [...]. Quando subi a bordo, encontrei minha cabine decorada com flores e inundada de cartas, revistas e frutas. Eu me senti muito importante".[7]

Secretamente, a jovem se inspirava em Joana d'Arc, identificando-se com heroínas que lutaram por uma "causa", abraçando o autossacrifício. Em um registro fotográfico que data dessa época, exibe uma expressão desafiadora, como se estivesse lutando contra uma grande injustiça. Quando conheceu Sun, a carreira política dele enfrentava o pior momento desde a fundação da república. A batalha contra Yuan fracassara, e Sun agora vivia num pequeno quarto sem mobília, como uma quitinete de estudante, subsistindo graças a pequenas doações de patrocinadores japoneses. Tudo isso, que poderia ter desencantado outras mulheres, inspirou em Ching-ling um amor ainda mais forte. Para ela, o infortúnio de Sun era uma injustiça em si mesmo, e um sacrifício pela nova república. Esse pensamento a comoveu. "Ele é feito de matéria austera", disse, com comovida admiração.[8] Desejava se devotar a ele e compartilhar o peso dos desafios de sua vida. Em outras palavras, Ching-ling estava apaixonada.

A vida ao lado de Sun era também glamorosa e divertida. Embora inimigo do presidente da China, Sun, tendo sido o primeiro presidente interino, era muito visado socialmente. Ching-ling foi convidada para diversas recepções e passeios com ele e teve dias muito animados. Em uma das cartas a uma amiga americana, Allie Sleep, descreve a estadia num famoso resort de fontes termais — "o hotel mais magnífico do mundo", além de encontros com personalidades: "Deixe-me [...] te contar de alguém com quem estou louca que você se case. É o embaixador da Áustria, o embaixador mais bonito do mundo. Todo mundo da embaixada estava lá".[9]

Sobre outro passeio, escreveu: "Vimos um pomar em miniatura. Era incrível. Tinha todo tipo de árvores anãs — maçãs, peras, romãs, caquis. A vida é tão intensamente interessante agora. Se você gosta de coisas bonitas, tem de visitar o Oriente. Serei sua acompanhante e farei vista grossa quando você precisar colher os frutos proibidos".

Ching-ling descobriu que ela e Sun tinham muito em comum. Embora batizado, Sun nunca foi um crente genuíno. Ching-ling, por sua vez, fora cética em relação aos missionários desde a infância e estava inclinada a vê-los com um olhar zombeteiro. Entusiasmada com a banda havaiana numa festa no navio rumo ao Japão, acrescentou: "Até os missionários participaram — Ah! Apenas como espectadores, claro".[10] Na companhia de Sun, fazia piadas sobre a igreja: "Na escola americana, éramos todas conduzidas à igreja aos domingos, mas eu costumava me esconder no armário atrás das roupas, de onde saía para escrever cartas para minha família quando minhas colegas e as matronas já tinham todas ido embora. Quando contei isso a Sun, ele riu muito e disse: 'Então nós dois vamos para o inferno!'".

Sun sentia-se abençoado por esse novo relacionamento. Estava fisgado. Certa vez, Ching-ling foi visitar a mãe em Shanghai. Sun, então, contratou um emissário para encontrar um lugar para onde ele pudesse enviar cartas de amor em segredo. Esperando as respostas de Ching-ling, perdia o sono e o apetite, e a proprietária da pensão onde se hospedava não demorou a diagnosticar que ele estava apaixonado. Sun confessou: "Simplesmente não consigo tirar Ching-ling da cabeça. Desde que a conheci, sinto que encontrei o amor pela primeira vez na minha vida. Agora conheço a doçura e a amargura de estar apaixonado".[11]

Talvez o sinal mais claro de que Sun Yat-sen estava de fato apaixonado era que o homem que se imaginava "o salvador da China", "o único grande e nobre líder" que tinha de ser "obedecido incondicionalmente", começou a se sentir inseguro quanto ao relacionamento e temia a rejeição de Ching-ling. A jovem percebia e o provocava, por exemplo, anunciando que estava de partida para os Estados Unidos em poucos dias, quando na verdade não tinha nenhum plano do tipo. Em outra ocasião, ao partir para Shanghai numa viagem, alegou que iria se casar e que, na próxima vez que o encontrasse, estaria na companhia de seu marido. Quando correu a notícia de que o presidente Yuan pretendia se tornar imperador, Ching-ling disse a Sun que planejava se casar com Yuan e se tornar "imperatriz", ou talvez uma concubina imperial. Aquilo lançou Sun num frenesi, a ponto de ele escrever uma carta ao pai dela, pedindo esclarecimentos. Charlie ficou pasmo e respondeu: "Tendo a crer que é uma piada, nada mais", "é brincadeira de criança dela", "não acredite nesse tipo de ficção de uma jovem que gosta de fazer piada consigo mesma". Charlie, ao que parece, não conseguiu ver que uma garota só faria aquele tipo de piada com um homem se soubesse que ele estava terrivelmente apaixonado por ela. Pouco tempo depois, Charlie retornou a Shanghai, já certo de que era seguro fazê-lo. Sozinha com Sun no Japão, o amor de Ching-ling floresceu.[12]

No verão de 1915, Ching-ling foi a Shanghai pedir aos pais permissão para casar-se com Sun. Eles ficaram chocados e não consentiram. Os argumentos eram muitos, a começar pela diferença de idade. Ele tinha 48 anos; ela mal completara vinte. Havia muitos bons jovens cristãos com quem ela podia se casar. Certo Yung e certo Dan andavam frequentando a casa assiduamente. Por que não um deles, ou outro? Charlie decerto não esquecera o acidente de carro em Tóquio, e a fria recusa de Sun em visitar a esposa abalada. Sun até poderia ser um revolucionário fervoroso, mas nunca seria um bom marido. A objeção mais emotiva, contudo, era a de que Sun já tinha mulher e filhos. Caso se divorciasse, revelaria "sua infidelidade à esposa que compartilhara de suas provações, e cujos filhos eram mais velhos" do que Ching-ling. E, se não se divorciasse, Ching-ling desempenharia o papel de concubina, o que não apenas cobriria de vergonha a ela e à sua família, mas também violaria os princípios cristãos. Numa carta anterior a Sun (resultante da provocação de Ching-ling, quando disse a Sun que tinha planos de se casar com Yuan Shi-kai), Charlie afirmara que "nós somos uma família cristã, e nenhuma filha nossa será concubina de ninguém, seja ele um rei, um imperador ou um presidente dos maiores na terra". A própria Ching-ling "detesta até mesmo conversar com uma concubina", acrescentou o pai. Ela jamais falava com uma "número dois" que estivesse na presença deles. A filha mais velha Ei-ling também tentou dissuadi-la, o que enfureceu Ching-ling. No meio de uma confrontação acalorada, Ching-ling desmaiou. Foi levada pela escada até seu quarto, e a porta foi fechada por fora. Cenas exaustivas como aquela se repetiram por semanas a fio.[13]

Enquanto Ching-ling enfrentava a família em Shanghai, a esposa de Sun desembarcou no Japão, em setembro, a convite dele, a fim de discutir o divórcio. Mu-zhen estava de luto, pois Ah Mi, irmão de Sun, que vinha sustentando sua família por todo aquele tempo, morrera no começo daquele ano, aos 61 anos. Perdera o homem que realmente se importava com ela e com as crianças. Tendo acabado de suportar esse golpe, aceitou com indiferença o anúncio do marido infiel. Voltou para Macau, onde viveu por mais quatro décadas. Sun e ela nunca se viram de novo.

Contudo, não havia como selar o divórcio com um documento definitivo. Os dois haviam se casado segundo a tradição, que não possibilitava um divórcio honroso para a mulher. Um documento de divórcio era geralmente "uma carta de descarte da esposa" (*xiu-shu*). Sun não queria humilhar Mu-zhen dessa maneira.

Ainda assim, enviou um mensageiro a Shanghai, encarregado de levar Ching-ling para o Japão, alegando que o divórcio agora era oficial. Nas primeiras horas de uma noite outonal, a jovem apaixonada fugiu da casa de sua família e embarcou num navio para o Japão. De acordo com os registros de segurança do governo japonês, Sun se encontrou com ela na estação de Tóquio, no dia 25 de outubro de 1915.[14] Casaram-se no dia seguinte. A cerimônia foi celebrada por certo Wada Mizu, em sua residência, onde o casal assinou três cópias de um "contrato matrimonial", preparado por Wada em japonês. Ching-ling, que não falava japonês, acreditava que Wada fosse um "famoso advogado" e que o "contrato" havia sido registrado no governo de Tóquio, constituindo, assim, uma ligação oficial. Na verdade, Wada Mizu não era advogado — era dono de uma pequena firma comercial —, e o governo de Tóquio não registrava casamentos de estrangeiros. O "contrato matrimonial" era apenas um pedaço de papel que Wada produzira, assinando como "testemunha". Não tinha nenhum efeito legal. A coisa toda era um teatro em prol da jovem de 21 anos, que fora educada em escola missionária e para quem um casamento oficial era de suma importância.

Sun não convidou nenhum amigo para a cerimônia, exceto um dos mais fiéis e confiáveis, Liao Zhong-kai, que fez o papel de segunda "testemunha". Liao levou sua filha de onze anos de idade, Cynthia, que serviu de intérprete para a noiva.

Depois das assinaturas, Wada ofereceu aos recém-casados uma rápida ceia. Os três, então, partiram no carro que trouxera Sun. Wada desceu primeiro, num restaurante de gueixas; ali é que se daria seu verdadeiro jantar naquela noite. Em seguida, o carro deixou os Sun em casa. Já não era o velho buraco de estudante, mas "uma casinha aconchegante escondida entre bordos vermelhos", que Ching-ling amava. Ela contou que o casamento foi "o mais simples possível": "nós dois detestamos cerimônias e coisa do tipo".[15]

No dia seguinte, os pais de Ching-ling apareceram na porta do casal. Ao fugir, Ching-ling deixara uma carta, e eles tomaram o primeiro navio para o Japão. Anos depois, Ching-ling escreveu a seu amigo e biógrafo Israel Epstein (que ela chamava de Eppy), contando como os pais "tentaram persuadi-la a abandonar o marido e voltar para casa [...]. Minha mãe chorava e meu pai, que estava doente do fígado, implorou [...]. Chegou a ir ao governo japonês e entrar com um recurso [...] afirmando que eu era menor de idade e que havia sido forçada a casar! Naturalmente, o governo japonês não podia intervir. Embora cheia de pena dos meus pais — também chorei amargamente —, me recusei a deixar meu marido. Enfim, Eppy, embora isso tenha ocorrido mais de meio século atrás, ainda sinto como se tivesse acontecido há poucos meses".[16]

O fato de que Charlie tenha ido ao governo japonês denunciar Sun mostra a extensão de sua angústia. Ele acreditara que Sun era uma pessoa "nobre", alguém que jamais "ludibriaria amigos". Agora seu ídolo o decepcionava amargamente. A um velho amigo missionário, Bill Burke, Charlie confidenciou: "Bill, nunca me senti tão magoado em toda minha vida". Charlie nunca perdoou Sun. Ei-ling e o marido notaram que o rompimento com Sun "fora completo [...] e a velha camaradagem se tornara inimizade".[17]

A notícia do casamento veio a público. Os missionários consideravam que Ching-ling havia fugido e queriam que Charlie a trouxesse de volta. Por sua vez, os camaradas de Sun se recusaram a reconhecê-la como esposa do líder, chamando-a não de "sra. Sun", mas de "srta. Soong".

Ching-ling ignorou tudo aquilo e seguiu acreditando plenamente na retidão daquela união. Estava envolta na própria felicidade, como escreveu à amiga Allie, poucas semanas depois:

> Ando tão distraída esses dias, que estou na dúvida se te enviei ou não uma carta. Para ter certeza absoluta, estou rabiscando estas linhas para dizer que estou muito contente e feliz e satisfeita por ter sido corajosa a ponto de superar meus medos e dúvidas e decidir casar.
>
> Sinto-me assentada, envolta num sentimento doméstico. Estou *muito ocupada* ajudando meu marido com o trabalho dele, respondendo a sua correspondência,

cuidando de todos os telegramas e decifrando-os para o chinês. E tenho esperança de que um dia todo o meu trabalho e meu sacrifício sejam recompensados ao ver uma China livre do jugo de um tirano monarquista, elevando-se como república, no melhor sentido da palavra.[18]

A menção a "sacrifícios" no casamento sugere que, no fundo, Ching-ling sabia que o casamento era irregular. Ela aceitou isso, dizendo a si mesma que suas ações visavam ao bem maior. O casamento era real em todos os sentidos, exceto formalmente. Sun manteve seus votos e permaneceu fiel; Ching-ling, por sua vez, estava disposta a dar a vida por ele.

Enquanto isso, o presidente Yuan, ora seguro e popular no cargo, começou a desejar algo mais. Sempre havia aspirado à coroa e, em 1915, anunciou que conduziria a China de volta para a monarquia, assumindo o papel de imperador. O monarca aspirante, contudo, tinha preocupações relacionadas à falta de legitimidade. Na Cidade Proibida, havia um dragão esculpido suspenso no teto sobre o trono, segurando uma grande esfera de prata entre os dentes. Os chineses acreditavam que a esfera tombaria sobre qualquer pessoa que ocupasse o trono sem merecê-lo. Yuan tinha tanto receio de ser esmagado que moveu o trono para longe do dragão talhado.[19] A opinião pública, bastante ruidosa por mais de uma década, manifestou-se vigorosamente contra a ideia de retroceder no tempo. Os camaradas de Yuan e seus chefes de Exército também não o apoiavam. O republicanismo era agora uma realidade sem volta. Oitenta e três dias depois de anunciar a intenção de se tornar imperador, no dia 22 de março de 1916, Yuan desistiu. Nunca chegou ao trono.*

* Em julho de 1917, dá-se outra tentativa de restaurar a monarquia, dessa vez por parte do general Zhang Xun, que desejava restaurar o trono manchu, ao qual permanecera leal. Ele e suas tropas mantiveram o estilo de cabelo dos manchus, a trança, e Zhang foi apelidado de "O general da trança". Seu exército invadiu Beijing e pôs Pu Yi, o último imperador, no trono da Cidade Proibida. Mas havia pouco apoio à restauração. Mesmo os cortesãos convocados ao palácio para esboçar os decretos imperiais se sentiram "irritados e contrariados demais para engolir" o almoço real. Meninos jornaleiros vendendo os decretos nas ruas gritavam: "Comprem antiguidades! Antiguidades por seis cobres! Esse papel será uma antiguidade logo, logo!". A farsa durou apenas doze dias.

As três irmãs Soong em Shanghai, por volta de 1917, depois de terem regressado dos estudos nos Estados Unidos.

À ESQ. Ei-ling numa foto de estúdio em 1912. CENTRO: Ching-ling, em 1912, na Carolina do Norte, com a amiga Allie Sleep, com quem se corresponderia ao longo de seis décadas. À DIR. May-ling, com dez anos, na Wesleyan College, na Geórgia. May-ling viveu durante uma década nos Estados Unidos; seus pais a enviaram para estudar lá quando ela tinha nove anos.

Soong Charlie, o pai das três irmãs, no começo da década de 1880. Charlie foi o primeiro cidadão chinês do Sul dos Estados Unidos a converter-se à Igreja Metodista. Mais tarde, retornou à China como pastor.

A detenção de Sun Yat-sen na Legação Chinesa, em Londres, no ano de 1896, gerou repercussão internacional, deu-lhe proeminência e o ajudou a se tornar o "Pai da China". Na ilustração do jornal britânico, Sun surge liberto (ao centro, com casaco no braço) sob escolta policial. Ele segura o braço do responsável por sua libertação, o dr. Cantlie, de quem foi aluno.

Sun (primeira fileira, sexto a partir da esquerda) sagrou-se "presidente interino" quando foi declarada a república, no dia 1º de janeiro de 1912; contudo, precisou renunciar em 13 de fevereiro, data desta fotografia. Huang Xing (primeira fileira, quarto a partir da esquerda) era o segundo homem mais influente entre os republicanos.

Sun com a família, em 1912: a esposa, Mu-zhen (sentada com ele), as filhas, Yan (de pé, na extrema esquerda) e Wan (na extrema direita), e o filho, Fo. Sun não se encontrava com a família havia bem mais de uma década. Nessa época, cortejava Ei-ling (de túnica escura), que trabalhava para ele como assistente de língua inglesa.

Yuan Shi-kai, primeiro presidente da China, seguindo-se à primeira eleição geral na história do país, em 1913.

Chen Qi-mei, o "Chefão" da Gangue Verde de Shanghai, teve papel central na ascensão de Sun.

Song Jiao-ren, que fundou o Partido Nacionalista em 1912, foi assassinado em 1913 quando conduzia a delegação de seu partido à abertura do primeiro Parlamento chinês. Sun Yat-sen se valeu do assassinato para iniciar a primeira guerra da república recém-nascida.

Sra. Soong Charlie (sentada) com as duas filhas mais velhas, Ei-ling (à esq.) e Ching-ling, por volta de 1913-4.

Membros da família Soong na ocasião do casamento de Ei-ling com H. H. Kung no Japão, setembro de 1914. Da esquerda para a direita: T. L., Charlie, T. A., Ching-ling, sra. Soong, H. H. e Ei-ling.

Pela primeira vez em uma década, toda a família Soong reuniu-se em Shanghai, em 1917. A partir da esquerda: Ei-ling, T. V., T. A. e Ching-ling (sentados no chão); Charlie e sra. Soong (sentados); T. L. e May-ling.

Mikhail Borodin (à esq.), representante de Moscou junto a Sun Yat-sen, esteve em Cantão para ajudar Sun a derrubar o governo de Beijing. Designou Wang Jing-wei (à dir.) como sucessor de Sun.

Moscou patrocinou a criação da academia militar de Whampoa para Sun. Ching-ling (Madame Sun Yat-sen desde 1915) esteve na cerimônia de fundação, em junho de 1924. No palco, da esquerda para a direita: Liao Zhong-kai, o aliado mais próximo de Sun, Chiang Kai-shek, chefe da academia (e, mais tarde, marido de May-ling), Sun e Ching-ling.

Ching-ling com o marido em 1924. Sun morreria no ano seguinte.

O catafalco de Sun Yat-sen adentrando seu gigantesco mausoléu em Nanjing, em junho de 1929.

Ching-ling (primeira fileira, ao centro) como parte do alto escalão do Partido Nacionalista, no momento de maior influência leninista sobre a agremiação, em março de 1927. À sua direita: Fo, o filho de Sun; à esquerda: seu irmão T. V. e Eugene Chen (ao lado de T. V.). Mao Tsé-tung, posterior líder supremo da China comunista, encontra-se na fileira do meio, o terceiro a partir da direita. Deng Yan-da está na fileira do fundo, o terceiro a partir da direita. O cenário é composto por um retrato de Sun Yat-sen, flanqueado pelas bandeiras do Partido Nacionalista e da China Nacionalista.

As três irmãs (a partir da esquerda: Ching--ling, Ei-ling, May-ling), por volta de 1927, antes de Chiang Kai-shek expulsar os comunistas do Partido Nacionalista. Essa talvez seja a última fotografia das três irmãs antes de abraçarem campos políticos antagônicos.

O casamento de May-ling e Chiang Kai-shek, dezembro de 1927. Ela se tornou a primeira-dama da China quando Chiang estabeleceu o governo nacionalista em 1928.

A aposta fracassada de Yuan de se tornar imperador destruiu sua reputação, e Sun se mostrou ávido para explorar aquele momento vulnerável. A preocupação de Sun era que Yuan renunciasse: nesse caso, como estipulado pela Constituição, o vice-presidente Li Yuan-hong o sucederia automaticamente, de modo que Sun ficaria privado de um alvo fraco e desacreditado. Li, o chefe de Exército que ajudara a liderar a revolução de 1911, emergira nesse meio-tempo como um estadista popular e habilidoso. Se Yuan renunciasse, Sun não teria base nenhuma para substituir Li. Era essencial que seus homens agissem para derrubar Yuan imediatamente. Do Japão, Sun enviou telegramas urgentes aos seus seguidores na China, ordenando que criassem o caos imediatamente. Pôs suas fichas, sobretudo, em Chen, o Chefão, instruindo-o a organizar levantes em Shanghai o mais rápido possível.[20]

Chen, presente em Shanghai de forma clandestina e já não mais o grande chefe que fora entre 1911 e 1912, não pôde cumprir as ordens. Tal como o governo de Beijing, as autoridades estrangeiras das Concessões também estavam no seu encalço. Já não o toleravam por transformar Shanghai num campo de batalha — além de fazer da cidade um paraíso para mafiosos. Durante a revolução republicana, quando Chen controlava a cidade, ele protegera as gangues em vez de suprimi-las, diferentemente de muitos outros chefes republicanos nas províncias, que se voltaram contra seus antigos camaradas. Os gângsteres tinham convergido para Shanghai e prosperaram por lá.

Agora, as próprias gangues voltaram as costas para ele. Chen havia ido além das tradicionais atividades mafiosas, envolvendo-se na política nacional — e terminara do lado dos perdedores. Já não era um poderoso chefão, apenas um revolucionário fracassado. Não apenas foi incapaz de provocar distúrbios como também não conseguiu arrecadar fundos. Quando era o dono do pedaço, extorquira grandes somas de bancos e empresas via intimidação. Quando o gerente do Banco da China em Shanghai argumentou que ele não podia simplesmente entregar o dinheiro do banco, Chen o prendeu, e o banco pagou. Agora só podia sonhar com esse tipo de solução fácil. Não tinha meios de financiar revoltas ou motins, ou quantos assassinatos desejasse. Pelo contrário: o presidente Yuan havia assumido suas armas e se provava um empregador muito mais desejável aos olhos dos pistoleiros.

Como Chen fez poucos avanços e produziu apenas uma série de fracassos, Sun Yat-sen se tornou impaciente e desdenhoso. Enfureceu-se por agora ter de financiar o Chefão, e não o oposto. Entrou em Shanghai de forma clandestina para assumir o comando pessoalmente, algo que não era do seu feitio, o que demonstrava sua pressa. Yuan podia renunciar a qualquer minuto; estava sob tremenda pressão para fazê-lo. Quando se encontraram, Sun repreendeu o Chefão com palavras cruéis, e Chen deprimiu-se. A saúde debilitada já o vinha atormentando, a ponto de que já não se importava se vivia ou morria. Às pessoas ao seu redor, ele parecia "definhar, sem espírito, como um esqueleto". Embora constasse na lista de procurados, continuava passeando pelas ruas de Shanghai sozinho. Não podia bancar um guarda-costas. Então, quase casualmente, caiu numa armadilha fatal.

Um dia, um colega revolucionário que recentemente se tornara informante lhe propôs um "negócio" com uma "companhia de mineração". O negócio prometia acréscimos substanciais aos cofres de Sun, então Chen aceitou participar de uma reunião. No dia 18 de maio de 1916, foi a uma casa que costumava usar para receber "representantes de empresas" e se viu sozinho na sala de reunião com cinco deles. Lá, foi baleado na cabeça, aos 38 anos. Não levara consigo nenhum segurança. Os assassinos entraram na casa sem revista. Tudo isso parece extraordinariamente irresponsável, mais ainda porque ele sabia — como Sun sabia — que a tal "companhia de mineração" era uma farsa. Chen parece ter calculado que, se tivesse sorte, conseguiria o dinheiro para Sun; se não, morrer não seria a pior coisa do mundo.[21]

Depois do assassinato, o dono da casa queria que o corpo fosse removido imediatamente. Havia alguns camaradas em outra sala, mas ninguém se dispunha a fazer o trabalho. Chiang Kai-shek, o futuro Generalíssimo, que tempos atrás matara um rival político de Sun por ordens de Chen, idolatrava Chen como um mentor e o amava como a um irmão. Correu até lá e trouxe o corpo de Chen para sua própria casa, onde organizou um velório. Quase ninguém apareceu. Sun Yat-sen, com a própria vida em perigo, não foi. O grande Chefão, anteriormente temido, morreu na solidão. Seu corpo foi mantido num depósito, pois a família não podia bancar o enterro. Chiang Kai-shek ficou desolado. Escreveu uma eulogia amarga, uma cascata de desprezo aos "amigos" de Chen. Sem mencionar o nome de Sun, sugeriu que o grande revolucionário tratara muito mal um homem que tivera um papel insubstituível em sua carreira e que isso contribuíra para a sua morte.[22]

Quando a notícia do assassinato de Chen chegou ao Japão, Ching-ling pulou no primeiro navio e correu para Shanghai a fim de se reunir com o marido. Vinha adoecendo de preocupação, convencida de que Sun só ficaria seguro se ela estivesse lá. Chegou na manhã seguinte. Quando descia o passadiço em meio à névoa que se dispersava, pôde ver a figura familiar de Sun na praia, à espera. Era pouco comum que Sun fosse esperar a chegada de um navio — ele era o "Grande Homem Ocupado", como Ching-ling carinhosamente o apelidara. E era particularmente arriscado para ele naquele momento. Parece que Sun ficou tocado com o amor de Ching-ling e quis demonstrar seu apreço. Ela ficou comovida com aquele gesto e imediatamente aliviada por constatar que o marido estava bem.[23]

Dezoito dias depois, o presidente Yuan morreu de uremia, sem renunciar ao cargo, aos 56 anos. Li, o vice-presidente, o sucedeu automaticamente. Tendo perdido seu alvo fragilizado, Sun suspendeu a guerra e se pôs a refletir sobre como lidar com Li e garantir a posição de presidente. Para Ching-ling, seu marido estava seguro por ora, e ela se sentia imensamente feliz.

6. Tornando-se Madame Sun

Por experiências passadas, Sun sabia que o presidente Li não nutria grandes ambições de governar a China. Fez acenos de paz, esperando que lhe entregasse o cargo.[1] Li o desapontou: ofereceu-lhe apenas uma posição especial como conselheiro sênior do governo. Sun recusou enojado e tentou convencer alguns dos membros nacionalistas do Parlamento a demandar que ele fosse decretado presidente.[2] Como não havia base constitucional, os Nacionalistas se recusaram a obedecer. No fim, alguns sugeriam, cautelosamente, que talvez fosse possível propor Sun como vice-presidente. Quando seu emissário lhe reportou isso, Sun se lançou num ataque de fúria e disse: "Vocês tomem cuidado. Vou começar uma revolução agora [...]. Lançarei uma campanha militar. Vocês todos tomem cuidado!".[3]

Começou, então, a preparar uma guerra contra o governo Li. Para isso, precisava de dinheiro. A Primeira Guerra Mundial lhe apresentou uma oportunidade. No começo de 1917, os Estados Unidos romperam relações diplomáticas com a Alemanha e prometeram à China que ela teria muito a ganhar caso se juntasse aos Aliados. O Parlamento debateu essa questão por várias semanas, na presença de ministros dos Aliados e da Alemanha. No dia 10 de março, o rompimento com a Alemanha foi aprovado. Documentos do arquivo alemão revelam que o país europeu tentara subornar Beijing, mirando particularmente o primeiro-ministro Duan Qi-rui, ex-soldado que encabeçava o movimento de adesão aos Aliados.[4] Os alemães ofereceram 1 milhão para Duan, que declinou na mesma hora. (Antigo protegido de Yuan Shi-kai, Duan também havia sido essencial para forçar seu patrono a abandonar os sonhos imperiais.)

A Alemanha queria remover Duan e reverter o acordo com os Aliados. Deu início, então, a conversas secretas com Sun Yat-sen, por meio de Abel Tsao, contato de Sun. O cônsul alemão em Shanghai, Herr Knipping, reportou a Berlim que Sun estava bastante disposto a colaborar; em troca, "demandava 2 milhões de dólares". O chanceler alemão concordou, e Sun recebeu 1,5 milhão de dólares mexicanos (na época, uma das moedas em uso na China).[5] Esse foi o primeiro patrocínio estrangeiro que Sun recebeu.*

Sun planejava usar o dinheiro para articular sua base e se estabelecer em Cantão, a próspera cidade na costa sul, cercada por morros baixos e com população de 1 milhão de habitantes. Na juventude, Sun a desdenhara pela atmosfera antiquada. Agora, havia muita modernização. Velhos becos foram alargados, transformando-se em ruas para automóveis. Nas avenidas de terra, cheias de buraco, os carros espirravam lama em todas as direções, sacudindo bruscamente os passageiros nos assentos cobertos de cetim. E — mais importante para Sun — estava lá um grupo de membros do Parlamento, vindo de Beijing, que poderia compor sua base inicial de apoio. O primeiro Parlamento da China parecia caótico e confuso, como reportado pela imprensa livre, e havia petições a favor de uma nova eleição. Pressionado, o presidente Li anunciou a suspensão do Parlamento em junho de 1917 e convocou novas eleições — um gesto que constituía uma violação constitucional. Aproximadamente cem membros do Parlamento abandonaram Beijing em protesto, e Sun Yat-sen, de posse do dinheiro alemão, pôde pagar para que a maioria deles viesse operar em Cantão. Também por meio do dinheiro alemão, Sun persuadiu uma frota falida, sob comando de um velho amigo, Cheng Bi-guang, a segui-lo. Em agosto, Sun compôs um "governo" em Cantão para rivalizar com Beijing, alegando que defendia a Constituição.**

* O dinheiro foi transferido para Cantão pelo Banco Holandês e o Banco de Taiwan, de acordo com um relatório do cônsul-geral americano P. S. Heintzleman.

** Apesar de ter aceitado o dinheiro alemão, o governo de Sun declarou guerra à Alemanha quando o país parecia já desacreditado (Wilbur, C. Martin, pp. 93-4).

Aos membros reunidos do Parlamento, Sun exigiu ser declarado "presidente provisório" da China. Eles resistiram, argumentando que, de acordo com a Constituição, o número de parlamentares ali presentes era insuficiente para eleger Sun. Além disso, o propósito deles não era depor Beijing; queriam apenas que o Parlamento fosse readmitido. Sun se entregou a outro de seus já frequentes surtos de raiva extrema, arrolando insultos ao representante. Chegou-se a um acordo, e o título de "grande marechal" foi concedido a Sun (com o governo de Cantão passando a ser chamado de "governo militar"). Sun assumiu o título com bastante pompa, vestindo um uniforme de borlas douradas e faixas vermelhas, uma pluma e uma espada cerimonial.[6]

O grande marechal não tardou a lançar uma guerra contra Beijing. Os soldados recebiam quinze iuanes por mês caso se alistassem com armas, e dez iuanes caso se alistassem sem. Os fundos germânicos rapidamente desapareceram. Sun não tinha autoridade para elevar os impostos, e, quando ordenou aos administradores de Cantão que lhe entregassem o dinheiro, eles recusaram. Sun explodiu em nova torrente de abuso verbal e ordenou à Marinha que bombardeasse a sede da administração. A Marinha se recusou; Sun subiu no navio e disparou ele mesmo o canhão. Aquilo indignou o chefe naval, Cheng Bi-guang. Pouco tempo depois disso, Cheng, velho amigo de Sun, foi morto a tiros perto de um píer. De acordo com um dos ajudantes de Sun que esteve envolvido nesse e em outros assassinatos, foi Zhu Zhi-xin, secretário de Sun, quem organizou o assassinato. Mais tarde, diz-se que Sun afirmou que aquela morte devia ser vista como uma "execução por desobediência".[7]

Os membros do Parlamento ficaram horrorizados com aquela "ditadura" opressiva. Lamentaram terem se associado a ele e buscaram um modo de forçá-lo a ir embora. Assim, votaram pela abolição do posto de grande marechal, substituindo-o por uma liderança coletiva de sete homens, com Sun entre eles. Calculavam que Sun não toleraria uma liderança compartilhada. De fato, ele renunciou de imediato e deixou Cantão em 21 de maio de 1918. Foi grande marechal por menos de um ano.

As pessoas que o viram nessa época ficaram abismadas com seu aspecto envelhecido: aos 51 anos, os cabelos eram grisalhos e ralos, os ombros caídos, a expressão sem energia.[8] Um dos olhos contraíra uma infecção e inchara terrivelmente, vazando um rastro de lágrimas pela face exaurida. Estava corroído por uma mágoa profunda. Ele, o primeiro defensor do republicanismo, não recebera o que lhe era devido. Sua grandeza não era reconhecida de maneira adequada, e o que ele merecia — ser presidente da China — com insistência lhe escapava. Sentia-se "completa e impotentemente sozinho", situação que, disse, representava "não apenas um flagelo meu, mas da república".[9]

Enquanto Sun estava em Cantão, Ching-ling ficou basicamente em Shanghai. May-ling, a filha mais nova, voltou dos Estados Unidos em julho de 1917, depois de uma ausência de dez anos; depois, Charlie começou a sentir as dores do câncer, falecendo no dia 3 de maio de 1918. Esses eventos, e o fato de que Sun não se encontrava em Shanghai, reaproximaram Ching-ling de sua família.

Quando foi expulso de Cantão, Sun quis ir para Shanghai, e Ching-ling conseguiu o consentimento do cônsul francês para que ele pudesse viver com sua esposa na Concessão francesa. A casa era uma mansão em estilo europeu com um grande jardim. Ficava no fim de uma pequena rua sem saída, com apenas algumas poucas casas na frente — o que facilitava a vigilância. Na sala de visitas, havia um quadro de George Washington. Sun levava a sério quando alguém às vezes lhe dizia que ele era o George Washington da China.

Casada, Ching-ling tornara-se ainda mais bonita. Julian Carr, o magnata do tabaco da Carolina do Norte que fora patrono de seu pai no passado, visitou Shanghai nessa época e comentou que ela era "a moça mais bonita" que vira na China.[10]

O casal recebia muitos visitantes, e ela encantava a todos. George Sokolsky, repórter americano que frequentava a casa, comentou que ela tinha "uma personalidade tão doce e adorável" que facilmente ofuscava o marido. Sua "presença na sala, a risada amigável, a conversa refinada deixavam uma impressão mais memorável do que a figura do líder político um tanto sombrio, sempre sonhador". Para cada visitante, Ching-ling "tinha uma recepção afetuosa, modos gentis, uma palavra delicada", mas também estava lá "para economizar o tempo e a energia do doutor, garantindo sua paz". Pela manhã, jogavam tênis. Depois do café, ele lia e escrevia, e ela copiava os manuscritos. Trabalhava como secretária dele, discreta e modesta. "Sempre aparecia em cena; e, no entanto, posicionava-se atrás do doutor, não a seu lado [...], protegendo o grande homem [...], jamais impondo sua personalidade, jamais se apossando de nem sequer um raio de glória de seu marido."[11]

Tendo Ching-ling como secretária, Sun escreveu um panfleto de título grandiloquente, *A teoria de Sun*, obra da qual se orgulhava imensamente. Continha um tema: "É mais fácil fazer do que falar" (*xing-yi-zhi-nan*), reverso do velho provérbio: "É mais fácil falar do que fazer". Sun anunciou que aquele velho provérbio era a fonte de todos os males do país e que seu aforismo era "o único modo de salvar a China", quiçá "a verdade do universo". Para fundamentar seu argumento, começou por afirmar a conveniência de comidas como queijo de soja, cogumelos negros e intestinos de porco, enveredando-se por sermões sobre a importância do dinheiro, da linguagem, de Darwin, da ciência, das reformas japonesas e da necessidade de desenvolver a economia. Todos esses assuntos foram amontoados sem nenhuma ordem em particular, à revelia de qualquer coerência ou relevância.[12]

Com essa salgalhada Sun afirmava a superioridade do homem que "dissera" primeiro, referindo-se, naturalmente, a si mesmo, que fora o primeiro a defender o republicanismo. E argumentava que tal homem devia ser obedecido. O principal pensador liberal da época, Hu Shih, percebeu o que Sun pretendia com aquilo e apontou de maneira certeira: Sun escrevera o livro para dizer "Obedeçam-me", "Façam o que eu digo". "Depois do estudo cuidadoso desse livro, essa é a única explicação possível."[13]

Ching-ling, que escrevera ensaios muito bem argumentados na faculdade e gostava de zombar de pessoas pretensiosas, não obstante, reverenciava aquele tipo de coisa. Sua irmã May-ling, perspicaz, com uma inteligência intuitiva incrível, comentou com a amiga Emma Mills: "Sabe, tenho notado que os homens mais bem-sucedidos não são em geral aqueles com grandes poderes, os gênios, mas os que nutrem uma fé tão absoluta neles mesmos que invariavelmente hipnotizam os outros e os fazem acreditar naquilo tanto quanto eles".[14]

Ching-ling estava, sem dúvida, fascinada pelo marido. Escrevendo para Allie, disse: "Ainda mantenho minha admiração por ele e venero seu caráter tanto quanto antes [...]. E a melhor coisa que eu poderia desejar para você, querida Allie, é que você encontre logo seus próprios ideais materializados num ideal humano, e certamente a felicidade virá. Claro que você já é bastante feliz, mas a felicidade de uma vida no casamento é diferente e muito superior".[15]

Sun viveu por mais de dois anos em Shanghai. Durante aquele tempo, ocorreram novas eleições gerais em 1918, que elegeram o presidente seguinte, Hsu Shih-chang, político conhecido por ser "um verdadeiro cavalheiro", muito respeitado por sua integridade. A eleição foi boicotada por cinco províncias dentro do raio de influência de Cantão, mas o governo eleito pelo resto do país foi reconhecido internacionalmente. O presidente Hsu fez ofertas de paz e reunificação a Cantão, e o povo respondeu, com muitas pessoas em posições-chave deixando a cidade sulista. Sun planejou voltar para Cantão e continuar sua guerra contra o presidente Hsu. Para ele, o poder só poderia chegar pela força das armas. Quando a manifestação nacionalista estudantil conhecida como Quatro de Maio aconteceu em 1919 (evento considerado um marco na história da China), alguns jovens o contataram, buscando seu conselho. Sun demonstrou pouco interesse pelo movimento, mas disse: "Dou-lhes quinhentas armas para acabar com o governo de Beijing. O que me dizem?".[16] Em seguida, enviou três grupos diferentes de emissários à Alemanha para convidar o Exército do país europeu a invadir a China e atacar Beijing. Os alemães o tomaram por "louco".[17] Depois, por meio do cônsul japonês em Shanghai, implorou ao Japão que o apoiasse numa guerra contra Beijing, oferecendo a Manchúria e a Mongólia em troca. Os japoneses o ignoraram.[18]

Agora já se passara quase uma década desde a estreia da China como democracia eleitoral. Enquanto a sociedade experimentava uma liberdade sem precedentes, figuras inteligentes e ambiciosas exploravam ideias pouco convencionais sobre como o país deveria ser governado, tentando pôr tais noções em prática. Uma delas era Ch'en Chiung-ming, oficial do Exército cantonês. Antes de iniciar a carreira militar, formara-se advogado, sendo eleito membro da assembleia provincial de Guangdong em 1909. Ch'en defendia a crença de que a China era grande demais para ser administrada por um governo demasiadamente centralizado; nesse caso, um sistema federal era a melhor alternativa (como nos Estados Unidos). Para começo de conversa, cada província deveria ter grande autonomia e conduzir seus próprios negócios. Para concretizar sua visão, Ch'en pôs na cabeça a ideia de fazer da província de Guangdong, tendo Cantão como capital, um modelo para o que ele pretendia alcançar, construindo escolas, casas, estradas, parques e outros aparatos públicos. Mas ele era apenas um oficial, sem mandato para governar a província, e ninguém lhe dava ouvidos. Pensou, então, em Sun Yat-sen, imaginando que poderia se valer da fama de Sun para seus propósitos. Sun, por sua vez, não perdeu a chance de fazer com que Ch'en tomasse Cantão, voltando para lá em novembro de 1920.

Ch'en não tardou a lamentar a associação com Sun. Seus objetivos estavam em polos separados: o de Sun era usar Cantão como base de guerra, com o propósito de governar a China inteira. Uma disputa de desejos logo começou. E, nisso, o oficial não era páreo para Sun. Em pouco tempo, Sun estabeleceu um governo rival, oposto a Beijing. E, dessa vez, diferentemente de 1917, quando só conseguiu ser declarado grande marechal, ele próprio se autoproclamou "grande presidente da República Chinesa", no dia 7 de abril de 1921. Desse modo, Sun Yat-sen, o Pai da China, dividiu o país e formou um Estado separado contra o governo eleito e internacionalmente reconhecido — algo que nenhuma outra província jamais fizera.

Depois de visitar Cantão e Sun, o adido militar americano major Magruder observou que Sun era movido por "um único objetivo na vida, o enaltecimento pessoal",[19] e que, para isso, não se deteria por nada e sacrificaria qualquer um. O sucessor de Magruder, major Philean, fez a mesma observação: "Seus olhos estão fixos em [Beijing] — seu destino. Ele acredita que a China inteira ficará a seus pés [...] e o país inteiro lhe obedecerá".[20]

Em maio de 1922, Sun lançou uma ofensiva militar contra o Norte para tentar depor o presidente Hsu, sob a alegação de que Hsu não havia sido eleito por todas as 22 províncias. Hsu não queria outra guerra e se dispôs a renunciar, junto com Sun, abrindo caminho para um novo processo eleitoral. Apresentou sua resignação imediatamente depois de completar uma grande manobra diplomática. Os japoneses vinham ocupando parte da província de Shandong desde a Primeira Guerra Mundial. Na Conferência de Versailles, em 1919, depois da guerra, a China não conseguiu obter o território de volta, o que levou ao protesto estudantil nacionalista de Quatro de Maio. Por meio de habilidosas negociações, o governo Hsu conseguiu compelir o Japão a devolver a área ocupada em 1922. Depois de assinar a ratificação em Beijing, no dia 2 de junho, o presidente Hsu, na mesma manhã, entregou sua resignação, deixando a capital durante a tarde. (Essa vitória diplomática vem sendo eliminada dos livros de história.)[21]

Sun não esperava que Hsu desistisse da presidência tão facilmente e, num gesto precipitado, concordou em renunciar junto com ele. Agora a opinião pública o convocava a cumprir a promessa, pondo fim à guerra. Sun optou por agir como se nunca tivesse concordado com nada. O oficial Ch'en e suas tropas, que havia muito desejavam a paz, se impacientaram, deixando claro que não lutariam por ele. Em um comunicado à imprensa, demandaram a resignação de Sun. No dia 12 de junho, Sun convocou uma coletiva, na qual denunciou o Exército de Ch'en em mais uma invectiva abusiva. Ameaçadoramente, anunciou: "As pessoas dizem que Sun Yat-sen é 'um enorme canhão' [alguém que se vangloria em demasia]. Pois mostrarei o que é o verdadeiro canhão desta vez. Usarei canhões de oito polegadas para atirar gás envenenado [...] e em três horas reduzirei a pó os sessenta e tantos batalhões do Exército de Ch'en. É verdade que abater mais de sessenta batalhões de homens do Exército e assustar os habitantes de uma cidade inteira é algo violento demais e cruel; mas, se não faço isso, eles não vão se corrigir". Pediu aos jornais que divulgassem as ameaças.[22]

Essa foi a gota d'água para Ch'en, que decidiu tirar Sun Yat-sen à força. Durante os dias seguintes, soldados foram posicionados ao redor do "palácio presidencial", que ficava no sopé de uma colina. Na metade dessa mesma pequena colina, ao fim de uma alameda sombreada, ficava sua residência, uma *villa* elegante, de jardim majestoso, que gozava de uma bela vista das ruas da cidade e do rio das Pérolas mais adiante. Nesse complexo presidencial, Sun recebeu mensagens convocando-o a partir. Ele se recusou.

Mais ou menos uma hora depois da meia-noite, no dia 16 de junho, chegou-lhe um aviso de que o complexo seria atacado ao amanhecer. Sun decidiu que era melhor fugir. Pôs uma bata veranil de algodão branco e um par de óculos escuros e saiu com alguns guardas sem uniforme, levando consigo os documentos mais secretos. Desceram, chegando às ruas de Cantão. Tomaram riquixás até o píer mais próximo, onde alugaram um barco a motor que os levou a uma canhoneira fiel a Sun. Rapidamente, numa fuga que durou no máximo uma hora e meia, Sun estava a salvo.[23]

Ao amanhecer, tal como anunciado, o Exército de Ch'en começou a atacar a casa de Sun. Como Ching-ling ainda se encontrava no palácio presidencial, eles não estavam cientes de que o grande presidente já havia partido. Os guardas de Sun, que somavam mais de cinquenta, revidaram vigorosamente.

Ching-ling havia se voluntariado para ficar e cobrir a fuga de Sun. "Achei que seria inconveniente para ele levar uma mulher junto, então disse que, por ora, me deixasse para trás", escreveu a um jornal de Shanghai, logo depois do evento. Em outros lugares afirmou que, na ocasião, disse ao marido: "A China pode viver sem mim, mas não sem você". Apaixonada, Ching-ling estava pronta para se sacrificar por ele.

O que a jovem não percebia é que, mesmo depois de se posicionar em segurança, seu marido ainda não queria que ela fugisse. Ele já chegara à canhoneira muito antes do amanhecer, bem antes do ataque agendado pelo Exército de Ch'en. Havia tempo suficiente para que enviasse uma mensagem a Ching-ling, dizendo que estava seguro — e que ela podia sair. Mas não fez isso. Enviou, sim, um homem de volta ao palácio presidencial — mas apenas para "fazer um reconhecimento",[24] e nada mais. Ching-ling, sem saber que o marido já alcançara um local seguro, permaneceu bravamente no mesmo lugar.

Quando o dia raiou, escreveu Ching-ling, os agressores começaram a disparar contra a casa. Os guardas de Sun contra-atacaram usando "rifles e metralhadoras, enquanto o inimigo se valia de canhões. Minha banheira ficou aos pedaços [...]. Às oito horas, nosso depósito de munição estava esvaziando, então decidimos parar de atirar e preservar o que sobrara até o último momento possível". Só então concordou em partir. Ela e mais três assistentes se esgueiraram pela alameda, tentando chegar ao pé da colina. "O inimigo logo começou a concentrar o fogo nessa passagem, e as balas passavam zumbindo sobre a nossa cabeça. Por duas vezes balas quase roçaram minha têmpora, sem me ferir."

Diferentemente da fuga tranquila do marido, sua debandada foi "um caso de vida ou morte". "Das oito da manhã até as quatro da tarde, ficamos literalmente enterrados sob um inferno de fogo constante. As balas voavam em todas as direções. Em determinado momento, o teto inteiro de uma sala que eu deixara havia poucos minutos desabou."

Um dos ajudantes foi ferido por uma bala e não pôde continuar. Com o chapéu desse ajudante e a capa de chuva de Sun, Ching-ling alcançou as ruas com os dois outros guardas. Via soldados em toda parte, "que, a essa altura, já tinham enlouquecido completamente":

> Eu estava absolutamente exausta, e implorava para que os guardas atirassem em mim. Em vez disso, me apoiaram, um de cada lado, e me arrastaram [...]. Havia

cadáveres por toda parte [...]. A certa altura, vimos dois homens agachados, um de frente para o outro, debaixo de um toldo. Uma observação mais detida revelou que os dois estavam mortos, os olhos escancarados. Devem ter sido abatidos por balas perdidas.

Mais uma vez fomos barrados por um grupo que vinha correndo de uma pequena passagem. Passou por nós a sugestão de que devíamos nos deitar na rua, fingindo-nos de morto. Assim não fomos incomodados. Depois, nos levantamos e seguimos o caminho. Meus guardas sugeriram que eu não olhasse para os mortos, para não desmaiar. Meia hora depois, quando os tiros de rifle começaram a rarear, chegamos a uma pequena fazenda. O dono tentou nos expulsar, temendo sofrer represálias por nos dar abrigo; seu objetivo foi impedido, contudo, por um desmaio oportuno da minha parte.

Acordei e me deparei com os guardas me lavando com água fria e me abanando. Um deles saiu para ver como estavam as coisas, quando subitamente veio uma rodada de tiros de rifle. O guarda que tinha ficado comigo correu para fechar a porta e disse que o outro havia sido atingido e que provavelmente já estava morto.

Quando os tiros diminuíram, me disfarcei de velha camponesa e, com o guarda disfarçado de vendedor ambulante, partimos da pequena cabana. Peguei uma cesta e alguns legumes no caminho e levei comigo. Por fim, chegamos à casa de um amigo [...]. Passamos a noite lá. O bombardeio não parou a noite toda, e nosso alívio foi enorme quando ouvimos os tiros de canhão vindo das canhoneiras. O dr. Sun estava, então, a salvo.[25]

Do relato se depreende que Ching-ling só então soube que Sun estava seguro. E foi por isso que permaneceu no palácio presidencial quando o Exército de Ch'en atacou. Sun claramente pretendia usar a esposa como isca, de modo que o ataque se transformasse numa batalha virulenta. Aquilo deu a Sun uma desculpa para bombardear Cantão com suas canhoneiras. Uma série de representantes locais e estrangeiros implorou para que cessasse o bombardeio, e ele pôde silenciá-los apontando o ataque que Ch'en realizara contra sua casa. Num comunicado à imprensa, alegou que o ataque começara "muitos minutos depois" de sua fuga e que ele "ordenara o bombardeio à frota porque estava indignado e determinado a fazer justiça".[26]

Enquanto seus canhões rugiam, Sun explodia de felicidade. Os presentes contam que ele "batia papo e ria", proclamando: "Estou satisfeito com a batalha hoje!".[27]

Ao mesmo tempo, a vida de sua esposa corria perigo. Depois de dois dias e duas noites infernais, Ching-ling finalmente conseguiu telefonar para um amigo, que providenciou um barco que a resgatasse, conduzindo-a à canhoneira de Sun. Durante toda sua fuga, o marido não ergueu um dedo para ajudá-la. Encontraram-se brevemente e logo em seguida ela partiu para Shanghai.

Durante a fuga, Ching-ling sofreu um aborto e foi informada de que nunca mais poderia ter filhos.[28] O golpe foi devastador. Ching-ling sonhava com a maternidade. Uma dor profunda a perseguiria pelo resto da vida. Nos anos seguintes, amigos próximos notaram que qualquer conversa relacionada ao nascimento de crianças lhe provocava um ar "doloroso", que a fazia "mudar de assunto". Sua reação foi "quase patológica".[29] Mais tarde, o desejo não realizado de ter filhos afetaria de maneira crucial seu comportamento. De início, ao redigir seu relato, preferiu não mencionar o aborto. Era doloroso demais. Quem percebeu sua angústia foi uma amiga de Ei-ling, a americana Emma Mills, que estava em Shanghai na época e viu Ching-ling chegar, disfarçada, em vestes de camponesa. "Pequena, magra, muito pálida, sem dúvida a coisinha mais solitária que já vi na vida", escreveu Emma em seu diário. (Ela ficou para a ceia e ajudou May-ling a falar com o alfaiate que fora preparar roupas novas para Ching-ling.)[30]

Inevitavelmente, Ching-ling entendeu o que o marido lhe fizera. Ela quase morreu, perdeu um filho e já não tinha esperanças de engravidar de novo. Sun valer-se dela como cobertura para fugir era perdoável, mas usá-la como isca para detonar um ataque inimigo, sabendo que ela provavelmente morreria — aquilo era demais. Tal comportamento seria suficiente para destruir o amor de qualquer mulher normal. E o amor de Ching-ling por Sun de fato não sobreviveu àquela provação. Anos depois, um amigo, o jornalista americano Edgar Snow, perguntou-lhe como ela se apaixonara por Sun. Snow registrou: "'Eu não me apaixonei', ela disse, lentamente. 'Era uma adoração ao herói à distância. Quando fugi para trabalhar por ele, foi uma ideia romântica de menina [...]. Eu queria salvar a China, e o dr. Sun era o homem que podia fazê-lo, então quis ajudá-lo'".[31]

As cartas de amor que ela escreveu contam uma história diferente. Ching-

-ling apaixonara-se, sim, só que agora aquele amor sem reservas, do fundo do coração, havia morrido. As vendas lhe caíram dos olhos, e ela viu o lado horrível do marido. Ele não era nem mais nobre nem melhor do que ela, e não merecia seu sacrifício. O distanciamento substituiu a paixão. Não queria deixá-lo, mas estabeleceu certos "acordos", definindo exatamente o que desejava: um papel público como parceira política de Sun. Já não seria apenas a secretária, datilografando ao fundo, enquanto Sun discutia com visitantes. Agora, participaria das conversas. E apareceria em público a seu lado. No passado, ela fizera esse pedido, que lhe fora negado sob alegação de que o público não estava acostumado a ver as esposas de seus líderes. Mas agora ela estava determinada. É bem provável que tenha escrito o relato de sua fuga para o jornal de Shanghai com o intuito de mostrar a Sun e aos outros associados tudo o que sofrera, provando que conquistara o direito de ter seus pedidos atendidos.

Enquanto isso, o bombardeio de Cantão protagonizado por Sun fracassou. Em agosto, ele se encontrou com a esposa em Shanghai e aceitou as demandas de Ching-ling. Embora incapaz de amar no sentido mais verdadeiro, parecia sentir que estava em dívida com ela. No futuro, pediria a seus associados para "cuidarem" de Ching-ling.[32] Os que tinham se oposto à aparição dela como parceira de Sun já não o faziam; curvaram-se à sua bravura e ao seu autossacrifício, passando a tratá-la com reverência.

De agora em diante, uma Ching-ling assertiva emergiu diante do público, conquistando uma posição elevada (e iniciando a prática de esposas de líderes se tornarem figuras públicas). No dia 15 de setembro, escreveu à amiga americana Allie: "Você me faria um grande favor? Estou precisando de uns cartões de visita que estejam na moda. Você poderia encomendar duzentos cartões *imediatamente* na Tiffany's ou em qualquer outra boa loja do ramo? Por favor, escolha um estilo que seja simples, mas bonito. No cartão, apenas o nome: Sra. SUN YAT-SEN".[33]

Mais tarde, o simples "sra." foi considerado inadequado para o status de consorte do Pai da China. O título francês de respeito, "madame", o substituiu, e Ching-ling se tornou conhecida como Madame Sun Yat-sen.

7. "Quero seguir o exemplo do meu amigo Lênin"

Quando Sun se viu expulso de Cantão, no verão de 1922, a Rússia passou a desempenhar um papel-chave em sua vida e na de sua esposa.

Sun se aproximara do novo governo bolchevique, contatando Lênin por telegrama em 1918 (ano em que também se vira forçado a fugir de Cantão). Dessa vez, tendo batido em retirada para a canhoneira em junho, enviou um mensageiro para se encontrar com representantes de Moscou em Shanghai, rabiscando algumas linhas numa folha de papel arrancada de um livro de exercícios escolares. A nota era endereçada a Chicherin, o Comissário do Povo para Relações Exteriores, e terminava com uma solicitação: "Mande meus cumprimentos" a Lênin. Sun escreveu a nota em inglês: "Sofro uma grave crise, graças ao oficial Ch'en, um homem que me deve absolutamente tudo".[1] Os russos responderam com entusiasmo. Precisavam dele, e aquele era o momento certo. Fazia tempos que vinham negociando o estabelecimento de relações diplomáticas com Beijing, e havia um ponto delicado: a Mongólia. Esse vasto território era chinês, mas se encontrava ocupado por tropas russas. O governo de Beijing refutava a tentativa russa de anexá-lo e demandava que Moscou se retirasse. Sun agora era uma carta no baralho de Moscou.

Adolf Joffe, negociador russo, enviou um comunista holandês conhecido pelo pseudônimo de "Maring" para conversar com Sun em Shanghai. Depois de uma reunião em 25 de agosto, Sun escreveu para Joffe, informando que concordava que "o Exército soviético deveria ficar" na Mongólia. Sugeriu ainda que o Exército russo tomasse a "rota histórica" de invasão e atacasse Beijing. Joffe reportou a Moscou que o conselho de Sun era que, primeiro, "ocupassem Xinjiang e organizassem um exército para ele"; depois disso, "o próprio Sun iria a Xinjiang, onde poderia estabelecer o sistema político adequado, quem sabe até um regime soviético". Para ajudar os russos a se decidirem, Sun lhes informou que, em Xinjiang, contavam-se apenas "4 mil soldados chineses, de modo que quase não pode haver resistência". Ainda para seduzi-los, lembrou aos russos que a província era "rica em recursos minerais", que eles poderiam extrair.[2] O preço de Sun para o esquema todo era de "2 milhões de dólares mexicanos, no máximo (o equivalente a mais ou menos 2 milhões de rublos de ouro)".[3]

Moscou considerou Sun muito útil e se comprometeu com ele — especialmente porque o governo chinês recusava a exigência de anexar a Mongólia. Joffe, tendo fracassado na missão diplomática na capital, foi a Shanghai e selou um acordo com Sun, emitindo uma declaração no dia 26 de janeiro de 1923. Os relatórios de Joffe foram discutidos entre os líderes soviéticos, incluindo Lênin, Trótski e Stálin. Sun Yat-sen "é o *nosso homem*" (itálico no original), Joffe comunicou a seus chefes. "Isso tudo não vale 2 milhões de rublos?"

Uma reunião do Comitê Central soviético aprovou o pagamento de 2 milhões de rublos anuais. Esse foi o segundo grande financiamento de Sun, depois do dinheiro alemão de 1917. Nesse caso, contudo, não se tratava de um montante único. Moscou decidiu financiar Sun de forma abrangente, tendo em mente o futuro possível.

Com essa vasta renda garantida, Sun persuadiu chefes militares de províncias vizinhas que cobiçavam Cantão a invadir a cidade. Ch'en, sem estômago para uma guerra que poderia arruinar o território, renunciou, retirando-se. Triunfante, o futuro Pai da China retornou a Cantão em fevereiro para estabelecer mais um governo de ruptura. Dessa vez, suas perspectivas eram mais promissoras do que nunca.

Por nomeação de Stálin, Mikhail Borodin — veterano agitador bielorrusso que participara de ações clandestinas nos Estados Unidos, na Grã-Bretanha e no México — foi designado conselheiro político de Sun. Alto, com "uma cabeça leonina", como o descreveu May-ling (que o conheceu mais tarde), "com uma juba castanho-escura longa e bem penteada, levemente crespa", Borodin impressionava. Falava "numa voz de barítono, ressonantemente profunda, calma e clara" e "dava a impressão de grande controle e magnetismo pessoal".[4] Quando chegou a Cantão, Sun lhe deu ávidas boas-vindas. Como Borodin relatou a Moscou, Sun "fixou o olhar em mim por muitos segundos, sem piscar" e "perguntou todos os detalhes sobre Lênin, pedindo informações sobre a saúde do camarada, como um bom médico".[5]

Organizador de primeira linha, Borodin ensinou a Sun o método leninista pelo qual o Pai da China realizaria seu sonho. Primeiro, reorganizou o Partido Nacionalista segundo o modelo bolchevique e, em Cantão, planejou o primeiro congresso do partido ao estilo soviético, em janeiro de 1924. Moscou financiou e treinou um exército para Sun e estabeleceu a Whampoa, academia militar situada numa linda ilha no rio das Pérolas, a mais ou menos dez quilômetros de Cantão.

Embora tivessem se comprometido com ele, os russos sabiam que Sun não compartilhava da crença no comunismo e que não era inteiramente confiável. Moscou ordenou que membros do Partido Comunista Chinês (PCC) — um grupo minúsculo que os russos haviam fundado e financiavam desde 1920 — se juntassem ao Partido Nacionalista e ajudassem a guiá-lo segundo as ordens de Moscou. Entre os comunistas que se juntaram ao Partido Nacionalista estava Mao Tsé-tung, cuja carreira política decolaria dentro do Partido Nacionalista antes mesmo de se tornar líder do PCC.[6]

O futuro da China, a ideologia, a verdadeira natureza de seus parceiros — já nada disso importava para Sun. Como disse numa entrevista a Fletcher S. Brockman, velho conhecido americano: "Não me importa quem são, contanto que estejam dispostos a me apoiar contra Beijing".[7]

O governo de Beijing, contra o qual, no afã de derrubá-lo, Sun solicitava o financiamento de toda sorte de poder estrangeiro, vinha consistentemente trabalhando para proteger os interesses da China. Tendo retomado Shangdong, ocupada anteriormente pelos japoneses, em 1922, Beijing compeliu a Rússia a reconhecer a Mongólia como território chinês em 1924 (estabelecendo relações diplomáticas com Moscou apenas depois desse acordo). Além disso, era o único governo democraticamente eleito na história da China. Eleições, por mais imperfeitas, aconteceram, e o Parlamento funcionava. A sabotagem de Yuan Shi-kai e vários outros reveses não mudaram a natureza democrática do país. O escândalo mais famoso envolvia o ambiciosíssimo Cao Kun, que, comprando votos para alguns membros do Parlamento, elegeu-se presidente em 1923. Mas centenas de outros membros, bem como a opinião pública, o denunciaram furiosamente, e Cao Kun se manteve no cargo por menos de um ano. Sob o governo de Beijing, a liberdade de expressão, incluindo a imprensa livre, prosperou. A iniciativa privada floresceu. E uma hoste de grandes artistas e escritores emergiu. A criatividade do país alcançou níveis incomparáveis até hoje. Foi durante esse período que a moderna língua chinesa nasceu, garantindo que homens e mulheres comuns pudessem ler e escrever.* O presidente Hsu Shih-chang, ele próprio classicista de formação, foi essencial na promoção da língua moderna, aprovando uma lei que obrigava as escolas primárias a enfatizarem seu ensino. A liberação das mulheres, que tivera início com a imperatriz-viúva Cixi (anunciada já por seu célebre édito contra a prática dos pés amarrados, em 1902), ganhou um impulso impressionante. No espaço de poucas gerações, as mulheres deixaram a condição de prisioneiras dos próprios lares e começaram a aparecer em público, de braços dados com homens; romperam também com o analfabetismo forçado quase geral, gozando agora de oportunidades educacionais semelhantes. As irmãs Soong constituíam a primeira geração de mulheres que se beneficiou das reformas de Cixi: Ching-ling foi para os Estados Unidos com uma bolsa do governo, sendo escoltada até lá, junto com outras estudantes, e May-ling, por uma delegação governamental.[8] E, quando retornaram à China, na nova república, seu estilo ocidentalizado não era de modo algum raro.

Durante esse período, a tolerância com dissidentes foi extraordinariamente alta: Sun Yat-sen, liderando um governo de ruptura, continuou sendo tratado com cortesia e polidez. O controle exercido pelo governo central era solto e relaxado, e as províncias tinham mais autonomia do que antes. À medida que os chefes de província se tornaram mais poderosos e assertivos, alguns deles recorreram às armas para resolver disputas com vizinhos. Alguns — não muitos — também tentaram ganhar influência sobre Beijing por meio

* Mais tarde, atribuíram os feitos artísticos desse período ao "Movimento Quatro de Maio", quando, no fundo, pouco tiveram a ver com a demonstração nacionalista de 4 de maio de 1919.

de ações militares. Mais tarde, foram chamados de "senhores da guerra". Sun não era considerado um senhor da guerra, embora possuísse um exército e tivesse ocupado Cantão. Todos os senhores da guerra reconheciam o governo eleito de Beijing. Os conflitos entre esses chefes militares provinciais eram relatados detalhadamente pela imprensa, o que dava a impressão de que o país estava totalmente imerso no caos. Na verdade, as batalhas eram esporádicas e de pequena escala; a maioria dos conflitos não durava mais do que alguns dias. De acordo com observadores ocidentais, o estilo de luta era marcado pela falta de convicção.[9] Os soldados, em uniformes cinza, marchavam para o campo de batalha, hesitavam, depois disparavam alguns tiros ao acaso. Os canhões rugiam de vez em quando, mas raramente acertavam seus alvos. As fatalidades eram baixas. Alguns exércitos contratavam *coolies* para carregar caixões, assegurando os soldados de que, caso morressem, seriam enterrados com dignidade (o que era de importância fundamental para os chineses). Entre outros artigos essenciais, as tropas portavam pequenos bules de chá e guarda--chuvas de papel oleado. À primeira gota de chuva, a refrega se interrompia, e os guarda-chuvas se abriam, transformando o sítio de batalha em grandes campos de cogumelos coloridos. Era esse o tipo de tropa que teria de enfrentar a força militar de treinamento soviético que Sun Yat-sen vinha preparando.

Os "reis" e criadores de reis em Beijing também não podiam competir com Sun quando o assunto era obsessão pelo poder e completa indiferença a qualquer tipo de escrúpulo. O mais proeminente deles era o marechal Wu Pei-fu, amante de poesia, de bom porte físico, cujo exército se posicionava no norte da China, incluindo áreas ao redor de Beijing. Por anos foi considerado o "homem forte da China", e seu retrato adornou a capa da revista *Time* em setembro de 1924. Sobre ele, a revista *Life* comentou: "Se um senhor da guerra à moda antiga pudesse ter unido a China naquele momento, Wu o teria feito. Era o único pessoalmente destemido e incorruptível, que nunca aceitava ou oferecia propinas. Homem pequeno, de olhos castanhos e modos educados, não tinha ambição pessoal nenhuma".[10]

De fato, Wu rejeitou categoricamente todas as propostas para nomeá-lo presidente, por medo de que seu esforço em prol da união do país pudesse parecer interesse pessoal. O marechal tinha um bom nome e cuidava muito bem dele. Não tinha concubinas, vivia de modo simples, e as tropas que comandava eram disciplinadas. O Ocidente o respeitava, considerando-o "o senhor da guerra honesto da China" e "um democrata".[11] Os chineses gostavam dele por seu lendário patriotismo: embora não fosse xenófobo e lidasse com estrangeiros de modo cortês, por princípio jamais buscaria asilo nas Concessões administradas por estrangeiros em cidades como Shanghai, nem mesmo correndo risco de vida, pois tais Concessões haviam sido arrancadas à força dos chineses no fim da chamada Guerra do Ópio, no século XIX.* Esses princípios inabaláveis lhe deixavam de mãos atadas diante de uma guerra com Sun. O governo de Beijing não tinha fundos; contudo, convocar ajuda estrangeira numa guerra civil era, para ele, um anátema. Os russos o haviam cortejado; ele os recusara por causa da Mongólia — e da ideologia soviética. Os japoneses também o procuraram, oferecendo ajuda para derrotar Sun Yat-sen, e foram igualmente rejeitados, pois o marechal sabia que teria de oferecer algo em troca.

Sun Yat-sen não tinha os escrúpulos do marechal. Agarrando-se ao dinheiro dos russos e seguindo suas ordens, ocupava-se em preparar uma máquina militar em Cantão — máquina que, no fim, derrotaria o marechal Wu, depondo o governo de Beijing.

Ching-ling esteve presente em todas as reuniões de Sun com os homens de Moscou e era influenciada por Borodin. O bielorrusso e a esposa haviam passado uma temporada nos Estados Unidos, onde aprenderam a falar inglês com sotaque do Meio-Oeste. Ching-ling sentia-se em casa com eles e se aproximou do casal. Como o pequeno grupo tinha o inglês como língua comum, Sun brincava que "o idioma dos colonialistas [...] provou-se um excelente meio de transmitir a experiência dos revolucionários russos aos camaradas chineses".[12]

Ching-ling interessava-se por política desde os tempos de escola; agora estava no próprio seio da história. E adorava. O leninismo a enfeitiçou e trouxe à tona seu estilo duro e feroz. Tornou-se uma leninista comprometida, uma verdadeira crente — a Irmã Vermelha —, diferentemente de seu marido, que estava mais interessado em usar os russos para seus próprios fins.

* Mais tarde, em 1939, numa Beijing ocupada pelos japoneses, Wu declinou as aproximações do Japão que buscava colaboração e morreu por envenenamento, numa trama, segundo a crença geral, japonesa.

Em 1924, os comerciantes de Cantão se revoltaram contra Sun. A guerra era um fardo; sentiam-se esgotados. Uma série de manifestações de proprietários de lojas culminou numa greve geral em agosto. Sun decidiu usar a força bruta para reprimir os grevistas, que tinham seu próprio pelotão armado e gozavam da simpatia das unidades militares trazidas por Sun. Ching-ling escreveu a Borodin no dia 13 de outubro: "Dr. Sun decidiu agir de imediato [...]. [Como as tropas] precisam de mais treinamento em lutas de rua, o dr. Sun espera que vocês providenciem especialistas que lhes deem algum treinamento nessa área [...]. O objetivo dessa batalha é destruir o Exército traidor e os comerciantes que aderiram à rebelião". Valendo-se de linguagem leninista, Ching-ling disse a Borodin que "o povo em Cantão nos é hostil", portanto, "apenas o medo e um reino de terror" poderiam salvar a cidade.[13]

Na época, cadetes com treinamento militar soviético estavam sendo produzidos pela Academia Whampoa. Foram fundamentais na destruição dos comerciantes armados, confiscando suas lojas, bens e casas. Os proprietários que não se envolveram foram obrigados a reabrir as lojas, sob risco de serem executados. Nessa ação, centenas morreram e milhares de casas foram incendiadas. Tudo foi largamente condenado, mas garantiu a base de Sun.

Logo outras boas notícias chegaram — dessa vez, de Beijing. No dia 23 de outubro, um golpe depôs o presidente Cao Kun, que já vinha desacreditado e enfraquecido pela farsa da compra de votos. O líder do golpe era um homem conhecido como o "general cristão", Feng Yu-xiang, que, segundo a lenda, batizava suas tropas em massa usando uma mangueira de incêndio. Como Sun, recebera grande aporte de armas soviéticas e agora convidava Sun para vir a Beijing "presidir o país".[14] O sonho que Sun Yat-sen vinha perseguindo por todos esses anos parecia agora a seu alcance. Sun respondeu que estava indo sem demora.

Borodin, o coordenador de Moscou, dispôs as regras. Antes de deixar Cantão, Sun teria de lançar um manifesto contendo slogans como "Abaixo os imperialistas!" (isto é, os poderes ocidentais). Além disso, por onde passasse, teria de condenar o Ocidente, inclusive na capital. Sun teria de ir a Beijing como protegido de Moscou.

Obediente, Sun lançou o tal manifesto. Repetindo slogans do Kremlin, partiu de Cantão no dia 13 de novembro, chegando a Shanghai no dia 17, acompanhado por Borodin. De lá foram quarenta horas de trem até Tianjin, principal porto e centro comercial do Norte da China, às portas da capital. Em poucos dias seu sonho poderia ser realizado. Mas Sun fez uma pausa — e um desvio de trinta dias no Japão.

O futuro Pai da China vinha fazendo seus cálculos. Como Borodin o obrigara a se manter firme na retórica "anti-imperialista", Sun vinha falando de modo excepcionalmente duro contra o Ocidente, em especial em Shanghai, onde ameaçou abolir as Concessões tão logo chegasse ao poder (a despeito do fato de que, por toda sua vida, sempre que esteve em Shanghai se hospedara e operara a partir das Concessões, a fim de se proteger com as leis ocidentais). Comícios ao estilo soviético o recepcionavam, entoando slogans contra o Ocidente. Era óbvio que, com isso, ele transformava os poderes ocidentais em inimigos, apostando todas as suas fichas na Rússia.

O espectro do comunismo amedrontava o público geral, incluindo a maior parte dos nacionalistas. Sun Yat-sen sendo visto como o homem de Moscou era algo que certamente os alienaria, além de afastar os estrangeiros. Se Sun continuasse sob o controle de Borodin, sua ascensão à presidência se tornaria duvidosa (por mais que o general cristão Feng, financiado por Moscou, o promovesse). E, mesmo se assumisse o cargo, talvez não o ocupasse por muito tempo. Contudo, opor-se aos desejos de Borodin era impensável. Com os russos o financiando e armando e treinando seu Exército, Sun estava totalmente sem saída. Sua única alternativa era buscar outro patrono poderoso. Mais uma vez, pensou no Japão.

Borodin percebeu tudo e poderia ter vetado o desvio, como disse ao Kremlin.[15] Mas decidiu permitir que Sun fosse. Tinha confiança de que Sun estava comprometido demais com a Rússia para chegar a qualquer acordo com o Japão; a viagem apenas aniquilaria de vez suas ilusões, solidificando o comprometimento com Moscou. De fato, o governo japonês rejeitou o pedido de Sun para visitar Tóquio e se encontrar com seus oficiais. Um diplomata sênior disse ao mensageiro de Sun que o Japão só o ajudaria se ele abandonasse a linha soviética.[16] Sun voltou do Japão de mãos vazias. Ficou deprimido e "extremamente relutante em falar sobre sua viagem", segundo relatório de Borodin a Moscou.

Sun desembarcou em Tianjin, hospedando-se na Concessão local, que parecia uma cidade estrangeira, policiada por sikhs da Índia britânica. Agora já haviam se passado mais de quarenta dias desde o golpe do general cristão

Feng. Durante a ausência de Sun, o general se mostrou incapaz de administrar a situação, sendo marginalizado pelo prestigioso antigo primeiro-ministro Duan Qi-rui, que recusara propinas germânicas, garantindo que a China se posicionasse junto aos Aliados na Primeira Guerra Mundial. Duan organizou um governo provisório, e Borodin percebeu o mau humor com que Sun recebeu a notícia.[17] Duan era um homem bastante admirado e impunha respeito a pessoas de todas as classes sociais, incluindo o cunhado de Sun, marido da Filha Mais Velha, H. H. Kung, que observara que Duan era "um homem bom", que "dava o seu melhor" pelo país.[18] Duan e outros atores de peso ainda tinham respeito pelo revolucionário, a quem chamavam de fundador da república. Convidaram-no repetidamente a Beijing para uma conferência a fim de estabelecer o novo governo. Ainda havia esperança de Sun se sagrar presidente.

Mas Sun sabia que enfrentava um obstáculo intransponível. Para ser endossado pelos agentes poderosos e pela opinião pública, bem como pelos aliados ocidentais da China, tinha de se distanciar de Moscou, e isso ele era incapaz de fazer. Controlando o Exército de Sun e contando com aproximadamente mil agentes em Cantão, além de Borodin e aliados na cola dele, os russos se tornaram, nas palavras do próprio Borodin, os senhores do Velho Sun.[19]

Ao chegar a Tiajin em 4 de dezembro de 1924, Sun participou de uma reunião — que ele muito ansiara — com um dos atores mais importantes: Zhang Zuo-lin, o homem forte da Manchúria, conhecido como "o Velho General". Após iniciar sua carreira como um soldado comum, se tornou fora da lei, até elevar-se a chefe daquela região gigante e muito cobiçada. O velho Marechal era um homem admirável, de mente astuta, pragmática e, no entanto, imaginativa (uma vez recrutou pensadores para inventar uma ideologia política para ele).[20] Fizera da Manchúria um sucesso espetacular, tornando-se agora um dos "criadores de reis" da China. Na reunião, informou a Sun que o apoiaria, mas apenas se ele rompesse com Moscou. Aquele foi mais um duro golpe, sob o qual Sun colapsou. Vomitando bruscamente, sentia dores na área do fígado e suava tanto que ensopou duas toalhas grandes. Na manhã seguinte, a dor persistia, e ele precisou faltar ao comício de boas-vindas que fora cuidadosamente organizado com semanas de antecedência e com o qual vinha sonhando. O diagnóstico do médico, que Borodin apresentou a Moscou, deixou claro que

Sun sofria de uma grave enfermidade do fígado. A doença tornou-se pública, e muitos comentaram que ele estava com os dias contados.[21]

Enquanto Sun padecia na cama, sofrendo dores agudas diárias, Ching--ling escreveu à amiga americana Allie Sleep uma carta completamente alegre e tagarela, datada do dia 10 de dezembro:

> Querida Allie,
>
> Desde a última vez que lhe escrevi tenho viajado de um extremo a outro do país. Fiquei tão contente por chegar aqui e ler sua carta. É maravilhoso ler que sua saúde melhorou tanto que você ganhou peso.

Evidentemente, Ching-ling não era insensível a questões de saúde. Não obstante, o sofrimento intenso de seu marido parece não ter lhe causado nenhum efeito. Na carta, menciona Sun, mas apenas em relação à adulação que ele vinha recebendo e à festa constante que, como resultado, sua própria vida se tornara:

> Fomos recepcionados maravilhosamente bem no Japão e em Tianjin. Mais de 10 mil pessoas foram ao píer saudar meu marido com cartazes e vivas. Agora estamos morando na casa de um velho monarquista que o governo providenciou como residência. É um lugar adorável, cheio de coisas interessantes. Tudo é novo e bonito, pois gastaram 20 mil dólares com a decoração. Fico me perguntando como seria viver em um dos palácios em Beijing! Mas tenho certeza que eu ficaria mimada e tímida [...].
>
> Antes de ontem fui a convidada de honra na casa do ex-presidente Li Yuan--hung, onde meu marido também compareceu. O jantar foi servido no salão de festas do teatro particular do ex-presidente, um prédio magnífico que lhe custou 800 mil dólares. Durante o jantar, uma orquestra de cinquenta homens de uniforme de veludo se apresentou. Pela primeira vez na vida, comi com facas, garfos e colheres de ouro, que o ex-presidente me informou terem sido encomendadas especialmente da Inglaterra. Nos vasos e estandes, havia flores e frutos exóticos.

Ching-ling segue nessa linha, detalhando a refeição, que deve ter sido uma verdadeira provação para Sun, visto que, naquela manhã, a dor fora tão insuportável que ele precisou se ausentar do grande comício de recepção. Durante todo esse período, enquanto Sun padecia dores tremendas, Ching-ling parece ter se mantido indiferente aos sofrimentos do marido. Descreveu a Allie seu "prazer" e "surpresa agradável" quando algumas velhas amigas foram visitá-la: "Como papeamos naquela uma hora de visita". Outro amigo, dizia, "fez uma viagem especial de outra cidade para me encontrar. Aprendi tanto sobre meu pai, sobre as coisas inteligentes e engraçadas que ele dizia quando era garoto, como aprontava com os professores em Nashville, no Tennessee, e que argumentos inventava para constranger o professor que ensinava filosofia". Também informou a Allie que iria a Beijing em uma semana: "Estão preparando uma grande recepção para o meu marido. Mais de 150 mil homens farão uma demonstração de boas-vindas".[22]

Sun foi transferido para Beijing no último dia de 1924, em parte para tratamento. Os médicos em Tianjin declararam que sua condição era incurável. Na capital, o cirurgião que o operou detectou um câncer de fígado em estágio avançado. Todos os seus camaradas ficaram devastados. E Ching-ling também. Talvez só agora lhe viesse a realidade daquele fato: Sun era um moribundo, o homem que ela tanto amara, por quem arriscara a vida e que, no fim, a decepcionara. Seus sentimentos eram fatalmente complicados. Nos dias que antecederam a morte de Sun, em março de 1925, ela foi vista aos prantos, alvoroçando-se ao redor dele, com devoção.[23] Mas a última conversa entre os dois, registrada pelo criado de Sun, Lee Yung, que estava presente, sugere que Sun sabia bem que, no coração de Ching-ling, já quase não havia amor por ele. Vendo-a com lágrimas nos olhos, disse: "Querida, não fique triste. Tudo que tenho será seu". Sun achava que Ching-ling se angustiava por temer que ele não lhe deixasse herança nenhuma. Ao ouvir aquilo, os lábios de Ching-ling estremeceram, e ela bateu o pé no chão. Chorando, disse: "Eu não amo nenhuma dessas coisas. Só amo você". Sun respondeu: "Difícil dizer". Ching-ling tornou a chorar descontroladamente. Antes de morrer, Sun esboçou um chamado: "Querida, querida...". Quando veio, afinal, o último suspiro, Ching-ling chorou até desmaiar. Voltando a si, fechou as pálpebras do marido morto, com delicadeza.[24]

Quando compreendeu que Sun estava prestes a morrer, Ching-ling informou às irmãs em Shanghai, que acorreram a Beijing sem demora. Na ocasião, a linha de trem que ligava as duas cidades estava fora de operação por causa de problemas com salteadores (um grupo sequestrara um trem, tomando como reféns mais de cem pessoas, entre chineses e estrangeiros). Ir de navio via Tianjin era impossível, pois o porto da cidade ao norte estava congelado. Mas as irmãs não se abalaram: embarcaram numa viagem de mais de mil milhas, sem saber ao certo como ou mesmo se chegariam ao destino final. O percurso envolvia várias formas de transporte, sem comida ou aquecimento nas carruagens, nas profundezas de um inverno tão duro que a água congelava nos canos. As duas nunca haviam experimentado esse tipo de adversidade na vida. Mas chegaram a Beijing e cambalearam pela estação, trêmulas e exaustas.[25]

Ching-ling precisava das irmãs e de outros membros de sua família por perto, tanto por uma questão de apoio moral quanto para proteger seus interesses. Representante de Borodin e provável herdeiro político de Sun, Wang Jing-wei era um homem em quem ela não confiava — "uma cobra", em suas palavras. Wang prevalecera sobre outros antigos associados de Sun Yat-sen graças, em parte, às suas credenciais republicanas. Apesar do aspecto suave, sedutoramente feminino, começara sua carreira como um notável assassino, tendo passado certo tempo num presídio manchu, condenado à prisão perpétua por tentar assassinar o pai do último imperador. Era também inteligente e diplomático. Mas o divisor de águas era que Borodin lhe dera sua bênção. Quando a doença terminal de Sun foi diagnosticada, um comitê, que tinha Borodin como juiz supremo, preparou um "testamento". Foi Wang quem o redigiu.

Além do testamento político, Wang escreveu também um privado, no qual Sun deixava todas as suas posses para Ching-ling. Os filhos de Sun estavam lá e não objetaram. Nunca se beneficiaram do pai, e não era agora que brigariam por heranças. (Ching-ling apreciava o espírito de generosidade da família Sun e manteve uma relação próxima e afetuosa com eles pelo resto da vida.)

No dia 24 de fevereiro de 1925, Wang leu em voz alta os dois documentos na frente de Sun, tendo como testemunhas quatro parentes do líder republicano: seu filho Fo, a filha Wan, e os cunhados T. V. Soong e H. H. Kung. Wan, em seguida, pediu que Sun assinasse os documentos, com hesitação. Sun acenou, concordando com o conteúdo, mas se recusou a assinar, pedindo que Wang "voltasse em poucos dias". Ainda tinha esperanças de melhorar.

O testamento político reafirmava as políticas orientadas por Borodin.

Sun Yat-sen, no leito de morte, mas ainda lúcido, registrou o fato quando o documento lhe foi apresentado e disse a Wang: "Você tornou tudo muito explícito; isso é perigoso. Meus inimigos políticos estão esperando que eu morra para amolecê-lo. Você se apresentando tão inabalável e firme com certeza lhe trará problemas". Wang respondeu: "Não temos medo do perigo. Seguiremos com nossos objetivos declarados". Sun acenou: "Tem minha aprovação".[26]

Borodin notou o comprometimento de Sun com a Rússia Soviética e foi além, fazendo com que seu secretário de língua inglesa, Eugene Chen, escrevesse, em nome de Sun, uma "Carta no leito de morte ao governo soviético". Eugene, nascido súdito inglês em Trinidad, de origem mista — cantonesa e africana —, não falava chinês; mas isso não o impediu de ser designado ministro das Relações Exteriores do governo de Sun. Formara-se advogado em Londres e sofrera muito com o racismo da época. Sua sensibilidade ofendida havia encontrado escape na revolução. A tradução da carta soava estranha aos chineses — as sentenças longas e complicadas (a regra de ouro na escrita chinesa era a brevidade), o vocabulário estrangeiro, o estilo essencialmente soviético. Até o título era cansativo: "Ao Comitê Central Executivo da União das Repúblicas Socialistas Soviéticas". O texto concluía de maneira muito além de qualquer coisa que Sun fosse capaz de dizer: "Ao me despedir de vocês, queridos camaradas, desejo exprimir a esperança fervorosa de que nasça logo o dia em que a URSS saudará, como amiga e aliada, uma China forte e independente, e que os dois países possam juntos alcançar a vitória na luta pela libertação dos povos oprimidos do mundo". Era algo que poderia ter sido copiado diretamente de um dossiê moscovita.[27]

No dia 11 de março, quando a morte de Sun se tornava iminente, outras testemunhas se reuniram ao redor de sua cama. Ching-ling segurou a mão direita do marido e a guiou para que ele assinasse o testamento político e o documento privado. Depois, T. V. Soong — de formação americana — leu em voz alta a carta a Moscou em inglês, e Sun, também em inglês, assinou. Quanto Sun aprovava o conteúdo da longa carta não está claro. Mas não há dúvida de que entendeu e endossou o sentido geral. Morreu na manhã seguinte, em 12 de março de 1925, aos 58 anos.[28]

Ei-ling e o marido não gostavam do comunismo e fizeram de tudo para impedir que o cunhado fosse visto como comunista. Persuadiram Ching-ling a realizar uma cerimônia cristã na capela do hospital — "para provar que ele não era bolchevique",[29] como disse Ching-ling, secamente.

Sun não era bolchevique; contudo, precisava dos russos na morte, como precisara deles em vida. Apenas os soviéticos poderiam imortalizá-lo tal como ele desejava. Os russos não apenas colocariam seu partido no poder como ensinariam os nacionalistas a construir um culto em torno de sua figura. Através de Ching-ling, Sun anunciara ao partido: "Quero seguir o exemplo de meu amigo Lênin e ter meu corpo embalsamado e depositado no mesmo tipo de caixão".[30]

Lênin morrera no ano anterior. O corpo embalsamado do líder russo fora acomodado num caixão especial de cristal transparente, em um mausoléu. Conta-se que milhares de pessoas fizeram fila para lhe render homenagens, semanas a fio. Um grande culto de personalidade varreu a Rússia, com Lênin elevado a um status divino. Retratos, pôsteres e bustos se tornaram obrigatórios em todos os espaços públicos, de escritórios a salas de aula, em ruas e parques, sempre sinalizando às pessoas que aquele era o salvador onipotente.

Sun decidira que era aquilo que ele desejava conquistar na morte. De fato, quando morreu, os russos prepararam um caixão ao estilo do de Lênin para ele. Mas houve um pequeno empecilho: a peça foi considerada inutilizável. Aparentemente, a tampa de vidro não era adequada ao calor do verão em Nanjing, de modo que o corpo de Sun não pôde ser posto para exibição como o de Lênin.

Mas seus outros desejos foram amplamente satisfeitos. Os nacionalistas logo deram início a um culto no estilo da adoração a Lênin. O título "o Pai da China" foi usado pela primeira vez.[31] Nos anos seguintes, especialmente quando os nacionalistas conquistaram a China em 1928 e precisaram do nome de Sun para alegar legitimidade, o culto ao antigo revolucionário alcançou dimensões fantásticas. Estátuas foram erigidas em cidades e municípios; cada palavra sua, por mais banal, era tratada como evangelho, e ninguém tinha permissão de dizer qualquer coisa irreverente sobre ele. Os propagandistas nacionalistas, treinados pelos soviéticos, chamavam Sun de "libertador da nação chinesa", "o maior homem nos 5 mil anos de história da China" e até mesmo de "salvador de todas as nações oprimidas".[32] Essas mesmas palavras foram mais tarde apropriadas por Mao para o seu próprio culto.

O grande símbolo era o Mausoléu Sun Yat-sen. Antes de morrer, Sun especificou que seu lugar de descanso ficaria "na Montanha Púrpura em Nanjing, pois ali havia sido o sítio de fundação do governo interino" — o único governo no qual ele gozou do título de "presidente interino", ainda que por apenas quarenta dias. A Montanha Púrpura era também o local onde o imperador fundador da última dinastia Han, a dinastia Ming, estava enterrado. Sun Yat-sen, que mantinha uma competição secreta com esse imperador, Zhu Yuan-zhang, frisou que sua própria tumba tinha de ser construída ao lado da do imperador, sendo, contudo, muito maior e mais alta, posicionada de tal forma que "ninguém possa construir outra tumba num lugar mais elevado".[33]

A tumba Ming ocupa uma área de 1,7 milhão de metros quadrados e já é uma das maiores entre todas as dos imperadores chineses. A de Sun, construída pelos nacionalistas, é noventa metros mais alta, com 392 degraus, cobrindo 30 milhões de metros quadrados, abarcando grande parte da Montanha Púrpura. Para abrir espaço para o projeto, vilas inteiras foram destruídas e muitos milhares de moradores foram forçados a vender suas terras e casas ao governo. Os nativos, desesperados, articularam petições: haviam "perdido o teto que cobria suas cabeças, tornaram-se mendigos e dormiam ao relento; alguns apelavam ao suicídio, pois preferiam perecer com suas casas". Cada anúncio da contínua expansão do empreendimento "lançava centenas ou mesmo milhares de pessoas num pânico absoluto, como se estivessem prestes a perder os pais. Clamavam aos céus, e não tinham ninguém a quem apelar". Os peticionários argumentavam que semelhante infortúnio parecia contradizer aquele que é até hoje conhecido como o lema de Sun Yat-sen: "Tudo sob o céu pertence ao povo" (*tian-xia-wei-gong*). A resposta dos oficiais nacionalistas era simples: "O objetivo de sua vida deve ser sacrificar tudo o que tem" pelo Pai da China.[34]

PARTE III
AS IRMÃS E CHIANG KAI-SHEK (1926-36)

8. Damas de Shanghai

Até retornar à China em julho de 1917, aos dezenove anos, May-ling, a Irmã Mais Nova, passara uma década inteira nos Estados Unidos, onde se transformou numa jovem vibrante e descontraída, pouco interessada em política. Depois de terminar o ensino médio na Wesleyan, em Macon, na Geórgia, mudou-se para a Costa Leste, onde se matriculou na Wellesley College, em Massachusetts. Lá estudou inglês e filosofia, frequentando cursos sobre a história do Antigo Testamento, entre muitos outros. Extrovertida e gregária, May-ling se integrou muito mais à vida americana do que suas duas irmãs. Contemporâneos da Wesleyan concordavam que "ela era a mais amigável, parecendo gostar de todo mundo e se interessar por tudo, sempre alegre e falante". "May-ling costumava vir ao meu quarto e deitar num pequeno travesseiro de bebê na minha cama, enquanto falava." Descrita como "rechonchuda" e "gorda", era "intensamente vivaz e disposta a travessuras o tempo todo". Explodia de energia e "era normal deixar que ela saísse e corresse pelo campus no meio da lição de francês, pois seu pequeno corpo irrequieto não conseguia ficar parado por muito tempo".

Na Wellesley, May-ling mantinha um "livro de confissões", como outras garotas, e, como elas, mostrava o livro para as colegas. Uma entrada dizia: "Minha única extravagância, roupas [...], meu lema favorito, não coma doces

— nem um pedacinho [...], minha tristeza secreta, ser gorda".[1] Por toda a vida precisou atentar ao peso com muito cuidado.

Depois da graduação, voltou para casa com o irmão T. V., que estudara economia em Harvard e em Columbia. Ao contrário da irmã extrovertida, T. V. era tímido e adotava uma atitude distante e distraída, o que contribuía para a reputação de arrogante. Ele e May-ling eram dedicados um ao outro. Anos depois, a Irmã Mais Nova relembraria a ele, afetuosamente, "como eu costumava preparar chocolate para você, de manhã cedo, antes das aulas".[2]

Juntos viajaram de trem pelo Canadá até Vancouver, no verão de 1917, para embarcar num vapor rumo à China. Em Vancouver, May-ling escreveu à amiga Emma Mills: "Meu irmão e eu fomos à melhor loja, querendo comprar algumas coisinhas; mas, para nossa decepção, tudo era terrível. Alguém disse que não havia uma única mulher canadense bem-vestida aqui; achei que era exagero. Mas agora estou inclinada a pensar que há certa verdade nisso. As mulheres aqui são muito desalinhadas!".

Os problemas chineses não a preocupavam. E, quando era confrontada por eles, sua reação era instintiva e um pouco inesperada: "Vimos um trem repleto de *coolies* chineses que seriam enviados para trabalhar na França. Se um deles morrer, a família ganha 150 dólares. Esse é o preço da vida para eles. Se um dia eu tiver alguma influência, tomarei providências para que nenhum *coolie* seja enviado a lugar nenhum, pois a China precisa de todos os seus homens para trabalhar nas minas".[3]

Três semanas depois do retorno a Shanghai, escreveu a primeira carta a Emma. Muito animada, gabou-se da casa:

> Vivemos bem na parte alta da cidade. Quanto mais alto, mais exclusivo. É lindo aqui: mas é tão longe do centro comercial e dos teatros e dos restaurantes! Temos uma linda carruagem e dois carroceiros etc.: mas cavalos são tão chatos. Só se pode usá-los até certo ponto. Semana que vem vamos comprar um automóvel para rodar pela cidade, enquanto a carruagem ficará com mamãe, para uso particular dela. Temos um jardim bonito, uma quadra de tênis, um terreno para críquete. A casa é uma das mais bonitas de Shanghai [...]. Temos varandas, alpendres para descansar e tudo o mais. A casa tem três andares e dezesseis grandes quartos, sem contar a cozinha, os banheiros [...]. Por sinal, agora eu tomo conta da casa. Temos cinco empregadas e sete criados homens. Te digo que não é piada! [...]

> Estou tão cansada agora de subir e descer escadas, inspecionando a casa [...]. Mamãe ainda toma conta do lado financeiro, pelo que me sinto muito agradecida!
>
> Às vezes é bem irritante, pois me esqueço e falo com os criados em inglês [...]. Às vezes não consigo me expressar em chinês; então chamo o mordomo, que age como intérprete!
>
> [...] Desde que voltei para casa, sinto que estou sempre comprando roupas [...]. Fui a muitos grandes jantares e chás, e a outras ocasiões do tipo.[4]

May-ling se viu no seio caloroso da família. Ching-ling estava em Shanghai, esperando por ela (Sun Yat-sen estava em Cantão), e Ei-ling viera com as crianças de sua casa em Shanxi, no Nordeste chinês. As irmãs mais velhas cobriam a mais nova de atenção. Como May-ling contou a Emma, as duas repetiam constantemente: "Ah, vimos o vestido mais bonito nesse e naquele lugar. Você precisa de um igual [...]. Elas gostam de me vestir bem, já que sou a mais nova e a única solteira". Estavam tão felizes com a reunião que Ei-ling cogitou se mudar para Shanghai, planejando inclusive que a família inteira vivesse debaixo do mesmo teto. Foram ver uma casa juntas, "uma residência de trinta quartos (sem contar as instalações dos criados), uma verdadeira mansão imensa de cinco andares e jardim na cobertura. Para dizer a verdade, não gostei muito: é grande demais, e os tetos são tão altos que me perco. É como um hotel imenso e muito formal, embora elegante. É 'demais' para uma garota que acabou de se graduar morando num estábulo! [...] Espero mesmo que a gente não decida se mudar para aquele lugar imenso. Claro, eu adoraria ter minha irmã [Ei-ling] morando conosco — ao mesmo tempo, trinta quartos não é piada! Sou bastante plebeia nos meus gostos — pelo menos é o que a família pensa!". A compra não foi efetuada, mas viver em casas diferentes não era um problema para Ei-ling e May-ling, que se viam o tempo todo.

May-ling agora também tinha a companhia de seus dois irmãos mais novos, T. L. e T. A. O afeto pelos dois transparecia no rigor com o qual os tratava:

> Meus dois irmãozinhos reprovaram ano passado, e a família está furiosa. Os pobrezinhos têm dois tutores (um inglês e um chinês), que vêm todos os dias. E, acredite, estão dando duro! Também ensino gramática inglesa aos dois. Um dos coitados está aprendendo a pontuar, e o outro a soletrar, supervisionados por mim [...]. Mamãe ficou tão desgostosa que me entregou os dois. São difíceis

de administrar, pois são endiabradamente inteligentes e preguiçosos ao mesmo tempo. Castiguei o mais novo diversas vezes, e os dois têm medo de mim. Você não tem ideia de como posso ser uma boa disciplinadora!

May-ling estava loucamente apaixonada pela família. "É muito curioso ter uma família. Estou tão acostumada a fazer o que quero sem consultar ninguém que é bastante difícil lembrar que não estou mais na faculdade e que já não posso fazer e pensar o que me der na telha. Mas, claro, estou muito feliz por estar em casa."

E já não faltavam pretendentes:

> H. K. esteve aqui, de Pequim, e também o sr. Yang. Gosto deles: mas só isso. Oh, Emma, preciso dizer que a bordo do navio eu perdi a cabeça por um homem cujo pai é alemão e a mãe, francesa. É arquiteto e estava indo a Sumatra. Pediu-me em casamento, e a família aqui está bem nervosa! Tenho tido dias bastante desconfortáveis. Lembre-se que isso é segredo: não conte a ninguém, pelo amor de Deus! [...] Hoje à noite, um francês que conheci no barco está vindo me visitar. Só falamos francês [...]. Pelo amor de Pedro, não diga a ninguém o que te contei.

Ao fim dessa longa carta, alegre, tagarela e muito informativa, lê-se: "A propósito, você assinaria a *Literary Digest*, a *Scribners* e a revista sobre psicologia infantil e sobre como cuidar de crianças etc. para mim? A última publicação é para a sra. Kung [Ei-ling], que está com duas crianças pequenas, de um e de dois anos de idade mais ou menos. Mas mande em meu nome e me diga quanto custa tudo, e eu lhe reembolso". Pedidos para comprar revistas americanas e outras pequenas tarefas se tornaram uma marca da correspondência com Emma.

Toda manhã May-Ling tinha aulas de chinês. O velho tutor "me dava lições quando eu tinha oito anos, e, se lembro bem, certa vez ele usou a palmatória quando descobriu que eu vinha comendo doces, fingindo o tempo todo que eram pastilhas para tosse. Mas agora ele me trata com bastante educação". May-ling aprendeu a língua rápido, achando fáceis as complicadas formas de escrita tradicionais. Pelo resto da manhã, ela basicamente vagava pela casa, "entrando e saindo dos quartos, refazendo o arranjo das flores, recolhendo um livro aqui e ali".

Na hora do almoço, tocava um sino. Um criado cuidava do andar que ela compartilhava com T. V.:

> Seu único dever é manter estes quartos em ordem e responder aos meus sinos. Muitas vezes peço que me sirvam o almoço aqui no alpendre. Dispensei minha camareira: descobri que eu simplesmente não precisava dela, já que a camareira da minha mãe faz todos os meus consertos e escolhe minhas roupas, e me incomodava ter a minha própria camareira por aqui quando eu posso executar minhas próprias ordens em menos tempo do que levo para explicar a ela o que quero. Todos esses anos nos Estados Unidos tiveram efeito sobre mim, percebe? Estou bastante satisfeita com esse único criado que cuida das necessidades do meu irmão e das minhas. Engraxa os sapatos, espana, varre, faz as camas etc. [...] A tarde geralmente se encerra com um chá em algum lugar ou em casa.

Quanto ao jantar: "Tenho estado tão ocupada. Durante as últimas duas semanas, houve apenas uma noite na qual nem oferecemos jantar, nem fomos convidados a nenhum!". Quando o jantar acabava: "Nós geralmente vamos dar uma volta de carro e carruagem, ou então passeamos a pé, ou vamos ao teatro". "A Grande Ópera Russa está aqui, e eu compareci a seis ou sete performances diferentes." Por outro lado, nunca adquiriu o gosto pelo teatro chinês; May-ling o descrevia como "confusões e disputas com unhas e dentes". Longos passeios à meia-noite eram frequentes: "E, claro, nunca voltamos antes da meia-noite. É de espantar que eu esteja cansada?".

Nessa existência mimada, seus principais problemas eram coisas como "encomendamos nosso Buick — mas, por azar, o próximo carregamento não chega antes de uma semana". Certo dia, descobriu uma infecção no rosto, um desastre: "Você não pode imaginar como tenho chorado de puro nervosismo [...]. Mas agora no fim desta semana devo conseguir ir a uma festa!". "Desde que me tranquei em casa, a vida se tornou chata — chata, chata! Estou tomada por ataques de humor tão pouco razoáveis e irracionais que acho que estou ficando louca."

As festas em Shanghai tinham grandes proporções: recepções para mais de mil pessoas, casamentos para 4 mil. "Estou me divertindo à beça [...]. Só que por vezes me dói a consciência pelo pouco tempo que passo com mamãe [...]. Você diria que sou um verdadeiro arroz de festa."

A tragédia não demorou a manchar esse quadro de alegria: em maio de 1918, menos de dez meses depois do retorno de May-ling, Charlie morreu. Ele vinha sofrendo de insuficiência renal. Na última semana de vida, a caçula cuidou dele como uma enfermeira bem treinada, com grande cuidado. Todas as noites, fazia-lhe massagens com azeite de oliva, pois a pele do pai se tornara seca como um pergaminho. No hospital, enquanto a mãe e outros membros da família faziam companhia a Charlie durante o dia, May-ling passava as noites com ele. Contemplando o rosto inchado do pai durante o sono, sentia "quase mais do que posso suportar".

Quando os médicos anunciaram que as chances de recuperação eram de vinte por cento, a sra. Soong trouxe Charlie para casa, a despeito das objeções médicas. Ela pertencia à Missão da Fé Apostólica, que acreditava no poder da oração. Seus companheiros de crença encheram a casa e rezaram por Charlie dia e noite.

Depois da morte do marido, a sra. Soong providenciou um funeral sóbrio e simples, convidando apenas os amigos mais próximos. Charlie foi enterrado no novo Cemitério Internacional, onde a família comprou terra suficiente para todos. Ele era a primeira pessoa a ser enterrada no que viria a se tornar um cemitério de grande prestígio. May-ling aprovou: "Ele gostava de ser o primeiro em todo tipo de competição; então eu sei que, se soubesse disso, ficaria imensamente satisfeito".

May-ling ficou de luto pelo pai por muito tempo. "Com a morte do meu pai, a família não parece real — todos sentimos muita falta dele: era um pai tão companheiro". "Foi um pai maravilhoso para nós! E o amamos, embora ele já não esteja conosco."[5]

Que ela só tenha tido alguns meses para conviver com o pai depois de dez anos de ausência foi um arrependimento que carregou pela vida toda. Isso e o fato de não ter tido um lar durante a adolescência imprimiam ao seu amor pela família uma intensidade especial. Mal chegada aos vinte e poucos anos, ela concluiu: "Amigos são uma coisa muito boa, mas lembre que, quando você se encontra numa situação realmente difícil, é sua família que fica ao seu lado.

Vindo de mim, uma pessoa que passou a maior parte da vida a milhas de distância da própria família, pode soar ingênuo. Mas, honestamente, você vai perceber que estou certa".[6]

Uma prima que retornara dos Estados Unidos considerou intolerável a vida com a própria família. May-ling observou, mais uma vez com uma maturidade pouco usual: "Acho que o problema todo reside nisto: a família e ela esperam demais uns dos outros [...]. Quão diferente é esse retorno, se comparado ao meu. Minha família me aceitava como eu era, boa ou má. E, embora nem sempre concordássemos, nós nos respeitávamos e chegávamos a um acordo".

May-ling via a mãe como a pessoa responsável por fazer da família o que ela era: "Nem todo mundo tem a sorte de ter uma mãe como a que eu tenho. De verdade, minha mãe é tão atenciosa comigo que todo dia me envergonho de mim mesma e do meu comportamento".

O amor da sra. Soong era o de uma mãe excepcionalmente forte. Ela podia se fazer de aço e enviar a filha de nove anos ao outro lado do oceano para uma educação superior por uma década; no entanto, por todo aquele tempo, sentiu enormemente a falta da filha. Quando May-ling visitou Ei-ling em Shanxi, escreveu a Emma: "Minha mãe, no fundo do coração, não queria que eu a deixasse e, mesmo assim, não se opôs à minha ida". "Minha mãe está com tanto medo que minha irmã me faça ficar mais tempo. Pobrezinha! Vai ficar tão solitária sem mim." "Minha mãe é tão boa comigo, e se apoia tanto em mim que detesto pensar em ir embora de novo." Quando May-ling emagreceu, a sra. Soong reagiu como toda mãe (que sempre quer que os filhos engordem): "Outra noite mamãe chorou, porque disse que lhe dói me ver pálida e magra". A perda de peso era, na verdade, intencional. A Irmã Mais Nova, que vinha se incomodando com a própria silhueta, caiu de 59 quilos para 48 quilos em poucos meses, transformando-se numa mulher esbelta (ela tinha mais ou menos 1,61 metro e agora parecia muito mais alta).[7]

Profundamente apegada à mãe, May-ling fazia tudo o que ela desejava, com alegria. Por causa das objeções da sra. Soong, desistiu da dança, que amava na faculdade. Como a mãe dedicava muito tempo e dinheiro para a caridade, May-ling a imitou. Começou a dar aulas numa escola dominical: "Mamãe está sem palavras de felicidade com meu consentimento. Há tão pouco que eu possa fazer por ela, que quero fazer tudo o que posso". Angariava fundos para a Associação Cristã de Jovens Mulheres de Shanghai e, por vezes, visitava comunidades carentes: "Detesto cheiros ruins e lugares sujos. Mas suponho que alguém precisa ver a sujeira para que se possa limpá-la algum dia". A sociedade de Shanghai a considerava hábil e imbuída de espírito público, apta a gerenciar alguma grande organização de caridade.

Junto com a mãe, a Irmã Mais Velha era a pessoa que May-ling mais estimava. Disse a Emma: "Queria que você a conhecesse, pois ela é, sem dúvida, a mente mais brilhante da família, é aguçada e perspicaz, vivaz, rápida e energética. Não é o tipo de pessoa que eu consideraria fanática, mas é profundamente religiosa".

Por muitos anos depois de 1914, Ei-ling sofreu de depressão. O propósito que ela encontrara trabalhando para Sun Yat-sen se transformara em decepção. Depois, viu-se desgostosa com a vida de casada numa cidade de província. Tendo brilhado no centro da ação, sentia-se insatisfeita em ser apenas professora, esposa e mãe. À época do nascimento de seus filhos — Rosamonde, em 1915, e David, em 1916 —, vivia inquieta e deprimida. Como May-ling contou a Emma: "Ela atravessou períodos de agonia [...], tristezas e sofrimentos". Perdera até mesmo a fé em Deus, cuja existência ela chegou a negar: "Sempre que se mencionava religião na sua presença, ela ou abafava o assunto ou então dizia simplesmente que aquilo era baboseira de mulheres velhas". Embora ajudasse o marido a constituir fortuna — tendo descoberto seu próprio talento para as finanças —, o contentamento lhe escapava, pois via toda aquela atividade como destituída de propósito.

O retorno da Irmã Mais Nova trouxe um raio de luz à vida de Ei-ling: agora ela tinha uma amiga íntima, uma confidente, o que a ajudou a clarear a mente e a recuperar o equilíbrio. E percebeu que precisava da religião. Quando teve o terceiro filho — Jeanette, em 1921 —, disse à Irmã Mais Nova que, finalmente, "encontrara consolo na vida e fé no viver". Como relatou May-ling a Emma: "Ela agora reza para Deus, buscando solução para os seus problemas. Mais do que isso, ela encontrou a paz, uma paz tal como nunca conhecera". Está "igualmente feliz, e vai a festas etc., tanto quanto antes". Mas, "de algum modo, há algo diferente nela. Está bem menos crítica, mais atenciosa, e não tão intolerante com as falhas de outras pessoas".

Ei-ling tentou persuadir a Irmã Mais Nova a se tornar mais religiosa. Nessa época, May-ling resistiu, dizendo a Emma: "Sabe, Dada [apelido carinhoso que May-ling adotara para Emma], não sou uma pessoa religiosa. Sou independente e inquieta demais para ser dócil, humilde ou submissa". Achava que Ei-ling havia "entorpecido intencionalmente a própria mente" e se irritava com ela, dizendo-lhe que "ficasse quieta".

Enquanto discutiam, suas vidas se tornavam mais entrelaçadas. A Irmã Mais Nova frequentemente cuidava das crianças de Ei-ling e as mimava. Numa carta a Emma, disse: "É trabalhoso cuidar delas, sem dúvida. Têm fome da manhã à noite, apesar da quantidade de comida que comem. Como minha irmã me deu ordens estritas de não lhes dar alimentos calóricos, acho que por isso eles sentem desejo e ânsias insistentes por doces etc. o tempo todo. Ultimamente tenho dado um pedaço de doce por dia, e isso parece aliviar um pouco a demanda perpétua por comida entre as refeições".

Ching-ling era mais distante das duas, tanto mental quanto fisicamente. Mas, quando se reuniam, passavam muito bem. May-ling escreveu: "Minha irmã, a sra. S., esteve em Shanghai por duas semanas. Durante esse tempo, a vida foi um redemoinho perpétuo de festividades sociais". "Minha irmã, a sra. Sun, vai oferecer uma grande recepção no dia 10 de outubro, que é feriado nacional, em celebração à república. Vou ajudá-la. Estou um pouco cansada." Ela visitou Ching-ling em Cantão e achou bastante difícil caminhar pelas ruas montanhosas da cidade.

Naqueles anos de Shanghai, uma das principais atividades de May-ling era ter movimentados casos amorosos, documentados em detalhes nas cartas a Emma. Começando pelo holandês no navio de volta para casa, uma fila de pretendentes que apareciam e desapareciam. A família se contrapunha a qualquer estrangeiro, e May-ling rapidamente cedia. Houve um rápido encontro com um certo sr. Birmeil: "Só o conheci na noite antes de partir de Hong Kong, na casa de uma amiga, e, embora a bordo do mesmo navio por apenas três dias, nos tornamos grandes amigos. O dia em que chegamos a Shanghai era seu aniversário; então, a despeito do fato de que eu estava havia meses longe de casa, passei o dia com ele [...]. Tivemos um lindo dia juntos, e estou feliz por ter sido tão imprudente pelo menos uma vez na vida". A família reagiu com fúria: "Ficaram escandalizados [...]. E furiosos também, porque ele era estrangeiro. Acusaram-me literalmente de 'fisgá-lo' a bordo do navio [...]. Desde que ele partiu, no sábado à tarde, recebi duas mensagens dele, dizendo quanto sente minha falta. A família tentou me manter longe dessas mensagens, mas não conseguiu [...]. De certa forma, estou contente por ele não estar aqui, pois não sei como sua presença me afetaria". Contudo, logo ele foi esquecido, como o holandês, sem grandes pesares.

Outro homem de quem ela afirmou gostar "mais do que palavras podem exprimir" não era estrangeiro; contudo, era casado: "Pelos últimos meses, nós dois andamos deprimidos demais para dizer qualquer coisa [...]. Você sabe o que minha família pensa do divórcio, e, além disso, não há problema algum com a esposa dele, exceto que ele não gosta dela [...]. É terrível se importar tanto. Nunca entendi esse sentimento antes [...]. Mas tudo é sem esperança". Mais uma vez, tudo aquilo foi muito facilmente esquecido.

A Irmã Mais Nova se deleitava com suas conquistas. Quando um dos homens disse que não tinha notícias dela havia séculos e que "andava morrendo de preocupação", ela escreveu zombeteiramente para Emma: "A [Primeira] Guerra está matando tanta gente que um morto a mais ou a menos não faz muita diferença, faz?". E lamentava: "Ah, salve-me desse tormento! Queria que esse homem tivesse o bom senso de me deixar em paz ou então se enforcar". E reclamava: um pretendente "tomou a irritante decisão de se apaixonar e me perturbar". Outro "demonstrava sintomas claros de que faria um pedido de casamento"; mas "acho que me livrei dele de uma vez". A "cidade de Shanghai está no momento cheia de rumores sobre um suposto noivado meu, cada boato envolvendo um homem diferente [...]. O que torna tudo mais engraçado é que nenhum dos homens nega ou confirma. Estou bem irritada".

Embora não fosse uma grande beldade, a Irmã Mais Nova tinha um charme abundante. Fascinava. E tinha outros atrativos mais tangíveis, até pragmáticos, sobre os quais era completamente franca: "Também sou conhecida por ser 'intelectual' ou 'cerebral', um tanto orgulhosa, mas agradável [...]. Sociável, mas de certa forma afastada do 'rebanho comum' por causa da posição da minha família e do fato de que me visto muito bem, com roupas estrangeiras, ando de carro e não preciso dar aulas para me sustentar".

À medida que o tempo passava, aquela vida social romântica e animada perdeu seus atrativos. May-ling começou a se encher de descontentamento:

"Estou ocupada o dia inteiro, mas ao mesmo tempo parece que não estou indo a lugar algum". "Sinto-me entediada, de um jeito terrível e inefável." Podia ver que havia "muita doença na China [...], tanta miséria em toda parte! Às vezes, quando vejo a humanidade suja e esfarrapada nas nossas favelas, tenho um sentimento de futilidade amarga na esperança por uma nova e grande China, e uma sensação da minha própria pequenez. Dada, você não consegue imaginar quão inútil uma pessoa se sente nesses ambientes. A porcentagem de pobres aqui é maior do que você pode imaginar nos Estados Unidos".

O trabalho voluntário não conseguia satisfazê-la. Não era "trabalho de verdade, é algo improvisado demais. Não consigo sentir que estou realizando alguma coisa". "Tagarelamos bastante, mas não vejo resultado prático. Ah, suponho que fazemos algo de bom; ao mesmo tempo não há nada tangível." Desejava "conseguir um trabalho de verdade e tentar encontrar alguma satisfação na vida". Em suma, ansiava por "fazer algo de si".

A certa altura, ocorreu-lhe a ideia de voltar aos Estados Unidos para estudar medicina, mas não deu em nada. Não queria deixar a mãe, e a família já não podia financiar seus estudos. Em 1921, a mãe perdeu uma grande quantia de dinheiro na cotação do ouro, o que afetou o estilo de vida dos Soong.

Por fim, May-ling queria casar e ter filhos. "Acho que mulheres perdem o interesse na vida [...] se elas não se casam [...]. E, de fato, o que uma pessoa pode esperar se não tiver filhos?" Contudo, não invejava nenhuma das mulheres casadas que conhecia: "Não consigo ver [...] que elas estejam mais satisfeitas ou que tenham conquistado algo mais precioso na vida. Parecem desconfortáveis, ou indiferentes, apáticas ou amargas. A vida delas parece vazia".

Nessa época, May-ling começou a ser atormentada por ataques de "agonia". Ei-ling pediu-lhe, então, que desse outra chance à religião. May-ling comentou com Emma: "Ela me disse que o único modo de eu superar essa lassidão da mente é me tornar religiosa e realmente comungar com Deus". E admitiu: "Agora estou tentando seguir seu conselho, e por ora não sei como vai funcionar. Mas direi uma coisa: desde que comecei, me sinto muito mais feliz — é como se já não estivesse carregando um grande fardo sozinha. Agora quando oro, fico com um humor receptivo, por assim dizer".

Ainda assim, o descontentamento era uma sombra que pairava sobre ela. Continuava "muito cansada da vida", sentindo "muito agudamente a futilidade". Ansiava por aquela "alegria de viver vibrante". Ei-ling compreendeu o que a Irmã Mais Nova precisava: um homem adequado, que lhe desse propósito e satisfação.

Então ela procurou por esse homem. Em 1926, Ei-ling levou sua irmã de 28 a Chiang Kai-shek, que, aos 38 anos, acabara de ser designado comandante-chefe do Exército nacionalista. Todo um novo mundo se abriu para a Irmã Mais Nova.

9. May-ling conhece o Generalíssimo

Chiang Kai-shek, conhecido como Generalíssimo, nasceu numa pequena cidade montanhosa chamada Xikou, na província de Zhejiang, perto de Shanghai, em 1887. Sua família não poderia ser mais diferente da de May-ling. O pai, comerciante de sal, morreu quando ele tinha oito anos; a mãe, viúva, precisou batalhar para criar os filhos — Kai-shek e a irmã. Sua infância inteira foi embebida nas lágrimas da mãe, que caíam por muitos motivos: a morte do filho mais novo, ainda infante; os parentes que não a ajudavam, embora criasse sozinha uma jovem família; a aparente indiferença de todos quando inundações ameaçavam destruir sua casa; um processo fracassado envolvendo uma herança — e muitos outros infortúnios. A sofrida mulher despertou um apego feroz por parte do filho — a tal ponto que, quando adolescente, Chiang se sentia desolado sempre que tinha de sair de casa, sendo necessário que a mãe o empurrasse para fora com palavras duras, às vezes até a golpe de bengalas.

Quando Chiang tinha catorze anos, seguindo a tradição, a mãe providenciou um casamento. A garota era cinco anos mais velha e se chamava Fu-mei. Na noite do casamento, depois da cerimônia, os recém-casados adentraram o quarto da sra. Chiang para presenteá-la com chás. Encontraram-na deitada na cama, de costas para eles, chorando. Recusava-se a aceitar o chá. Chiang se ajoelhou ao lado da cama e desafogou o coração aos prantos, um dos três choros mais amargos de sua vida, como recordaria mais tarde. Nem a mãe nem o filho tiveram pena da esposa, que estreava tão mal na vida de casada. O casamento foi pontuado por brigas em que Chiang, em acessos de violência, batia na esposa, chegando a arrastá-la escada abaixo pelos cabelos.

A sra. Chiang não tinha nada de bom para dizer sobre a nora, mas não permitia que se divorciassem. Depois, Chiang arranjou uma concubina, Zhi-cheng, que não se saiu muito melhor: a paixão que sentia por ela rapidamente se transformou em desprezo, em parte como resultado das críticas maternas constantes. Em 1921, quando completou 34 anos, a mãe morreu. (Chiang ficou arrasado e lamentou aquela perda pelo resto da vida. Construiu pagodes em muitas belas localidades para celebrá-la, e transformou uma montanha inteira em um mausoléu.) A morte da mãe libertou Fu-mei do casamento infeliz, pois os dois, então, se divorciaram. Chiang reuniu familiares próximos, incluindo o irmão de Fu-mei, e pediu o consentimento, que foi prontamente recebido. Chiang casou-se, então, com outra mulher, Jennie, a quem desejava havia muitos anos, desde que ela tinha treze anos. Chiang a considerava uma concubina, embora, publicamente, ela fosse anunciada como sra. Chiang.

O próprio Chiang admitia que sempre teve um quê de brutamontes lascivo. Quando jovem, frequentava prostíbulos e, bêbado, metia-se em brigas. Os vizinhos o evitavam e os parentes tinham vergonha dele, considerando-o uma desgraça na família. Profundamente afetado pelos maus sentimentos que lhe chegavam de todas as partes, Chiang decidiu se transformar num sucesso e, para tanto, escolheu a carreira militar. Em 1907, o Ministério do Exército sob o regime manchu lhe concedeu uma bolsa para estudar no Japão e se tornar cadete. Lá ele conheceu Chen, o Chefão, e entrou na Gangue Verde — e nas fileiras republicanas. Quando a revolução republicana estourou, em 1911, Chiang regressou à China para participar. Seu ato mais notável: a pedido do Chefão, assassinou Tao Cheng-zhang, oponente de Sun Yat-sen, assegurando a posição de Sun como presidente interino. Como o próprio Chiang pressentiu, aquilo lhe valeu o favorecimento de Sun.[1]

Depois que Chen, o Chefão, foi morto a tiros, em 1916, Chiang, em luto, manteve distância do futuro Pai da China, ressentindo-se do modo como Sun tratara seu antigo mentor.[2] Embora Sun solicitasse repetidamente sua assistência, Chiang não respondia, a despeito do fato de que não estava propriamente empregado (à época, trabalhava sem sucesso como corretor na bolsa). Além disso, não se dava bem com as pessoas ao redor de Sun. Seu temperamento grosseiro era lendário: espancava puxadores de riquixá, criados, guardas e subordinados e inundava os colegas de impropérios. (Por outro lado, era sensato o suficiente para confinar ao seu diário o ódio que nutria aos superiores.) Tal comportamento era universalmente detestado.

Chiang manteve em aberto a opção de trabalhar em prol de Sun Yat-sen. Quando o líder revolucionário foi expulso de Cantão, em 1922, houve um motim na canhoneira em que ele estava. Sun ficou desesperado. Ao ser informado, Chiang correu para socorrê-lo, provando-se um aliado confiável. Sun sentiu um alívio tão grande ao se deparar com Chiang, que explodiu em lágrimas, incapaz de dizer uma palavra por um bom tempo.

Chiang escoltou Sun para Shanghai em agosto. Naquele mês, o Pai da China selou o acordo com Moscou, e o patrocínio pleno da Rússia, que incluía a criação de um Exército, logo se confirmou. O futuro de Sun parecia promissor, e, quando o revolucionário lhe garantiu que ele se tornaria comandante-chefe do Exército, Chiang decidiu apostar suas fichas nele. Como preâmbulo, foi designado para liderar uma delegação militar à Rússia em 1923.

Chiang era um observador arguto e tinha os próprios princípios. Durante a viagem, sentiu repulsa pela prática soviética da "luta de classes" e horrorizou-se com o plano da Rússia Vermelha de transformar a China num país comunista. Decidiu que não desejava colaborar com aquilo e considerou a possibilidade de abandonar Sun, evitando reportar-se a ele em Cantão, a despeito das seguidas convocações. Por fim, Chiang expressou seus pensamentos a Liao Zhong-kai, íntimo aliado de Sun, que vinha se correspondendo com ele a pedido do líder: "Pelo que pude observar, o partido russo não demonstra nenhuma sinceridade conosco [...]. Seu único objetivo é levar o Partido Comunista Chinês ao poder, e não tem intenção alguma de que o PCC coopere com o nosso partido a longo prazo [...]. O projeto político da Rússia para a China é fazer da Manchúria, da Mongólia, da área muçulmana e do Tibete parte da União Soviética; muito provavelmente cobiça também a própria China [...]. O suposto internacionalismo e a revolução mundial são apenas nomes diferentes para um imperialismo no estilo Kaiser".[3]

Na resposta que enviou, Liao não abordou as opiniões de Chiang sobre a Rússia, mas o incitou a ir a Cantão com ainda mais urgência, informando-o de que seu atraso causava grande dor a Sun.[4] A mensagem parecia clara: apesar da oposição de Chiang à Rússia, Sun ainda o queria, talvez até mais. Chiang foi para Cantão e teve uma conversa secreta com Sun (o conteúdo nunca foi revelado). Sem dúvida, garantiram a Chiang que Sun não discordava dele. Sun Yat-sen, supõe-se, queria apenas usar os russos. Chiang permaneceu em Cantão, e, em 1924, quando a Academia Whampoa foi criada pelos russos para treinar militares para Sun, ele foi nomeado chefe do Exército. Sun pretendia que o antissoviético Chiang controlasse sua força armada.

Durante os três anos seguintes, Chiang escondeu suas opiniões e se valeu dos russos para construir o Exército nacionalista. Enquanto isso, aperfeiçoou as habilidades de maquinador consumado e esperou o dia em que poderia romper com o jugo de Moscou sobre seu partido. De modo igualmente bem-sucedido, escondeu sua própria sagacidade política, apresentando-se como um soldado apolítico. Havia uma forte facção anti-Rússia no Partido Nacionalista, da qual Chiang se manteve afastado. Borodin, naturalmente, o observava. Os comunistas chineses reportavam que "Chiang é um soldado comum; não tem ideias políticas".[5] Já Liao, que recebera a carta em que revelava seus verdadeiros pensamentos, não deixou de dizer a Borodin que Chiang era muito simpático à Rússia e que se mostrara muito entusiasmado depois da visita à União Soviética.* Como resultado, os russos confiavam em Chiang. (Liao foi assassinado em Cantão em agosto de 1925. O mandante permanece envolto em mistério. A viúva de Liao acreditava que o responsável havia sido o próprio Chiang. Em todo caso, o homem que conhecia a verdadeira face do Generalíssimo calou-se para sempre.)[6]

Como ele próprio confessou mais tarde, Borodin foi ludibriado. Chiang "parecia tão passivo, tão obediente, tão modesto". Contou a Moscou que Chiang era "completamente confiável".[7] Assim, os russos inundaram Whampoa de dinheiro e capacidade técnica, junto com armas que incluíam canhões e aviões. Em um único carregamento, chegaram a despachar armas no valor de 4 milhões de rublos.

* Liao passou essa informação falsa antes de receber a carta de Chiang, mas nunca a corrigiu.

Em janeiro de 1926, Moscou, para todos os efeitos, sequestrou o Partido Nacionalista durante seu segundo congresso, que produziu uma liderança inteiramente dominada por membros do PCC e nacionalistas pró-Rússia. Ching-ling, a Irmã Vermelha, contava-se entre os líderes, como parte do Comitê Central Executivo. (Mao era "membro suplente" do Comitê.) Como seu partido se encontrava agora quase totalmente nas mãos dos russos, Chiang decidiu que era chegada a hora de agir. Primeiro, induziu os inimigos a baixarem a guarda, solicitando uma viagem à Rússia "a fim de estudar como se faz uma revolução". Registrou o pedido até mesmo em seu diário. (Chiang manteve um diário por 57 anos e tinha sempre consciência de que suas anotações poderiam ser lidas por aqueles que desejassem obter informações sobre ele.) Também escreveu uma carta ostensivamente particular, sabendo que os russos a leriam, na qual se declarava comunista.[8] Tendo estabelecido essa cortina de fumaça, Chiang lançou-se a um ataque surpresa no dia 20 de março. Valendo-se de um pretexto, prendeu dúzias de comunistas e desarmou a guarda dos conselheiros soviéticos, que foram também postos sob vigilância. Num só golpe, Chiang arrancou o controle do Exército nacionalista das mãos russas.

Tendo empreendido esse quase golpe, Chiang conseguiu induzir os russos a interpretá-lo equivocadamente. Pensaram que aquilo era a explosão de um general chinês orgulhoso, ofendido por conselheiros russos mandões que tentavam forçar um estranho sistema soviético em cima do seu Exército. Diante disso, decidiram que o melhor a fazer era apaziguar Chiang — e, assim, retiraram de campo seus principais conselheiros. Os russos seguiam convencidos de que "Chiang Kai-shek pode trabalhar conosco, e trabalhará", embora estivessem se preparando para "eliminar esse general" em algum momento. Acima de tudo, Chiang os fez acreditar que Borodin, que não se encontrava em Cantão na época, podia resolver tudo, pois o representante soviético exercia sobre ele "uma influência pessoal verdadeiramente extraordinária". Os russos não tinham a menor ideia de que o golpe fora premeditado e era parte do estratagema de Chiang. Como resultado, longe de ser punido, Chiang foi promovido a comandante-chefe do Exército nacionalista.[9]

Wang Jing-wei, chefe do Partido Nacionalista, precisou se colocar de lado, contentando-se em observar Chiang se esquivar de qualquer punição. Temendo pela própria vida, escondeu-se e logo fugiu para o estrangeiro. Chiang, maquinador apurado, elevou-se, então, ao posto de homem mais poderoso do Partido Nacionalista.

Uma mulher notou rapidamente aquela reviravolta dramática e entendeu seu significado potencial. Ei-ling tinha uma percepção política aguda — "muito mais do que eu, é uma mulher realmente brilhante", disse a Irmã Mais Nova.[10] A Irmã Mais Velha era uma anticomunista apaixonada que se opusera às políticas soviéticas de Sun.[11] Depois da morte do Pai da China, ela e o marido insistiram num funeral cristão para contrabalancear a imagem de bolchevique do líder morto. Ei-ling percebeu que Chiang havia dispensado uma bancada de conselheiros militares comunistas e sentiu que o novo comandante-chefe operava uma transformação no Partido Nacionalista. Ficou encantada. Sua irmã Ching-ling e o irmão T. V. faziam parte do governo nacionalista, com T. V. no cargo de ministro das Finanças. (T. V. conseguiu acalmar o ressentimento dos nativos ao eliminar impostos extorsivos — isso graças à grande entrada de dinheiro russo, além de suas habilidades.) A Irmã Mais Velha detestava ver a irmã e o irmão trabalhando sob comando moscovita, e Chiang Kai-shek lhe insuflava agora esperança e entusiasmo.

Ocorreu-lhe então que o jovem comandante-chefe podia ser um bom candidato a marido de sua irmã mais jovem, que a essa altura já esgotara o campo de elegíveis em Shanghai. Determinada a casar a irmã, para Ei-ling, a "sra. Chiang" que existia era apenas uma concubina, não uma esposa de fato, e poderia ser posta de lado com relativa facilidade. Para descobrir mais sobre Chiang, Ei-ling levou a Irmã Mais Nova para Cantão, em junho de 1926. Na ocasião, a cidade subtropical sofria com uma intensa onda de calor. Mas as irmãs tinham um propósito. Hospedaram-se na casa do gerente da Standard Oil, que se encontrava de férias em Nova York. Era uma *villa* de dois andares, de muros brancos, à sombra de cedros, cercada por um jardim tropical. No dia 30 de junho, Ei-ling ofereceu um jantar a Chiang. Jennie, a então sra. Chiang, também foi convidada e sentiu, instintivamente, que aquele jantar mudaria sua vida.

Chiang ficou muitíssimo animado com o convite. Disse a Jennie: "Tenho uma posição, mas me falta prestígio". Era extremamente importante "aproximar-se da família Soong". De acordo com Jennie, "ele falava andando de um lado para o outro do quarto, bastante entusiasmado. Sua garganta parecia contraída de tensão. 'Um convite!', repetia para si mesmo. 'Finalmente, depois de todo esse tempo, você e eu temos a chance de jantar com grandes figuras'".[12]

Chiang referia-se a Ei-ling, que era considerada uma grande dama na sociedade de Shanghai.[13] "É maravilhoso demais para ser verdade", dizia. Jennie escreveu que "ele se pavoneava, recusando-se a sentar. Raramente se comportava desse modo agitado".

Jennie chegou mais cedo que o marido, que se atrasou por causa do trabalho. Era um pequeno jantar para apenas seis pessoas, os outros dois convidados eram a sra. Liao Zhong-kai, cujo marido fora assassinado alguns meses antes — e que suspeitava de Chiang —, e Eugene Chen, o trindadense, ministro das Relações Exteriores do governo de Cantão. Havia muita especulação sobre um possível enlace entre Eugene e May-ling, mas, "julgando pelo modo como se tratavam na sala de visitas, o boato era provavelmente infundado", concluiu Jennie. De fato, May-ling não suportava Eugene. Numa carta a Emma, disse que ele "esteve em um dos jantares e sentou a meu lado. É muito inteligente, brilhante, mas terrivelmente egoísta e vaidoso. Tem um jeito de dar de ombros que quase me deixa maluca! Ele virá me visitar esta semana: e eu espero não ser rude!".[14]

Jennie, jovem e inocente, vinha de uma família comum e não tivera formação cosmopolita. Não era sem inveja que observava as irmãs. Ambas usavam elegantes *qipaos* de seda branca; os cabelos, seguindo a moda dos anos 1920, esculpiam-se em ondas, puxados para trás num coque na base do pescoço. Pareciam figuras saídas de uma revista de moda de Shanghai.

O calor e a umidade eram difíceis de suportar. Mesmo com três ventiladores elétricos ligados no máximo, May-ling seguia se abanando com um grande leque de seda, e Ei-ling "secava a transpiração da testa com um lenço de renda". Enquanto a Irmã Mais Nova reclamava do clima "grudento e terrível", sonhando com a volta "para Shanghai no *Imperatriz do Japão*, semana que vem", a Irmã Mais Velha enchia Jennie de perguntas sobre o marido. "Kai-shek é bem conhecido pelo temperamento terrível. Ele nunca a repreende? [...] Não? Então você deve ser a paciência em pessoa [...] De acordo com o dr. Sun, Kai-shek estoura à primeira provocação. É verdade? [...] Conte-nos sobre a primeira esposa dele. [...] E a segunda? [...] Como ela é?" As perguntas podiam parecer sem tato, mas Jennie era vista como uma jovem simples demais para demandar tato — e Ei-ling não era conhecida pela sutileza.

Chiang Kai-shek chegou e foi acomodado entre as duas irmãs. O jantar proporcionou muitas informações à Irmã Mais Velha. Mais importante, May-ling pareceu bastante interessada. Chiang tinha uma postura militaresca, e seu rosto magro e moreno parecia delicado e alerta. A Irmã Mais Nova se encantou com sua conversa, tão diferente da tagarelice habitual de seu círculo em Shanghai. Ao fim do jantar, ela lhe deu seu endereço em Shanghai.[15]

Chiang registrou o interesse de May-ling por ele e ficou em êxtase. O relacionamento que tinha com Jennie se baseava mais no sexo do que no amor profundo, e ele não hesitaria em abandoná-la. Tinha agora uma chance de ligar seu nome ao de Sun Yat-sen — sem falar que estabeleceria uma "grande aliança" com uma dama bonita e sofisticada, para quem Jennie não era páreo. Esse lance de sorte veio numa época propícia, quando estava a ponto de realizar suas ambições políticas. Chiang preparava-se para lançar a Expedição do Norte, uma campanha militar contra o governo de Beijing, e estava confiante de que venceria e estabeleceria seu próprio regime. Uma mulher como May-ling a seu lado adicionaria um belo verniz ao futuro governante da China. Além disso, ela podia ajudá-lo a travar amizades com poderes ocidentais, agora que ele estava se preparando para descartar os soviéticos.

Antes de May-ling voltar para Shanghai, Chiang escreveu no diário que já sentia falta dela.[16] E, pouco depois da partida, enviou mensagens à Irmã Mais Velha e a T. V., o irmão mais velho (que ele também conhecia), expressando suas intenções amorosas. T. V. era contra o pedido de Chiang. Mas a Irmã Mais Velha prevaleceu. Ei-ling decidiu que o novo homem mais poderoso do Partido Nacionalista era um pretendente a ser considerado.[17] Por ora, contudo, preferia não se comprometer.

Como Chiang ainda estava às voltas com a camuflagem pró-Rússia, enviando sinais contraditórios, Ei-ling não podia ter certeza absoluta sobre quais eram as convicções dele. Qualquer mínima inclinação na direção dos vermelhos seria inaceitável. Além disso, a Irmã Mais Velha e o marido, H. H. Kung, nunca se identificaram com a Cantão de Sun Yat-sen, o regime de ruptura que Sun articulara para rivalizar com Beijing simplesmente porque desejava ser presidente. O governo de Beijing tinha sido eleito de forma democrática e reconhecido internacionalmente, portanto merecia a aliança dos Kung. Quando Sun se declarou grande presidente da China em Cantão, em 1921, a Irmã Mais Nova estava na época hospedada com a família Sun, disposta a comparecer à inauguração. Mas Ei-ling e a mãe lhe enviaram três telegramas urgentes, ordenando-lhe que não fizesse aquilo e voltasse para Shanghai imediatamente. Um irmão mais jovem foi despachado para Cantão e "literalmente me arrastou para casa",[18] como May-ling contou a Emma.

H. H. sempre se sentira "um peixe fora d'água" em Cantão e recusara ofertas de emprego da parte de Sun, dizendo que lutava "pela unidade nacional". Seguiu admirando os líderes de Beijing. Do marechal Wu Pei-fu, disse: "Ele era um bom homem. Um patriota. E tinha princípios". [19] O presidente Hsu Shih-chang se dava bem com os Kungs, convidava-os para as recepções presidenciais e já consultara H. H. sobre questões de Estado.[20] Muito da vida da família Kung se passava em Beijing.[21] Depois do jantar com Chiang, Ei-ling retornou para a capital, e não para Shanghai, enviando os filhos para a escola americana que existia lá.

Agora era possível que o Exército nacionalista derrotasse o governo de Beijing. A Irmã Mais Velha, pragmática, teve de aceitar essa realidade. Mas também queria observar como Chiang trataria os líderes na capital. Chiang adivinhara corretamente que as reservas de Ei-ling tinham a ver com política. Pôs a corte a May-ling em suspenso e esperou até que sua verdadeira face — e suas habilidades — pudesse ser constatada.[22]

Nesse meio-tempo, liderou uma bem-sucedida Expedição do Norte contra Beijing, conquistando uma série de províncias. Em novembro, o *New York Times* dedicou um artigo de página inteira a Chiang, sob a manchete: "Novo homem forte domina metade da China".[23] No dia 21 de março de 1927, o Exército de Chiang conquistou Shanghai. Em abril, rompeu publicamente com os comunistas, emitindo uma lista de procurados encabeçada por Borodin (e incluindo Mao). Borodin fugiu de volta para a Rússia pelo Deserto de Gobi. Uma noite, enquanto dormia numa tenda no meio do deserto, ruminou sobre como se equivocara ao confiar em Chiang. O Generalíssimo deu ordens para que se suprimissem as rebeliões lideradas por comunistas. Logo ficou claro que seus reais inimigos eram os comunistas, não Beijing. A comunidade empresarial de Shanghai e os residentes ocidentais, que viviam em pânico, temendo o jugo das massas e os linchamentos, respiraram aliviados. Começaram a olhar para Chiang com bons olhos, apreciando, até admirando, o que ele estava fazendo. Foi só agora, ao revelar sua verdadeira posição política, estabelecer suas credenciais e se tornar objeto de admiração entre os amigos de May-ling, que ele retomou a corte à Irmã Mais Nova.

* * *

Embora dotada de grande inteligência, a Irmã Mais Nova inicialmente tinha posições políticas bastante vagas, se comparadas às de suas irmãs mais velhas. Isso mudou no inverno de 1926-7, antes de Chiang Kai-shek romper com os comunistas, em abril de 1927. O Exército de Chiang havia tomado Wuhan, cidade estratégica às margens do rio Yangtzé, e o governo de Cantão se mudou para lá. A Irmã Vermelha, contando-se entre os líderes nacionalistas, e T. V., o ministro das Finanças, estavam nessa capital nacionalista temporária. May-ling foi visitá-los junto com a mãe e a Irmã Mais Velha e ficou lá por três meses. Depararam-se com uma cidade "vermelha". Um sinal óbvio eram os cartazes gigantes espalhados pelos muros, representando cenas em que as massas chinesas empunhavam baionetas, tirando sangue de capitalistas estrangeiros acovardados, feios e gordos, caídos no chão. Havia outros sinais inescapáveis: greves constantes, manifestações e a conduta de estudantes e sindicalistas que, como o jornalista de esquerda e testemunha ocular Vincent Sheean reportou, sugeria "um movimento social revolucionário altamente organizado que poderia, a qualquer momento, tomar posse dos meios de produção e proclamar a ditadura do proletariado".[24] A cereja do bolo eram os muitos revolucionários estrangeiros que enchiam as ruas: delegações da Europa, dos Estados Unidos e de outras partes da Ásia tinham ido ver a Wuhan vermelha, em busca de inspiração.

Na Wuhan vermelha, Ching-ling viveu a fase mais ativa e radical de sua vida, endossando a violência que crescia na cidade e em seus arredores. Por outro lado, May-ling ficou abismada com o que viu, assim como sua mãe e a Irmã Mais Velha. Do lado de fora de sua janela, "não se passou uma semana sem que houvesse alguma manifestação de milhares e milhares de trabalhadores comunistas, controlados por sindicatos, gritando slogans do tipo abaixo tal pessoa, ou tal tradição ou país imperialista [...]. Por horas a fio era possível ouvir os gritos ensurdecedores das massas num crescendo, enquanto cada unidade passava marchando [...]. Tudo se afogava numa cacofonia de ruídos composta de cornetas, tambores, gongos e pratos de metal". May-ling odiava as "prisões indiscriminadas, os linchamentos públicos, as buscas ilegais e os sequestros, os tribunais viciados e as execuções". Ficou indignada: cidadãos eram "torturados e mortos por ousar questionar os comunistas", continuamente aterrorizados por "'julgamentos abertos' de senhorios, oficiais e daqueles de seu sangue, como suas mães".[25]

Borodin, arquiteto do "terror vermelho" ao estilo soviético, esteve em Wuhan, até fugir de volta para Moscou, via Deserto de Gobi. May-ling lhe perguntou como justificaria tudo aquilo. Aparentemente, Borodin se encantara com May-ling. Uma serva encontrou um pedaço de papel em seu quarto, de seu mata-borrão, no qual ele havia escrito repetidas vezes: "May-ling, querida. Querida May-ling".[26] Disposto a encantá-la, ou mesmo convertê-la, Borodin se armava de todos os seus maneirismos de orador e se dedicava a longos monólogos para ela. Andava para um lado e para o outro na sala de visitas de T. V., rápida ou ponderadamente, dependendo da disposição ditada pelos argumentos; aqui e ali suspendia o punho cerrado no ar, como se marcando um ponto de exclamação, depois o baixava, martelando a palma da mão esquerda, como ênfase. A Irmã Mais Nova sentia apenas que "minha natureza e instinto, na verdade todo o meu ser e minhas convicções, repeliam o que o sr. Borodin propunha".[27]

Retornando a Shanghai em abril, May-ling concordou integralmente com a decisão de Chiang Kai-shek de expulsar os vermelhos do convívio nacionalista. Encorajada pela Irmã Mais Velha, estava pronta para unir sua vida à de Chiang. Em maio, quando o Generalíssimo lhe escreveu, enviando-lhe uma foto sua, May-ling respondeu positivamente. Começaram a se ver bastante, quando então conversavam até altas horas, passeavam de carro à meia-noite e visitavam o interior, frequentando restaurantes pequenos e charmosos. Estavam apaixonados, talvez não loucamente, mas como dois adultos maduros que compartilham convicções, que sabem o que desejam da vida e sentem grande prazer por encontrar plenitude nos braços um do outro. Como esposa do futuro líder da China, May-ling sentiu que finalmente poderia fazer a diferença com a energia ilimitada que tinha.

Chiang já se divorciara de Fu-mei. Agora tomou as devidas providências em relação às duas concubinas, que não tiveram alternativa além de consentir em deixá-lo. Ele, contudo, prometeu sustentá-las pelo resto da vida. Jennie foi posta num navio rumo aos Estados Unidos. A bordo, foi avistada "elegantemente vestida",[28] mas aos prantos. No principal jornal de Shanghai, Chiang divulgou uma nota de três dias, anunciando que estava desimpedido.

No dia 27 de setembro de 1927, May-ling e Chiang Kai-shek celebraram o noivado, na residência da Irmã Mais Velha, ocasião em que tiraram uma fotografia.[29] No dia seguinte, Chiang foi conhecer a mãe de May-ling, que na época estava no Japão. A sra. Soong claramente delegara a questão toda para Ei-ling. Mas queria conferir o futuro genro. Ficou contente com o modo como o comandante-chefe se apresentava e lhe deu o consentimento em pessoa. Chiang ficou eufórico. Tão logo retornou ao local onde estava hospedado, pegou um grande pincel e escreveu quatro caracteres gigantes: "Mil exércitos, uma tacada" (*heng-sao-qian-jun*).[30]

A sra. Soong voltou para Shanghai para supervisionar os preparativos do casamento, que ocorreu em 1º de dezembro de 1927. Naquele dia, o noivo publicou um artigo no jornal nacionalista, expressando sua alegria, enquanto a noiva disse a amigos que se sentia "como num sonho". Depois de uma cerimônia cristã em casa, mais de mil pessoas compareceram ao casamento civil no Majestic Hotel, edifício magnífico em formato de castelo, cercado por um imenso jardim. Era o melhor espaço na cidade, e "todo mundo que é alguém estava presente", como contou May-ling a Emma, de maneira animada. "Foi o maior casamento já visto em Shanghai!"[31] A imprensa reportou cada detalhe. Um dos jornais descreveu o estilo europeu de seu vestido de casamento: "A noiva estava muito charmosa, apresentando-se em um lindo vestido de seda branca e prateada, levemente adornado com colgaduras de um dos lados e arrematado com flores de laranjeira. Usava também uma pequena grinalda de botões de laranjeira por sobre o véu de renda delicada que, longo e cascateante, formava uma segunda cauda para a seda branca bordada de prata que lhe caía dos ombros. Calçava sapatos prateados e meias, e levava um buquê de cravos rosa-pálidos e frondes de samambaia". Como o branco puro era a cor do luto na China, May-ling introduziu uma boa dose de prata no vestido.

Depois do casamento, Chiang teve longas conversas com a Irmã Mais Velha — no lugar da esposa — sobre o presente cenário político e sobre o que ele pretendia fazer.[32] A simpatia de Ei-ling pelo governo de Beijing claramente influenciou a postura de Chiang. Depois de derrotá-lo, ele demonstrou respeito e boa vontade com seus oficiais e continuou a empregar muitos deles. Referia-se ao primeiro-ministro anterior, Duan Qi-rui, como seu "mentor", celebrando Duan pela "grande e inquestionável contribuição" ao país.[33] Ao senhor da guerra Wu Pei-fu, preparou um funeral de chefe de Estado.

A Irmã Mais Velha atuava agora como conselheira de Chiang. E sentia que tinha de manter o recém-casado alerta. Certa noite, tendo gastado uma tarde inteira passeando a cavalo com May-ling, Chiang viu-se recriminado por Ei-ling, que o acusou de ser complacente com os prazeres, não levando a sério a responsabilidade política que lhe cabia. Chiang ficou magoado e anotou em seu diário que a Irmã Mais Velha o subestimava e era incapaz de enxergar seu enorme potencial.[34] Decidiu provar seu valor. A partir de então, como muitas pessoas próximas testemunhariam,[35] Ei-ling exerceria uma influência inigualável sobre o Generalíssimo.

10. Casada com um ditador sitiado

Os conflitos entre May-ling e o marido começaram cedo. Já em fins de dezembro de 1927, o mês em que se casaram, os dois tiveram uma grande discussão em Shanghai. Chiang chegou em casa no meio do dia e constatou que May-ling havia saído. Como se acostumara a mulheres que se punham sempre de prontidão para recebê-lo, ficou irritado. Quando May-ling chegou e não se desculpou, Chiang se lançou num acesso de cólera, e May-ling, pasma, respondeu na mesma moeda. Chiang considerou a esposa insuportavelmente "arrogante" e foi para a cama, convalescer de alguma "doença" indeterminada. May-ling, por sua vez, o ignorou, bateu a porta e seguiu para a residência dos Soong, anunciando que também estava indisposta. No fim, Chiang cedeu. Ao anoitecer, foi até May-ling — "a despeito da minha própria doença". May-ling lhe disse que estava "cansada de perder a liberdade" e aconselhou Chiang a evoluir. Fizeram as pazes. Naquela noite, Chiang se viu abalado demais para dormir, sentindo "o coração trêmulo e a carne em sobressalto".[1]

Chiang Kai-shek se casara com uma mulher independente, com uma determinação feroz. Pela primeira vez, era ele quem tinha de pedir desculpas. Durante a noite insone, compreendeu que não tinha outra escolha a não ser acomodar May-ling. Precisava dela em muitos sentidos, não menos pela conexão com Sun Yat-sen, de quem se proclamava herdeiro. Por outro lado,

Chiang compreendeu também que ele "concordava com ela"[2] e que precisava mudar. No dia seguinte, em vez de levantar da cama ao amanhecer, como costumava fazer, permaneceu deitado, e os dois se demoraram nos colóquios do amor até as dez horas da manhã.

May-ling rapidamente aderiu ao ânimo conciliatório. Sentia-se muito entusiasmada com o título de Madame Chiang. Como relembrou mais tarde, pensava: "Aqui está minha oportunidade. Com meu marido, posso trabalhar incessantemente para fortalecer a China".[3]

May-ling acreditava que a vitória de Chiang eliminaria os conflitos internos e traria paz para o país. Decidiu ajudá-lo a triunfar e ser uma boa primeira-dama. Abandonou as roupas ocidentais e adotou o tradicional *qipao* de seda. Com bordados floridos e saia cortada em ambos os lados até a altura do joelho, aquele se tornou seu "uniforme". Usava o cabelo à moda da mulher chinesa da época, reto e com uma franja simples. Quando seu irmão T. V., que se tornara o ministro das Finanças de Chiang, quis renunciar, ela o persuadiu a permanecer no governo. E, enquanto Chiang se encontrava à frente da Expedição do Norte, ela comprou remédios para os soldados feridos, conseguiu grandes quantidades de roupas e leitos e garantiu médicos e enfermeiros da Cruz Vermelha. Era ela quem repassava as mensagens de Chiang aos consulados ocidentais, garantindo-lhes que o Exército nacionalista protegeria seus colegas nas zonas de guerra. Era uma espécie de representante especial de Chiang, cuidando de tarefas que outros não poderiam realizar. Em seu diário, Chiang anotou que metade de sua vitória era devida à esposa.[4] Igualmente importante, May-ling introduziu práticas humanitárias no Exército de Chiang, constituindo, de maneira geral, uma influência civilizadora sobre o Generalíssimo. Foi ela quem fundou uma escola para os filhos dos soldados e oficiais mortos, a primeira de que se tem notícia nas guerras chinesas. May-ling se devotou à escola, e, até o fim da vida, as crianças continuaram sendo "suas crianças".

Chiang Kai-shek derrotou o governo de Beijing e adentrou a capital do Norte no dia 3 de julho de 1928. O regime nacionalista se estabelecia, tendo Nanjing como capital. O Generalíssimo se declarou presidente.

Encerrava-se, assim, uma época de busca por democracia na China. Esse período, que vai de 1913 a 1928, é muitas vezes descrito negativamente em livros de história como um período marcado por "conflitos entre senhores da guerra". Na verdade, as maiores e mais significativas guerras durante aqueles anos, mesmo se intermitentes, não foram provocadas pelos tais senhores da guerra, mas por Sun Yat-sen, seguido por Chiang Kai-shek. As guerras entre os líderes militares regionais eram muito mais curtas e limitadas, provocando bem menos turbulência; a vida seguia como sempre para os civis, contanto que não se vissem em meio ao fogo cruzado. Acima de tudo, as rixas entre aquelas lideranças terminavam em esforços renovados a favor da democracia parlamentarista. O último alvo de Chiang, por exemplo, o marechal Wu Pei-fu, era bem conhecido pelo comprometimento com a democracia: seu último ato antes de abandonar a arena política foi pagar os bilhetes para casa de centenas de parlamentares que tinham permanecido em Beijing na esperança de que ele vencesse e de que o Parlamento pudesse voltar a se reunir.[5] A vitória de Chiang encerrou o trajeto da China nesse sentido, colocando o país na rota da ditadura descarada.

No entanto, embora Chiang tenha adotado a ditadura e herdado algo dos "métodos de batalha"[6] leninistas, nas palavras de Borodin — organização à moda soviética, mecanismos de propaganda e controle —, ele, não obstante, rejeitava o comunismo e não buscou construir um Estado *totalitário*, diferentemente de Mao, que o destronaria mais tarde. O regime do Generalíssimo manteve muitas das liberdades do país. E, conquanto May-ling não elaborasse políticas, sua influência foi muito presente nas decisões mais humanas do ditador.

O maior problema de Chiang era legitimidade. Todos os seus predecessores republicanos haviam sido eleitos, por mais problemáticas que tivessem sido algumas das eleições. A conquista de Chiang não arrebatou o coração da população, e ele não era visto como um libertador. Quando seu Exército adentrou Beijing, foi recebido por testemunhas apáticas com um "silêncio ensurdecedor", como descreveu um observador.[7] Os líderes de Beijing, no geral, gozavam de uma reputação muito superior à dele. Além disso, sua vitória também não convenceu ninguém de seu suposto gênio militar. Muitos acreditavam que Beijing fora derrotada pelo poder militar soviético, não por ele. O fato de que Chiang rompera o jugo soviético sobre seu partido era apreciado, mas com muita relutância. Outros nacionalistas vinham agindo contra o controle moscovita enquanto Chiang ainda se mostrava ostensivamente pró-Rússia. Para esses homens, o Generalíssimo era apenas um oportunista.

Chiang alegava ser o herdeiro do Pai da China e promoveu Sun a um patamar de divindade. No dia do seu próprio casamento, um enorme retrato de Sun pendia de uma plataforma, flanqueado pelas bandeiras do Partido Nacionalista e do país que ele estava prestes a governar. A bandeira da China era basicamente uma duplicação da bandeira do partido sobre um fundo vermelho, simbolizando a visão de Sun de que seu partido viria a dominar a nação. Todo mundo — os recém-casados e seus mil convidados — curvou-se três vezes para o retrato de Sun, introduzindo um ritual que se tornaria ubíquo em cerimônias no país.

Na verdade, Sun estava bem longe de ser visto como um deus nos pensamentos privados do Generalíssimo. Certa vez, com May-ling e a Irmã Mais Velha, falou sobre como a política russa de Sun levaria ao domínio comunista do partido e do país — não tivesse ele, Chiang, dado cabo da situação por meio de seus estratagemas. Contudo, por questões políticas, precisava da deificação de Sun.[8]

Do mesmo modo, precisava arrancar uma ideologia de Sun para seu regime. O Pai da China havia de fato produzido uma espécie de ideologia: os Três Princípios do Povo (*san-min-shu-yi*). Era uma imitação do "governo do povo, pelo povo, para o povo" de Lincoln. Em resumo, os princípios eram: nacionalismo, o povo como mestre e o bem-estar da população. Eram princípios vagos e inconstantes como as verdadeiras crenças de Sun. Falando para a câmera em um documentário em inglês, Chiang, seu intérprete e May-ling apresentaram definições diferentes. A primeira-dama tinha de falar sobre como os princípios de Sun haviam libertado as mulheres chinesas. Era algo tão intangível que ela precisou memorizar as falas. Como resultado, se exprimindo fluentemente sobre o papel das mulheres na China da forma como acreditava, empacou quando chegou a hora de mencionar a suposta grande contribuição de Sun: não conseguia lembrar o que tinha de dizer. De maneira hesitante, começou: "O dr. Sun deu às mulheres...", e logo travou. Rindo com embaraço, mas com doçura, voltou-se para o marido, que a observava com ansiedade palpável e que naquele momento sussurrou alguma coisa em seu ouvido. Ela, então, completou a frase: "... deu às mulheres liberdade política e econômica".[9]

Não obstante, que a "ideologia" fosse vaga e aberta à interpretação não importava tanto. Era benigna e servia. Os problemas começaram quando

Chiang passou a buscar precisão e anunciou que o sistema político sob seu comando seria o de "tutelagem política" (*xun-zheng*) — designação não muito eufemística que Sun havia escolhido para seu estilo particular de ditadura. A palavra *xun* traz à mente a imagem de um superior que palestra para inferiores. Sun dissera que o povo da China seria tratado daquela forma. Os chineses eram escravos que não podiam ser os mestres do país; "então nós, os revolucionários, devemos educá-los", "repreendê-los", "usando os métodos da força, se necessário".[10] Um cartaz de propaganda ilustrava as palavras de Sun: a China era representada como um bebê que engatinhava, puxada para um nível mais alto de existência pelo Pai, Sun Yat-sen. Isso era um afastamento drástico em relação à tradição cultural chinesa, que reprovava que se desdenhasse abertamente das pessoas comuns.

No entanto, o Generalíssimo ditara que ninguém tinha permissão para ser irreverente em relação a Sun. Em escolas e escritórios, as pessoas eram obrigadas a se reunir uma vez por semana para celebrar Sun Yat-sen. Tinham de ficar em silêncio por três minutos, ler o testamento político que Sun assinara em seu leito de morte e ouvir discursos dos chefes. Tudo isso era estranho e incômodo para a população. Nunca tinham feito nada daquilo quando viviam sob o jugo dos imperadores. E por quase duas décadas vinham vivendo numa forma de sociedade civil que contava com um sistema político multipartidário, um sistema legal razoavelmente justo e uma imprensa livre. Podiam criticar o governo de Beijing publicamente, sem medo de retaliação. Em 1929, um bom número de liberais proeminentes se manifestou numa coleção de ensaios intitulada *Sobre direitos humanos*. Hu Shih, o líder liberal da época, escreveu que seus compatriotas já haviam passado por uma "liberação da mente", mas que agora "a colaboração dos comunistas e dos nacionalistas tinha criado uma situação de ditadura absoluta, e nossas liberdades de expressão e pensamento estão sendo perdidas. Hoje podemos atacar Deus, mas não podemos criticar Sun Yat-sen. Não temos de ir a cultos religiosos aos domingos, mas temos de comparecer ao Culto Comemorativo [em honra de Sun] semanalmente e ler o testamento de Sun Yat-sen". "A liberdade que queremos estabelecer é a liberdade de criticar o Partido Nacionalista e de criticar Sun Yat-sen. Mesmo o Todo-Poderoso pode ser criticado, por que não os nacionalistas e Sun Yat-sen?" Por fim, dizia: "O governo nacionalista não é popular, em parte porque seu sistema político não atende às expectativas do povo, e em parte porque sua ideologia cadavérica é incapaz de atrair a simpatia das pessoas pensantes".[11] Essas publicações foram confiscadas e queimadas, e Hu Shih foi obrigado a renunciar sua posição como reitor de uma universidade.

Mas coisas piores estavam acontecendo, observou Hu Shih. Qualquer um podia perder sua liberdade e suas propriedades sob a acusação de ser "um reacionário", "um contrarrevolucionário" ou "um suspeito comunista".[12] Não havia muito respeito pela propriedade privada. Wellington Koo, antigo primeiro-ministro do governo de Beijing, tinha uma mansão esplêndida na cidade, comprada pelo pai da esposa, um rico empresário chinês, com negócios no exterior. Os Koo amavam a casa. Durante a última visita de Sun Yat-sen a Beijing, a mansão foi emprestada a ele, e lá ele morreu. Depois da vitória, os nacionalistas simplesmente se apossaram da residência, transformando-a num templo em memória de Sun — para desespero da família Koo.[13] Ficaram arrasados também pela notícia de que os novos proprietários cobriram a cor original da casa, um lindo vermelho envelhecido típico de Beijing, com um revestimento sombrio num tom de azul-esverdeado, para mostrar que aquele era um local de tristeza.*

Chiang via como sua propriedade o que pertencia, na verdade, ao país. Criou um grande banco, o Banco dos Fazendeiros, com fundos provenientes de impostos estatais.[14] Quando redigiu seu testamento (em 1934), pôs os ativos do banco sob o título "Questões de família", abaixo do item determinando que seus filhos tomassem May-ling como sua verdadeira mãe.

Como ditador, o Generalíssimo arranjava inimigos por toda parte. Potentados provincianos a Leste, Oeste, Norte e Sul rebelavam-se contra ele, bem como um bom número de seus colegas nacionalistas de esquerda, centro e direita. Tinham uma coisa em comum: recusavam-se a aceitar a autoridade de

* Chiang mais tarde se valeu de Koo, diplomata talentoso e prudente. Décadas depois, quando falou sobre esse episódio para um projeto de história oral da Universidade Columbia, de Nova York, Koo, afobado, interrompeu abruptamente a entrevista e disse ao entrevistador para desligar o gravador. "Isso tem que ficar em sigilo. Lança uma reflexão sobre o Kuomintang." Em seguida, mudou de assunto. Claramente decidira que era mais sábio de sua parte conter suas críticas. (Koo, V. K. Wellington, Arquivos da Universidade Columbia, v. 3, parte 2, seção H, J, p. 305.)

Chiang. Alguns tomaram medidas extremas. Assassinatos — que, sob a dinastia Manchu, haviam sido raros — eram o método tradicional dos republicanos, tanto Sun quanto Chiang haviam sido grandes adeptos da prática. Agora, era sobre a cabeça do Generalíssimo — e de May-ling — que a espada se erguia.

Certa noite, em agosto de 1929, May-ling foi despertada por um pesadelo. Estava em sua residência, em Shanghai. Como escreveu mais tarde, uma figura estranha e fantasmagórica lhe apareceu num sonho, um homem com "um rosto duro e brutal" e "expressão maligna". "Ele ergueu as mãos, e em cada uma delas havia um revólver." May-ling gritou, e Chiang saltou da cama onde dormia e correu até ela. May-ling disse que talvez houvesse ladrões no andar de baixo. Chiang saiu do quarto e chamou os guardas. Dois soldados responderam, e ele voltou para a cama, tranquilo, embora achando um tanto estranho que dois homens tivessem respondido quando apenas um devia estar em serviço.

Alguns dias depois, os dois guardas entraram no quarto, caminhando na ponta dos pés, e se preparavam para puxar o gatilho quando Chiang se virou e tossiu ruidosamente. Assustados, retiraram-se. Nesse meio-tempo, o guarda que não devia estar em serviço levantara as suspeitas do taxista que o trouxera à residência. O taxista reparou que o homem tentara esconder seu uniforme militar sob o casaco de chuva e o chapéu e achou estranha a forma como ele foi cumprimentado no portão. O taxista chamou a polícia, que se dirigiu à residência imediatamente. Os guardas foram presos. Eram dois dos soldados mais antigos e confiáveis de Chiang; ainda assim, haviam aceitado a comissão de um grupo entre os inúmeros inimigos do ditador.[15]

Como resultado daquelas tentativas de assassinato, May-ling sofreu um aborto. Ficou "terrivelmente abalada" e "em extrema agonia", escreveu Chiang em seu diário. O Generalíssimo ficou ao lado dela por dezessete dias, sem comparecer ao trabalho, o que era pouco comum. Depois do aborto, May-ling foi informada de que nunca mais poderia engravidar. Tal como sua irmã, a Madame Sun, a Madame Chiang jamais teria filhos.

May-ling viu-se num estado de terror constante, sofrendo de uma tensão nervosa extrema. Em um novo pesadelo, viu uma pedra no meio de um rio, com sangue fluindo ao redor. Como o nome de Chiang Kai-shek contém a palavra "pedra" (*shek*), por vários dias ela esperou que alguma coisa terrível

May-ling e Chiang na lua de mel, iniciando um casamento longo, extraordinário e repleto de acontecimentos.

Ei-ling e o marido, H. H. Ela influenciou Chiang Kai-shek mais do que qualquer outra pessoa; H. H. foi primeiro-ministro e ministro das Finanças de Chiang por muitos anos.

A Irmã Vermelha — Ching-ling — foi para o exílio na Rússia em 1927 e se apaixonou por Deng Yan-da (à sua esquerda nessa fotografia, registrada na região do Cáucaso). Deng mais adiante fundou o Terceiro Partido e foi executado por Chiang Kai-shek em 1931.

Chiang Kai-shek (segundo a partir da direita) e May-ling (a seu lado), passeando perto de Xian, defronte à Tumba do Rei Wu (primeiro rei da Dinastia Zhou, 1046-3 a.C.), fins de outubro de 1936. O Jovem Marechal Zhang Xue-lian (ao centro, de polainas, sorrindo) era o anfitrião. Apenas um mês depois o Jovem Marechal deflagaria um golpe contra Chiang, prendendo-o. O general Yang Hu-cheng, seu parceiro na conspiração, aparece na extrema direita, em posição de sentido.

May-ling arriscou a vida para ajudar a garantir a libertação do marido. Os Chiang voltaram para casa em dezembro de 1936.

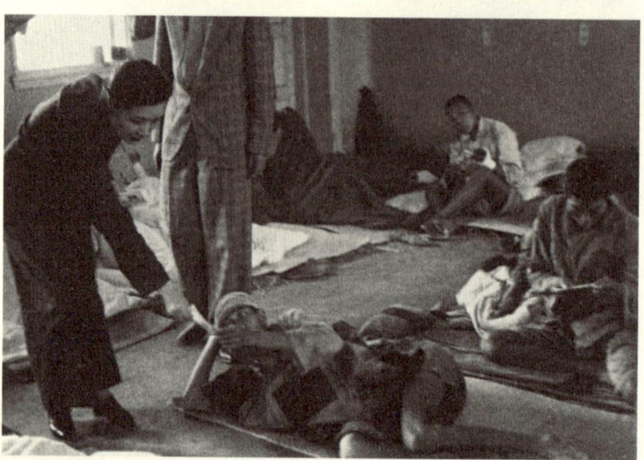

May-ling visitando soldados feridos: depois que a guerra com o Japão foi declarada, em 1937, Chiang conduziu o país na resistência aos japoneses.

Ching-ling (cadeira dianteira) e May-ling sendo transportadas para o alto da capital chinesa durante a guerra, Chongqing, a "Cidade das Montanhas", em 1940.

Em Chongqing, em 1940, as três irmãs teceram uma frente única e apareceram em público juntas pela primeira vez em mais de dez anos. A Irmã Mais Velha (à esq.) e a Irmã Mais Nova (ao centro) eram muito próximas, ao passo que a Irmã Vermelha se manteve relativamente afastada das duas.

As irmãs com Chiang Kai-shek numa recepção em Chongqing, em 1940 (a partir da esquerda: May-ling, Ei-ling, Chiang e Ching-ling). Ching-ling mantinha sempre certa distância do cunhado, por quem nutria desprezo.

As irmãs visitando um hospital militar em Chongqing, em 1940.

Os Chiang com o capitão Claire Chennault do Grupo de Voluntários Americanos, ou "Tigres Voadores", durante a Segunda Guerra Mundial. Sobre a Irmã Mais Nova, Chennault disse: "Ela será sempre uma princesa para mim".

Para o general americano Joseph Stilwell, Ching-ling "é a mais simpática das três mulheres" (primeiros anos da década de 1940, Chongqing).

Chongqinq, 1942: May-ling (centro) encantou Wendell Willkie (à sua direita), representante pessoal de Roosevelt, que a convidou para ir aos Estados Unidos. Ching-ling (segunda à direita) reclamou em privado que não conseguiu falar com Willkie. H. H. Kung se encontra entre as duas irmãs.

A visita oficial de May-ling aos Estados Unidos em 1943 foi um triunfo. O ápice foi seu discurso ao Congresso, em 18 de fevereiro.

May-ling (ao centro, com flores no colo) falou a uma multidão de 30 mil pessoas no Hollywood Bowl em Los Angeles, 1943. Na viagem, levou consigo os filhos de Ei-ling, David (segundo a partir da esquerda) e Jeanette (na extrema direita), dando-lhes grande destaque. O segundo da direita para a esquerda é o excepcional diplomata Wellington Koo (que atuou como presidente em exercício da China em 1927).

Os Chiang com o presidente Roosevelt e o primeiro-ministro Winston Churchill na Conferência do Cairo, novembro de 1943.

T. V. Soong (à dir.), ministro das Relações Exteriores da China durante a guerra, com o presidente Roosevelt e o diretor-geral dos Correios, James Farley, em Washington, em 1942. Um selo comemorativo foi emitido em 7 de julho daquele ano, celebrando o quinto aniversário da resistência chinesa à agressão japonesa.

Os irmãos Soong, T. A. (na extrema esquerda), T. V. (ao centro) e T. L., com suas esposas, celebrando o Natal em Washington, 1942.

Os Chiang comendo, com o retrato do Generalíssimo ao fundo, no começo da década de 1940.

acontecesse.[16] O que de fato aconteceu foi que a província vizinha, Anhui, rompeu com Chiang e bombardeou a capital, Nanjing.

Mas a Irmã Mais Nova se manteve firme ao lado do marido, a despeito dos perigos e das reservas que tinha em relação a seus métodos. Em 1930, alguns generais e políticos nacionalistas proeminentes (incluindo o homem que redigira o testamento de leito de morte de Sun, Wang Jing-wei) juntaram forças e formaram um governo rival em Beijing. Chiang declarou guerra. Conhecida como a Grande Guerra da China Central, durou meses. Durante esse tempo, May-ling se comunicou quase que diariamente com o marido por telegrama, demonstrando muito amor e apoio. Preocupada que Chiang, no front, não se alimentasse bem, ofereceu-se para lhe enviar refeições. Quando o clima ficou extremamente quente, ela indagava ansiosamente sobre as condições físicas do marido. Com medo de que ele estivesse solitário, enviou o irmão mais novo, T. A., com cartas e presentes. Era, mais uma vez, a gerente logística mais confiável de Chiang. Uma das remessas que ela articulou continha 300 mil latas de carne, brotos de bambu e doces, 150 mil toalhas de mão e grandes quantidades de remédios para as tropas, que ela enviou fretando um vagão de trem especial. Quando T. V. já não suportava as demandas intermináveis de Chiang por dinheiro, ela mais uma vez o amansou.[17]

Parte do dinheiro passava discretamente pelas mãos dela. O homem forte da Manchúria era agora Zhang Zue-liang, o Jovem Marechal, filho do Velho Marechal Zhang Zuo-lin. (O Velho Marechal ficou brevemente no comando do governo de Beijing em junho de 1927, no último estágio da Expedição do Norte de Kai-shek. Os japoneses se ofereceram para ajudá-lo a interromper o avanço de Chiang, em troca de direitos substanciais sobre a Manchúria. O Velho Marechal foi direto na resposta: "Eu não vendo o país". Os japoneses, então, plantaram dinamite numa ponte ferroviária, matando-o em seu comboio, no dia 4 de junho de 1928. A morte do Velho Marechal ajudou a garantir a vitória de Chiang sobre o governo de Beijing.) Nesse novo conflito, o Jovem Marechal decidiu dar uma mãozinha para Chiang — por um preço determinado. Depois de uma rodada de negociações secretas, concordou-se com um pagamento colossal na casa dos 15 milhões de dólares. A soma era tão grande que teve de ser parcelada ao longo de vários anos, durante os quais o Jovem Marechal fazia visitas ocasionais a Shanghai e Nanjing para coletar o dinheiro. No dia 18 de setembro de 1939, May-ling transferiu a ele 1 milhão de dólares, com a promessa de enviar, nos dias seguintes, os 4 milhões restantes da primeira parcela.[18] Naquela data, o jovem líder enviou tropas posicionadas ao sul da Manchúria para realizar uma famosa manobra militar, o chamado movimento em forma de pinça, em coordenação com Chiang, contra os rebeldes. Foi o fim da rebelião.

Nesse período, May-ling ficou com Ei-ling e a mãe. Enquanto a sra. Soong lhe dava apoio moral, a Irmã Mais Velha lhe oferecia aconselhamento detalhado. Chiang sentia imensa gratidão para com as duas mulheres e perguntava por elas quase diariamente. Como sempre, era respeitoso em relação a Ei-ling, nunca deixando de se dirigir a ela como a uma irmã mais velha, embora ele próprio fosse mais velho. Quando lhe contaram que a sra. Soong estava doente, quis saber cada detalhe e pediu a May-ling que transmitisse sua promessa: "Por favor, tenha certeza de que seu genro está seguindo cuidadosamente seus ensinamentos e se comportando da maneira mais responsável".[19]

Como um gesto de gratidão à sra. Soong e à Irmã Mais Velha, depois que a guerra acabou, Chiang batizou-se no dia 23 de outubro de 1930, em uma cerimônia na residência Soong, em Shanghai. A partir de então, foi cada vez mais influenciado pelo cristianismo.

A guerra tinha acabado, mas os que se opunham ao Generalíssimo não se resignaram. Transferiram suas atividades para Cantão, articulando outro governo rival no ano seguinte, em 1931. Dessa vez, um dos membros era Fo, filho de Sun Yat-sen. Em Nanjing, os velhos associados de Sun mantinham uma postura abertamente desdenhosa em relação a Chiang.[20] O Generalíssimo chegou a pôr alguns deles na cadeia, mas tinha de fingir que só os mantinha presos para ter acesso a seus conselhos.

Chiang sentiu-se cercado de má vontade, como nos tempos de sua juventude, e ralhava contra quase todas as pessoas ao seu redor. Seus diários nesse período estão repletos de comentários do tipo: "Não há amizade genuína ou ternura ou amor debaixo do céu, a relação entre mãe e filho é a única exceção"; "Não consigo parar de sentir raiva e ódio [...], a maioria das pessoas são falsas amigas [...] e egoístas [...], quero me isolar de todos"; "O coração das pessoas é desonesto e feio. Os que têm medo de mim são meus inimigos; os que me amam também o são, pois só querem me usar [...]. Minha esposa é a única pessoa que me ama e me apoia com sinceridade"; "É da natureza dos seres humanos que ninguém trate o outro com boa-fé, exceto os pais, a esposa e os filhos".[21]

Acossado por pensamentos sombrios, o Generalíssimo permaneceu um solitário — e um homem autônomo. Para ele, "a China tem poucos talentos. Se você der responsabilidade às pessoas, elas simplesmente fracassam". "De todas as pessoas que emprego, em todas as organizações, quase nenhuma trabalha de forma que me pareça satisfatória"; "Com a exceção da minha esposa, nem uma outra pessoa pode compartilhar um pouco de responsabilidade ou de trabalho comigo"; "Tenho que lidar com tudo pessoalmente, políticas domésticas e estrangeiras [...], assuntos civis ou militares". De fato, em momentos-chave, quando a China precisava de apoio internacional, como nos dias que antecederam a invasão japonesa de 1931, ele não tinha embaixadores nos países ocidentais.

O pequeno círculo de Chiang consistia quase inteiramente da família Soong. Entre os membros de sua própria família, sempre desprezara o meio-irmão: "Como o detesto e sinto nojo dele". Também não tolerava a irmã. Um dia, ele a visitou na companhia de May-ling e viu os convidados da irmã jogando cartas ruidosamente. Chiang sentiu-se "envergonhado" e temeu que sua "amada" o desprezasse por suas relações familiares.[22]

A forte relação emocional com seu mentor Chen, o Chefão, deu-lhe outra "família". Dois sobrinhos de Chen, Guo-fu e Li-fu, fundaram e comandavam o sistema de inteligência de seu governo. Mas mesmo eles não gozavam de sua total confiança. Desconfiado, o Generalíssimo temia que os dois se tornassem poderosos demais e criou outra agência de inteligência para limitar a influência dos sobrinhos de Chen.[23]

Apenas a família Soong gozava da absoluta confiança de Chiang. Deles não esperava traição, e dependia deles para gerir a corda de segurança do seu regime: o dinheiro. Criou uma autoridade acima dos maiores bancos da China — a Agência Unificada dos Quatro Bancos — e fez do marido de Ei-ling, H. H. Kung, o chefe. Para H. H., seu servo mais obediente, e também para seu outro cunhado, T. V., Chiang reservava os cargos mais altos: ministro das Finanças, ministro das Relações Exteriores, primeiro-ministro. H. H. permaneceu em dois desses três cargos por mais de uma década, quase até o fim do regime de Chiang.*

* Na edição de 1930 das *Crônicas do clã de Confúcio*, H. H. Kung foi elencado entre os descendentes de Confúcio, com quem compartilhava o mesmo sobrenome. Como na época estava no

A pessoa a quem Chiang mais obedecia, contudo, era Ei-ling. Suas ideias sobre questões políticas ou financeiras, repassadas para Chiang pessoalmente ou por meio de May-ling ou H. H., sempre encontravam a atenção do Generalíssimo. O fato de seu marido ocupar prolongadamente postos superiores na administração se devia em grande parte à confiança que Chiang dedicava a Ei-ling.[24]

Fora do pequeno círculo familiar, o Generalíssimo ouvia pouquíssimas pessoas. Não havia debates de verdade entre os oficiais do alto escalão. As reuniões eram ocasiões sombrias, nas quais Chiang assumia uma postura de desânimo, ralhando com subordinados e colegas. Os membros mais civilizados mal conseguiam tolerar aquilo e se reprimiam apenas por medo. Os menos educados seguiam o mestre e tratavam seus próprios subordinados de forma igualmente perversa, gerando ressentimento nos escalões abaixo.

Sob tal liderança, poucos oficiais se davam ao trabalho de contribuir com a criação de políticas governamentais. Mesmo os quadros superiores raramente ofereciam sugestões. Ei-ling era inteligente, mas não tinha a mente de um líder político, além de sofrer de uma falta de empatia fatal em relação às pessoas comuns. Como resultado, o regime de Chiang não conseguiu estabelecer uma agenda que entusiasmasse ou oferecesse esperança à população em geral. A ausência de políticas inspiradoras era sentida tão agudamente que Hu Shuh, o líder liberal, convocou Chiang a "fazer o mínimo do mínimo e aprender com os imperadores autocráticos: emitir decretos de tempos em tempos solicitando sugestões diretas à população!".[25]

As críticas eram inúteis. E a coisa piorava: Chiang dava a impressão de que desprezava o povo. Em público, dizia que os chineses "não têm vergonha, não têm moral"; eram "preguiçosos, indiferentes, corruptos, decadentes, arrogantes, amantes da luxúria, incapazes de suportar o trabalho duro, incapazes de disciplina, sem respeito pela lei, nenhum sentido de vergonha, nenhuma ideia do que é moral"; "a maior parte deles está meio morta, ou nem morta, nem viva [...], são cadáveres ambulantes".[26]

Tirar a população da pobreza não estava na sua agenda — um fracasso catastrófico do qual se arrependeu tarde demais, quando já estava sendo ex-

poder e supervisionara a escrita da crônica, a alegação foi questionada. Ching-ling referia-se a ele, sarcasticamente, como "o Sábio". Shou Chong-yi (Org.), p. 42; Edgar Snow, p. 95.

pulso do continente chinês. Pouco antes circulara uma proposta para reduzir o aluguel que os camponeses tinham de pagar aos proprietários de terras, mas a iniciativa só havia sido testada em algumas províncias, sendo abandonada ao encontrar dura resistência. Os comunistas não tardaram em tirar vantagem disso, frisando que o objetivo deles era dar ao povo uma vida melhor. A influência dos vermelhos cresceu, assim como o território em que atuavam. Com o apoio de Moscou, formaram uma "república soviética" em 1931, no Sudeste da China, uma parte rica do país, não muito distante de Shanghai. No seu auge, esse estado separatista controlava uma área total de 150 mil quilômetros quadrados e uma população acima de 10 milhões de pessoas. Uma imensa ameaça a Chiang havia crescido bem debaixo de seu nariz.

Confrontada por uma grande variedade de problemas terríveis, May-ling perdeu a esperança inicial de realizar grandes feitos no papel de Madame Chiang. Mais tarde, em 1934, escreveu: "Sofri muito durante os últimos sete anos. Naveguei por águas turbulentas por causa das condições caóticas da China". Além dos conflitos internos constantes, havia outros desastres: uma seca no Noroeste do país, em Shaanxi, em 1929, resultou numa fome que matou centenas de milhares; tempestades prolongadas no Nordeste em 1930 deixaram milhões de pessoas desabrigadas; e, em 1931, 400 mil morreram por causa de inundações no vale do rio Yangtzé e outras regiões; na fronteira, o Japão flexionava os músculos agressivamente. "Todas essas coisas me fazem constatar minha própria inadequação [...]. Tentar fazer qualquer coisa pelo país era como tentar apagar um grande incêndio com um copo d'água. Mergulhei num desespero sombrio. Uma depressão terrível se apossou de mim."[27]

O momento mais sombrio se deu quando a mãe morreu de câncer do intestino, em 23 de julho de 1931. May-ling cuidara dela durante a longa doença e permaneceu a seu lado nos últimos dias em Qingdao, um resort costeiro, onde buscavam fugir do calor paralisante do verão de Shanghai. A Irmã Mais Nova ficou inconsolável: "Foi um golpe terrível para todos os seus filhos, mas me feriu talvez mais do que aos outros, pois eu era sua filha mais nova e tinha me apoiado nela mais intensamente do que eu percebia". Lembrava-se em especial de um momento pouco antes da morte da sra. Soong: "Um dia, conversando com ela, um pensamento que considerei bastante iluminado me ocorreu: 'Mãe, a senhora é tão poderosa em suas orações, por que não pede a Deus que destrua o Japão num terremoto, de modo que não possa mais ameaçar a China?'". May-ling conta que a mãe "virou o rosto" e se recusou, dizendo-lhe que a mera sugestão daquela ideia não era digna dela. Esse ponto de vista influenciou May-ling por toda a vida e a fez admirar a mãe com ainda mais intensidade. Quando a sra. Soong morreu, May-ling sentiu-se perdida: "Mamãe já não estava lá para rezar comigo e me ajudar com meus problemas. Eu tinha uma vida inteira pela frente sem sua presença. O que haveria de fazer?".[28]

No dia da morte da mãe, o irmão de May-ling, T. V., escapou por pouco de uma tentativa de assassinato levada a cabo por um grupo de jovens nacionalistas de esquerda. O alvo era, na verdade, Chiang Kai-shek, mas escolheram T. V., "o homem do dinheiro" de Chiang, como um primeiro ensaio. Estudaram os movimentos de T. V.: às quintas-feiras, ele viajava regularmente de Shanghai a Nanjing, para finais de semana prolongados. Tomava o expresso da noite. Vestindo terno e usando um tipo de capacete de safári branco, T. V. era uma figura bastante elegante, medindo mais de um metro e oitenta de altura. Enquanto caminhava em meio à multidão, seguido por um secretário e um guarda-costas, alguns homens gritaram "Abaixo a dinastia Soong!" e começaram a atirar. As balas ricochetearam pelos muros e através das janelas. O secretário de T. V., que caminhava ao lado do chefe, morreu. Uma testemunha, um quitandeiro próximo à cena, contou aos jornais que os assassinos "usavam o uniforme cinza-esverdeado de Sun Yat-sen". (Esse uniforme, mais tarde apelidado de "o terno de Mao", era uma adaptação da vestimenta dos cadetes japoneses e foi usado primeiro por Sun. Na época do atentado, servidores civis do governo nacionalista eram obrigados a vesti-lo.)

Depois que o tiroteio começou, duas bombas foram detonadas. Segundo testemunhas, aquilo "provocou tanta fumaça que você mal podia ver o sr. Soong. Eu me escondi debaixo do meu balcão". Aproveitando-se da fumaça, T. V. pulou para trás de uma pilastra, puxando o revólver. Um dos policiais a serviço na estação correu até ele e disse: "Tire esse chapéu, sr. ministro. Se agache para que eles não o vejam muito bem e me siga. Vou tirar o senhor daqui". T. V. tateou no meio da nuvem de fumaça, evitando os corpos no chão, e seguiu o policial até uma sala de reuniões escada acima. Vendo que T. V. tinha ido para um andar superior, e não para uma porta de saída, os assassinos desistiram da perseguição. Depois de mais trocas de tiros com o guarda-costas, largaram as armas e desapareceram em meio à multidão na plataforma, que fugia em todas as direções, aos gritos. Eles escaparam — para tramar um novo ataque, dessa vez contra o alvo real, o Generalíssimo.[29]

Esse grupo mal havia chegado em casa quando outros homens armados atiraram contra Chiang, num parque. Erraram, e Chiang não se feriu.[30] Evitando aprofundar o desespero de May-ling, Chiang lhe enviou uma mensagem informando que as notícias sobre o atentado não passavam de boatos. May-ling sabia que não eram e ficou angustiada. Repetidas tentativas de assassinato assombraram sua vida; na velhice, era incapaz de dormir em paz sem a presença de um guarda de sua confiança no quarto ao lado.

Para coroar todas essas calamidades, uma catástrofe nacional: em setembro de 1931, o Japão invadiu e ocupou a enorme e rica Manchúria. May-ling, como ela própria relatou, deslizou para "as profundezas do desespero". [31]

11. Ching-ling no exílio: Moscou, Berlim, Shanghai

Enquanto a Irmã Mais Nova se esforçava para lidar com os perigos de sua vida de casada, Ching-ling, a Irmã Vermelha, vivia num exílio que impusera a si mesma, primeiro, em Moscou.

Foi para a Rússia quando Chiang Kai-shek rompeu com os comunistas, em abril de 1927. A mãe e as irmãs usaram de todos os argumentos para impedi-la, buscando de fato convencê-la a abandonar suas convicções soviéticas. May-ling voltou a Wuhan, com uma carta da mãe. Mas Ching-ling continuava sendo a jovem de temperamento forte que fugira doze anos antes para se casar com Sun Yat-sen — e se recusou a ouvir. De Wuhan, foi para Shanghai, onde esperou o navio que a levaria para a Rússia. Lá, mais confrontos furiosos com a família. Finalmente, na companhia de um grupo de camaradas e sob o disfarce de mulher pobre, deixou Shanghai na clandestinidade e embarcou num vapor russo rumo à "capital do proletariado do mundo".

Seu irmão de 32 anos, T. V., decidiu se unir a Chiang Kai-shek. T. V. vinha hesitando entre os campos a favor e contra Chiang. O jornalista Vincent Sheean, que o conheceu nessa época, disse que ele se via

> incapaz de se decidir entre os horrores do imperialismo capitalista e os horrores da revolução comunista [...]; na China era impossível colocar o pé na rua

> sem constatar evidências, por toda parte, da exploração desumana e brutal do trabalho tanto por parte de chineses quanto de estrangeiros. T. V. era sensível demais para não se sentir tocado por semelhante espetáculo. E, no entanto, tinha um terror igualmente preocupante de qualquer revolução genuína; multidões o intimidavam, agitações da parte dos trabalhadores e greves o adoeciam, e a ideia de que os ricos pudessem ser despojados o enchia de hesitação.[1]

Um dia, em Wuhan, uma turba o empurrou contra o carro e estilhaçou uma das janelas do veículo, gritando slogans ameaçadores. Isso o imbuiu de uma repulsa por movimentos de massa para toda a vida — embora não extinguisse sua simpatia pela esquerda.

Como T. V., a maioria dos nacionalistas em Wuhan escolheu Chiang. A onda aparentemente gigantesca de apelo soviético arrefecera tão subitamente quanto surgira, sua popularidade revelava-se, no fim, ilusória. Ching-ling ficou devastada. Não esperava que a revolução tombasse de modo tão definitivo e drástico. Desprezava o homem que considerava responsável por aquilo — Chiang Kai-shek — e, antes de partir para Moscou, emitiu um comunicado condenando Chiang com as palavras mais duras.

Chegou a Moscou em 6 de setembro. Vincent Sheean foi visitá-la logo depois:

> A porta ao fim da escura sala de recepção no segundo andar do Ministério das Finanças se abriu, e então surgiu uma dama chinesa pequena e tímida, num vestido de seda negro. Em uma das mãos nervosas e delicadas trazia um lenço de renda [...]. Quando falou, sua voz me sobressaltou: era tão suave, tão gentil, tão inesperadamente doce [...]. Fiquei me perguntando quem ela poderia ser. Será que a Madame Sun tinha uma filha sobre quem eu nunca ouvira falar? Não me ocorreu que aquela rara aparição, tão frágil e tímida, poderia ser a própria, a mulher mais celebrada do mundo revolucionário.[2]

Enamorado e sob o impacto do "contraste entre sua aparência e seu destino",[3] Sheean se tornou membro de um pequeno grupo de amigos leais que a circundavam em Moscou. O governo soviético a tratava regiamente, como uma importante figura de Estado. Servos foram designados para atendê-la, e maçãs e uvas do Cáucaso, normalmente indisponíveis, eram dispostas em sua mesa. Foi alojada no Metropol, o maior hotel da cidade (e abrigo para um grande número de indolentes percevejos). Borodin também estava hospedado lá. Os velhos amigos, contudo, se evitavam: os dias de reuniões animadas haviam chegado ao fim.[4]

Uma purga se avizinhava. Stálin media forças com Trótski numa luta pelo poder, na qual a catástrofe da China era uma grande questão. Nos momentos que antecederam a supremacia de Stálin, Ching-ling testemunhou as últimas tentativas de Trótski e de seus apoiadores no sentido de desafiá-lo. No aniversário da Revolução de Outubro, ela foi convidada a comparecer ao desfile na praça Vermelha. Era um daqueles dias cruelmente frios do famoso inverno russo. Ching-ling se posicionou junto aos líderes soviéticos, no velho mausoléu de madeira de Lênin, usando sapatos finos de sola de couro dentro de galochas de borracha, congeladas sob a neve que caía. Ela não conhecia o truque de colocar folhas de jornal por baixo dos pés para mantê-los aquecidos. Logo abaixo da tribuna, durante o desfile, alguns estudantes chineses desfraldaram bandeiras com slogans celebrando Trótski. Mais tarde, Ching-ling voltou caminhando da praça Vermelha para o Metropol e viu multidões parando para ouvir alguns homens discursando. A polícia surgiu de um beco, dispersou os ouvintes e prendeu as pessoas que discursavam. Trótski e seus colegas opositores de Stálin estavam tentando conquistar os moscovitas. Uma semana depois, Trótski foi expulso do partido e, depois, exilado, primeiro internamente, depois no exterior; até que, finalmente, em 1940, foi morto em sua *villa* na Cidade do México por um assassino de Stálin, com uma picareta.

Qualquer um que tivesse estado na China ou que tivesse conexões com a revolução chinesa se encontrava numa situação perigosa — exceto Borodin, que, sendo homem de Stálin, estava seguro. Apesar disso, Borodin ainda sentiu necessidade de se distanciar dos chineses, qualquer um, incluindo Ching-ling. Outros não tiveram tanta sorte. O homem que fizera o acordo inicial com Sun Yat-sen quatro anos antes, Joffe, era leal a Trótski e se matou com um tiro depois que este foi expulso do partido, deixando no criado-mudo uma carta endereçada ao amigo: "Você sempre esteve certo politicamente [...]". Karl Radek, chefe da Universidade Sun Yat-sen em Moscou, que fora fundada para treinar revolucionários chineses, foi expulso do partido junto com Trótski e exilado na Sibéria. Por sua vez, o novo reitor da universidade promoveu uma purga entre os estudantes.

Essa atmosfera era suficiente para assustar a maioria dos que ainda tinham alguma chance. Mas Ching-ling não era medrosa e escolhera viver uma vida de grandes riscos. Também era verdade que, não estando na mira dos expurgos, a vida na Moscou invernal podia ser fascinante. As conversas não eram sobre dinheiro ou carreiras, ou outros assuntos mundanos da sociedade burguesa. Ativistas em tempo integral debatiam como mudar o mundo, como reorganizar a sociedade, remodelando as pessoas como se fossem feitas de barro. E, no fim, essas pessoas de fato criaram grandes ondas ao redor do mundo — se bem que elas próprias por vezes pudessem se afogar. Ching-ling, por outro lado, encontrava-se numa posição única que lhe permitia surfar sobre tais ondas e aproveitar aquela alegria correndo relativamente pouco perigo de submergir: ela era, afinal, a Madame Sun Yat-sen, viúva do Pai da China, e, como tal, era intocável — contanto que operasse com habilidade. Soube, por exemplo, evitar a rixa entre Stálin e Trótski — a ponto de esconder sua simpatia pelo último. Estudantes da Universidade Sun Yat-sen buscavam suas opiniões avidamente, mas, depois de uma palestra nos primeiros dias de exílio, ela se recusou a voltar ao campus, mantendo silêncio absoluto. Dessa forma ela se preservou, demorando-se na capital russa por oito meses — e amou o tempo que passou por lá. Mais tarde, quando retornou a Moscou, escreveu a uma amiga: "É maravilhoso estar de volta. A vida aqui é interessante e repleta de atividades [...]. Fico triste por ter de partir".[5]

Como sua vida dependia muito do fato de ser a Madame Sun, qualquer perigo de perder tal status a deixava em pânico. Quando em Moscou, o *New York Times* e alguns outros jornais publicaram uma reportagem alegando que ela havia se casado com o trinidadiano Eugene Chen, ex-primeiro-ministro do governo nacionalista: "De acordo com um despacho soviético oficial, o casal passará a lua de mel na China, onde pretendem iniciar uma nova revolução [...]. Diz-se que a Internacional Vermelha ofereceu uma grande quantia para financiar as atividades políticas do casal em núpcias". A reportagem fazia questão de mencionar que a esposa anterior de Eugene havia sido uma "mulher de descendência negra".[6] O artigo era curto, mas teve um "impacto arrasador" em Ching-ling, como atestaram seus amigos, colocando-a num "estado de colapso". Ela ficou de cama por três semanas. Temia que a notícia fosse parte de um plano para dissociá-la do nome de Sun.

Outro golpe se deu quando a Irmã Mais Nova se casou com Chiang Kai-shek, conectando Chiang ao seu falecido marido. O homem que havia roubado dela a vitória na revolução agora prometia surrupiar também a propriedade do nome de Sun. Ela dizia a amigos que aquele casamento era "oportunismo de ambas as partes, sem nenhum amor envolvido".[7]

Para piorar, Stálin não parecia tê-la em muita conta. Só se encontrou com ela uma única vez, na companhia de Eugene Chen, que também se exilara em Moscou. A reunião durou pouco mais de uma hora, e Stálin mal disse uma palavra, sempre fumando seu cachimbo, o olhar absorto pelo quarto.[8] Quando finalmente abriu a boca, foi para dizer que ela devia voltar logo para a China. O líder russo havia estudado Ching-ling e concluíra que ela não tinha estofo para ser uma liderança política. Recusou-se a dar qualquer suporte a ela como tinha dado a seu marido. Logo Ching-ling foi informada de que o Comintern (a Internacional Comunista), braço de Moscou que dirigia revoluções ao redor do mundo, lhe daria instruções através de seus "mensageiros na China".[9]

O Comintern promoveu uma reunião especial para discutir o futuro papel de Ching-ling. A proposta continha inúmeros pontos que começavam com a mesma formulação: "Usar Soong Ching-ling...". A Irmã Vermelha seria usada para soprar o trompete da Rússia, seduzir os mandachuvas do Partido Nacionalista e colocar pressão em Chiang para que o ditador fosse mais amigável em relação à União Soviética. Eram inúmeras as maneiras pelas quais Ching-ling podia ajudar os comunistas chineses.

Ching-ling, então, considerou voltar para Shanghai. Também queria ver a mãe. Deixara a família de modo amargo e, quando a sra. Soong lhe escreveu dizendo que voltasse para casa, Ching-ling a ignorara.[10] Agora ela desejava voltar para Shanghai e fazer as pazes.

Enquanto ponderava o que fazer, em fevereiro de 1928, um amigo de nome Deng Yan-da — líder da esquerda nacionalista e ex-chefe de educação em Whampoa — escreveu-lhe de Berlim. Ele também havia fugido da China e estivera em Moscou, onde conversou com Ching-ling sobre a possibilidade de fundarem um terceiro partido como alternativa aos nacionalistas e aos comunistas. Agora ele pedia para que ela fosse a Berlim, onde poderiam retomar aquela conversa.

Um pouco mais novo que Ching-ling, alto e de ombros largos, o consenso é que Yan-da era um homem "excepcionalmente genuíno, aberto e charmoso".

Tinha muito carisma. Mesmo Mao se sentiu atraído por ele, relembrando mais tarde que Yan-da "era um homem muito bom, eu gostava muito dele". (Mao nunca usava esse tipo de expressão ou esse tom para descrever ninguém.) As pessoas eram atraídas por Yan-da por sua ternura genuína, sua consideração pelos outros e por sua vivacidade e alegria. E, no entanto, por baixo disso tudo era possível sentir "uma força tremenda e uma grande vontade". A combinação dessas qualidades era tão rara e poderosa que muitos jovens o admiravam como um ídolo. Era muitas vezes descrito como um "líder natural".[11]

Yan-da impressionou também Stálin, que certa noite conversou com ele das oito da noite às duas horas da manhã. Em seguida, Stálin o acompanhou até o portão de saída do Kremlin — um sinal de respeito. Stálin também achava que Yan-da tinha qualidades de líder e propôs nomeá-lo chefe do PCC. Yan-da argumentou que sequer era membro, ao que Stálin respondeu que não era problema, o Comintern podia dar um jeito.[12] Mas Yan-da não acreditava no comunismo, que para ele significava "destruição" e "ditadura violenta", algo que "tornaria a sociedade chinesa mais pobre e mais caótica". O Terceiro Partido que ele pretendia fundar buscaria "esforços pacíficos", "construção" e "o rápido estabelecimento de uma sociedade nova e bem ordenada". Também seria "nacionalista" e não aceitaria ordens de Moscou, ao contrário do PCC.[13]

Essas ideias — e ter dito não à proposta de Stálin — fizeram Yan-da temer por sua vida. Tratou de fugir de Moscou e foi para Berlim. Stálin logo se decidiu por Mao para líder do PCC.

De Berlim, Yan-da escreveu cartas a Ching-ling que exalavam sua personalidade apaixonada e afetuosa. Poderia a "irmã Ching-ling", sua "querida camarada", vir e discutir questões relacionadas à fundação de um Terceiro Partido — já que ele próprio não podia ir a Moscou? Tudo era "120%", e pontos de exclamação eram frequentes: "Preciso discutir em detalhe com você essas questões que são 120% importantes"; "naturalmente, todos os programas, políticas, slogans e questões organizacionais serão 120% específicos"; "espero muito que esteja se sentindo 120% em paz e tranquila e use sua determinação e coragem para consolar sua querida mãe!"; "Há tantas coisas que quero falar com você pessoalmente; queria ter asas para poder voar até você neste minuto!!!".[14]

Ching-ling chegou a Berlim no começo de maio de 1928. Eram os chamados Anos Felizes da década de 1920, com inovações explosivas em todos os campos: literatura, cinema, teatro, música, filosofia, arquitetura, design e moda. As pessoas na cidade eram amigáveis e, como notou Ching-ling, podia-se viver bem por lá sem gastar muito dinheiro. Alugou um apartamento confortável, mas longe de ser grande. Todos os dias uma assistente vinha ajudá-la com as tarefas de casa e as papeladas. O almoço se dava geralmente num pequeno restaurante que servia um "prato feito" de carne, batata ou arroz e vegetais, custando um marco. O jantar era preparado em casa. Ching-ling vivia como uma cidadã comum sob discreta vigilância do governo alemão.[15]

Um mês depois, Chiang Kai-shek depôs o governo de Beijing e estabeleceu seu regime em Nanjing. A notícia deveria ter sido devastadora para Ching-ling; contudo, mal afetou seu estado de espírito, que era de serenidade e contentamento. Outro golpe simultâneo que poderia tê-la devastado é que sua mãe aparentemente a deserdara. Numa carta datada de junho de 1928, ela escreveu: "Querida mãe, escrevi-lhe tantas cartas, e nunca obtive resposta. Esta é mais uma 'recusada' [...]".[16]

O envelope, endereçado "Aos cuidados de Mme. Kung" e exibindo carimbos postais de Berlim e Shanghai, retornou de Shanghai em julho — ainda selado. A sra. Soong ficara imensamente abalada pela adesão da filha favorita ao comunismo e por sua decisão de viver como comunista no exílio. Não queria saber dela. Durante esse período, Ei-ling e May-ling se aproximaram como nunca dela, e a Irmã Mais Velha se tornou a base da família.

Apesar da rejeição da família, Ching-ling continuou tranquila e contente. Mais tarde disse que nunca se sentiu tão em casa como nessa época, quando viveu em Berlim; de fato, estava mais à vontade ali do que jamais esteve em Shanghai.[17]

O que lhe deu essa paz de espírito, essa felicidade e essa força era, sem dúvida, a presença de Yan-da. Em Berlim, viam-se todos os dias, conversavam por horas a fio e faziam longos passeios. Ele foi seu professor de história, economia e filosofia — e de língua chinesa. Ching-ling era uma pupila ávida, excitada pelo intelecto e pela personalidade do mentor.

Ambos estavam na casa dos trinta anos, tinham temperamento apaixonado e passavam muito tempo juntos, planejando uma ação em prol do futuro do país e adorando um ao outro — aí estavam todos os ingredientes para um caso de amor. Ching-ling era viúva, e Yan-da estava num casamento arranjado e infeliz, do qual vinha tentando se desvencilhar. Numa carta de Berlim a um amigo, em fins de 1928, disse que, embora se importasse com a esposa, vivia longe dela havia muitos anos e só mantivera o casamento por medo de que ela cometesse suicídio. "Acredito de verdade que mulheres chinesas — incluindo ela, naturalmente — estão vivendo dentro de prisões, suportando dores insuportáveis por amor aos outros. Devíamos estar libertando-as e ajudando-as [...]. É por isso que me oponho a esses 'homens muito chiques' que abandonam as esposas para casar com 'mulheres muito chiques'. Por isso venho suportando anos de uma vida insípida." Depois de muito agonizar, finalmente escreveu à esposa e terminou o relacionamento. Ela ficou triste, mas não se matou, e os dois mantiveram os mais ternos sentimentos um pelo outro.[18]

O modo como Yan-da lidou com a esposa era pouco usual e contrastava com o comportamento de Sun Yat-sen. Era natural que ele ganhasse o coração de Ching-ling. E, contudo, a relação não podia florescer, pois ela tinha de continuar sendo a Madame Sun. Se ela, ou Yan-da (que a descrevia como "o símbolo da Revolução Chinesa"), ambicionava algum papel político, ela tinha que carregar o nome do ex-marido. E, naquele tipo de política, o título era de extrema importância.

Rumores de que os dois eram amantes rapidamente se espalharam. Então, ao que tudo indica, os dois decidiram se afastar. Ching-ling deixou Berlim em dezembro de 1928 e só voltou em outubro. Foi para Moscou, depois para a China, onde participou do sepultamento de Sun Yat-sen. O mausoléu gigante feito para ele em Nanjing finalmente ficara pronto, e seu corpo foi transportado e sepultado numa cerimônia grandiosa. Pouco antes de retornar a Berlim, Yan-da foi a Paris e, em seguida, Londres, de onde retomou por carta as discussões com Ching-ling sobre o Terceiro Partido. No fim, Ching-ling se recusou a participar do projeto, pois contrariava Moscou. Ao mesmo tempo, não o denunciou, ignorando a ordem da capital soviética.

Em 1930, Yan-da retornou à China clandestinamente a fim de organizar o Terceiro Partido. Antes de partir, foi se despedir de Ching-ling em Berlim.[19] Embora o perigo e a morte pairassem sobre ele — Yan-da deixou claro que aquela podia ser a última vez em que estariam juntos —, tiveram dias maravilhosos. Tudo indica que foram ao cinema assistir a *O anjo azul*, história de amor tragicômica, estrelada por Marlene Dietrich. No filme, numa interpretação hoje clássica, Dietrich canta *Falling in Love Again*. Mais de duas décadas depois, a Irmã Vermelha pediu à amiga alemã Anna Wang que lhe comprasse o disco que continha a canção, explicando que tinha um significado muito especial para ela.[20]

O sepultamento de Sun Yat-sen, em 1929, foi uma grande encenação dirigida por Chiang Kai-shek — foi um espetáculo, e a presença de Ching-ling só acrescentou ainda mais à glória do Generalíssimo. Lívida, a Irmã Vermelha boicotou muitas cerimônias, mas sua ausência foi tratada com indiferença. Enquanto Chiang, com muita eficácia, transformava a si mesmo no herdeiro de Sun, Ching-ling se manteve numa quase reclusão em sua casa em Shanghai, na Concessão Francesa.

A esperada reconciliação com a mãe não aconteceu. Depois de dois anos de separação, Ching-ling se sentia mais alienada do que nunca. Sua família se instalara no coração do regime de Chiang. H. H. Kung, marido de Ei-ling, era ministro da Indústria e do Comércio, e T. V. era o ministro das Finanças. A viúva Soong era descrita como "a madrasta do país".[21] (Quando morreu, em 1931, seu caixão foi coberto com a bandeira nacionalista, e o cortejo fúnebre incluiu um desfile militar completo.) A família mal via Ching-ling. A polícia da Concessão Francesa, que a vigiava com atenção, registrou poucas visitas da mãe e das irmãs.[22]

Frustrada e furiosa, Ching-ling queria partir para o ataque. Nesse momento, a Rússia invadiu a Manchúria numa disputa pela ferrovia oriental, que fora construída pelos comunistas. Enquanto o fervor nacionalista crescia, Ching-ling papagueava abertamente a versão russa dos fatos, culpando o governo de Chiang pela invasão. No dia 1º de agosto de 1929, uma organização do Comintern em Berlim publicou um artigo seu em que atacava Chiang numa linguagem virulenta sem precedentes: "Nunca o caráter traiçoeiro dos líderes nacionalistas contrarrevolucionários foi tão desavergonhadamente exposto"; eles tinham "degenerado em instrumentos imperialistas e procuravam agora provocar uma guerra com a Rússia". Nenhum jornal chinês ousou publicar o artigo, mas o texto foi impresso em panfletos e lançado do alto de edifícios no centro de Shanghai.[23]

Chiang Kai-shek ficou indignado e, num gesto raro, escreveu uma resposta contundente. O intuito era romper de vez com a Irmã Vermelha. Ei-ling aconselhou comedimento, argumentando em termos políticos, mas também pessoais. Chiang aceitou o conselho e não enviou a carta (mas a guardou, emoldurada).

A posição política da Irmã Vermelha era bem conhecida. Agora, aliando-se à Rússia contra seu próprio país, tornou-se extremamente impopular. Ching-ling sentiu o baque e disse a um amigo que desejava viver num país onde não houvesse chineses.[24] A família inteira se unira para criticá-la. Tanto cansaço emocional acabou por levá-la de volta a Berlim em outubro.

Dessa vez, a estadia na capital alemã foi bem diferente da experiência anterior. Yan-da não estava na cidade para confortá-la, exceto por aqueles poucos dias mágicos quando veio se despedir. Os comunistas alemães cuidavam dela, enviando faxineira, providenciando encontros com certos luminares, incluindo o dramaturgo Bertolt Brecht.[25] Mas os Anos Felizes da década de 1920 haviam chegado ao fim. O desemprego crescia a níveis alarmantes; mendigos batiam em sua porta seis ou sete vezes por dia; os furtos se multiplicavam. Atores sem emprego perambulavam pelas ruas, enquanto violinistas tocavam do lado de fora dos cafés, na neve, em troca de poucos *Reichspfennig*. Como os amigos alemães, Ching-ling estava apreensiva; temia os nazistas, que ganhavam cada vez mais espaço. Numa carta datada de fevereiro de 1931, escreveu que uma vitória nazista "era inevitável no futuro próximo". Nesse ambiente, o compromisso que tinha com o comunismo se fortaleceu.

Em abril, recebeu um telegrama da família informando que sua mãe estava gravemente doente.[26] Ainda furiosa, não voltou para casa. Por causa disso, não tornou a ver a mãe. Em julho, a sra. Soong morreu. Nenhuma das irmãs lhe escreveu; estavam claramente revoltadas por ela não ter visitado a mãe moribunda. O marido de Ei-ling enviou um telegrama, e poucos dias depois T. V. mandou outra mensagem, dizendo: "Por favor, volte imediatamente". A sra. Soong foi enterrada em Shanghai, numa cerimônia pública, e a ausência de Ching-ling causaria uma péssima impressão. Ching-ling partiu para casa, na companhia de um assistente chinês, comunista disfarçado. A primeira parada foi em Moscou, onde a Irmã Vermelha permaneceu por um dia, participando de uma reunião secreta com líderes soviéticos. Quando o comboio entrou na China, Ching-ling foi recebida majestosamente. Um trem especial foi-lhe oferecido, e um oficial do governo, seu parente, foi encontrá-la na fronteira para escoltá-la rumo ao Sul. No trajeto, descreveu para Ching-ling a doença da mãe e sua morte. Só então lhe ocorreu que chegava tarde demais. Chorou a noite toda. Quando viu a casa onde a mãe falecera, as lágrimas caíram descontroladamente e, durante o funeral, foi vista aos prantos o tempo todo.

No entanto, suspenso o peso da desaprovação materna, Ching-ling se estabeleceu de volta em Shanghai, abandonando o exílio voluntário na Europa e adentrando o autoexílio em sua cidade natal.

Um dia antes do enterro da sra. Soong, Yan-da, que a essa altura organizara o Terceiro Partido clandestino na China, foi preso. Ele e Ching-ling não puderam se encontrar. De todos os opositores de Chiang, entre os quais se contava Fo, filho de Sun Yat-sen, Yan-da era o que mais impunha riscos ao Generalíssimo. Não apenas tinha carisma e qualidades de líder; possuía também um programa político bem pensado, coisa que faltava a Chiang. Yan-da viajara pela Europa e pela Ásia, estudando como se governavam diferentes países, e divisara uma agenda política detalhada, cujo cerne era a mitigação da pobreza dos camponeses. Mas a principal dor de cabeça de Chiang era a influência de Yan-da sobre o Exército, onde ele contava com uma legião de admiradores. Em 29 de novembro de 1931, Chiang ordenou que Yan-da fosse executado secretamente em Nanjing.

A notícia vazou. Buscando em vão se convencer de que tudo não passava de um boato, Ching-ling foi ao encontro de Chiang em Nanjing, implorar pela libertação de Yan-da. Essa foi a única vez em que ela apelou pessoalmente ao cunhado. Aproximou-se do Generalíssimo da forma mais doce e amigável e comunicou: "Vim mediar suas diferenças com Deng Yan-da. Mande chamá-lo e discutiremos tudo".[27] Chiang manteve-se em silêncio por um momento, então murmurou: "Tarde demais". Ching-ling explodiu, gritando: "Açougueiro!". O Generalíssimo abandonou a sala às pressas. Ching-ling embarcou para Shanghai num estado de desespero. Assinou uma tirada contra o Partido Nacionalista e, pela primeira vez, pediu publicamente sua "ruína". Também pela primeira vez sugeriu abertamente a possibilidade de transferir seu apoio para os comunistas. O artigo chamou muita atenção. Ocupou duas páginas do *New York Times*. Na legenda, sob uma fotografia de Ching-ling, lia-se: "Eu falo em prol da China revolucionária".[28] A tradução chinesa do artigo foi publicada num importante jornal de Shanghai, o *Shen-bao*. Por esse e outros atos de desafio ao Generalíssimo, o diretor do jornal, Shi Liang-cai, seria assassinado.

Foi depois da morte de Yan-da que Ching-ling procurou o representante do Comintern secreto em Shanghai, requisitando seu ingresso no Partido Comunista. Na prática, ela já trabalhava para os comunistas: o Comintern se valia dela, tal como planejado, portanto não havia necessidade da adesão efetiva ao partido. Caso ingressasse, Ching-ling teria de se submeter às ordens e disciplinas da organização comunista e correria muito mais riscos — tanto em relação a Chiang quanto aos conflitos no interior do partido, que ela presenciara em primeira mão.

Mas Ching-ling estava determinada. Tudo que queria era destruir Chiang. Ao representante do Comitê disse que estava "disposta a dar tudo de si" e que "entendia profundamente" as implicações do trabalho clandestino em Shanghai. O representante hesitou, e ela insistiu. No fim, seu desejo foi concedido. Mais tarde, o Comintern considerou aquilo "um grande erro": "enquanto membro do partido, ela perdia seu valor peculiar". A adesão foi mantida em sigilo.[29]

Aquele se tornou um dos segredos mais bem guardados da história moderna da China e só foi revelado nos anos 1980, depois da morte de Ching-ling, por Liao Cheng-zhi, filho de Liao Zhong-kai, o fiel assistente de Sun, que fora assassinado. Liao Jr. era ele próprio um comunista secreto. Um dia, em maio de 1933, Ching-ling foi a sua casa. Sob algum pretexto, dispensou a mãe de Liao, que era uma de suas melhores amigas, e conversou com ele sozinho. Suas palavras de abertura foram: "Estou aqui em nome do Partido Supremo". "O Partido Supremo?", ele disse, olhando-a atônito. "O Comintern", Ching-ling esclareceu. Liao quase gritou de incredulidade. "Acalme-se", ela disse. "Tenho duas questões. Primeiro, nossa rede clandestina pode continuar a operar em Shanghai? Segundo, quero uma lista com os nomes dos traidores que você conhece." Ching-ling disse que ele tinha dez minutos para anotar os nomes e, tirando um cigarro da bolsa e acendendo, levantou-se e foi ao quarto da mãe de Liao. Dez minutos depois, reapareceu, e Liao lhe entregou a lista. Ching-ling voltou a abrir a bolsa, escolheu outro cigarro, retirou uma parte do tabaco que havia nele e, em seguida, enrolando a lista com muita habilidade, fez dela um pequeno tubo, que enfiou dentro do cigarro. E saiu. Nas suas reminiscências, Liao escreveu: "Embora cinquenta anos tenham se passado, eu recordo com total clareza cada minuto daquele breve encontro, que durou menos de meia hora". Como se vê, Ching-ling recebera até mesmo treinamento como agente secreta.[30]

Nos anos seguintes, a Irmã Vermelha se destacaria como a dissidente mais importante na resistência ao regime de Chiang. Aos comunistas, Ching-ling concedia toda a ajuda que lhe pedissem, fosse transferindo grandes somas de dinheiro ao PCC ou encontrando a pessoa certa para escoltar seus emissários a Moscou. Quando o contato via rádio do partido com Moscou foi cortado, ela transmitiu as mensagens da organização através de seu próprio sistema particular. Outro serviço especial que ela articulou pessoalmente foi providenciar que o jornalista americano Edgar Snow entrevistasse Mao e seus colegas na área vermelha. O resultado foi o best-seller internacional *Estrela vermelha sobre a China*, que introduziu Mao ao Ocidente sob uma luz bastante favorável.

Ainda em prol do Comintern, Ching-ling fundou uma organização de fachada em Shanghai: a Liga Chinesa pelos Direitos Civis. Consistia em um grupo de radicais bem afinados, estrangeiros e chineses, que constituiu seu círculo de amizades durante seu isolamento. Faziam longas reuniões em sua sala de visitas e debatiam durante o jantar. Os jovens ativistas a adoravam. Mais tarde, um deles, Harold Isaacs, escreveu:

> Eu estava encantado por essa linda grande dama, e quem não se encantaria?, pensei na época, como penso ainda hoje [...]. Eu tinha 21 anos [...] e era muitíssimo impressionável; ela estava por volta dos quarenta e era muitíssimo impressionante, como mulher e como pessoa. Pela beleza dela, pela coragem, por sua régia adesão à causa justa, passei a amá-la como um jovem cavaleiro de coração puro. Em troca, ela me dedicou uma afeição pessoal calorosa, mas sempre correta. Pensem o que bem quiserem, foi isso que aconteceu.[31]

A Irmã Vermelha era uma pedra no sapato de Chiang. Os agentes de espionagem do Generalíssimo lhe enviavam balas pelo correio, na tentativa de intimidá-la e silenciá-la. Um amigo íntimo, Yang Xing-fo, chefe executivo da Liga pelos Direitos Civis, foi morto a tiros perto de sua casa, num carro, na companhia do motorista. O filho de quinze anos de Yang escapou por pouco.

Cogitou-se a possibilidade de se forjar um "acidente de carro" que envolvesse Ching-ling. O acidente chegou a ser ensaiado, mas, no fim, o Generalíssimo vetou.[32] Entre todos os aspectos considerados, a reação da esposa, e da Irmã Mais Velha, era essencial. Apesar de tudo, May-ling continuou muito apegada à irmã, bem como absolutamente dedicada à família Soong. Ching-ling, afinal, a levara para os Estados Unidos quando ela tinha nove anos, e May-ling guardava muitas boas lembranças do afeto e do cuidado que Ching-ling lhe dedicara. Naquele tempo, por exemplo, a Irmã Mais Nova sentia falta de comer arroz, e Ching-ling tratou, então, de inventar um modo de cozinhar no quarto das duas. Colocava o arroz num frasco cheio de água fervente, de modo que o cozimento se desse ao longo da noite, lentamente, e as duas comiam na manhã seguinte.[33] May-ling jamais permitiria que a irmã fosse machucada, por mais irritada que estivesse com ela. Na verdade, a primeira-dama sentia até certo respeito pelo modo como Ching-ling "erguia-se sozinha", desafiando o mundo.[34]

May-ling também simpatizava com o ódio insanável da irmã por Chiang, pois ele havia matado Deng Yan-da, o homem por quem, como ela bem sabia, Ching-ling nutrira profundos sentimentos. Além disso, muita gente dizia que Chiang ordenara que Yan-da fosse cruelmente torturado antes de ser abatido. O Generalíssimo assegurou à esposa que não havia ocorrido tortura alguma, e May-ling acreditou. Mas não pôde convencer a irmã, que se recusava terminantemente a confiar em Chiang. May-ling queria que o mundo soubesse que o marido não era um torturador. No fim de sua vida, fez questão de afirmar que Chiang "não ordenou que Yan-da fosse torturado antes de ser morto".[35]

Graças à proteção de May-ling — e da Irmã Mais Velha —, Ching-ling atravessou seu exílio chinês intocada.

12. Um time formado por marido e mulher

A invasão japonesa, em setembro de 1931, deu a Chiang Kai-shek um inimigo externo e uma oportunidade de romper o isolamento político, clamando por unidade nacional e convidando oponentes a participar de seu governo. (O convite não incluía os comunistas, que eram vistos como "bandidos".) Alguns responderam — sob a condição de que ele renunciasse do posto de presidente. Chiang o fez — porém não antes de garantir que dois pesos-leves assumissem os cargos de presidente e primeiro-ministro. Este último era o filho de Sun Yat-sen, Fo, que não herdara os instintos assassinos do pai. Mais tarde, Chiang tomaria esses postos de volta. Por ora, imperava como chefe militar, o Generalíssimo.

Chiang suavizou a repressão e conquistou muitos críticos. O líder liberal, Hi Shih, foi convidado para o cargo de ministro da Educação. Embora tenha recusado, tornou-se mais simpático a Chiang. O Generalíssimo, observou Hu, tornara-se "consideravelmente mais tolerante em relação ao dissenso do que antes".[1] Nessa mudança, podia-se detectar a influência de May-ling e da Irmã Mais Velha.

No entanto, a Irmã Vermelha, inadvertidamente, também ajudou a empurrar Hu para os braços de Chiang. Hu ingressara na Liga pelos Direitos Civis, já que compartilhava do objetivo manifesto da organização: lutar pela liberdade de expressão e pelos direitos humanos. Certo dia, em 1933, a liga providenciou uma visita dele a uma prisão e, em seguida, publicou uma carta, implicitamente em seu nome, acusando o governo de usar certas formas abomináveis de tortura. Hu Shih ficou alarmado. Não encontrara sinais de tortura na prisão nem tinha escrito a tal carta. Enviou uma mensagem a Ching-ling pedindo que se corrigisse aquilo e depois deu entrevistas bastante francas à imprensa. Ching-ling o denunciou e o expulsou da Liga. Hu Shih percebeu então que a Liga era apenas uma fachada para os comunistas, que estavam tentando usá-lo. Assim, começou a pensar que Chiang era o único líder aceitável na praça e, mais ainda, que os nacionalistas tinham o potencial para evoluir da ditadura à democracia. Suas críticas a Chiang se tornaram perceptivelmente comedidas.[2]

No entanto, alguns dissidentes veteranos seguiram tramando contra o Generalíssimo. Em 1933, outro governo de ruptura se deflagrou na província costeira de Fujian, sendo logo derrotado. Chiang também levou a cabo "campanhas de extermínio" contra os "bandidos comunistas" que haviam se apossado de grandes áreas no rico Sudeste da China, expulsando-os em 1934.

May-ling visitara as profundezas da depressão após a morte da mãe, em 1931. O marido estava determinado a arrancá-la de lá e lhe preparou um presente especial em 1932. Não era qualquer presente, mas um colar feito de uma montanha inteira. A gema do "pingente" era uma linda *villa* com telhas esmaltadas cor de esmeralda, abrigada no seio da Montanha Púrpura. As correntes eram longas fileiras de plátanos franceses que ladeavam o caminho de acesso da *villa* até o pórtico de entrada. A cor das folhas diferia das árvores nativas ao redor; no outono, quando se tornavam uma única mancha de vermelho-amarelado, o contraste era particularmente espantoso. Viajando de avião particular, May-ling tinha acesso a uma vista magnífica de seu presente, com as telhas verdes reluzentes da *villa* cintilando como uma enorme esmeralda.[3]

Uma grande porção da Montanha Púrpura, orgulho de Nanjing, era agora parte do mausoléu do cadáver de Sun Yat-sen. Chiang ordenou que construíssem a *villa* como "residência do presidente do governo nacionalista" — quando era ele, claro. Quando renunciou ao posto, a *villa* não abrigou o presidente seguinte, continuando à disposição do Generalíssimo. Ao ser oferecida a May-ling, encontrava-se adornada por dúzias de esculturas da ave fênix, o símbolo das imperatrizes, e a construção ficou conhecida como "o Palácio de May-ling".

Com esse "colar", Chiang também esperava que a esposa ficasse mais tempo com ele em Nanjing. May-ling relutava, preferindo ficar em Shanghai. A capital lhe parecia "nada mais do que uma pequena vila com uma única avenida larga",[4] com casas primitivas e desconfortáveis. Mas Chiang precisava estar na capital — e sentia falta da esposa. Dizia que, ao acordar no meio da noite, só se sentia "seguro" quando a tinha a seu lado.[5]

Ao longo dos anos 1930, May-ling começou a passar cada vez mais tempo com o marido. Quando Chiang expulsou os vermelhos dos territórios no Sudeste chinês, em 1934, ela o acompanhou em visita a algumas das áreas reconquistadas. A ocupação comunista durara muitos anos e, junto com as batalhas contra o Exército de Chiang, criara uma grande terra devastada. Na época, May-ling escreveu: "Milhares de *li* de campos férteis de arroz ficaram arruinados; centenas de milhares de famílias ficaram sem casa". Nas vilas, casas vazias "com as portas arreganhadas. Lá dentro, peças mutiladas de mobília espalhadas desordenadas. As paredes estavam queimadas e enegrecidas pelas tentativas apressadas de destruí-las [...]. Tudo que podia ser carregado fora danificado. Devastação e morte permeavam silenciosamente o vilarejo inteiro". A certa altura, tropeçou num crânio humano. Uma vez passou por um pequeno pagode e avistou um jovem deitado na escuridão, os olhos abertos, com ar doente e macilento. Ela ordenou que um dos guardas fosse ajudá-lo; o guarda voltou e disse: "Ele já está morto!". Ao dormir, May-ling foi "assombrada pelas fazendas desertas e pelas vilas destruídas" que viu durante o dia. Havia outras cenas chocantes. Certo dia, o Exército de Chiang cercou uma unidade vermelha que recebera ordens de ficar e lutar, seguindo táticas de guerrilha. Encurralados, os comunistas decidiram se render e, para prová-lo, mataram o comandante da unidade, deceparam sua cabeça e a levaram para Chiang.

May-ling teve vários encontros com a morte. No meio de uma noite no quartel-general de Chiang em Nanchang — capital da província de Jiangxi, que abrigara o centro do Estado Vermelho —, viu-se despertada por tiros vindos da direção dos muros da cidade. Guerrilhas comunistas haviam preparado um ataque surpresa. Ela se vestiu e começou a separar "certos papéis que não podiam cair em mãos inimigas": "Mantive-os perto de mim para queimá-los caso precisássemos evacuar a casa. Então, peguei meu revólver e sentei para esperar o que viesse. Ouvi meu marido ordenar que todos os guardas disponíveis formassem um cordão, de modo que pudéssemos forçar nossa fuga a tiros, caso ficássemos mesmo cercados por comunistas". May-ling não teve medo: "Eu só tinha duas coisas em mente: os papéis que revelavam informações dos movimentos e das posições das nossas tropas, e a hesitação: devo ser capturada ou me mato com um tiro?". No fim, o ataque foi repelido, "e voltamos a dormir".[6]

A Irmã Mais Nova foi obrigada e voltar à vida. Desejava muito ajudar o marido, mas não sabia bem como proceder. Sempre se voltara para a mãe em busca de orientação; agora, a Irmã Mais Velha, Ei-ling, assumira esse papel.[7] Havia muitos anos, Ei-ling vinha tentando persuadir May-ling a se tornar mais religiosa, às vezes a ponto de irritar a Irmã Mais Nova. A Irmã Mais Velha agora comandava as antigas sessões semanais de oração em grupo da mãe, na velha casa da família, e encorajava a caçula a participar como forma de celebrar a memória materna. O efeito daquelas sessões em May-ling foi milagroso. Ela escreveu: "Fui conduzida de volta para o Deus da minha mãe. Eu sabia que existia um poder maior do que eu mesma. Sabia que Deus existia. Mas minha mãe já não estava aqui para interceder por mim. Parecia que cabia a mim ajudar o General espiritualmente". Decidiu, então, "tentar com toda minha alma, meu coração e *minha mente* fazer a vontade de Deus", orando muito para que "Deus me revelasse sua vontade". E, finalmente, Deus, ela sentiu, falou com ela. "Deus me deu um trabalho a fazer na China."[8] O trabalho era promover o Movimento Vida Nova.

A ideia ocorrera a seu marido enquanto viajavam pelos territórios comunistas reconquistados. Lá, a ideologia comunista, especialmente o conceito de luta de classes — que tanto o repelira durante sua visita a Moscou uma década antes —, estivera na ordem do dia. Aos pobres se dizia que era correto roubar dos ricos; os empregados eram encorajados a trair ou mesmo a matar seus empregadores; as crianças eram estimuladas a denunciar os pais. Para Chiang, essas ideias "feriam todos os princípios fundamentais" da ética tradicional chinesa. O Generalíssimo decidiu, então, assumir a missão de fazer com que a ética da velha China, em que lealdade e honra eram essenciais, renascesse. Na primavera de 1934, o Generalíssimo lançou o Movimento Vida Nova, em Nanchang.[9]

May-ling se lançou ao projeto de corpo e alma, embora para ela o movimento tivesse outro significado. Durante aquelas viagens pelo coração do país, viu a verdadeira China pela primeira vez na vida. Como uma ocidental que se afastasse das ruas douradas de Shanghai, achou tudo sujo, malcheiroso, caótico, rude e agressivo. Os homens perambulavam seminus. Garotos, mesmo adultos, urinavam nos becos. Para ela, como para muitos estrangeiros, a China parecia "velha, suja e repulsiva".[10] May-ling se viu "mais perturbada ao atravessar as ruas sujas e abarrotadas daquelas cidadezinhas do interior do que quando sofria os riscos de voar com pouca visibilidade".[11] Desejava transformar o país num lugar do qual pudesse sentir orgulho. Para a Irmã Mais Nova, fazer com que toda a população adotasse boas maneiras era a missão essencial do Movimento Vida Nova.

O marido e a esposa concordavam que "o movimento deve começar do simples e avançar para o complexo, ir do prático ao idealista". Primeiro de tudo, procuraram ditar à população algumas regras de comportamento. May-ling afirmou que "se um homem é desleixado em sua aparência pessoal, sua postura [...], também será desorganizado em seu pensamento".[12]

Assim, das ruínas do antigo território vermelho, terra que sofrera tantos horrores e matanças, o Generalíssimo proclamou aos chineses que um futuro melhor se abria por meio de injunções do tipo: "Não faça barulho ao beber ou mastigar"; "Não grite nem gargalhe alto em restaurantes e casas de chá"; "Corrija sua postura"; e "Não cuspa". *Coolies* foram proibidos de andar sem camisa ou com a camisa desabotoada. Pedestres foram orientados a "andar pelo lado esquerdo da rua" (ao que alguns gaiatos respondiam: "Mas assim o lado direito das ruas não vai ficar vazio?").

O Movimento Vida Nova se tornou o projeto preferido de Chiang e a principal política doméstica do regime. Foi promovido como panaceia para todos os males, anunciando um futuro glorioso para o país. Essas alegações megalomaníacas eram patentemente falsas, embora ninguém negasse que uma boa dose de decoro, ordem e boas maneiras fossem ingredientes essenciais para uma sociedade civilizada. Comentando um panfleto do governo que destacava 54 regras e 42 requerimentos higiênicos, Hu Shih, o líder liberal, escreveu que a maior parte daqueles pontos representava apenas "um modo de vida calcado num bom senso básico para qualquer pessoa civilizada; não há ali panaceia nenhuma para salvar o país, nem haverá nenhuma cura milagrosa para reviver a nação". Notou também que muitos hábitos ruins eram "o produto da pobreza. Em média, as condições de vida das pessoas é tão baixa que se torna impossível desenvolver boas maneiras". Quando as crianças estão revirando latas de lixo em busca de um pedaço de carvão queimado ou um pedaço de pano imundo, como acusá-las de desonestidade quando elas embolsam algum item perdido que encontraram?", perguntava Hu Shih. (Uma das regras do movimento era "devolver os itens perdidos que você encontrar".) "A primeira responsabilidade do governo é assegurar que o homem comum possa viver uma vida decente [...]. Ensiná-lo como levar essa suposta nova vida só pode ser a última coisa."[13]

A voz sensata de Hu Shih foi abafada pela difamação produzida pela máquina de propaganda de Chiang. May-ling "refutava aquele argumento" com o que ela chamava de "fato muito evidente de que, se todos, do mais alto oficial ao mais baixo *coolie*, praticassem esses princípios na vida cotidiana, haveria comida para todos". Embora isso não passasse de falsa ilusão, Hu não pôde rebater o argumento. Mas também não foi perseguido. A Irmã Mais Nova simplesmente bateu o pé com indignação, reafirmando que o movimento era "a maior e mais construtiva contribuição de seu marido [...] à nação". Quanto a ela própria, suas ações eram dirigidas por Deus e não podiam ser questionadas. "Eu busco orientação e, quando estou segura, eu ajo, deixando os resultados nas mãos d'Ele." Energeticamente, May-ling selecionou missionários estrangeiros como conselheiros, escreveu regras e tentou impô-las, "como a presidente de um clube americano de mulheres da alta sociedade",[14] observou um americano. Contava com uma equipe remunerada à sua disposição e centenas de milhares de voluntários. Os esforços do casal resolveram pouquíssimos problemas reais e urgentes e, gradualmente, arrefeceram — embora tenham de fato produzido alguns efeitos civilizatórios.

Por outro lado, para May-ling, o movimento representou uma completa mudança em sua vida: "Desânimo e desespero já não me dizem respeito hoje. Volto-me para Ele, que a tudo cria".[15]

Essa parceria aproximou May-ling e o marido mais que nunca. Nutriam agora um novo nível de afeição um pelo outro. No Natal de 1934, viajaram mais de quinhentos quilômetros ao Sul, rumo à província de Fujian. Lá, foram levados para a região mais montanhosa do Leste da China por uma nova estrada militar. Milhares de homens tinham fatiado bordas inteiras de altos penhascos se valendo de primitivos utensílios manuais. Às vezes os dois "se moviam nas beiradas de um platô onde o menor desvio teria nos lançado no precipício". No fim da jornada, "meu marido começou a se recriminar por me submeter a tais perigos". May-ling o assegurou de que o perigo pessoal não significava nada e que por todo o trajeto ela estivera imersa na beleza da paisagem. Faixas e mais faixas de montanhas estavam cobertas com abetos, "em seu verde natalino, aqui e ali iluminados [...] por uma única *sapium sebiferum*, de um vermelho flamejante". "Era lindo, diferente de tudo que eu havia visto."[16]

Na noite de Natal, o casal fez um passeio pelas montanhas. Pararam para admirar uma jovem ameixeira carregada de flores. Na literatura chinesa, a ameixa de inverno simboliza coragem: floresce no clima mais frio. Com cuidado, Chiang quebrou alguns galhos repletos de flores e os levou consigo. Naquela noite, quando se acenderam as velas e o casal se acomodou para a ceia, o Generalíssimo fez com que trouxessem os pequenos galhos para a mesa numa cestinha de bambu. À luz das velas, as sombras dos galhos formavam longas pinceladas negras na parede, enquanto as flores espalhavam seu perfume delicado. Chiang apresentou a cesta como um presente de Ano-Novo. May-ling ficou comovida e escreveu: "Meu marido tem a coragem do soldado e a alma sensível do poeta".[17]

13. Resgatando o filho de Chiang das garras de Stálin

Nos dias que se seguiram à cerimônia em que foi batizado, em outubro de 1930, Chiang Kai-shek viajou para a cidade onde havia nascido, em Xikou, a fim de supervisionar a expansão da tumba de sua mãe. Após construir um vasto mausoléu para o Pai da China, sentia agora que podia dar à sua falecida mãe um lugar de descanso mais digno. Embora nem de longe tão grande ou majestoso quanto o de Sun, o novo mausoléu abarcaria uma colina inteira, com uma magnífica vista panorâmica para os campos do leste chinês. A entrada ficava no topo de uma subida de quase setecentos metros, por entre pinheiros.

May-ling e Ei-ling o acompanharam. No primeiro dia de viagem, mencionaram um assunto que lhe era muito caro: como trazer Ching-kuo, seu filho, de volta da Rússia. Ching-kuo, filho do Generalíssimo com a primeira esposa, era refém de Stálin havia cinco anos.[1]

Nascido no dia 27 de abril de 1910, Ching-kuo tinha quinze anos quando Chiang o enviou para estudar em Beijing. O sonho do rapaz era aprender francês e estudar na França. Mas, à medida que a estrela do pai começou a se erguer entre os nacionalistas, os russos logo ficaram ávidos para pôr as mãos no menino. Alguns diplomatas rapidamente travaram amizade com ele. De acordo com o relato do próprio Ching-kuo (que veio a público após sua morte, em 1988, a pedido seu), os diplomatas o "persuadiram" de que ele devia "ir à

Rússia estudar". Stálin mantinha filhos de líderes revolucionários estrangeiros no país como potenciais reféns, enquanto lhes oferecia acesso à educação. Impressionável, o garoto ficou determinado a ir. E Chiang, que na época fingia ser pró-Rússia, não pôde objetar.

Alguns meses depois de chegar a Beijing, Ching-kuo foi levado para Moscou por um infiltrado comunista atuando dentro do Partido Nacionalista, Shao Li-tzu. Shao foi um dos membros fundadores do PCC em 1920, mas fora orientado por Moscou a manter sua posição em segredo e operar como um dos nacionalistas. Trouxe também seu filho, que tinha a mesma idade de Ching-kuo. Quando Ching-kuo completou os estudos na Universidade Sun Yat-sen em Moscou, em abril de 1927, e pediu para regressar à China, não obteve permissão para partir. Chiang tinha acabado de romper com os comunistas, e Stálin manteria o garoto como refém. Moscou disse ao mundo que Ching-kuo se recusava a ir para casa, pois seu pai havia "traído a revolução".

O rapaz de dezessete anos ficou "completamente isolado da China", sem permissão "sequer para enviar uma carta". Sentia falta de casa dia e noite: "Não conseguia parar de pensar nos meus pais e no meu país". Sentia-se num "pântano de angústia e saudade". Pediu muitas vezes permissão para voltar, ou ao menos enviar uma carta; o pedido era sempre negado. Por vezes escreveu cartas ao pai, febrilmente, e destruiu-as em seguida. Mas guardou uma delas e, com a venda de pertences para arrecadar fundos e auxiliar na viagem, conseguiu entregá-la discretamente a um colega chinês que a levaria para a China; o tal colega, contudo, foi preso perto da fronteira.

Cativo, e sem esperança de fugir, o jovem desenvolveu uma determinação admirável e esperou pelo momento de agir. Retirou-se de uma organização trotskista à qual se juntara durante os tempos de estudante e se apresentou como voluntário ao Partido Comunista russo. Alistando-se no Exército Vermelho, provou-se um soldado corajoso. Como resultado, obteve permissão para viver na sociedade russa, em vez de numa cela de prisão. Não obstante, cabia a Moscou decidir onde ele vivia e como.

Em outubro de 1930, na época em que May-ling e Ei-ling conversaram com seu pai sobre como resgatá-lo, Ching-kuo fora enviado para trabalhar numa planta de energia, labutando das oito da manhã às cinco da tarde ininterruptamente, exceto pelo intervalo de almoço. Não acostumado ao trabalho manual pesado, seus braços incharam, suas costas ficaram tão doloridas que ele mal conseguia ficar em pé, sofrendo de dores constantes e exaustão. Faltava comida e a que havia era cara; seu salário não era suficiente para se alimentar, portanto vivia sempre meio faminto. "Muitas vezes fui trabalhar de estômago vazio", lembrou. Precisou assumir um emprego extra para conseguir mais dinheiro, de modo que seu dia de trabalho passou a se estender até as onze da noite. Trincou os dentes e disse a si mesmo que "o trabalho duro será uma boa forma de me disciplinar".

Depois da fábrica, foi enviado para uma vila nos arredores de Moscou. Lá aprendeu a arar os campos, dormindo numa choupana que mesmo um camponês consideraria imprópria para o pernoite. Os campos nos quais trabalhava o lembravam dos arrozais verdes de sua cidade natal, e as lágrimas "rolavam pela minha face".[2]

Chiang Kai-shek sentia muita falta do filho, sobretudo porque sabia que a vida nas mãos de Stálin devia ser um inferno. Ao longo dos anos, em seu diário, descreveu sua preocupação diversas vezes. Ching-kuo era o único descendente de sangue de Chiang. Depois do aborto, May-ling já não podia ter filhos, e, embora Chiang tivesse adotado outro filho, Wei-go, Ching-kuo era seu filho biológico, seu herdeiro. Para um homem chinês, ter um filho do sexo masculino era o que havia de mais importante. Uma das piores pragas na China era: "Que não tenhas herdeiro!". "Ausência de herdeiros" (*jue-hou*) era considerado também o pior golpe que alguém poderia infligir a seus pais e ancestrais, e o amor e o luto obsessivo de Chiang pela mãe tornavam sua agonia pelo filho ainda mais intensa.

Quando May-ling e a Irmã Mais Velha começaram a falar com Chiang sobre buscar a libertação de Ching-kuo em 1930, a China e a Rússia ainda disputavam a Ferrovia Oriental chinesa. Era uma questão tão problemática que a Rússia invadira a China um ano antes, e as relações diplomáticas haviam sido rompidas. Ei-ling fez uma sugestão: por que não fazer algum tipo de concessão relacionada à ferrovia em troca do filho? Chiang ficou tocado com a preocupação das irmãs e escreveu em seu diário, no dia 1º de novembro: "A Irmã Mais Velha e minha esposa não se esquecem do meu filho Ching-kuo. Fico muito comovido". Mas decidiu não seguir o conselho. Moscou demandava algo que infringia a soberania da China. Ceder provocaria uma revolta no povo. Mas a ideia de fazer um acordo pelo filho com Moscou germinou. Decidiu que era preciso pensar e planejar com cuidado. "Não devemos tentar resolver essa questão com pressa", escreveu no diário.[3]

Um ano depois, foi Moscou que propôs uma troca. O chefe das operações do Comintern no Extremo Oriente, operando sob o pseudônimo de Hilaire Noulens, fora capturado e agora era mantido prisioneiro em Shanghai, junto com a esposa. Como conheciam muitos segredos, Moscou tinha pressa em resgatá-los. Uma constelação de estrelas internacionais, incluindo Albert Einstein, foi mobilizada para pressionar Nanjing a libertá-los. A Irmã Vermelha reforçou o coro. E, em dezembro de 1931, foi ela quem apresentou o plano de Moscou para uma troca de reféns.[4] Chiang recusou. A troca era impossível. O encarceramento dos dois agentes era um assunto público de suma importância; eles haviam sido julgados abertamente e sentenciados à morte (o que foi revertido para prisão perpétua). Qualquer arranjo acabaria exposto e abalaria a reputação de Chiang.

Contudo, a oferta de Moscou deflagrou uma torrente de angústia no Generalíssimo. Agora ficava claro que Ching-kuo era um refém cujo retorno exigiria um preço alto. E os russos podiam muito bem demandar outra coisa no futuro. Repetidas vezes Chiang escreveu em seu diário: "Nos últimos dias, tenho desejado ver meu filho mais do que nunca. Como poderei encarar meus pais quando eu morrer?". "Sonhei com minha falecida mãe e gritei por ela duas vezes. Depois de acordar, senti tanto a sua falta. Cometi um grande pecado em relação a ela." "Fui pouco filial para com minha mãe e indiferente em relação ao meu filho. Sinto que sou um homem sem valor e desejo que o chão se abra e me tragues."[5]

Foi nessa época que Shao, o infiltrado vermelho que levara Ching-kuo para Moscou, perdeu seu próprio filho. Shao levara o rapaz para a capital comunista junto com Ching-kuo. Desde então, seu filho retornara para a China, seguindo então para a Europa, onde acabou assassinado a tiros num quarto de hotel em Roma. Shao e sua família se convenceram de que ele fora morto por agentes de Chiang.[6]

Diante da oferta recusada, Moscou jogou Ching-kuo no gulag na Sibéria, em 1932. Ching-kuo se viu forçado a trabalhos pesadíssimos numa mina de ouro, sempre faminto e com frio. Entre os colegas de labuta estavam "professores, estudantes, aristocratas, engenheiros, ricos fazendeiros e ladrões. Cada um deles tinha um infortúnio inesperado, não buscado, que os condenara ao exílio". Dormindo à sua esquerda estava um ex-engenheiro que, ao se deitar, dizia a Ching-kuo todas as noites: "Um dia acabou. Estou um dia mais perto de reconquistar minha liberdade e voltar para casa". Ching-kuo se agarrava à mesma esperança.

Em dezembro de 1932, o governo de Chiang retomou as relações diplomáticas com a Rússia. Um inimigo mútuo — o Japão — tornava imperativa uma relação amistosa. Os japoneses haviam atacado Shanghai; na Manchúria, Manchukuo, um estado marionete japonês, havia sido articulado; por fim, os japoneses avançavam também pelo Sul do país. Um conflito de fato parecia inevitável. A China precisava da Rússia. E a Rússia, rival histórica do Japão no Extremo Oriente, precisava da China: o grande temor de Stálin era que o Japão conquistasse a China e, então, usasse seus recursos e uma porosa fronteira de 7 mil quilômetros para a atacar a União Soviética. Stálin queria que os chineses lutassem e detivessem os japoneses, evitando problemas para o país. Assim, à medida que os inimigos iam cautelosamente se tornando amigos, Chiang começou a divisar seriamente um plano para recuperar o filho. Sabia que precisava oferecer algo aos russos que lhes fosse muito caro, e seus pensamentos se voltaram para os chineses comunistas.

Na época, o Generalíssimo vinha combatendo o estado separatista comunista no sudeste da China. Cercara os vermelhos e estava determinado a aniquilá-los. Agora, pensou que, em vez disso, poderia apenas expulsá-los do rico sudeste próximo a Shanghai e levá-los em direção ao noroeste, para a estéril e esparsamente populada Shaanxi do Norte, no Planalto da Terra Amarela. Poderia exauri-los ao longo do caminho, mas tomando o cuidado de preservar a liderança comunista. No destino final, poderia limitar suas opções, deixando-os perambular à beira da inanição, sempre se assegurando de que não poderiam se expandir. Chiang calculou que, quando a guerra com o Japão começasse, os comunistas participariam (Stálin assim desejaria), e haveria uma boa chance de que os japoneses os dizimassem. Enquanto isso, porque ele permitira que os comunistas chineses sobrevivessem, Stálin, que se importava muito com eles, libertaria seu filho.

Esse foi o cálculo do Generalíssimo.

No outono de 1934, Chiang expulsou os vermelhos do rico Sudeste chinês. Essa grande debandada ficou conhecida como a Longa Marcha. Em geral, reconhece-se que os comunistas foram derrotados e bateram em retirada, mas poucos percebem que o próprio fato de tal êxodo ter acontecido e de os comunistas terem conseguido sobreviver deveu-se essencialmente ao plano de Chiang Kai-shek para libertar o filho.

A Longa Marcha durou um ano e cobriu quase 10 mil quilômetros (graças às artimanhas de Mao,* foi muito mais longa — em tempo e em distância percorrida — do que Chiang pretendia). Os participantes sofreram privações tremendas e seus números foram muito reduzidos. Ao fim, Chiang disse a si mesmo que o PCC "mostrava sinais de estar disposto a se render".[7] Mas o oposto era verdade. Desesperado para resgatar o filho, o Generalíssimo se iludia.

O acordo de Chiang envolvendo comunistas chineses e seu filho não podia ser apresentado de modo explícito, nem mesmo para Moscou. Chiang tinha de enviar sinais implícitos, mas nada ambíguos. A cada momento da Longa Marcha em que os vermelhos atingiam determinado objetivo-chave, Chiang sinalizava para Moscou que era ele o responsável por aquela concretização e solicitava a libertação de Ching-kuo. Pouco antes do começo da Longa Marcha, Chiang enviou a primeira solicitação oficial por meio de canais diplomáticos, fato que o Generalíssimo registrou em seu diário no dia 2 de setembro.[8] E, depois de os vermelhos atravessarem com êxito várias camadas de bloqueios meticulosamente construídos, Nanjing pediu diversas vezes por Ching-kuo. Muitos documentos nos arquivos do Ministério das Relações Exteriores da Rússia registraram o mesmo fato: "Chiang Kai-shek solicita o retorno do filho".[9] A cada pedido, Moscou fingia que era Ching-kuo que não desejava voltar. "Não há fim para a desonestidade revoltante do inimigo russo", anotou Chiang em seu diário.

Na Longa Marcha, o Generalíssimo alcançou outro objetivo. A oeste da base comunista vazia havia duas províncias — Guizhou e Sichuan — que mantinham seus próprios exércitos e juravam fidelidade a Nanjing apenas da boca para fora. Chiang as queria sob um pulso firme. Para isso, tinha de ter suas próprias tropas na região, ideia que não contava com a simpatia dos líderes locais. Contudo, com a Longa Marcha, o Generalíssimo empurrou o Exército

* Para detalhes das artimanhas de Mao na Marcha, ver *Mao: A história desconhecida*, de Jung Chang e Jon Halliday, cap. 12 e 14.

Vermelho para dentro daquelas províncias, e os chefes locais, temendo que os comunistas ocupassem seus territórios, permitiram que o Exército de Chiang viesse expulsá-los, de modo que o Generalíssimo obteve controle sobre a região. Sichuan, em particular, se tornaria sua base durante a guerra contra o Japão, quando a maior cidade da região, Chongquing, funcionaria como capital.

Era um estratagema facilmente observável. Mas, para o caso de Moscou não perceber qual era seu objetivo principal, Chiang não apenas deixou os vermelhos escaparem depois de ter conquistado as duas províncias como permitiu que o grupo de Mao unisse forças com outro ramo comunista em junho de 1935. Logo depois, o marido de Ei-ling, H. H. Kung, na época vice-primeiro-ministro (Chiang retomara o posto de primeiro-ministro), convocou o embaixador russo, Dmitri Bogomolov, e disse a ele que Chiang queria o filho de volta, tornando claro o acordo pretendido.[10]

Em 18 de outubro de 1935, no dia em que a Longa Marcha chegou ao fim para as lideranças do Partido Comunista Chinês, Chiang se encontrou pessoalmente com Bogomolov para uma reunião amistosa.[11] Não mencionou Ching-kuo, mas logo em seguida enviou Chen Li-fu, sobrinho do velho Chefão Chen, para fazer uma solicitação junto ao embaixador.[12] Dessa forma, ficou mais do que claro que Chiang pretendia trocar os comunistas chineses pelo filho.

Contudo, como o acordo ainda era implícito (e não tratado de antemão), Moscou se fez de desentendida. Stálin agora conhecia o ponto fraco do Generalíssimo e se agarrou a seu refém para arrancar tudo o que pudesse do rival. Bogomolov — e outros oficiais contatados pelos emissários de Chiang — repassou a mesma mentira: Ching-kuo não queria deixar a Rússia.

Enquanto isso, graças a seu grande valor, Ching-kuo passou a receber um tratamento melhor. Foi retirado do gulag e designado para um trabalho técnico numa estação de máquinas na região dos montes Urais. Lá, levou uma vida mais ou menos normal, estudando engenharia numa escola noturna e até ascendendo ao posto de diretor assistente da estação. Apaixonou-se por uma técnica russa chamada Faina Vakhreva. "Ela entendia minha situação melhor do que ninguém e estava sempre lá para se compadecer e me ajudar sempre que eu tinha dificuldades. Quando eu me sentia triste por não poder ver meus pais, ela me consolava." Os dois se casaram em 1935. O primeiro dos quatro filhos que tiveram juntos nasceu em dezembro daquele ano, na mesma condição de cativo que Ching-kuo continuaria a suportar.

14. "A mulher protege o homem"

Em outubro de 1936, as três maiores forças do Exército Vermelho, com dezenas de milhares de homens, completaram a Longa Marcha, convergindo para seu novo "lar", no Noroeste da China. Mais uma vez, Chiang solicitou a Moscou que libertasse seu filho. May-ling conversou com o novo embaixador chinês na União Soviética, pedindo-lhe que insistisse na questão.[1] Mas não houve nem sinal de Ching-kuo. O Generalíssimo decidiu pressionar Stálin e ordenou que o Exército nacionalista que cercava os comunistas retomasse a chamada "campanha de extermínio". Os vermelhos achavam-se agora em perigo mortal. Estavam no Planalto da Terra Amarela, onde o loess, sedimento fino que compõe um dos terrenos mais erosivos do mundo, criava uma paisagem estéril. Era impossível que um exército sobrevivesse ali, muito menos que construísse uma base.

Mas o chefe do Exército nacionalista local se recusou a seguir as ordens de Chiang. Tinha sua própria agenda. Chamava-se Zhang Zue-liang, o Jovem Marechal, antigo líder militar da Manchúria. Quando os japoneses invadiram a região em 1931, ele recuara para dentro da China propriamente dita, junto com uma tropa de 200 mil soldados. Chiang o posicionou na província de Shaanxi, cuja capital, Xian, estava a aproximadamente trezentos quilômetros ao sul dos comunistas.

Um piloto americano que trabalhava com Zhang, Royal Leonard, deu esta descrição do Jovem Marechal: "Aqui se via o presidente de um Rotary Club: rotundo, próspero, com modos tranquilos e afáveis [...]. Ficamos amigos em cinco minutos". Tinha reputação de playboy, que "não faz nada com suas tropas. Só voa para lá e para cá num avião privado".[2] Conhecido como Palácio Flutuante, o luxuoso Boeing talvez tivesse sido adquirido com o dinheiro da propina multimilionária paga por Chiang anos atrás (pelos serviços prestados contra os comunistas em 1930). O Jovem Marechal muitas vezes pilotava a aeronave — por diversão, sua longa túnica enfiada entre os joelhos, o boné desajeitado sobre a cabeça. Mas essa imagem frívola mascarava um homem de ambições desmesuradas e ousadia de apostador. Como tantos outros potentados provincianos, não pensava grande coisa da habilidade de Chiang e acreditava que podia fazer melhor. Desejava suplantar o Generalíssimo, e a chegada do PCC lhe deu a oportunidade de ouro. Qualquer um que desejasse o "trono" sabia que Stálin era o fazedor de reis, e a rota para o favor de Stálin era o PCC. O Jovem Marechal entrou em contato com os vermelhos, providenciou-lhes comida e roupa, de que precisavam desesperadamente, e pôs-se a tramar contra Chiang junto com os novos aliados. Moscou encorajou tais conluios, com o intuito de manter o auxílio do Jovem Marechal. Mao, por sua vez, foi um passo além e o estimulou a se livrar de Chiang de uma vez por todas. Sob a ilusão de que os russos aprovavam suas intenções, o Jovem Marechal planejou um golpe, na expectativa de que, no fim, Moscou anunciaria seu apoio a ele.[3]

Para tanto, o Jovem Marechal atraiu Chiang sob o pretexto de que as tropas não queriam obedecer à ordem de combater os comunistas, pois desejavam lutar contra o Japão na Manchúria, terra natal deles. Pediu então a Chiang que viesse a Xian para persuadi-los pessoalmente. E o Generalíssimo de fato foi, no começo de dezembro de 1936.

Na madrugada do dia 12 de dezembro, Chiang se vestia, logo após completar seus exercícios de rotina, quando ouviu tiros. Cerca de quatrocentos homens do Jovem Marechal atacavam sua base. Muitos dos guardas de Chiang foram mortos, incluindo o chefe de segurança. Chiang conseguiu escapar para as montanhas e se escondeu numa fenda, coberto apenas por uma camisa de dormir, sem meias ou sapatos, no frio cortante. Tinha sorte de estar vivo, mas foi capturado por uma unidade de busca. O Jovem Marechal declarou publicamente que tomara aquela medida no desejo de forçar Chiang a combater os japoneses. Enviou suas demandas para Nanjing por telegrama, a primeira delas sendo a "reorganização do governo de Nanjing". Acreditava que Moscou e o PCC proporiam que ele comandasse o novo governo, como Mao o induzira a acreditar.

O vice-primeiro-ministro H. H. Kung estava em Shanghai quando soube da captura de Chiang. Em seguida informou à cunhada. Para May-ling, aquilo foi "como um relâmpago num céu claro".[4] Voltaram para a residência dos Kung a fim de discutir com Ei-ling o que fazer. A única pessoa de fora da família presente era William Donald, o velho conselheiro australiano de Sun Yat-sen, que agora trabalhava para May-ling. Donald já trabalhara para o Jovem Marechal e ajudara o playboy a superar o vício pelo ópio. Entre as muitas qualidades admiráveis que lhe possibilitavam o livre trânsito entre as grandes casas da China se destacava o bom julgamento de Donald — e sua habilidade em ser franco com os poderosos sem irritá-los. O fato de que fizera questão de não aprender chinês era, paradoxalmente, visto como uma vantagem, uma vez que isso tornava mais improvável que ele se envolvesse em artimanhas. May-ling pediu que Donald fosse às pressas para Xian a fim de descobrir o que tinha acontecido. Não confiaria num chinês para aquela missão.

May-ling, a Irmão Mais Velha, H. H. Kung e Donald tomaram o trem noturno para Nanjing, chegando à capital às sete horas da manhã. Os quatro tomavam café da manhã quando o ministro da Guerra, o general Ho Ying-ching, se apresentou para reportar o resultado de uma reunião de emergência do alto escalão, que se dera durante a noite. Os participantes decidiram não esperar pelo vice-primeiro-ministro, pois ele havia sido uma figura negligenciável durante os processos de decisão da ditadura de um homem só de Chiang. Em nome do governo de Nanjing, a reunião condenara publicamente o Jovem Marechal e o cortara de todos os cargos, prometendo severas punições. Além disso, ameaçaram iniciar uma guerra contra Xian. May-ling ficou muito irritada. Uma guerra contra Xian implicava lançar bombas sobre a cabeça do marido. E sua prioridade era a segurança dele. Que os oficiais do alto escalão tivessem decidido atacar e que o anunciassem antes de H. H. Kung e ela chegarem só aumentaram sua fúria, despertando as piores suspeitas. Diante disso, ordenou que Donald fosse ao encontro do Generalíssimo em Xian. O general

Ho, que não gostava de Donald por causa de sua influência sobre os Chiang, posicionou-se contra a viagem. May-ling ignorou o protesto e deixou com Donald uma carta a ser entregue ao marido, em que dizia ao Generalíssimo que se cuidasse e lhe explicasse a situação.

May-ling procurou se recompor. Não queria ser "vista como uma mulher de quem não se podia esperar razoabilidade numa situação daquele tipo". Contudo, estava explodindo de raiva dos altos oficiais em Nanjing. Ficou convencida de que os inimigos do marido planejavam usar aquela crise para matá-lo e insistiu em viajar para Xian a fim de persuadir o Jovem Marechal a libertar Chiang. Os líderes em Nanjing consideravam a confiança dela em seus próprios poderes de persuasão uma ilusão.

Na verdade, o Jovem Marechal não precisava ser convencido. Dois dias depois da captura do Generalíssimo, percebeu que havia cometido um erro catastrófico — e já estava planejando libertar Chiang, quem sabe até seguir para Nanjing com ele. Naquele dia, 14 de dezembro, Moscou se valeu da linguagem mais dura para condenar suas ações, acusando-o de ajudar os japoneses e apoiando enfaticamente o Generalíssimo. Moscou percebera que a opinião pública na China demonstrava um apoio quase universal a Chiang. As pessoas estavam cientes de que as tropas do Generalíssimo se encontravam naquele exato momento impondo uma dura resistência às invasões japonesas em Suiyuan, no Norte da China. Moscou compreendeu que Chiang era um oponente convicto do Japão e que sua queda só facilitaria a conquista japonesa. Por fim, ninguém achava que o Jovem Marechal estivesse à altura daquele desafio.

H. H. Kung, agora primeiro-ministro em exercício, contatou uma série de pessoas influentes no país inteiro, solicitando ajuda — e a maioria respondeu positivamente. Uma das poucas pessoas que não cooperou foi Ching-ling, a Irmã Vermelha. Quando H. H. a abordou em busca de apoio, ela respondeu que estava muito satisfeita com a captura de Chiang e que as ações do Jovem Marechal eram corretíssimas: "Eu teria feito o mesmo se estivesse no lugar dele. *Só que eu teria ido mais longe!*".[5] Ching-ling, naturalmente, não expressou tais sentimentos em público: Moscou teria ficado furiosa.

H. H., em seguida, enviou uma mensagem a Stálin informando-o de que "corriam rumores" de que o PCC estaria envolvido no golpe e que, "se a vida de Chiang estivesse em risco, o ódio da nação se estenderia do PCC à União Soviética". Isso, H. H. sugeriu enfaticamente, poderia conduzir a uma aliança da China com o Japão contra a Rússia. Stálin dobrou a condenação do Jovem Marechal e ordenou que o PCC ajudasse a garantir a libertação de Chiang.[6]

Ficou claro para o Jovem Marechal que o jogo havia terminado. Moscou o denunciara. Mao o enganara. Agora a questão era encontrar um modo de salvar a própria pele. Sua única opção era ficar com Chiang Kai-shek. Mas o governo de Nanjing certamente o fuzilaria. Não apenas articulara um golpe como também matara muitos oficiais nacionalistas (e soldados) no processo, incluindo oficiais de alto escalão. Famílias e colegas enlutados pediriam sua cabeça. Sua única esperança era que o Generalíssimo poupasse sua vida, caso fosse libertado. Mas, sabendo como Chiang era cabeça-dura, o Jovem Marechal não podia contar com a possibilidade de ele aceitar um acordo, e, mesmo se aceitasse, não poderia ter certeza de que o Generalíssimo honraria a promessa. A única pessoa que poderia fazer um acordo em prol de Chiang e garantir que ele o honrasse era May-ling. O Jovem Marechal sentia que podia confiar nela. Os dois tinham se dado verdadeiramente bem. Ambos falavam inglês, e, mais importante, ele sabia que ela era franca e justa, e que, caso selassem um acordo, ela não trapacearia. A fé cristã de May-ling também significava que ela se inclinaria a perdoá-lo, caso ele se apresentasse como um pecador arrependido.

A partir de 14 de dezembro, o Jovem Marechal enviou a May-ling uma série de mensagens através de Donald, suplicando-lhe que viesse a Xian. Dizia que tinha apenas tentado pressionar Chiang a lutar contra os japoneses e que agora percebia que agira mal, embora "com bons motivos".[7] Jurou que não tinha intenção de ferir seu marido, pelo contrário: queria libertá-lo e ir para Nanjing com ele. Mas, primeiro, precisava que ela fosse, por favor, a Xian para que resolvessem a questão juntos.

Nanjing considerou as palavras do Jovem Marechal bizarras e nem um pouco confiáveis e não deixou que May-ling arriscasse a vida indo até ele. O Jovem Marechal foi orientado a libertar Chiang — ou encarar uma guerra. Contudo, o poderoso instinto de May-ling lhe disse que ele pretendia, sim, libertar o marido e que de alguma forma ela tinha de estar lá para que isso acontecesse. Os oficiais em Nanjing permaneceram desconfiados: podia ser uma armadilha; ela estaria se dirigindo para uma multidão de linchadores e não conseguiria salvar o marido. Mas May-ling insistiu, e Nanjing finalmente cedeu. No dia 22 de dezembro, a Irmã Mais Nova embarcou num avião, rumo a Xian.

* * *

Donald retornara para escoltá-la até lá. Foi ele quem, no avião, lhe apontou Xian. Contemplando a cidade cercada de muralhas, no meio das montanhas cobertas de neve, May-ling se viu inundada por uma variedade de emoções. Quando se aproximaram da abertura do vale que levava à cidade, entregou seu revólver a Donald antes de desembarcar e o fez prometer que, "caso as tropas saíssem do controle e a capturassem", ele a abateria com um tiro "sem hesitação".

Quando Chiang viu a esposa entrar em seu quarto, foi sua vez de ser inundado por emoções. "Você veio à toca do leão", ele disse, irrompendo num choro. Contou à esposa que abrira a Bíblia naquela manhã e que fora atraído por estas palavras: "O Senhor criou algo novo na terra: a mulher protege o homem". May-ling acreditou que aquelas palavras expressavam uma dupla mensagem: que ela estava vindo e que "tudo está certo". As palavras de May-ling vinham de um poema de Robert Browning: "Deus está no céu — /E tudo está certo no mundo". Isso lhe deu muitas esperanças, e seu otimismo consolou o marido. Vendo que Chiang se "encontrava ferido e desprotegido, uma mera sombra de seu antigo eu", May-ling sentiu "uma onda incontrolável de ressentimento contra os responsáveis por aquele sofrimento". Como o marido ainda se mostrava "agitado e nervoso", ela abriu a Bíblia e leu uma série de salmos até que ele se acalmasse e adormecesse.

O Jovem Marechal fez um acordo com May-ling e T. V., que chegara a Xian um dia antes. Alegava que capturara Chiang num momento de impulso: "Procuramos fazer algo pensando no bem do país. Mas o Generalíssimo se recusava a discutir qualquer coisa conosco [...]. Sei que agi mal e não estou tentando me justificar". Adulou May-ling, dizendo-lhe: "Você sabe que sempre tive grande fé em você, e todos os meus camaradas a admiram. Quando revistaram os papéis do Generalíssimo depois que ele foi detido, encontraram duas cartas suas que só os fizeram tê-la em ainda mais alta conta". As palavras de May-ling tinham "comovido a todos", disse, antes de apresentar o argumento final: "Especialmente quando você escreveu que foi pela graça de Deus que outros erros não foram cometidos e que você sentia que devia orar mais em busca de orientação divina".

Com sua segurança garantida, o Jovem Marechal se sentiu pronto para libertar o prisioneiro. Só havia um último empecilho. Os comunistas demandavam que Chiang conversasse com o emissário deles, o famoso diplomata Zhou En-lai, que estava em Xian havia alguns dias.[8] Chiang se recusou categoricamente, muito embora o Jovem Marechal lhe explicasse que, sem essa reunião, ele não poderia partir. A guarda e as tropas ao redor haviam sido completamente infiltradas pelos comunistas. Para o Generalíssimo, encontrar-se com Zhou seria como, em tempos modernos, o presidente dos Estados Unidos se encontrar com o representante de algum grupo notoriamente terrorista. Contudo, no dia de Natal, Zhou de fato adentrou o quarto de Chiang. Trazia consigo uma mensagem fresquinha de Moscou: Ching-kuo, o filho de Chiang, voltaria para casa.[9] Moscou sabia que essa era a única coisa que dobraria o Generalíssimo.

A reunião entre os dois foi breve: Chiang apenas pediu a Zhou que "fosse a Nanjing para negociar diretamente". Tais palavras, contudo, transformaram o status do Partido Comunista Chinês. A partir desse momento, deixou de ser visto oficialmente como uma organização criminosa a ser exterminada e passou a ser tratado como um partido político legítimo e significativo. Seguiram-se negociações que, alguns meses depois, quando a guerra contra o Japão começou, levaram os dois partidos a formar "uma frente unida" na condição de parceiros igualitários. Durante a guerra, Chiang deu ao PCC toda sorte de concessão, que possibilitou ao Exército Vermelho crescer enormemente, a ponto de, ao fim da guerra, encontrar-se em condições de se voltar contra Chiang e derrotá-lo. Em suma, o desespero de Chiang para resgatar Ching-kuo o levou a subestimar o que Stálin e Mao poderiam fazer em conjunto. O Generalíssimo pagou um alto preço pelo filho. Mas conseguiu arrancá-lo das garras de Stálin. O refém foi solto e, junto com sua esposa e seus filhos, deixou a Rússia rumo ao lar em março de 1937, tendo sobrevivido a uma provação de doze anos, incluindo trabalhos pesados no gulag.

No Natal de 1936, depois da reunião com Zhou, os Chiang se retiraram às pressas, junto com o Jovem Marechal, no avião pilotado por Royal Leonard. Tiveram de passar a noite na cidade de Luoyang. Leonard registrou o momento em que seus passageiros desembarcaram:

> Quando pousei, o campo estreito de areia estava cheio de estudantes e soldados correndo em nossa direção. Quando viram a Madame desembarcar, empacaram numa nuvem de poeira e observaram com atenção. Quando ela pôs o pé no chão, saudaram-na, e dois oficiais se aproximaram para ajudá-la. O Jovem Marechal foi o próximo a descer. Tão logo o fez, quatro soldados apontaram rifles na direção dele.
>
> "Devemos matá-lo?", perguntou um dos soldados.
>
> "Não!", disse a Madame, enfaticamente. "Deixem-no em paz."
>
> Ela pôs os braços em volta dele, e o Jovem Marechal pôs os dele em volta dela [...]. Depois do comando da Madame, ele foi tratado como um convidado de honra.[10]

Quando voltaram a Nanjing, o Jovem Marechal mirou seu charme em Ei--ling, pois sabia de sua grande influência sobre o Generalíssimo. Já estabelecera uma boa relação, dirigindo-se a ela como Irmã Mais Velha e "confessando-lhe" que ela inspirava nele "o maior respeito". Propusera, inclusive, uma aliança marital entre seus filhos. "Por favor, perdoe-me", implorava agora. E Ei-ling amoleceu. Mais tarde, disse: "Eu queria — bem, queria puni-lo pelo que ele tinha feito, mas ele estava tão arrependido!".[11]

No fim, a única punição imposta ao Jovem Marechal foi uma prisão domiciliar deveras confortável, sob a qual gozava também de proteção. Mais de meio século mais tarde, depois da morte de Chiang e de Ching-kuo, ele foi solto e se mudou para o Havaí, onde morreu em sua cama, em 2001, aos cem anos de idade.

Passada aquela provação, a popularidade de Chiang atingiu seu ápice. No campo de pouso em Luoyang, quando foi retirado do avião, Leonard viu que "os que tinham vindo saudá-lo ficaram loucos de excitação. Lançaram os chapéus no ar [...]. Alguns tinham lágrimas nos olhos".[12] Quando o carro que o conduzia entrou em Nanjing, multidões espontaneamente ocuparam as ruas para celebrá-lo. Fogos de artifício explodiram durante toda a noite. Os chineses queriam Chiang liderando a batalha contra o Japão. De agora em diante, os que tramavam contra o Generalíssimo se reduziram significativamente em número e em ação.

Essa paixão nacionalista também ajudou Chiang a superar uma forte corrente de ressentimento entre seus colegas contra ele e sua esposa, que era vista como uma pessoa sem papas na língua.

Depois de voltar para Nanjing, May-ling ainda estava indignada com os líderes que haviam proposto uma guerra contra Xian quando seu marido ainda estava lá. Escreveu um relato sobre o evento direcionando toda sua hostilidade a eles, sem uma única palavra dura sobre o Jovem Marechal ou os comunistas. O quadro que pintou dava a impressão de que os colegas de Chiang eram os verdadeiros vilões responsáveis por aquele infortúnio. Suas ações haviam sido "precipitadas" e "intoleráveis", e ela constatara uma "obsessão pouco saudável da parte dos principais oficiais militares". O crédito pela libertação de Chiang lhe pertencia, coisa que ela não hesitou em afirmar. Fez também um inventário detalhado dos elogios do Jovem Marechal a ela, que terminavam por sugerir que ele só libertara Chiang graças à admiração que lhe devotava, e, no fim, não se furtou a apresentar sua própria conclusão: "O sr. Donald preparara as fundações, T. V. erguera as paredes, e teria de ser eu a responsável por colocar o teto".[13]

O Generalíssimo publicou o artigo da esposa em um livreto, junto com seu próprio relato sobre o episódio em Xian, endossando dessa forma as acusações de May-ling. Numa única tacada, o casal conseguiu ferir e enfurecer praticamente toda a equipe de Chiang fora da família Soong. As pessoas toleravam May-ling, que era, afinal, a esposa, cuja prioridade era a segurança do marido. Nesse ponto não havia malícia. Mas consideraram o comportamento de Chiang imperdoável. Como líder do partido e do país, ele tinha de saber que a posição dura de Nanjing em relação ao Jovem Marechal era a única resposta possível por parte do governo. Aliados íntimos como Chen Li-fu passaram décadas bufando de indignação. A maior perda para Chiang foi o afastamento de Dai Ji-tao, o velho "camarada" de Chiang, cujo filho ilegítimo Chiang adorara como seu próprio, Wei-go. Ao longo dos anos, Dai fornecera muitos conselhos francos e valiosos ao Generalíssimo. Agora, como ele próprio havia se posicionado a favor da decisão do governo, teve de suportar a ira de May-ling. Pressentindo a suspeita do Generalíssimo, Dai, como outros, se fechou.[14] Chiang Kai-shek, que sempre contara com poucos conselheiros confiáveis e amigos, terminou numa situação ainda pior. O que já era escasso — lealdade — tornou-se produto ainda mais raro. E, quando a ameaça japonesa foi eliminada, muitos colegas o traíram.

No entanto, May-ling acertou ao julgar que a crise se resolvera graças a ela. Se não tivesse ido a Xian, o Jovem Marechal não teria se sentido seguro o suficiente para libertar Chiang. Uma guerra entre Nanjing e Xian teria se desenrolado, e o Generalíssimo provavelmente terminaria morto, se não pelas bombas de Nanjing, então pelo Jovem Marechal — que considerara o cenário — e pelos comunistas. (Zhou En-lai trouxera para Xian uma equipe de profissionais do aparato secreto comunista com o intuito de "auxiliar" o Jovem Marechal no assassinato de Chiang.)[15] Com isso, a China teria mergulhado numa caótica guerra civil, o que, para os invasores japoneses, teria sido uma oportunidade de ouro. May-ling, pode-se dizer, salvou tanto o país quanto seu marido.

PARTE IV
AS IRMÃS EM GUERRAS (1937-50)

15. Coragem e corrupção

Em julho de 1937, o Japão ocupou Beijing e Tianjin. Em meados de agosto, a guerra franca se deflagrou em Shanghai. O Exército chinês lutou bravamente, mas sofreu uma derrota catastrófica. Mais de 400 mil homens foram dizimados, junto com quase toda a nascente Força Aérea do país e a maior parte dos navios de guerra. Diante do momento crítico, o Generalíssimo Chiang Kai-shek convocou a nação a resistir a todo custo à ofensiva japonesa.

Para dar exemplo e elevar o ânimo das tropas, Madame Chiang e as irmãs compareceram às linhas de batalha e discursaram publicamente, mobilizando as mulheres do país a cuidarem das crianças órfãs e trabalharem como enfermeiras. Escreveram para a imprensa estrangeira, deram entrevistas para os jornalistas que chegavam em grupos à China e participaram de transmissões para os Estados Unidos, em inglês perfeito.

O foco de Ei-ling era criar hospitais, um deles no Lido Cabaret, famoso salão de dança que a Irmã Mais Velha converteu numa enfermaria bem equipada com trezentos leitos. Com seu próprio dinheiro, comprou ambulâncias e caminhões para transferir os feridos.[1]

Pela primeira vez — quiçá a única —, a Irmã Vermelha pôs de lado seu desprezo por Chiang Kai-shek e convocou o povo a apoiar o Generalíssimo. Declarou que ficou "extraordinariamente animada, extraordinariamente comovida", de fato, "comovida até as lágrimas", quando leu o discurso de Chiang que clamava por união com os comunistas, para que o país pudesse lutar contra o Japão. Prometeu "deixar para trás todas as queixas e ressentimentos passados".[2]

Enquanto isso, May-ling visitava os soldados feridos com devoção. Certo dia, foi levada a um hospital num conversível, acompanhada por Donald, seu conselheiro australiano. Era uma viagem perigosa, pois as estradas estavam repletas de crateras dos bombardeios, e os aviões japoneses visavam os automóveis, que eram utilizados apenas pelos mandachuvas. Vestindo calças azuis e uma blusa, May-ling conversava animadamente com Donald quando o veículo acertou uma protuberância na estrada e um dos pneus traseiros explodiu. O carro derrapou, saiu da estrada e virou. May-ling foi lançada por sobre a cabeça de Donald e aterrissou a uns bons metros de distância, inconsciente. Quando voltou a si, com ar doente e reclamando de uma dor na lateral do corpo, Donald lhe perguntou: "Você ainda quer ver os soldados?". May-ling pensou por um instante e respondeu: "Vamos". Visitaram alguns acampamentos. Mais tarde, os médicos descobriram que ela tinha uma costela fraturada e uma concussão.[3]

Em meados de dezembro, Nanjing, a capital, caiu, e os invasores promoveram um verdadeiro massacre. Em seguida, o Exército japonês tomou todos os portos marítimos da China e as principais cidades ao longo das ferrovias. A reputação de brutalidade do Exército o precedia, de modo que 95 milhões de pessoas fugiram em pânico — o maior número de refugiados de que se tem notícia. Chiang se viu forçado a transferir o governo para Wuhan, seiscentos quilômetros rio Yangtzé acima, até se estabelecer mais a oeste, em Chongqing, a "Cidade das Montanhas", na província de Sichuan. Cercada por morros de grande altitude, com o Yangtzé a seus pés, navegável apenas por barcos de pequeno porte, a capital da China ocupada se encontrava bem protegida dos invasores. Foi dali que o Generalíssimo comandou a guerra durante os sete anos seguintes.

A realocação do governo de Nanjing para Chongqing se deu de forma notavelmente tranquila. Sob constante bombardeio japonês, centenas de milhares de pessoas — funcionários públicos, equipes hospitalares, professores e estudantes — peregrinaram por 2 mil quilômetros, tendo empacotado pacientemente seus preciosos equipamentos, máquinas e documentos. Quando absolutamente necessário, os bens foram transportados por (valiosos) caminhões, ou por carrinhos de mão, quando havia, mas, sobretudo, por trabalhadores. Com o auxílio de roladores de madeira, o maquinário foi puxado com muito esforço humano para pequenos barcos que navegariam Yangtzé acima. Na Universidade Central, um equipamento em particular pesava sete toneladas, e não havia guindaste. Com as próprias mãos, os estudantes o transportaram centímetro por centímetro até colocá-lo num barco. Os barcos, então, tinham de atravessar as perigosas Três Gargantas, onde o Yangtzé se afunilava, ladeado por penhascos perpendiculares que se arqueavam em ambas as margens, obscurecendo a luz do céu. A água se agitava e rugia ao ser tragada em redemoinhos ao redor de rochas submersas. Em alguns pontos, os barcos tinham de ser puxados das corredeiras por puxadores, que trabalhavam se valendo de esforço sobre-humano, recurvando o corpo enquanto grossas cordas se retesavam por sobre seus ombros. Para coordenar e segurar as embarcações, grunhiam em uníssono uma melodia dura e monótona.

A universidade conseguiu, assim, remover todas as suas posses transportáveis, incluindo uma respeitável biblioteca — e duas dúzias de cadáveres das aulas de anatomia. A Faculdade de Agricultura pôs um animal de cada espécie de seu acervo num barco, que foi apelidado de Arca de Noé. O resto dos animais de criação foi levado por terra pelos funcionários, como uma tribo nômade. A viagem durou um ano, pois o precioso gado, importado da Holanda e dos Estados Unidos, seguia seu próprio ritmo preguiçoso, por vezes se recusando a carregar nas costas os patos e galinhas nas gaiolas de bambu. Ao fim da longa trilha, nenhum animal havia se perdido; houve até uma adição: nasceu um bezerro no meio do caminho.

Chegando em momentos diferentes a Chongqing, mais de mil estudantes e professores encontraram acomodações e salas de aula acolhedoras, escavadas nas falésias de uma montanha. O novo campus havia sido construído por 1800 trabalhadores em 28 dias, sob a supervisão de professores de engenharia que se deslocaram para lá antes de avião.[4]

Embora a guerra tenha trazido grandes convulsões e privações para a vida das pessoas, elas suportaram com tranquilidade e apoiavam a decisão de Chiang de resistir. O Generalíssimo estava absolutamente inabalável. Embora não tivesse ideia exata de como venceria, tomou como estratégia a perspectiva de "durar mais tempo que o inimigo". As dimensões imensas da China, seu terreno montanhoso, sem estradas, tornava impossível para o Japão ocupar todo o país e dava ao Generalíssimo espaço suficiente para recuar e se refazer. Sentimentos nacionalistas ferozes o apoiavam. Estava também terrivelmente amargurado com a morte de sua primeira esposa, a mãe de Ching-kuo, morta num bombardeio japonês em dezembro de 1939.

O ódio do Generalíssimo ao Japão, onde aprendera parte de sua técnica de guerra, era antigo e visceral. Em maio de 1928, a Expedição do Norte que ele liderava foi bloqueada pelos japoneses em Jinan, capital da província de Shandong. Depois de alguns protestos inúteis, Chiang precisou ceder às demandas dos japoneses, que incluíam um pedido de desculpas, tomando outra rota para Beijing. Aos olhos do país, ele se dobrara aos japoneses. Desde então, Chiang alimentou um profundo ressentimento que durou toda a sua vida. Foi naquele mês que começou a prática extraordinária de abrir cada entrada de seu diário com as palavras "Vingar a vergonha" *(xue-chi)*. Fez isso todos os dias por mais de quatro décadas. Não havia a menor chance de Chiang Kai-shek se submeter aos japoneses outra vez.[5]

A postura inabalável de Chiang lhe valeu imenso prestígio. No espírito de unidade nacional, todas as províncias entregaram o comando de seus exércitos para ele, de modo que a guerra pudesse ser travada como uma só força. Foi o momento em que Chiang Kai-shek mais se aproximou de unir o país inteiro tanto em espírito quanto na letra. O único elemento que se manteve fora de seu controle foi o Exército Vermelho, que resguardou seu próprio comando e aceitava suas ordens apenas no nome. Podiam fazer isso graças a Stálin, que assinou um tratado com Chiang tão logo a guerra total se deflagrou, tornando-se literalmente a única fonte de armas de Chiang. Outra concessão do Generalíssimo foi permitir que o Exército Vermelho promovesse suas guerrilhas apenas por trás das linhas japonesas, em vez de enfrentá-las. Tais privilégios fizeram toda diferença para os comunistas. Quando a guerra chegou ao fim, em 1945, os demais concorrentes de Chiang encontraram seus exércitos destroçados pelos japoneses, e Mao emergiu como o único rival do Generalíssimo.

May-ling chegou a Chongqing em dezembro de 1938, depois de dois meses visitando linhas de guerra, de Norte a Sul. Comportou-se como deve se comportar uma verdadeira primeira-dama em períodos de guerra, ocupando-se sempre de milhões de assuntos, exausta, mas cheia de ânimo. Escrevendo para a velha amiga americana Emma Mills, exclamou: "Que vida! Quando a guerra acabar, acho que estarei de cabelos brancos, mas há um consolo: estou trabalhando tão duro que não corro risco de me tornar uma boa almofada macia e balofa, nem de ter um grande traseiro!". Em outra carta, repetiu: "Que vida! Mas não vamos parar de resistir".[6]

Chongqing era um lugar difícil para viver, conhecido como "Fornalha da China", por causa da umidade e do calor opressivo. O vapor que subia do Yangtzé ficava preso entre as montanhas, recobrindo a cidade como uma toalha úmida sufocante. Nos longos verões, era como uma panela de pressão. O inverno trazia pouco alívio, pois névoas carregadas pairavam sobre a cidade, o que lhe valia outro apelido: "Cidade das Névoas". O nevoeiro era tão espesso que às vezes não era possível enxergar a própria mão. Perambular pela cidade envolvia caminhadas penosas, descendo e subindo íngremes degraus de pedra. Os que podiam pagar andavam em cadeiras carregadas por *coolies*, e só em poucas estradas relativamente novas era possível contar com riquixás ou carros motorizados. Faltava de tudo e toda a infraestrutura se ressentia do peso excedente daqueles milhões de pessoas que haviam ocupado a cidade da noite para o dia. Disenteria e malária eram comuns.

Em maio de 1939, quando a névoa se dissipou, os japoneses começaram os bombardeios. Havia apenas abrigos rudimentares contra ataques aéreos, escavados nos morros. Quase não existia ventilação; quando um ataque se demorava, o ar dentro desses buracos se tornava doentio e sufocante. Certa noite, depois de horas de bombardeio, centenas de pessoas correram para fora de um túnel atulhado de gente, buscando ar puro, quando outra onda de aviões surgiu de repente, lançando bombas indiscriminadamente. Em pânico, as pessoas tentaram forçar passagem de volta para a caverna; mais de quinhentas morreram na debandada.

May-ling sofria de urticária alérgica, que se tornava ainda pior na umidade extrema de Chongqing. Passar horas sentada no abrigo era uma tortura. "Estou coberta de bolhas que coçam como as velhas feridas de Jó!",[7] escreveu a T. V., seu irmão.

Testemunhou sofrimentos terríveis. A cidade era densamente ocupada por casas de madeira, algumas delas empoleiradas sobre longas estacas nas margens dos penhascos. Cada bomba detonava uma avalanche de fogo que incendiava tudo por horas seguidas. Certo dia, depois de um ataque, May-ling saiu para conferir o trabalho de resgate. Grandes áreas da cidade pareciam "infernos em chamas", escreveu para Emma. Como havia pouco espaço aberto, era difícil escapar ao fogo e à fumaça. As pessoas tentavam escalar a antiga muralha da cidade, mas as chamas acabavam tragando boa parte delas. Milhares morreram. Corpos queimados eram retirados dos escombros ainda ardentes. "Parentes e amigos continuam escavando ensandecidos." "Os gritos e lamentos dos moribundos e dos feridos ressoam ao longo da noite [...]. O mau cheiro cresce, e a vida nas proximidades é impossível."[8]

A própria May-ling quase não sobreviveu a um bombardeio. No abrigo, a fim de manter a mente ocupada, estudava francês com um padre belga, o padre Weitz. Um dia, depois de passar a maior parte do dia enfiada na caverna, propôs ao instrutor: "Vamos continuar a lição lá fora". Poucos minutos depois soou o alerta de emergência, e Chiang chamou os dois de volta para o abrigo. No momento em que entravam no túnel, uma bomba caiu bem perto do lugar onde eles estavam sentados pouco tempo antes. Foram catapultados para a frente, caindo de cara no chão, os corpos cobertos de escombros. O livro de francês, esquecido no local, ficou aos pedaços.[9]

Refugiada junto de homens e mulheres comuns, a primeira-dama começou a se referir àquelas pessoas como "nosso povo". Quando o inverno chegou, pensava em como isso intensificava "o sofrimento de nosso povo ferido e desabrigado". Sentia-se comovida e inspirada pelo ânimo das pessoas: "Para o crédito de nossa gente, é preciso que se diga que ninguém se intimidou, pois, após cada bombardeio, mal a sirene indicando segurança ecoava seu último som, os sobreviventes retornavam para suas casas e lojas incendiadas e procuravam salvar o que fosse possível. Poucos dias depois, barracos improvisados já começavam a surgir nos mesmos locais". "Nossas mulheres foram maravilhosas [...]. Quando poderiam justificadamente sucumbir à histeria e à prostração nervosa, elas se controlaram e seguem se mantendo alegres e incansáveis."[10]

May-ling escreveu a Emma: "Continuaremos lutando".[11] O alto prestígio de Chiang Kai-shek na época devia muito à presença corajosa de sua mulher.

May-ling portava o grande título de "Secretária-Geral da Comissão de Aviação": em meados dos anos 1930, havia ajudado a fundar a Força Aérea chinesa. Foi ela quem descobriu e levou para a China, em 1937, o capitão Claire Chennault, que fundou o Grupo de Voluntários Americanos, ou "Tigres Voadores", uma força especial de mais de cem pilotos americanos. O grupo destruiu centenas de aviões japoneses. Chennault era um piloto de guerra brilhante, cheio de imaginação e ousadia. Seu talento se tornou lendário depois de executar um truque propagandístico no começo dos anos 1920, perto de El Paso, no Texas. Uma grande multidão se reunira para assistir às manobras da Fort Bliss Air Force, quando uma velha senhora de vestido longo cambaleou para o campo de pouso, o véu claro flutuando ao vento. O autofalante anunciou que a Vovó Morris, de oitenta anos, sonhava com pilotar um avião e que a Força Aérea decidira realizar seu desejo. A multidão aplaudiu. A Vovó foi içada à cabine. O piloto, do lado de fora, apertou seu cinto e deu partida no motor. Vovó Morris acenou para a multidão. Quando o piloto estava prestes a entrar, o avião saltou para a frente, lançando-o ao chão. O público, aterrorizado, gritava para que a Vovó pulasse. Mas a aeronave começou a se mover e logo decolou, quase roçando os telhados das construções próximas. No ar, o avião arremeteu, girou, fez curvas fantásticas, até se lançar num mergulho de ponta-cabeça. A multidão gritava. O avião roçou o campo e empinou de novo, girando no ar, até apontar de novo para a terra — tudo isso para, ao final, aterrissar perfeitamente. Da cabine saltou a Vovó Morris, tirando a peruca, o véu e o vestido, revelando o capitão Chennault, aos risos, sem uniforme.[12]

O capitão tinha um rosto escarpado, talvez por ter passado tantas horas voando em cabines abertas. Conta-se que Winston Churchill, ao vê-lo, cochichou: "Deus do céu, que rosto; que bom que ele está do nosso lado".[13] Chennault estava, sem dúvida, do lado de May-ling. "Ela será sempre uma princesa para mim", escreveu em seu diário. "Madame Chiang arriscou a vida repetidas vezes ao vir ao campo de pouso — sempre um alvo visado — para encorajar os pilotos chineses, por quem se sentia pessoalmente responsável. Era uma tarefa dura mesmo para um homem — o modo sombrio e desesperançado com que aqueles homens partiam para enfrentar cenários pouco auspiciosos, esperas longas e enervantes, e o retorno de sobreviventes ensanguentados, queimados e feridos de batalha. Era algo que sempre a perturbava, mas ela seguia em frente, assegurando que o chá quente estivesse pronto e escutando as histórias que eles tinham para contar."[14]

Os aviadores americanos também a admiravam. Um deles, Sebie Biggs Smith, recordou certa vez em que se dirigiu ao campo de pouso depois de uma batalha aérea horrenda:

> Nós partimos para conferir os danos, mas, antes de sair do automóvel, vimos Madame Chiang caminhando ao redor de um avião que fora severamente danificado. Ela chegara antes de nós ao aeroporto. Tenho de reafirmar que ela era uma mulher muito corajosa. Arriscou-se o tempo todo durante a guerra, como se fosse um dos soldados. Depois de cada ataque aéreo, ela parecia correr para o aeroporto para contar os garotos quando eles chegavam, e insistia que houvesse café para eles e tentava fazer tudo que podia para facilitar a vida desses bravos garotos que estavam lutando contra todas as probabilidades e sem substitutos, sabendo toda manhã quando iam ao aeroporto que aquela podia ser a última viagem.[15]

Donald, por sua vez, trabalhou lado a lado com May-ling. Juntos desvendaram uma fraude envolvendo comissões exorbitantes nas compras de aeronaves e equipamentos de aviação por parte do governo. O atravessador era um americano chamado A. L. Patterson. O embaixador americano Nelson T. Johnson, depois de uma conversa com um membro de sua equipe, escreveu num memorando: "O comandante administrativo Garnet Malley [...] estava satisfeito por Patterson ter dobrado e, por vezes, triplicado o preço das aeronaves americanas vendidas para o governo chinês". Em um caso específico, o preço havia sido "quatro vezes mais caro". May-ling ficou horrorizada e deu ordens para "esmiuçar aquela questão até encontrar a verdade". Mas rapidamente se descobriu que a Irmã Mais Velha estava implicada. Certo "general Tzau fora mencionado como agente da sra. H. H. Kung na coleta de 'propina' na compra dos aviões", escreveu o embaixador americano no memorando.[16]

Em meados de janeiro de 1938, May-ling voou para Hong Kong a fim de tratar um ferimento contraído no recente acidente de carro. Mas foi para lá também com o intuito de conversar com a irmã. Ei-ling vivia em Hong Kong a maior parte do tempo, numa residência sobre as falésias, com vista para o mar, de onde administrava uma variedade de negócios. Nos arredores, jardins escalonados e quadras de tênis bem cuidadas. Passava as noites jogando bridge.

May-ling ficou mais tempo do que o planejado. Por telegrama, informou ao marido que Ei-ling tinha caído e se machucado. Depois, ela própria ficou de cama. Chiang enviou bons votos, pedindo especificamente que May-ling "não se importasse com aquela história da Comissão de Aviação". Mas, em meados de fevereiro, ele enviou duas mensagens urgentes: "Espero que você tenha se recuperado" e "A Comissão de Aviação está sendo reorganizada. Importante. Por favor retorne imediatamente".[17]

Durante a longa estadia, May-ling foi persuadida pela Irmã Mais Velha de que suas negociatas não fariam diferença alguma no resultado da guerra, mas que seriam vitais para a vida política e pessoal da Irmã Mais Nova e de seu marido. O argumento era o de que ela precisava garantir as necessidades políticas do Generalíssimo, prover o sustento da Irmã Mais Nova e, especialmente, tomar as providências necessárias para os tempos difíceis que viriam. Ei-ling precisava cuidar do futuro de toda a família. À medida que a guerra persistisse e os anos passassem, May-ling compreenderia a lógica da irmã. Por ora, mesmo não inteiramente convencida, curvou-se à autoridade da Irmã Mais Velha. Quando voltou à capital temporária, renunciou ao posto de secretária-geral da Comissão de Aviação. O marido interrompera a investigação do escândalo.[18]

A reputação de Ei-ling como alguém que se aproveitava da guerra para encher os próprios bolsos já se espalhava. Todos concordavam que ela era o cérebro por trás das principais decisões financeiras de seu marido, H. H. Kung, que tinha a chave do cofre do país. Como ele próprio contou mais tarde ao Projeto de História Oral da Universidade Columbia, em Nova York, o orçamento real do país (que ele chamava de "orçamento secreto") era decidido por duas pessoas, ele e Chiang Kai-shek: "Apenas duas assinaturas eram requisitadas para o orçamento secreto". Essa posição dava à família Kung uma vantagem financeira tremenda. Em 1935, H. H. reformou a moeda chinesa, criando o *fabi*; quando, dois anos depois, a guerra começou e ficou claro que haveria inflação, a família trocou todo o *fabi* por ouro, mantendo sua riqueza intacta, enquanto o chinês comum viu o valor de seus ativos despencar. Durante a guerra, enquanto o governo gastava grandes somas de dinheiro comprando armas, os Kung receberam propinas significativas. H. H. designou o filho,

David, um estudante de pouco mais de vinte anos, para a diretoria administrativa da Companhia dos Fundos Centrais, agência responsável por comprar os suprimentos necessários do governo. Como os recursos destinados ao Exército consistiam na maior parte de dólares chineses e as munições tinham de ser compradas em moeda estrangeira, as compras envolviam conversões cambiais das quais grandes somas de dinheiro eram extraídas — por David. Além disso, o jovem articulou sua própria companhia de importação e exportação, a Yangtze Trading Corp., que funcionava como agente de grandes fabricantes ocidentais na China. Quando os Estados Unidos ingressaram na guerra, em 1941, e os suprimentos americanos começaram a chegar, os Kung e seus comparsas se inseriram como intermediários e fizeram fortunas. Mesmo as cédulas chinesas, que eram impressas por companhias estrangeiras designadas pelo ministério comandado por H. H., destinavam comissões à família.

John Gunther, jornalista americano, escreveu sobre Ei-ling, em 1939: "Ela própria é uma financista de primeira linha e encontra imensa alegria em manipulações de negócios e empreendimentos. À sua astúcia e habilidade financeira atribuem-se o crescimento de boa parte da grande fortuna dos Soong". "Há rumores de propina. Esforços para abolir a corrupção no governo têm sido por vezes bloqueados sem explicação. Os Kung são de grande importância para o Generalíssimo, e eles sabem disso. Como ele também sabe [...]. São eles que controlam as finanças nacionais."[19]

Essa e outras descrições similares irritavam tanto Ei-ling que, em um esforço para limpar seu nome, e a despeito de seu desprezo pela publicidade, aceitou o pedido da escritora e jornalista Emily Hahn, que desejava escrever sua biografia. ("A voz da Madame Kung vacilava", quando falava de Gunther, notou Hahn.)[20] Ei-ling falou a Hahn de suas contribuições à guerra: comprara três ambulâncias e 37 caminhões militares para o Exército, doara mais vinte caminhões para a Comissão de Aviação (quando era chefiada por May-ling) e patrocinara quinhentos casacos de couro para os pilotos. De seu próprio bolso, convertera o Lido Cabaret num hospital com trezentas camas e criaria uma enfermaria infantil com cem leitos. Houve outras ações de caridade. Tais ações, contudo, empalideciam se comparadas aos grandes montantes gerados pelas propinas. No fim, é possível que a fortuna angariada pela família Kung tenha chegado, ou mesmo ultrapassado, a marca dos 100 milhões de dólares.[21]

As pessoas sabiam da corrupção colossal no centro do poder, ainda que não conhecessem os detalhes. Chegou-se mesmo a cunhar uma frase para a prática: "Fazer fortuna com catástrofes nacionais" (*fa-guo-nan-cai*). Os Kung se viam constantemente criticados pela imprensa, pelo público, pelos líderes nacionalistas e pelo governo americano. Mas Chiang manteve seu cunhado como "tzar financeiro" e se recusou a tomar qualquer atitude. H. H. fez muito para garantir que as finanças da China não ocupada se mantivessem firmes sob o peso monumental da guerra, quando o país se via isolado de quase todas as suas bases econômicas. Sentia, justificadamente, que fizera "milagres impulsionando a guerra e sustentando a moeda".

Como revelou em suas memórias, o principal truque foi "fazer do imposto sobre a terra um imposto nacional, em vez de provincial", de modo que "os recebimentos cobriam mais de 50% do gasto". Ao se apossar do que era tradicionalmente uma renda das províncias, realocando-a para os cofres do governo central, dos quais sua família podia se servir, H. H. Kung fez muitos inimigos para o regime entre os chefes provinciais. E os ignorou com alegria: "Algumas províncias eram mais difíceis de lidar do que outras, claro. O que se devia a interesses pessoais ou à pura ignorância".[22] Mas o fato é que, mais tarde, muitos inimigos amargurados ajudariam clandestinamente os comunistas a derrubar Chiang Kai-shek.

Para o Generalíssimo, H. H. era seu servo fiel e obediente — e um conveniente para-raios. A raiva em relação à corrupção destacava a família Kung, deixando Chiang para gozar de uma reputação de soldado espartano. Entretanto, o dinheiro nos bolsos dos Kung era, na verdade, dinheiro para os Chiang. A Irmã Mais Velha em particular tinha sempre o bem-estar de May-ling em mente. A primeira-dama não temia a morte, mas jamais toleraria a falta de conforto. Era viciada num estilo de vida grandioso. Nos primeiros anos da guerra, endureceu, mas o esforço testava sua capacidade até o limite, e sempre que possível ela escapava para o luxo de Hong Kong ou dos Estados Unidos, onde se refugiava por muitos meses. Essas viagens eram caríssimas. Uma vez, ficou no Hospital Presbiteriano de Nova York e ocupou um andar inteiro com sua equipe. Era impossível para o governo chinês pagar todas as contas da primeira-dama, e Ei-ling assumiu boa parte da dívida. Pelo resto da vida, May-ling continuou a depender da irmã financeiramente. Mais tarde, tendo vivido quase três décadas a mais que Chiang, morou em Nova York, bancada suntuosamente, em parte, pela família Kung.

May-ling era muito agradecida à irmã e sempre a defendia com veemência. William Donald, próximo a May-ling, recebeu certa vez uma ligação do presidente de uma universidade missionária: "Alguém precisa dizer aos Soong e aos Chiang para dar um basta nessa maluquice. Alguém da família está fazendo fortuna no mercado cambial. Por Deus, eles não têm decência nenhuma!". Donald decidiu falar com a primeira-dama. Um dia, em 1940, tomou seu braço gentilmente, conduziu-a ao jardim e pediu-lhe que fizesse algo em relação aos Kung. May-ling se virou para ele num espasmo de ira e lhe disse: "Donald, você pode criticar o governo ou qualquer coisa na China, mas há algumas pessoas que nem você pode criticar!". O episódio fez com que Donald decidisse abandonar seu posto ao lado dos Chiang e dar adeus ao país onde vivera e trabalhara por 37 anos.[23]

May-ling tinha um laço muito especial com a Irmã Mais Velha e sua família. A casa deles era a sua: sentia-se mais tranquila lá do que com Chiang. Num gesto pouco usual, Ei-ling criou os filhos de modo que se aproximassem o máximo possível de May-ling — mais até do que dela mesma. Dois deles, David e Jeanette, eram praticamente os filhos que May-ling não pôde ter. Chamavam-na de *niang* [mãe] e faziam questão de satisfazer cada desejo seu, por menor que fosse. A devoção que nutriam por May-ling era excepcional. Ei-ling dera à Irmã Mais Nova uma família, preenchendo o vazio sem filhos que de outra forma a teria deixado insatisfeita (uma insatisfação que a Irmã Vermelha sofreu pela maior parte da vida).

Jeanette, filha de Ei-ling, cuidava da casa de May-ling. Era chamada pelos funcionários de "Diretora-Geral". Brusca e autoritária, todos a detestavam. May-ling, que tinha os bons modos em alta conta, fechava os olhos para a rudeza da sobrinha e outros comportamentos ainda piores. Uma noite, em Chongqing, Jeanette dirigiu até a casa de campo dos pais durante um apagão de luz. Nessas situações, de acordo com o regulamento, todos os carros tinham de se mover devagar — mas Jeanette acelerava. Quando um guarda de trânsito se colocou no meio da rua para tentar pará-la, ela pisou com mais força no acelerador, gritando: "Foda-se!". O carro raspou no guarda e sangue espirrou na rua. Um assistente de Jeanette desceu do veículo e providenciou que o guarda fosse levado ao hospital, enquanto ela permaneceu no carro, aparentemente imperturbável.

(Jeanette tinha um temperamento feroz. Era lésbica e ostentava isso usando corte de cabelo e roupas masculinos, coisa nada comum na época. Fosse vestindo um terno ocidental ou uma veste masculina tradicional, mantinha o forro de seda branca das longas mangas viradas do avesso e um chapéu de homem posto em certo ângulo, parecendo sempre um jovem rapaz. Não fez nenhuma concessão durante uma visita oficial a Washington com a tia, a ponto de o presidente Roosevelt dirigir-se a ela como "meu garoto". Sabia-se que pelo menos duas mulheres viviam com ela. Contudo, nunca as apresentou à tia, e May-ling fazia vista grossa, nunca tocando no assunto.)[24]

Já David estava no centro das acusações de corrupção contra a família Kung. A raiva contra ele, contudo, ia além das questões financeiras. Nem ele nem seu irmão mais novo, Louis, puseram os pés num campo de batalha — a exemplo dos filhos da maior parte da elite chinesa. Que os ricos e poderosos se recusassem a arriscar a vida era uma fonte constante de repulsa e ressentimento. Certo dia, num coquetel, quando se propôs um brinde aos "Cem Nomes Antigos" — o povo comum — que sustentavam o peso da guerra, o embaixador americano Johnson, que estava presente, notou que o sentimento geral era o de "Lutemos até a última gota de sangue *coolie*", enquanto, "no meio de tudo, a família Soong toca suas intrigas, que por vezes me causam completa repulsa".[25] Uma réplica favorita entre estrangeiros em Hong Kong, quando lhes solicitavam auxílio financeiro, era: "Por que todos esses jovens rapazes que vemos nas piscinas e nos cinemas não estão fazendo nada pelo país deles?".[26] Era tão embaraçoso que o representante pessoal do presidente Roosevelt, Lauchlin Currie, reclamou dos filhos da família Kung para o governo chinês.[27]

Louis se graduara na academia militar de Sandhurst e era capitão no Exército britânico. Quando a Inglaterra estava em guerra contra a Alemanha nazista, esteve prestes a ser enviado ao campo de batalha. Mas H. H. enviou uma mensagem ao embaixador chinês e pediu que intercedesse junto ao governo britânico. Em suas memórias, H. H. escreveu: "Eu lhe disse que não estava pensando na segurança do meu filho, mas na dos setecentos homens sob seu comando. Ele era jovem demais. Eu estava preocupado com isso — meu filho comandando setecentos soldados. Disse que preferiria que lhe dessem outra função [...]. Mais tarde, Louis foi designado para treinar soldados na Inglaterra".[28]

Entre os filhos e filhas de Ei-ling, a opinião geral era a de que a mais simpática era Rosamonde, sua primogênita, que se tornara uma mulher tranquila e gentil. Apaixonou-se por um homem que Ei-ling desaprovava, pois o pai era um "modesto" regente de orquestra de salão. O jovem casal se mudou para os Estados Unidos e se casou por lá. Com atraso, Ei-ling aceitou a união e enviou por transporte aéreo uma enorme quantidade de artigos de luxo como "dote" de Rosamonde. O avião caiu, e as sedas foram descobertas, expondo mais uma vez à revolta da população a corrupção e as extravagâncias escandalosas de Ei-ling em plena guerra.[29]

Ao longo dos anos, Ei-ling desenvolveu a convicção de que sua missão na vida era cuidar e garantir a segurança financeira de suas ilustres irmãs, especialmente a Irmã Mais Nova. Acreditava que era isso que Deus esperava dela, e o modo de cumprir esse papel era ganhando dinheiro. Essa convicção lhe deu um propósito para acumular fortuna e se fortificava contra incessantes acusações. Mais tarde, às vésperas do colapso do regime de Chiang na China, Ei-ling adoeceu e julgou que a morte era iminente. Entendeu isso como um chamado de Deus, pois já não havia o que ela pudesse fazer por Ele na Terra. Sentia-se em paz e pronta para morrer.[30]

16. A frustração da Irmã Vermelha

Antes de cair em domínio japonês em 1941, a colônia britânica de Hong Kong era o destino favorito para os que não queriam permanecer na China e tinham condições de sair do país. Ching-ling, que detestava viver em Chongqing, a capital do regime de Chiang Kai-shek durante a guerra, fez de lá sua casa depois de fugir de Shanghai. A decisão da Madame Sun de buscar segurança e conforto fora da China enquanto uma guerra brutal acontecia gerou muitas críticas — muitos esperavam que a pessoa que carregava a tocha do Pai da China se comportasse como uma heroína, desafiando bombardeios. A imprensa japonesa também a criticou. Mas Ching-ling sentia-se perfeitamente em paz consigo mesma. Para ela, a decisão era a de não viver na cidade de Chiang Kai-shek.

A repulsa de Ching-ling em relação ao Generalíssimo não arrefecera ao longo dos anos. Quando a guerra começou, em 1937, por patriotismo, e porque Moscou emitira uma ordem direta de cooperação com Chiang, a Irmã Vermelha se comportou de maneira gentil em relação ao cunhado por um breve período. Mas seus elogios tinham um elemento mordaz: "É o caso de parabenizar o general Chiang Kai-shek por impedir o avanço da guerra civil".[1] Todo mundo que a conhecia sabia bem que seu desprezo por Chiang perseverava.

Em Hong Kong, ocupou-se de atividades de assistência aos combatentes comunistas. Criou uma Liga de Defesa da China para dar publicidade aos vermelhos, arrecadando fundos, comprando e transportando suprimentos para suas bases. Era uma operação pequena, um grupo de voluntários com apenas dois ou três funcionários pagos, que recebiam um salário mínimo. Em termos materiais, o impacto da Liga era negligenciável, mas conferiu a Ching-ling sua própria organização. Ela cuidava de todos os detalhes, assinando recibos para todas as doações, por menores que fossem, e escrevendo pessoalmente cartas de agradecimento aos doadores. Estava contente com sua modesta operação, o que impressionou o major Evans Carlson, dos fuzileiros navais americanos, assistente naval alocado na China, que escreveu que ela demonstrava "uma paz de espírito, uma completa autoconfiança que não acusava egoísmo".[2] De fato, Ching-ling não buscava poder para si mesma, nem se iludia em relação às suas limitadas habilidades.

Dentro da organização, ela gerava uma atmosfera de camaradagem. Israel Epstein, voluntário que se tornou seu amigo por toda a vida e biógrafo, descreveu sua experiência: "Com os colegas de trabalho, sejam quais fossem suas origens, ela era calorosa e democrática, fazendo com que todos se sentissem iguais. As reuniões semanais da Liga, na nossa base caótica na Seymour Road, número 21, eram intimistas e informais, entre mesas repletas de papeladas e, muitas vezes, montes de suprimentos empilhados no chão à espera de triagem. Éramos de diferentes nacionalidades, posições e idades. Eu tinha 23 anos e era o mais novo. Soong Ching-ling, que presidia tudo, nunca dava sermões".[3]

A equipe apreciava seu senso de humor. Um dia lhe contaram que o político britânico Sir Stafford Cripps (mais tarde membro do Gabinete de Guerra de Churchill) estava em Hong Kong e gostaria de conhecê-la. Ela o convidou para jantar. Um pequeno banquete foi preparado, contudo, pouco antes do horário marcado, ela descobriu que o oficial era vegetariano. O cozinheiro precisou começar tudo de novo. Depois chegou a informação adicional de que, além de vegetariano, Cripps só comia comidas cruas. Ouvindo isso, Ching-ling lançou as mãos ao ar e declarou: "Então só precisamos deixá-lo pastar no gramado!".[4]

Em fevereiro de 1940, May-ling viajou para Hong Kong, onde faria uma cauterização relacionada a um problema sinusal. Hospedou-se na mansão de Ei-ling, com vista para o mar. Tocada pela fragilidade da irmã, Ching-ling foi visitá-la, e, por mais de um mês, as três irmãs passaram todos os dias juntas,

Retrato de Chiang no Portão da Paz Celestial, depois da vitória chinesa contra o Japão, 1945-6.

May-ling (ao centro, de vestido floral) retornando de Nova York para Chongqing, em 5 de setembro de 1945. Enquanto Chiang debatia a possibilidade do cessar-fogo com Mao, ela foi recebida no aeroporto por Ching-ling (à sua esquerda). Ao lado de Ching-ling está H. H. Kung; Jeanette, filha de Kung, encontra-se à direita de May-ling.

As três irmãs (da esq. para a dir.: Ching-ling, Ei-ling e May-ling), possivelmente na casa de Ei-ling em Chongqing, durante a Segunda Guerra Mundial. Em pouco tempo o relacionamento das irmãs seria destroçado pela guerra civil entre nacionalistas e comunistas, e as três jamais se reuniriam novamente.

A família de Chiang Kai-shek celebrou o seu aniversário em Nanjing, em 1946. (O grande caractere chinês ao fundo — "*shou*" — significa "longevidade".) May-ling e ele estão à frente, sentados; logo atrás, de pé, os dois filhos de Chiang: Chiang-kuo, à esquerda, e Wei-go, terceiro à esquerda. Entre eles encontra-se a esposa de Ching-kuo, Faina Vakhreva; o casal se conheceu e casou na Rússia, onde Ching foi mantido como refém por Stálin. Os quatro filhos do casal também aparecem na foto, com o caçula no colo de May-ling.

Um abatido Chiang Kai-shek visita o templo de seus ancestrais pela última vez antes de abandonar a China continental, em 1949, com seu filho e herdeiro, Ching-kuo (à frente, de chapéu). May-ling não se encontrava na companhia do esposo naqueles dias derradeiros.

Em Taiwan, em 1956, a Irmã Mais Velha, Ei-ling, foi a convidada de honra de Chiang em seu jantar de aniversário.

Chiang encontrando-se com May-ling no aeroporto de Taipei, em 1959, quando ela voltou de Nova York. Os dois estavam em êxtase, pois os americanos se mostravam mais comprometidos a defender Taiwan, como resultado das recentes ameaças de Mao.

A Irmã Vermelha se tornou vice-presidente da China comunista. Aqui, ela visita Moscou, em 1957, como representante de Mao. O líder supremo pós-Mao, Deng Xiao-ping, está sentado do outro lado de Mao (na extrema esquerda).

Ching-ling com Mao no Portão da Paz Celestial, outubro de 1965. Da dir. para a esq.: Mao, princesa Monique (esposa do príncipe Norodom Sihanouk do Camboja), Ching-ling e o primeiro-ministro Zhou En-lai.

Ching-ling (a figura de menor estatura na fileira de líderes, a sétima à esquerda), na cerimônia fúnebre realizada na Praça da Paz Celestial em honra de Mao, que morreu em 9 de setembro de 1976. Na ocasião da cerimônia, em 18 de setembro, a "Gangue dos Quatro" — Madame Mao e três assistentes do líder morto — estavam presentes. Pouco depois, no momento de publicação desta fotografia, o grupo já havia sido preso, e suas imagens foram removidas, deixando vazios evidentes.

Ching-ling, em sua residência em Beijing, entretendo convidados com a filha adotiva, Yolanda (primeira à esquerda). Anos 1970.

产阶级革命事业进行到底!

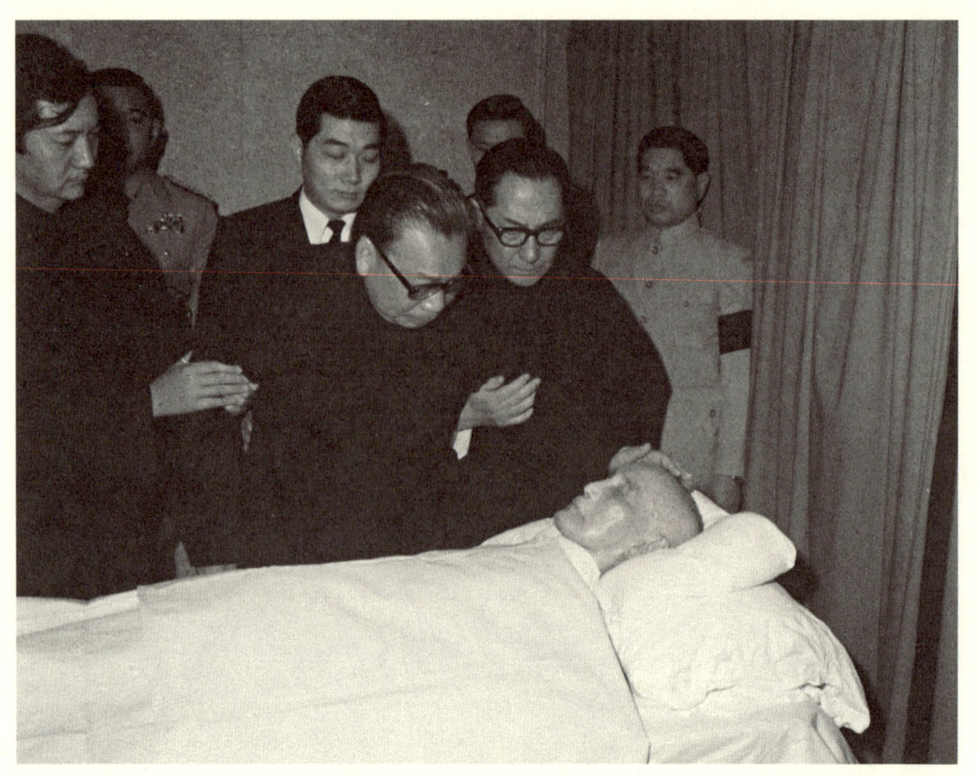

Ching-kuo afagando a testa do pai morto, Chiang Kai-shek, Taiwan, 1975. Ching-kuo estava prestes a transformar o legado do pai, conduzindo Taiwan em direção à democracia.

Ching-kuo e a esposa, Faina Vakhreva, ex-engenheira russa. Ching-kuo a conheceu na Rússia quando Stálin o manteve como refém.

algo que não faziam havia muitos anos. A guerra lhes permitia pôr de lado as diferenças políticas momentaneamente e satisfazer o carinho que sentiam uma pela outra.

No passado, Ching-ling criticara os métodos de acumulação de riqueza de Ei-ling. Ao jornalista Edgar Snow, dissera: "Ei-ling é muito inteligente. Nunca aposta. Só compra e vende quando tem informações privilegiadas [...] sobre mudanças na política fiscal do governo [...]. Os Estados Unidos podem bancar homens ricos; a China, não. É impossível acumular fortuna aqui, exceto por meio de desonestidade criminosa e abuso de poder político, com apoio da força militar". No entanto, agora Ching-ling se deixava afogar na afeição que Ei-ling derramava sobre ela e evitou ser crítica. Também tinha elogios a fazer a May-ling. Edgar Snow, que estava na época em Hong Kong, notou que ela "de alguma forma mudou de opinião" sobre o casamento de May-ling. Antes, dissera a ele que se tratava de "oportunismo dos dois lados, sem amor envolvido". Agora, dizia: "Não era amor no começo, mas acho que agora é. Mei-ling está verdadeiramente apaixonada por Chiang, e ele por ela. Sem Mei-ling, ele poderia ter sido muito pior".[5]

Certa noite, as irmãs foram ao local mais badalado da cidade, um salão onde se podia jantar e dançar, no Hong Kong Hotel. Essa foi possivelmente a única vez que fizeram algo do tipo. Lugares assim eram considerados impróprios. Como membros da realeza, as irmãs confinavam sua socialização a ocasiões formais ou festas particulares. Mas, naquela noite, vestidas em *qipaos* esplêndidos, sentaram-se de costas para a parede e observaram os citadinos da noite de Hong Kong, circulando, maliciosos ou glamorosos. Ching-ling, vestida de preto, tinha uma expressão alegre. Adorava dançar — sobretudo valsas —, mas seu status havia muito a proibia de pisar numa pista de dança. Os que dançavam lhe lançavam olhares, como se para checar que eram de fato as três irmãs, especulando aos sussurros sobre qual seria a mensagem política implícita naquela refeição.

Emily Hahn apareceu no restaurante com um oficial da Força Aérea Real. Ei-ling havia informado sua biógrafa a respeito do jantar. Embora não buscasse normalmente os holofotes, preferindo a discrição, a Irmã Mais Velha sabia bem como enviar sinais. A mensagem era a de que a "frente unida" estava firme. Ao mesmo tempo, as irmãs podiam finalmente apreciar uma noite juntas com a consciência tranquila.[6]

Unidade era, de fato, algo em crise. O número dois do governo nacionalista, Wang Jing-wei, que redigira o testamento de Sun Yat-sen, havia desertado para o território ocupado pelos japoneses e estava prestes a articular um governo marionete como alternativa a Chongqing. Wang era um rival de longa data do Generalíssimo. Em 1935, na abertura de um congresso nacionalista, quando os figurões se juntaram para tirar uma foto de imprensa, Wang foi baleado por um atirador, ferindo-se gravemente. O atirador pretendia matar Chiang Kai-shek, cujo assento ficava no meio da fileira da frente. Mas o poderoso sexto sentido do Generalíssimo o alertara, e, no último minuto, ele decidiu não posar. O assassino, então, esvaziou a pistola disparando contra Wang, o número dois do alto oficialato. O atirador foi abatido em seguida.

Wang era pessimista em relação à guerra. Culpava Chiang pelas derrotas, afirmando que a perda de Shanghai e de outras cidades importantes, bem como de grandes faixas de terra, em um período de tempo muito pequeno, era resultado da "corrupta e sombria ditadura de um homem só" de Chiang. Wang via Chiang como alguém que alimentava suspeitas perenes dos rivais e os tratava injustamente. Essa visão era compartilhada por muitas pessoas. Joseph Stilwell, o adido militar americano, notou, de Chongqing, em 1938, que Chiang "mantinha todos os subordinados no escuro, pois não confiava neles [...]. A mesma velha desconfiança o impedia de tornar seu Exército eficiente".

Wang sentia que a China só podia ser preservada se buscasse a "paz" com os japoneses. No fim de 1938, fugiu de Chongqing para Shanghai, via Hanói, sobrevivendo a uma série de tentativas de assassinato por parte de agentes de Chiang. (Os ferimentos que sofreu, no fim, levaram-no a uma morte prematura, seis anos depois.) Um regime marionete chefiado por ele se estabeleceu em Nanjing, então controlada por japoneses, em março de 1940.

Wang fora o sucessor original de Sun Yat-sen, e Sun havia defendido o "Grande Asianismo", atual slogan dos japoneses invasores. Isso fortalecia a alegação de Wang de que ele era o autêntico herdeiro de Sun, impondo um desafio sem precedentes ao Generalíssimo. Para afirmar sua própria legitimidade, Chiang Kai-shek concedeu oficialmente o título de "Pai da China" a Sun Yat-sen (embora a lógica fosse bastante bizarra, considerando que, enquanto viveu, tudo que Sun fez em relação ao Japão foi encorajar, e não rejeitar, suas ambições agressivas em relação à China).

* * *

No dia em que Wang foi juramentado em Nanjing, Ching-ling decidiu ir a Chongqing demonstrar solidariedade ao Generalíssimo. A Irmã Mais Nova havia sugerido a viagem, e a Irmã Mais Velha manifestou grande entusiasmo; a Irmã Vermelha, por sua vez, queria satisfazê-las, bem como mostrar ao mundo que a viúva de Sun se opunha ao regime de Wang. As três irmãs viajaram para a capital temporária no dia seguinte.

Ao chegar, a Irmã Vermelha foi saudada como uma rainha, uma deusa e uma estrela de cinema, tudo ao mesmo tempo. A manchete do influente jornal *Ta Kung Pao* dizia: "Bem-vinda, Madame Sun". Outro jornal elogiava seu *qipao* preto e seus sapatos azul-acinzentados de salto baixo, que, segundo a publicação, demonstravam sua beleza e sua elegância superiores. Dizia-se que "dezenas de milhares de mulheres estavam sedentas para contemplar maravilhadas a compostura magnífica da Madame Sun". Nas seis semanas seguintes, as irmãs lideraram um turbilhão de visitas a sítios bombardeados, projetos de auxílio e lares para crianças órfãs. Pareciam felizes juntas, relembrando os velhos tempos. Emily Hahn, que as acompanhou, notou: "Eu ficava sentimental quando elas sorriam e zombavam uma da outra, pensando na vida delas de muitos anos atrás, na escola na cidadezinha da Geórgia". Ching-ling refletia Ei-ling ao expressar seu maravilhamento diante de tudo o que a Irmã Mais Nova tinha feito e de como tinha se mantido firme nos últimos três anos, sem estar "já morta e enterrada". May-ling e Ching-ling, por sua vez, elogiavam os trabalhos de caridade da Irmã Mais Velha. Repórteres, fotógrafos e uma equipe de filmagem as acompanhavam, registrando aqueles momentos históricos.[7]

Mas Ching-ling mantinha uma distância meticulosa do Generalíssimo, tomando cuidado para não esboçar o menor sorriso quando ele estava por perto. Numa fotografia bastante característica, ela pode ser vista com os lábios tensos e o aspecto contido ao lado de um Chiang radiante. Numa festa, Chiang se manteve de pé ao lado dela como um mastro de bandeira por mais de dez minutos, claramente desejando que ela se virasse e falasse com ele, de modo que os convidados pudessem ver como os dois se tratavam de maneira amigável. Mas Ching-ling permaneceu resolutamente de costas. Para sua amiga íntima alemã Anna Wang, que estava em Chongqing na época, ela contou que sentia que estava sendo usada por Chiang e que mal podia esperar para voltar para Hong Kong.[8]

Enquanto isso, a frente nacionalista-comunista desmoronava lentamente. Chiang dera carta branca para que o Exército Vermelho articulasse guerrilhas por trás das linhas japonesas. Mas forças nacionalistas também operavam nessas áreas. A ideia de que os dois grupos pudessem se unir contra um inimigo comum se provou ilusória. Ocupavam-se em batalhas entre si cada vez maiores, das quais os vermelhos quase sempre se sagravam vencedores. Alguns meses depois de Ching-ling retornar a Hong Kong, em janeiro de 1941, houve um grande embate às margens do rio Yangtzé, e a fachada da frente unida colapsou de vez.

Ching-ling quis usar a oportunidade para lançar um ataque virulento contra o Generalíssimo, em parte para ventilar sua frustração por ter sido usada por Chiang durante a viagem a Chongqing. Mas tudo que conseguiu foi enviar um telegrama público para o Generalíssimo, incitando-o a "parar de reprimir os comunistas".[9] Moscou não lhe permitiria fazer mais do que aquilo — e de modo algum permitiria que condenasse Chiang de forma categórica. A frustração da Irmã Vermelha se aprofundou em novembro, no décimo aniversário da morte de Yan-da. O assassinato do homem com quem vivera um amor intenso e sem futuro continuou sendo a chave para seu ódio inabalável ao Generalíssimo. Mas ela só podia acenar obliquamente à sua *bête noire* no artigo que escreveu celebrando Yan-da. Talvez graças a essa restrição, seu artigo não trazia nem rancor nem jargões ao estilo comunista, diferentemente de seus outros pronunciamentos públicos. Em vez disso, tinha raras expressões pessoais. Yan-da, na pena de Ching-ling, foi "a última flor delicada a agraciar nossa revolução".[10]

No dia 7 de dezembro de 1941, os japoneses atacaram Pearl Harbor e, em seguida, bombardearam Hong Kong. Enquanto os aviões pairavam, ameaçadores, no céu, Ching-ling subiu às pressas uma escada de bambu, saltando por cima de um velho muro para o jardim da casa ao lado, onde havia um abrigo para ataques aéreos. A blitz, relatou a T. V. mais tarde, "me deixou extremamente nervosa. Fiquei bem doente na primeira semana". Sem esquecer sua autoironia, acrescentou: "Meu cabelo cai aos tufos — temo que logo estarei careca".[11]

T. V. era simpático a Ching-ling e à sua causa e emprestara seu nome à Liga de Defesa como presidente. Chiang ficara furioso e o contatara seguidas vezes por telegrama, demandando que ele renunciasse. T. V. tentou contornar a situação com várias desculpas, até que lhe chegou um ultimato. Ele renunciou, mas sua afeição por Ching-ling não se abalou. Nem a de Ching-ling por ele.

No dia em que Hong Kong foi bombardeada, T. V. estava nos Estados Unidos como representante pessoal de Chiang para um encontro com o presidente Roosevelt. Enviou um telegrama a May-ling: "Urgente. Para Madame Chiang: Hong Kong em perigo. Seria possível enviar um avião à noite para tentar salvar a Segunda Irmã de qualquer perigo? Por favor, responda".[12]

Chongqing despachou um avião, mas Ching-ling, com teimosia, se recusou a partir. Preferia ficar na Hong Kong ocupada pelos japoneses a viver na mesma cidade do cunhado que desprezava. Ei-ling, que também estava em Hong Kong, tentou convencê-la, mas não conseguiu e, sem forças mentais, disse que nesse caso ela também não partiria de Hong Kong. Diante disso, no último minuto, Ching-ling aceitou. Não fizera preparação alguma para a fuga. Sua criada recolheu algumas roupas velhas nas trevas do apagão elétrico, e as irmãs correram para o aeroporto. Na madrugada do dia 10, pouco antes de os japoneses assumirem o comando da cidade, as irmãs voaram para Chongqing.[13]

A recepção na capital temporária foi bem diferente daquela de um ano antes. Foi declaradamente hostil, o que surpreendeu Ching-ling. Escreveu indignada para T. V.: "O *Ta Kung Pao* nos recebeu com um editorial difamatório, nos acusando de trazer toneladas de bagagens, sete poodles que alimentamos com leite e um séquito de criados", quando na verdade "eu não pude trazer nem mesmo meus documentos e outros artigos inestimáveis, muito menos meus cachorros e roupas [...]. Para alguém que escreve todos os dias, eu não tinha uma caneta que fosse [...]. Queria responder ao editorial, mas me disseram para manter um silêncio digno".[14]

Na verdade, Ching-ling foi poupada das críticas. A Irmã Mais Velha é que recebeu todas as balas — junto com seu marido, H. H. Kung, que nem mesmo estava no avião. Em um gesto bastante incomum durante a guerra, estudantes foram às ruas em diversas cidades protestar contra o casal. As acusações eram duras: "Enquanto Hong Kong tombava, o governo enviou um avião para resgatar oficiais; contudo, só trouxe a Madame Kung, junto com sete cachorros de raça estrangeira e 42 malas". Os manifestantes gritavam: "Abaixo H. H. Kung, que usou o avião para transportar poodles! Executem H. H. Kung!".[15]

Por mais que soubesse que a acusação era falsa e que aquilo magoava Ei-ling, Ching-ling nada disse para ajudá-la. O prestígio digno dos santos de que gozava entre os estudantes ficaria em perigo se ela se interpusesse, então ficou calada.

Manteve o mesmo silêncio quando começou sua vida em Chongqing, hospedando-se com Ei-ling na mansão da família Kung, repleta de altos pilares vermelhos e grandes janelas com vista para um rio. Lá se dizia que ela era mantida prisioneira pela irmã maligna. Zhou En-lai, o representante comunista em Chongqing, reportou a Mao em Yenan que Ching-ling se achava "impossibilitada de receber visitas; além disso, usando a desculpa de que não há espaço, fazem-na compartilhar o quarto com alguém, que na verdade só está lá para vigiá-la".[16] Na verdade, Ching-ling ocupava um andar inteiro da mansão e podia se reunir com quem bem entendesse. Como disse ao irmão T. V.: "As irmãs são tão gentis comigo".[17] Por outro lado, publicamente, jamais desautorizou os rumores.

Ei-ling, por sua vez, jamais pediu que a irmã se pronunciasse. Na verdade, tornou tudo ainda mais fácil para a Irmã Vermelha, dizendo-lhe que "não se importava com essa história de desmentir boatos".[18]

Ching-ling logo encontrou seu próprio lugar para morar em Chongqing. Via as irmãs, mas evitava ocasiões em que Chiang pudesse estar presente.

A vida era dura, se comparada àquela que levava em Hong Kong. Seus funcionários faziam compras no mercado, sempre sujeito à escassez e a preços inflacionados que afetavam itens básicos, como cebola, açúcar e até mesmo sal. Não havia onde comprar meias ou sapatos, e um *qipao* comum que antes da guerra custava oito iuanes em Shanghai estava agora à venda por mil iuanes. Meses se passavam sem que ela pudesse apreciar sua bebida favorita: café. Sua lembrança mais querida de uma recepção oficial era ter comido melancia e salada de batatas. Amigos a presenteavam com coisas como latas de sardinha, maçãs ou meias. No verão, ela se sentava numa banheira cheia de água gelada.

Continuava a se cercar de seu pequeno círculo de amigos: esquerdistas jovens e leais, alguns chineses, outros estrangeiros, basicamente como em

Hong Kong. Como era um círculo muito pequeno, havia certa mística ao seu redor. Ching-ling se tornou uma "atração turística", e muitos que visitavam a cidade queriam encontrá-la. Em geral, ela declinava.[19]

A Liga que fundara em Hong Kong continuou a funcionar e, nessa época, seu principal interesse era conseguir ajuda dos Estados Unidos para as áreas controladas pelos comunistas. Para isso travou amizade com oficiais americanos e jornalistas e nunca perdia uma chance de denunciar o Generalíssimo. Dizia a eles que Chiang não era "nada além de um ditador", alegando inclusive que havia "contato próximo entre os oficiais fantoches e a administração [em Chongqing]". Os americanos percebiam seu "ressentimento profundo" e viam que ela era "bastante franca em suas críticas ao Generalíssimo". Muitos simpatizavam com ela. Contudo, para sua imensa frustração, Ching-ling precisava pedir que seus comentários fossem mantidos sob "estrita confidencialidade".[20]

O general Joseph Stilwell, na época chefe de pessoal no teatro de operações do Supremo Comandante (isto é, Chiang), não se dava bem com o Generalíssimo, mas tinha a Irmã Vermelha em alta conta. Stilwell servira em várias ocasiões na China desde 1920 e conhecia muito bem o país. Era um homem do povo. Um pequeno relato que escreveu sobre suas viagens na China oferece um vislumbre de sua personalidade. Numa tenda de comida no campo, viu o cozinheiro despejar macarrão numa "tigela que acabara de ser usada por outro cliente e que ele limpa esfregando um objeto escuro semelhante a um trapo de garagem. Em seguida, o cozinheiro enxuga um par de pauzinhos nas calças, coloca-os na tigela e a entrega a um criado que a serve num floreio a um cliente". Stilwell não sentiu repulsa, ao contrário de muitos ocidentais; em vez disso, ofereceu-se para limpar sua tigela e pauzinhos de seu próprio jeito. Pediu uma tigela de água fervente e ameaçou entorná-la na cabeça do cozinheiro, como galhofa. Todo mundo riu. Graças a essa piada, foi "aceito por todos os presentes como um bom camarada de grande senso de humor, que podia fazer o que bem quisesse, inclusive raspar os pauzinhos com um canivete antes de usá-los".[21]

Stilwell escreveu sobre Ching-ling em seu diário: "Madame Sun é a mais simpática das três mulheres — e provavelmente a mais profunda. É muito responsável e agradável, quieta e comedida, mas não deixa passar nada". Quando foi convocado por Roosevelt e se apresentou para se despedir de Ching-ling, a Irmã Vermelha, como ele anotou no diário, "chorou e ficou, de modo geral, arrasada [...]. Quer muito ir aos Estados Unidos contar a FDR [Franklin D. Roosevelt] a verdade [sobre Chiang] [...]. Quer que eu revele a FDR o verdadeiro caráter de CKS [Chiang Kai-shek]. 'Ele é um tigre de papel' [...]. 'Por que os Estados Unidos não o colocam em seu devido lugar?'".[22]

Outros americanos tinham uma opinião diferente sobre a Irmã Vermelha. O diplomata americano John Melby, depois de um encontro com ela, escreveu em seu diário: "O famoso charme estava lá, mas ela me parece basicamente uma mulher fria, dura e implacável, que sabe o que quer e como consegui-lo".[23]

Ching-ling, além disso, não podia competir com a Irmã Mais Nova, a primeira-dama da China durante a guerra, nos quesitos glamour e status. Em 1943, May-ling fez uma turnê triunfante pelos Estados Unidos, o que despertou um bocado de inveja na Irmã Vermelha. Numa carta a uma amiga, Ching-ling se permitiu ser ácida, ainda que buscando ser contida e justa:

> May-ling tem um ar tão Quinta Avenida e se comporta de um jeito tão "400" [famosa lista da alta sociedade de Nova York no fim do século XIX] que achamos que ela passou por uma grande transformação física [...]. Seja lá o que digam, ela conseguiu uma grande publicidade para a causa chinesa, como ela própria afirmou num encontro com uma multidão de admiradores: "Mostrei aos americanos que a China não é feita inteiramente de *coolies* e donos de lavanderias!". Suponho que a China deva lhe ser grata por isso [...]. A tripulação em seu avião mencionou a quantidade de baús que ela trouxe, e a quantidade de comida enlatada etc. Mas eu mesma não vi uma única lata de feijões [...] ou um par de sapatos. Me disseram que ela não tem espaço, então meus sapatos serão trazidos "no próximo avião". Viva! [...] Depois da guerra, creio eu.[24]

O presente que May-ling lhe trouxe foi um pequeno espelho de plástico, algo que não se podia obter em Chongqing. Mas o que Ching-ling desejava mesmo eram meias de nylon. Certa noite, depois de matar um mosquito que lhe picava o joelho, disse a um convidado, sorrindo: "Não tenho meias, veja só. Estou infringindo as regras do Movimento Vida Nova, mas não posso mandar buscar meias nos Estados Unidos, como faz minha irmãzinha, a Imperatriz".[25]

Em 1944, as irmãs foram ao Brasil, e Ching-ling acompanhou as duas até o aeroporto. Ficou muito impressionada com o avião fretado: "Eu nunca tinha visto um avião tão grande. Era como um Pullman [um trem luxuoso]". A amigos americanos disse, desaprovando, que suas irmãs haviam "abandonado" a guerra da China, coisa que ela própria não faria.[26]

Ching-ling mantinha em total confidencialidade o sarcasmo que dirigia às irmãs e tomava o cuidado de sempre exibir uma aparência simpática em público. Anna Wang, sua amiga íntima, comentou: "Ela não tinha ilusões quanto ao papel da 'dinastia Soong' — detestava o caráter ditatorial de Chiang Kai-shek, estava bem informada sobre as especulações da Madame Kung e os apetites luxuriosos da Madame Chiang. Com bons amigos, fazia comentários amargos sobre essas questões. Mas uma habilidade política e um autocontrole impressionantes, aprendidos ao longo dos anos, a protegiam de proclamar suas opiniões cedo demais".[27] De fato, frustrada, mas também determinada, Ching-ling esperou o fim da guerra com o Japão para que tivesse início a guerra dos comunistas contra o Generalíssimo e que o regime de Chiang fosse completamente destruído, ainda que isso implicasse uma verdadeira catástrofe para sua família e suas irmãs.

17. O triunfo e a miséria da Irmã Mais Nova

Em outubro de 1942, Wendell Willkie, candidato à presidência pelo Partido Republicano, foi à Chongqing como representante pessoal de Roosevelt. Era, até então, a mais importante figura pública a visitar a capital temporária e foi levado ao front. Gostou do que viu e ficou particularmente impressionado com May-ling. Inundando-a de elogios, convidou-a para uma turnê pelos Estados Unidos. Ela tinha "cérebro, persuasão e força moral [...], agudeza e charme, um coração generoso e compreensivo, bela aparência e conduta, e uma convicção ardente [...]. A Madame seria uma embaixadora perfeita". Na véspera de sua partida, Willkie pediu que May-ling viajasse com ele para Washington "amanhã". (Não há evidência de que os dois tenham tido um affair, como alguns sugeriram.)[1]

Tamanho ardor, vindo de alguém próximo à Casa Branca, convenceu May-ling a visitar os Estados Unidos. A ideia havia sido debatida desde os primeiros estágios da guerra. Ela hesitara, não por temer uma possível indiferença, pelo contrário: temia a atenção exagerada dos americanos. Disse a Emma Mills: "Eu posso antever o que aconteceria. Todos os amigos que tenho, todos os milhares de pessoas que escreveram cartas e doaram dinheiro, e as centenas de milhares de curiosos, sem mencionar os milhares de jornalistas e pessoas importantes que gostariam de falar comigo ou que desejariam que eu falasse com eles, todas essas pessoas me sobrecarregariam já nas primeiras horas da minha chegada". Madame Chiang tinha receio de não conseguir lidar (vinha trabalhando duro e sentia que "já não tinha reservas"); assim, desapontaria o povo americano, bem como seu país. Como contou a Emma, tinha "medo da simpatia e da boa vontade do povo americano". Se Emma achava que não era assim que os americanos reagiriam, May-ling disse: "Emma, você não conhece seu próprio povo".[2]

May-ling previra uma recepção extremamente calorosa — mas a intensidade de tudo excedeu até mesmo as suas expectativas. Escrevera aquelas palavras a Emma em 1939 — antes de Pearl Harbor. Desde então, a simpatia americana pela China disparara. Esse país pobre e misterioso vinha lutando contra o Japão, um inimigo temível e maligno, pelos últimos quatro anos e meio, sozinho. May-ling era a representante daquela heroica nação. Era uma mulher bonita — e era *americana* em tudo, exceto no rosto (rosto, por sinal, com uma pele "de alvo cetim"). A recepção foi estupenda. Quando chegou a Washington para iniciar a visita oficial, em fevereiro de 1943, foi recebida na estação pela própria sra. Roosevelt. A primeira-dama a tomou pelo braço e a levou para conhecer o presidente, que esperava no carro da Casa Branca, do lado de fora da estação. May-ling falou para 17 mil pessoas no Madison Square Garden, em Nova York, para 30 mil no Hollywood Bowl, em Los Angeles, e foi recebida por multidões emocionadas em todas as cidades que visitou. Quando fez seu pronunciamento no Congresso — uma grande honraria —, no dia 18 de fevereiro, já sua mera aparição foi assombrosa, vestida no tradicional e fascinante *qipao*, com ar pequeno e delicado sob o teto magnificente, entre todos aqueles homenzarrões. O discurso, proferido num inglês americano impecável, levou muitos poderosos às lágrimas. A ovação durou quatro minutos.

Para May-ling, nada daquilo se deu sem grande esforço. Perfeccionista, exauriu-se escrevendo e reescrevendo os discursos.[3] Em alguns eventos, sentia-se tão esgotada que quase desmaiava. Quando seu marido assistiu a uma pequena filmagem da esposa em Chinatown, em Nova York, ficou preocupado, pois ela parecia doente, esforçando-se para cumprir os compromissos.[4] May-ling já estava com a saúde abalada antes da viagem, com hipertensão e problemas estomacais, sob suspeita de câncer (não era). Para curar suas enfermidades antes da visita oficial — e sendo um tanto indulgente consigo mesma —, viajou para os Estados Unidos três meses antes e deu entrada no Hospital Presbiteriano de Nova York. Pôde, assim, apresentar-se nas melhores condições ao público americano, conquistando sua boa vontade e conseguindo dobrar a ajuda do governo do país. A viagem foi um triunfo.

Houve, contudo, algumas críticas, inclusive por parte da equipe da Casa Branca. May-ling levou seus próprios lençóis de seda e os trocava todos os dias — duas vezes, caso tirasse um cochilo. Na verdade, isso se devia às urticárias que a atormentavam e incomodavam menos quando ela usava lençóis perfeitamente limpos.[5] Os americanos que travaram contato com sua comitiva também ficaram incomodados com os maus modos do sobrinho David e da sobrinha Jeanette, que ela trouxera como assistentes. Emma, por exemplo, descreveu David como "grosseiro" e Jeanette como "esquisita". Os funcionários da Casa Branca os descreveram como imperiosos, e o destacamento do Serviço Secreto responsável por May-ling ficou bastante aborrecido com as demandas mal-educadas dos dois.[6] Contudo, devotavam-se inteiramente à tia e cuidavam dela como ninguém. May-ling dependia deles.

Ao descer do trem em Washington para a visita oficial, May-ling tinha David a seu lado. Ele apareceu em muitas fotos de imprensa, apesar de não ser um oficial do governo. Nem era o sobrinho elegante que uma tia talvez desejasse exibir, corpulento e distintamente desinteressante como só ele. Mesmo assim, foi apresentado como "secretário" e assinou muitos telegramas, agradecendo a gente como o governador-geral do Canadá, que a recepcionara. Que o sobrinho assinasse tais comunicados no lugar da tia era contra o protocolo e muito pouco cortês, o que irritou bastante os diplomatas chineses.[7] Mas May-ling ignorou toda objeção. Ela adorava os sobrinhos e também queria agradar Ei-ling, com quem se sentia em grande dívida. A Irmã Mais Velha vinha pagando a maior parte das contas da viagem, enquanto era acusada de corrupção. Como David também era alvo das críticas, conceder a ele tamanha visibilidade era um modo de demonstrar seu apoio a Ei-ling e à família.

A viagem americana foi não apenas um grande sucesso para a China: May-ling gozou de dias fabulosos no país onde mais se sentia em casa. Ficou lá por oito meses e só retornou a Chongqing em julho de 1943 — a despeito dos sucessivos apelos do marido para que voltasse.

O Generalíssimo escrevia com saudade, descrevendo como entristecera ao vê-la embarcar no avião e quão solitário passara tanto o Ano-Novo ocidental quanto o chinês.[8] No dia em que May-ling retornou, Chiang chegou em casa e a encontrou deitada na cama (com um torcicolo), na companhia das duas irmãs e de seus dois filhos. Disse que sentiu uma grande alegria diante dessa rara cena familiar. Depois que os outros partiram, May-ling lhe relatou o que ela conseguira durante a viagem. A alegria do Generalíssimo foi total.[9]

O reencontro, contudo, não tardou a ser tocado por notas sombrias. Fofocas haviam alcançado a primeira-dama, informando-a de que, durante sua estadia nos Estados Unidos, o Generalíssimo andara se encontrando com outras mulheres, em especial sua ex-mulher, Jennie, que se estabelecera em Chongqing. As pessoas asseguravam que tinham visto Jennie muitas vezes na piscina da Universidade do Exército, com Chiang na beirada, observando-a. May-ling se mudou furiosa para a casa da Irmã Mais Velha. Passaram-se vários meses até que ela cedesse e aceitasse a insistência de Chiang de que a história era falsa. O que era verdade era a luta confessada de Chiang contra seus desejos sexuais, enquanto esteve separado da esposa.[10]

O humor sombrio de May-ling persistiu, e ela sucumbiu a uma série de enfermidades, da disenteria à irite, que causava dor e sensibilidade à luz. As urticárias também pioraram sob a névoa úmida de Chongqing. Manchas vermelhas inchavam seu rosto e seu corpo. Durante as noites de insônia, ela tentava suprimir o desejo de se coçar, desfrutando de apenas poucos momentos de sono e alívio.

Estava em péssimas condições quando precisou acompanhar o marido ao Cairo para uma conferência com o presidente Roosevelt e o primeiro-ministro Winston Churchill, marcada para acontecer entre os dias 22 e 26 de novembro de 1943. A Conferência do Cairo não apenas trataria de decisões sobre a Guerra e sobre a Ásia pós-Guerra, mas também colocaria Chiang visivelmente no mesmo nível dos líderes dos Estados Unidos e da Inglaterra. Coube a May-ling conduzir as negociações em nome do marido, bem como interpretar e socializar no lugar dele, já que o Generalíssimo não falava inglês. No avião para o Cairo, seu rosto estava mais inchado do que nunca, e as coceiras mal lhe deixavam dormir. May-ling parecia prestes a colapsar, e Chiang se inquietava, ansioso. Miraculosamente, força de vontade e sorte se combinaram para reduzir os inchaços antes de o avião pousar. Ainda assim, o médico precisou dilatar as suas pupilas.[11] Como escreveu para a amiga Emma, May-ling "passou maus bocados" no Cairo.[12]

Única mulher em uma grande reunião de homens poderosos, May-ling atraiu muita atenção. O general Sir Alan Brooke, em seus famosos diários "indiscretos, maliciosos e verdadeiros", a descreveu assim: "Não era bonita, o rosto era desinteressante, de traços mongóis, maçãs acentuadas e um nariz reto, com narinas circulares que pareciam dois buracos negros que levavam para dentro da cabeça dela". O general, contudo, reconheceu nela um "grande charme e graça, cada pequeno movimento seu prendia e agradava ao olhar".[13] Nas fotografias oficiais, ela é vista conversando graciosamente com Roosevelt e Churchill, vestindo um elegante *qipao* escuro, jaqueta branca e sapatos decorados com laços. Parecia muito à vontade, não acusando nenhum traço de padecimento físico. A coceira constante só a obrigava a mudar a posição dos pés um pouco mais frequentemente do que o normal, durante as longas reuniões. Esse movimento, revelando suas pernas formosas, foi interpretado por alguns como sendo um gesto deliberado, cujo intuito seria distrair os homens da fraca performance de seu marido. Brooke anotou: "Isso causou certo bafafá entre os presentes na conferência, e até pensei ouvir um relincho reprimido vindo de um grupo dos membros mais jovens".[14]

O futuro primeiro-ministro britânico Anthony Eden, presente no Cairo como tenente de Churchill, levou de May-ling uma impressão aprazível: "A Madame me surpreendeu. Era amigável, com certo ar, talvez, de rainha [...], mas intérprete industriosa e honesta, nem jovial nem sensível demais, como fui levado a esperar". Eden achou o Generalíssimo impressionante. "Seria difícil enquadrá-lo em qualquer categoria, e ele não parece um guerreiro. Mantém um sorriso constante, mas seus olhos não sorriem tão prontamente e encaram o interlocutor com um olhar penetrante e inabalável [...]. Sua força é a de uma lâmina de aço [...]. Gosto dos dois, de Chiang em particular, e gostaria de conhecê-los melhor."[15]

Juntos, os Chiang alcançaram muitos objetivos. A Declaração do Cairo é considerada "um triunfo para Chiang Kai-shek". De fato, a declaração rezava que "todos os territórios que o Japão roubou da China, inclusive a Manchúria, Formosa [Taiwan] e as Ilhas Pescadores, devem ser reintegrados à República da China". Tudo isso constava na lista de desejos de Chiang, que ele entregara a May-ling para que ela levasse ao presidente Roosevelt, na visita aos Estados Unidos.

No último dia da Conferência, Chiang escreveu em seu diário:

> Esta manhã minha esposa foi discutir assuntos econômicos com Roosevelt e retornou às onze para conversar com Hopkins [Harry, confidente de Roosevelt].

Até que ele se retirasse, já ao anoitecer, por dez horas ela quase não teve um minuto de relaxamento e esteve completamente focada em tudo que estava sendo discutido. Cada palavra sua foi dita com total concentração. Às dez da noite, pude ver que ela se encontrava absolutamente exausta. Com o problema nos olhos e a coceira sempre presentes, que ela consiga trabalhar desse modo é realmente impressionante. De verdade, não é qualquer pessoa que pode ser como ela.[16]

Um dia, Chiang viu a esposa rindo e conversando animadamente com Winston Churchill. Mais tarde, perguntou-lhe sobre o que os dois tinham conversado. May-ling contou o que Churchill havia lhe dito: "Você deve me achar o pior velho possível, estou certo?". (Isso, se foi dito, era uma provável referência à resposta de Churchill à demanda de Chiang para que os ingleses devolvessem Hong Kong: "Só por cima do meu cadáver!".)[17] May-ling, de acordo com o diário do marido, disse ao grande primeiro-ministro inglês: "Você deve perguntar a si mesmo se você é ou não um homem mau".[18] Conta--se que Churchill respondeu: "Não sou maligno". Seja ou não verdadeira essa versão do diálogo, o fato é que May-ling em boa medida salvou a dignidade de Chiang, e o Generalíssimo estava orgulhoso dela.

Regressando do Cairo muito animado, Chiang levou a esposa para um piquenique nas montanhas invernais ao redor de Chongqing. "Que alegria", anotou, na véspera de Ano-Novo, em 1943.[19]

Já May-ling não estava muito contente. As urticárias haviam piorado. No Cairo, consultara-se com o médico de Churchill, dr. Moran, e ele lhe dissera que não havia nada de errado com ela: "Você só vai melhorar quando as tensões da sua vida relaxarem".[20] Mas a vida só se tornava mais estressante. Um problema imediato era a relação de seu marido com o americano mais importante em Chongqing, o general Stilwell, que o considerava responsável pelos desastres no campo de batalha. Stilwell reportou-se a Washington, insistindo que "o soldado chinês é excelente material, desperdiçado e traído por uma liderança estúpida".[21] Apelidado de "Joe Vinagre" pelo temperamento explosivo,* Stil-

* Sobre seu temperamento, Stilwell contou uma história que atestava contra si próprio. Um mercador chinês se curvou, cumprimentando-o: "Bom dia, missionário". "Por que você se dirige

well teve muitas discussões com Chiang e se recusou abertamente a obedecer ao comando do Generalíssimo.

May-ling e Ei-ling tentaram consertar o relacionamento, mas não conseguiram. A antipatia enraizada de Stilwell contra o regime de Chiang não podia ser eliminada pelo charme. Joe Vinagre, de todo modo, também não tinha muita simpatia pelas duas, preferindo a Irmã Vermelha.

O auge da crise aconteceu em abril de 1944, quando os japoneses lançaram uma grande ofensiva, sob o nome em código de ICHIGO, interligando o Norte ocupado da China com o Sul. As tropas de Chiang Kai-shek, incluindo alguns de seus melhores oficiais, desmoronaram como um castelo de cartas. Os americanos mais uma vez ficaram consternados com a aparente ausência por parte de Chiang de qualquer "plano ou capacidade de barrar o movimento japonês". A desaprovação em relação a Chiang alcançou novos patamares. Roosevelt, sentindo que o caso da China era "desesperador" e que "remédios radicais adequadamente aplicados" tinham de ser "introduzidos imediatamente", escreveu a Chiang em 6 de julho, orientando-o abertamente a ceder o comando militar para Stilwell. Roosevelt exigiu que Stilwell fosse posto "como comandante de todas as forças chinesas e americanas e que você o endosse com toda a responsabilidade e a autoridade sobre a coordenação e direção das operações necessárias para estancar a onda de avanços do inimigo".[22] O Generalíssimo se recusou a conceder tal exigência, mesmo que, como afirmou, essa posição implicasse o rompimento com os Estados Unidos.

Não havia nada que May-ling pudesse fazer. Via-se sitiada por pesadelos, todos apontando para um futuro sombrio, e desejava apenas fugir.[23] Decidiu se ausentar da China por razões de saúde, o que foi visto por pessoas de dentro como "uma tentativa de fuga".[24] Ciente do que as pessoas diriam, Chiang não permitiu que ela partisse. May-ling ficou desesperada. Quando o vice-presidente americano Henry Wallace veio à China, ela abordou um membro de sua comitiva e implorou para que ele pedisse a Wallace para mencionar a questão de sua saúde com Chiang. Chegou a ponto de baixar as meias para exibir as áreas avermelhadas tomadas por urticárias.[25]

---

a mim como 'missionário?'", o general perguntou, com uma carranca terrível. "Porque é o que você parece", o homem respondeu, antes de elaborar um pouco mais: "Por causa de sua expressão calma e benigna, senhor".

Por fim, Chiang permitiu que May-ling partisse, e ela voou para o Rio de Janeiro, no começo de julho, acompanhada por Ei-ling, a sobrinha Jeanette e o sobrinho David. Pouco antes de ir embora, disse ao marido às lágrimas que temia que os dois nunca mais se vissem. Jurou que o amava, que jamais o esqueceria e lhe disse para nunca se esquecer disso e nunca duvidar do seu amor.[26] Ele, por sua vez, escreveu em seu diário que se sentiu tão triste que não conseguiu pensar em nada para dizer.

Chiang organizou uma festa de despedida para May-ling, ocasião em que fez um discurso bastante bizarro. Na frente de mais de setenta dignitários e jornalistas chineses e estrangeiros, jurou que nunca havia sido infiel a May-ling. Explicar-se publicamente era embaraçoso, mas o casal o julgou necessário. Os rumores sobre as supostas infidelidades de Chiang haviam se tornado mais escabrosos, servindo de assunto para toda a Cidade das Névoas durante ceias e chás. A partida de May-ling para mais uma viagem, sem data de regresso, parecia confirmar que o casamento dos dois estava acabado. Era preciso negá-lo. May-ling também discursou durante a festa, declarando sua total confiança no marido.[27]

Quando a viagem foi anunciada, o destino de May-ling levantou suspeitas — e interesse. Enquanto alguns sugeriam, gentilmente, que a primeira-dama partia para o Rio de Janeiro com o intuito de buscar tratamento para seus problemas de pele com um famoso especialista, muitos, incluindo o futuro presidente americano Harry S. Truman, acreditavam que a família Soong havia roubado dinheiro do auxílio financeiro americano e investido em propriedades no Brasil. Não há prova alguma que justifique qualquer uma das alegações. É bem possível que as irmãs tenham escolhido o Rio de Janeiro porque a cidade era o lugar mais agradável e glamoroso para se estar na época. Ir para os Estados Unidos teria sido pouco sábio: a imagem da Irmã Mais Nova por lá havia recebido um golpe. Em vez de cobri-la de superlativos como havia feito apenas um ano antes, a imprensa americana agora destacava, de maneira bastante crítica, seu "regalo e seu casaco de zibelina caríssimo, adornado com diamantes e jade, valendo o preço do resgate de um rei".[28]

May-ling ficou no Rio de Janeiro por dois meses, quando então seguiu para Nova York, hospedando-se na mansão dos Kung e mantendo uma presença sempre discreta. A Emma contou que se sentia "padecendo os tormentos dos condenados". Contudo, à medida que o tempo passava, voltou a apreciar a vida e a se divertir bastante. Gastava muito tempo com Emma, falando de "coisas de mulher". Depois de um jantar, foram à Broadway ver um filme, acompanhadas por dois homens do Serviço Secreto, ingressando na sala por uma saída de emergência. Visitaram o zoológico do Bronx como anônimas, onde viram os pandas que May-ling havia doado para Nova York como agradecimento pelo apoio à China na guerra.[29] Empanturrou-se de uma iguaria preparada com sorvete e soda limonada, da qual ela confessou ter sentido imensa falta. Outra fonte de prazer foi adquirir uma limusine Packard (muito provavelmente paga pela Irmã Mais Velha), com a qual passeava por Nova York. Homens do Serviço Secreto lhe ensinaram a dirigir e a acompanhavam nos passeios.

A primeira-dama da China ficou longe do país e da guerra por mais de um ano. Chiang permaneceu leal a ela. Escrevia-lhe com frequência, perguntando por sua saúde e reafirmando, quase pateticamente, a falta que sentia — no aniversário dela, no aniversário de casamento dos dois, no Natal e em todas as datas concebíveis, inclusive na data de aniversário de sua partida para o Rio de Janeiro. Implorava para que voltasse logo. Ela respondia com a mesma lista de enfermidades.[30]

Chiang dependia de May-ling, e não porque precisasse dela para manter uma boa relação com os Estados Unidos. Durante a longa ausência da esposa, a relação, na verdade, deu uma guinada positiva. O presidente Roosevelt convocou Stilwell de volta em outubro de 1944. Seu sucessor, o general Albert C. Wedemeyer, e o novo embaixador Patrick J. Hurley se davam bem com o Generalíssimo e o apoiavam.

Em abril de 1945, o presidente Roosevelt morreu de uma terrível hemorragia cerebral. May-ling se dirigiu à casa dele, em Hyde Park, em Nova York, para visitar Eleanor. O presidente seguinte, Harry S. Truman, continuou a apoiar o Generalíssimo, inclusive presenteando-o com seu avião particular, um C-47 prateado, elegante e bem-equipado. Chiang batizou o avião de *May-ling* — o que, no entanto, não foi suficiente para recuperar a esposa.

Nessa época, May-ling estava particularmente irritada com o Generalíssimo, por causa do modo como ele vinha tratando o marido da Irmã Mais Velha. H. H. Kung viajara aos Estados Unidos para negócios na condição de vice-presidente e ministro das Finanças em meados de 1944 e lá permaneceu, alegando que precisava de tratamento médico. Na primavera de 1945, um escândalo de corrupção veio à tona envolvendo títulos no valor de mais de 10 milhões de dólares. H. H. foi acusado de embolsar mais de 3 milhões de dólares. As bases nacionalistas ferviam de cólera, e Chiang foi obrigado a ordenar uma investigação. Enviou a H. H. uma série de telegramas, cada um mais insistente do que o anterior, dizendo-lhe que regressasse à China para responder a alguns questionamentos. H. H. foi compelido a voltar em julho. Demitido, precisou devolver parte do dinheiro do qual havia se apropriado.[31]

Chiang nomeou seu outro cunhado, T. V. Soong, para o cargo de primeiro-ministro, o que azedou a relação entre T. V. e os Kung. A partir de então, H. H. jamais perderia uma oportunidade de atacar T. V., e May-ling só em parte fez as pazes com o irmão, e isso muito mais tarde.

Ei-ling ficou furiosa com Chiang, pois considerava que o marido havia recebido um péssimo tratamento e, por extensão, ela também. A portas fechadas, falava emotivamente da Irmã Mais Nova. Emma percebeu o clima na casa. Como a maioria dos americanos que tinham alguma associação com a China, sentia aversão aos Kung e anotou em seu diário que sua amiga vivia "sob demasiada influência da sra. Kung. Eu preferia que estivesse com praticamente qualquer outra pessoa".[32] May-ling ficou do lado da irmã e parou de responder aos telegramas de Chiang. Para Emma, mal o mencionava.

Nos dias 6 e 9 de agosto de 1945, os Estados Unidos despejaram bombas atômicas em Hiroshima e Nagasaki. No dia 8, a União Soviética declarou guerra ao Japão. No dia 10, o Japão anunciou a intenção de se render, suscitando celebrações no mundo inteiro. May-ling estava em Nova York e não correu de volta para a China para saborear a vitória com o marido. Dirigiu, antes, para a Times Square, onde ficou presa no meio de uma multidão enorme e turbulenta, rugindo de alegria e sacudindo bandeiras americanas.[33] Ela se identificava com aquele lugar e não tinha a menor vontade de voltar para a China. Dada a oportunidade, preferia muito mais ficar em Nova York com a Irmã Mais Velha.

18. A queda do regime de Chiang

Em 10 de agosto de 1945, Chiang Kai-shek ficou sabendo dos planos de rendição do Japão de uma forma inusitada. Tóquio fez o anúncio por meio de uma transmissão em inglês. Como May-ling estava em Nova York, ele não tinha nenhum falante de inglês que pudesse ouvir o rádio e monitorar as notícias. (Tal era o isolamento do homem.) De acordo com seu diário, por volta das oito horas da manhã, o Generalíssimo escutou grandes vivas, seguidos de fogos de artifício na base do Exército americano, localizada nas proximidades de sua residência. Enviou um mensageiro (um parente) para perguntar "qual era a razão da algazarra",[1] e foi assim que aquela notícia histórica chegou aos ouvidos do Comandante Supremo.

A reação de Chiang não foi de euforia, mas de tensão extrema. O momento de seu embate com Mao havia chegado. Stálin tinha acabado de enviar 1,5 milhão de soldados para o Norte da China, ao longo de uma frente enorme que se estendia por mais de 4600 quilômetros. O território ocupado (maior do que todo o território sob domínio russo na Europa central e oriental) poderia ser entregue aos homens de Mao, caso Chiang não agisse imediatamente. O Exército de Mao era pequeno antes da guerra, mas agora ultrapassava 1 milhão de soldados, quase um terço das forças de Chiang. O Generalíssimo quis enviar tropas imediatamente. Naquela noite, recebeu o embaixador mexicano e se irritou profundamente, pois o embaixador não parava de falar, quando o que ele queria fazer era ficar sozinho e enviar mensagens a seus comandantes.[2]

Os americanos desejavam o fim das hostilidades na China e compeliram Chiang a convidar Mao a Chongqing com o intuito de negociar a paz. Mao não tinha o menor interesse em pôr os pés no território de Chiang, conhecendo bem o histórico de assassinatos do Generalíssimo. Mas Stálin queria que Mao jogasse o jogo das negociações, pois não tinha certeza de que Mao poderia vencer Chiang militarmente. Depois de Stálin enviar três telegramas, ordenando-lhe que fosse, Mao deixou Yenan, sua base, relutantemente, em 28 de agosto. Voou para Chongqing num avião americano acompanhado pelo embaixador Hurley — os americanos garantiram sua segurança. Chiang ficou feliz por Mao ter "obedecido à convocação", como anotou em seu diário, em 31 de agosto.[3] Escreveu que aquilo se devia à sua "autoridade moral e sua poderosa aura", além da "vontade de Deus". Sentia-se confiante, acreditando que podia lidar com Mao.

Chiang enviara um avião a Nova York para trazer sua esposa de volta. May-ling não queria ir, como disse a Emma: "Não me sinto pronta para ir, Emma. Mas meu marido precisa de mim na crise que se aproxima com os comunistas. Eu espero e rezo para que meu país consiga evitar o conflito armado, conquistando unidade nacional. Vou sentir sua falta. E pode ser que eu não veja mais você. Talvez os comunistas me 'peguem'".[4] A primeira-dama parecia estar antecipando a derrota. De todo modo, desembarcou em Chongqing em 5 de setembro. Chiang foi encontrá-la no aeroporto. Em seu diário, não consta nenhuma expressão de afeto sobre esse reencontro, após catorze meses, diferentemente de outras viagens da esposa aos Estados Unidos.

Chiang, claro, estava preocupado com a reunião com Mao. Em Chongqing, o líder comunista proclamou diversas vezes "Vida longa ao Generalíssimo Chiang!"; não obstante, estava determinado a desbancar Chiang através da guerra. Planejara uma ofensiva contra as forças de Chiang pouco antes de partir, iniciada enquanto ele ainda se encontrava em Chongqing, durante os meses de setembro e outubro. Essa batalha, em Shangdang, na província de Shanxi, marcou a abertura da guerra civil entre nacionalistas e comunistas. Chiang, preparando-se para defender seu reinado com unhas e dentes, destilava seu ódio por Mao nas páginas de seu diário. Durante todo o tempo em que o líder comunista esteve em Chongqing, Chiang jamais o convidou para conhecer May-ling. O Generalíssimo claramente decidira que não queria que Mao presenciasse o charme de sua esposa.[5]

Quando Mao já se encontrava em Chongqing havia quase um mês, Chiang se sentiu incapaz de continuar suportando a presença do convidado e levou May-ling para Xichang, uma região remota de Sichuan, no extremo oriental dos Himalaias. Era o local que ele escolhera como nova capital, caso Chongqing caísse nas mãos dos japoneses. Um aeroporto numa pequena extensão de terra plana, a 6 mil pés acima do nível do mar, havia sido preparado, e um bloco de casas fora construído.

A partida abrupta de Chiang deixou Mao em pânico; o comunista suspeitou que se tratava de um prelúdio para um atentado contra ele. Diante disso, enviou Zhou En-lai à embaixada russa para pedir que deixassem que ele se hospedasse lá — e ficou furioso quando o pedido foi negado. Algumas pessoas ao redor de Chiang tinham de fato pressionado o Generalíssimo no sentido de assassinar Mao; mas ele decidira não fazê-lo, temendo perder o apoio americano.

May-ling e o Generalíssimo passaram uma semana em Xichang, lugar de estranha beleza. Terremotos frequentes haviam despedaçado as montanhas rochosas ao redor, o que fazia com que os desfiladeiros se assemelhassem a gigantescas mandíbulas. Esses paredões de aspecto selvagem protegiam um lago, imóvel como um imenso espelho. Ali os Chiang se reclinavam num barco, sob um céu perfeitamente cristalino, muito diferente da úmida e paralisante Chongqing. Durante aqueles sete dias, Chiang se permitiu relaxar por completo — nem sequer se barbeou, o que era incomum para ele.[6] Depois de seu retorno a Chongqing, em 10 de outubro, assinou um acordo com Mao. Nenhum dos dois pretendia honrá-lo, e ambos dobraram as preparações para uma guerra total.

Mao começou a emitir ordens de batalha tão logo retornou a Yenan, em 11 de outubro. Seu Exército, além de ser muito menor do que o de Chiang, também não tinha a experiência de lutar batalhas duríssimas contra os japoneses, como os nacionalistas. Só haviam vencido conflitos contra unidades regionais nacionalistas fracas. Agora enfrentariam a nata das forças de Chiang, endurecidas pela guerra japonesa e treinadas pelos Estados Unidos. Não demorou para que Mao percebesse, para seu desespero, que a performance de seu Exército não satisfazia suas expectativas, e que Stálin, que o apoiava em segredo, ainda preferia manter todas as opções em aberto. Depois de uma série de derrotas, no fim de novembro de 1945, Mao sofreu um colapso nervoso e ficou de cama, sofrendo convulsões e suores frios.[7]

Enquanto Mao convalescia, Chiang fazia turnês pelo país como líder de guerra vitorioso. Ao entrar em cidades como Beijing, Shanghai e sua velha capital, Nanjing, "era como se Júlio César entrasse em Roma", segundo testemunhas. Era recebido por multidões de dezenas de milhares, celebrado como o homem que vencera a guerra contra o Japão. A atmosfera era inebriante, e o Generalíssimo se regozijou naquela glória, evidentemente concordando com a opinião das multidões de que ele havia derrotado os japoneses. De pé, acenando majestosamente, dava a impressão de ser "infalível como um Deus", segundo seu piloto pessoal. Os que conheciam a realidade dos fatos acreditavam que o Generalíssimo estava gravemente iludido. Mas ninguém lhe falou com franqueza.[8]

Nesse ar triunfante, Chiang se presenteou com uma nova aeronave presidencial: o impecável e moderníssimo C-54. Um desses aviões havia sido fretado para levar May-ling e Ei-ling ao Rio de Janeiro, em 1944, admirando a todos que o viram. Agora, Chiang encomendava o seu próprio C-54, ainda que seu avião particular, o C-47, presente do presidente Truman, mal tivesse completado um ano de serviço. O novo transporte, batizado de *China-America*, foi equipado sob a supervisão de pessoas que conheciam o gosto dos Chiang. O custo, 1,8 milhão de dólares, foi apresentado a um ministro das Finanças muito relutante. Os que consideravam aquela extravagância inapropriada, dada a crise que se enfrentava, não se pronunciaram.[9]

Como se inspirados pelo exemplo do líder, oficiais nacionalistas enviados para retomar as cidades e povoados antes ocupados pelos japoneses se cobriam de presentes, sem comedimento. Haviam sofrido anos de privações, e agora se apossavam de casas, carros e outras riquezas. Qualquer indivíduo que tivesse o infortúnio de possuir algo que eles desejassem podia ser sumariamente tachado de "colaborador" e ter seus pertences confiscados. Vendo a si mesmos como os grandes vitoriosos, esses oficiais muitas vezes tratavam a população local com desprezo explícito, acusando-os de "escravos sem país"[10] — simplesmente por terem vivido sob ocupação estrangeira. Populações em grandes áreas da China, que poucos dias antes haviam recebido os nacionalistas como "libertadores", agora os amaldiçoavam como "ladrões" e "gafanhotos". Em pouco tempo, o entusiasmo e a admiração por Chiang Kai-shek e seu regime evaporaram, substituídos por uma profunda aversão. "A calamidade da vitória" foi como o influente *Ta Kung Pao* descreveu a retomada. Em termos de popularidade, Chiang se viu no topo da glória pouco antes de a bancarrota começar.

Na guerra propriamente dita, Chiang se saía melhor. Por mais de um ano, seu Exército venceu em quase todas as frentes. O ponto mais crítico era a Manchúria, na fronteira com a União Soviética — se os comunistas a tomassem, poderiam receber treinamento militar e armas dos russos, um auxílio vital. Em junho de 1946, as tropas de Chiang estavam prestes a expulsar os vermelhos quando o Generalíssimo cometeu um grave erro. Sob pressão do general George Marshall, que fora à China com o objetivo de encerrar a guerra civil, Chiang suspendeu a luta e emitiu um cessar-fogo que durou quatro meses. O cessar-fogo permitiu que o Exército de Mao estabelecesse uma base sólida maior do que a Alemanha na fronteira com a Rússia e os satélites russos, como a Coreia e a Mongólia Exterior.* Assim, pôde se aproveitar plenamente do apoio inestimável de Stálin, incluindo o reparo de ferrovias, que garantiu o transporte rápido de armas pesadas e grandes números de tropas. A decisão desastrosa de Chiang transformou o resultado da guerra. Na primavera de 1947, a maré já havia mudado.

Chiang cometeu esse e outros erros fatais, em parte, por não contar com uma equipe para auxiliá-lo na tomada de decisões. Enquanto Mao contava com dois assistentes habilidosos, o estrategista Liu Shao-qi e o administrador de primeira linha e diplomata Zhou En-lai, Chiang permaneceu agindo na condição de autônomo. A essa altura, já não contava nem mesmo com os conselhos da Irmã Mais Velha, que se distanciara após a demissão de seu marido.

Chiang nunca consultava seu novo primeiro-ministro, T. V. Soong, sobre assuntos militares, encarregando-o apenas da economia. Mas, embora T. V. tivesse formação em economia pelas universidades Harvard e Columbia, e apesar de ser um diplomata fora de série, a economia caminhou muito mal

* Chiang reconhecera a "independência" da Mongólia Exterior em janeiro de 1946, na vã esperança de que Stálin entregaria a Manchúria e outros territórios ocupados pelos russos para ele, e não para Mao.

sob seu comando. Via-se diante de uma situação impossível, uma guerra civil acontecia, e suas falhas pessoais não ajudavam. No fundo, era um estrangeiro em sua própria terra: passara a maior parte da vida no exterior ou num casulo privilegiado, jamais entrando em contato com o chinês comum. Embora tivesse um forte senso de dever pelo país, pouco sabia da China real. Suas políticas econômicas podiam parecer aceitáveis no papel, mas na prática eram impossíveis de implementar.

Em vez de se esforçar para mitigar suas fraquezas, T. V. quase ostentava voluntariedade e arrogância. Na época da rendição japonesa, Wellington Koo, o embaixador chinês na Inglaterra, fez uma grande recepção em Londres a título de comemoração. Entre os convidados estavam o então primeiro-ministro inglês Clament Attlee e ministros das Relações Exteriores de outros grandes países, incluindo Estados Unidos e Rússia (Vyacheslav Molotov), que estavam em Londres para uma conferência. Todo o corpo diplomático encontrava-se lá. T. V., primeiro-ministro chinês, estava na própria embaixada, mas se recusou a comparecer. O embaixador Koo e o ministro das Relações Exteriores chinês tentaram persuadi-lo a descer, mas T. V. não cedeu, e até pediu licença para se retirar. O embaixador Koo, diplomata da velha guarda, inebriado com a notícia da rendição japonesa, ordenara imediatamente que a bandeira chinesa fosse erguida do lado de fora da embaixada. Em seu diário, escreveu: "Finalmente chegou o momento pelo qual tanto esperei e trabalhei e com o qual tenho sonhado". Por tudo isso, não conseguia entender por que T. V. se comportava daquele modo e, em suas memórias, permitiu-se ventilar sua exasperação, comentando: "Devem ter considerado um tanto esquisita a ausência do dr. Soong". Um diplomata menos comedido escreveu sarcasticamente que o primeiro-ministro "devia estar com fadiga por trabalhar tanto".[11]

O fato é que T. V. perdeu a fé em Chiang e seu regime depois de mais ou menos um ano de guerra civil. Em 29 de dezembro de 1946, muito seriamente e sem nenhuma ênfase emocional óbvia, falou com franqueza com o conselheiro americano John Beal: "Estamos num beco sem saída [...]. Aqui não é como nos Estados Unidos, onde se pode dizer 'Muito bem, deixemos os republicanos tomarem conta do país por um tempo'. A alternativa aqui é o comunismo. Se a China colapsar, os comunistas vão assumir". Começou a contemplar, então, uma alternativa a Chiang e sondava Beal sobre a posição dos Estados Unidos num possível "bloco liberal". A ideia não progrediu. No começo de 1947, quando a opinião pública exigiu que renunciasse do posto de primeiro-ministro, T. V. o fez prontamente.* Foi alocado para Cantão, como governador provincial. Lá, envolveu-se em discussões secretas com oponentes nacionalistas de Chiang, que tramavam derrubá-lo. No fim, desistiu de se juntar à empreitada, pois os tais nacionalistas planejavam colaborar com Mao. "Não podemos trabalhar com os comunistas", disse.[12]

Ei-ling estava apreensiva quanto ao resultado da guerra civil desde o princípio. Conhecendo bem Chiang Kai-shek, não acreditava que ele venceria. Na primavera de 1947, sentia tamanho desespero que achou que sofria de uma doença terminal. Suspeitou-se de câncer, e, embora os médicos dissessem que não havia sinal algum, Ei-ling permaneceu tocada por um sentimento de morte iminente. Em junho, escreveu uma carta-testamento à Irmã Vermelha, que voltara a viver em Shanghai, ao fim da guerra com o Japão, dizendo-lhe quanto a amava, agora mais do que nunca. Ei-ling parecia esperar uma vitória comunista e, prevendo que a vida sob o governo comunista, mesmo para a Madame Sun, seria difícil, começou a tomar providências financeiras visando ao bem de Ching-ling. Em seu papel de "provedora" das irmãs, missão que ela acreditava ter recebido de Deus, disse que pedira ao piloto de May-ling, em viagem a Shanghai, para separar uma parcela do xampu e de outras necessidades diárias, que, na sua estimativa, sustentariam Ching-ling por certo tempo. Disse a Ching-ling que toda noite, na cama, o pensamento que a preocupava era se sua querida irmã tinha tudo de que precisava para tornar sua vida confortável e agradável. "Se algo me acontecer, por favor, lembre-se que a amo muito."[13] Outros mensageiros seus levaram à Irmã Vermelha lápis, tecidos, jaquetas chiques, bolsas de mão e joias, incluindo brincos de ouro. E sprays

* Havia alegações de que T. V. pilhara a caixa registradora. Mas, em comparação com as alegações que pesavam sobre H. H., as acusações contra T. V. não continham detalhes reveladores, e os agentes nas instituições financeiras se abstiveram de endossar os rumores. Ainda assim, segundo ele próprio, T. V. era dono de uma fortuna de mais de 5 milhões de dólares em 1943, e isso tinha muito a ver com suas posições privilegiadas. (Prof. Wu Jing-ping, em *Sun zhongshan soong chingling yanjiu dongtai* [Novidades nos estudos sobre Sun Yat-sen e Soong Ching-ling], 2006, n. 5, pp. 21-3; Shou Chong-yi [org.], pp. 44, 61, 92-6, passim; Wu Jing-ping e Kuo Tai-chun, 2008a, p. 150.)

medicinais que promoviam o crescimento capilar. A Irmã Mais Velha também pediu à Irmã Vermelha que lhe informasse caso precisasse de dinheiro.[14]

Sob a influência da Irmã Mais Velha, May-ling também viu os sinais de tormenta desde cedo. Enquanto Chiang se refestelava em turnês da vitória pouco depois da rendição japonesa, May-ling se sentia exaurida, em vez de inebriada. Reclamou a Emma: "Nos últimos meses, tudo que fiz foi viajar, viajar, viajar, e depois viajar ainda mais. Acabamos de voltar de minha segunda visita à Manchúria. É estranho que, mesmo depois de todos esses anos de viagens aéreas, eu nunca tenha me tornado imune a enjoos".[15]

May-ling se comportou de maneira bem diferente nessa guerra. Na anterior, ela visitou o front, confortou os feridos, fez discursos apaixonados e agiu como uma sensacional agente de relações públicas, como John Beal recordou: "Ela falou ao Congresso e encantou todo mundo que a conheceu. Falava inglês fluente e discutia com senadores e representantes a essência dos problemas da guerra e do pós-guerra em situações sociais. Para os americanos, ela era uma presença viva, graciosa e magnética". Agora Beal notava que ela não queria fazer nada. No dia 1º de julho de 1946, comentou com ela a respeito da "péssima cobertura da imprensa" que o governo do marido vinha angariando. Ela concordou, mas disse imediatamente: "Eu sei o que você quer que eu faça. Você quer que eu fique lá [nas reuniões de Chiang com a imprensa] e interprete. Fiz isso durante a guerra, e cansei, não vou fazer isso de novo". Em seu diário, Beal escreveu que May-ling "retirou-se com tanta pressa que fiquei surpreso, especialmente porque eu não estava pensando naquele papel para ela, embora pudesse ser um toque agradável".[16]

Tudo que a Irmã Mais Nova desejava era "sua querida Nova York". Os amigos americanos estavam sempre em seus pensamentos. Uma carta a Emma transborda nostalgia: "Imagine só, mais ou menos um ano atrás, eu estava em Nova York, e nós estávamos nos divertindo muito juntas". Outra missiva demandava que Emma lhe escrevesse: "Como você está e como tem passado? Escreva-me e me conte todas as notícias". Tinha ânsias de receber cartas da amiga: "Isto é apenas uma breve mensagem para lhe dizer que continue me escrevendo, embora, Deus sabe, eu a trate muito mal e não lhe responda adequadamente". No meio de uma sangrenta guerra civil, May-ling se ocupava enviando presentinhos para os amigos do outro lado do oceano: "Estou lhe enviando [Emma] um quimono e também outros quimonos para vários outros amigos. Coloquei uma lista com os nomes. Será que você pode escrever os endereços e enviá-los pelo correio? [...] Estou de novo me aproveitando da sua bondade, mas você é sempre tão gentil comigo e tão doce ao fazer essas coisas para mim, que sei que você não vai se incomodar de cuidar disso"; "Estou enviando um cheque de cem dólares para o Fundo dos Alunos e o Fundo da Reunião de Classe. Por favor, reparta como você achar apropriado".[17]

Apesar de tudo, May-ling fez, sim, um serviço pelo marido. No fim de 1947, convidou a Irmã Vermelha para um passeio ao paraíso natural de Hangzhou.[18] Lá, enquanto caminhavam ao redor do grande e tranquilo lago, perguntou com franqueza a Ching-ling qual seria a demanda final dos comunistas para encerrar a guerra. A pergunta direta pegou Ching-ling de surpresa. As irmãs haviam sempre evitado falar sobre suas diferenças políticas. Enquanto fazia todo o possível para ajudar Mao a derrotar Chiang, a Irmã Vermelha enviava delicadezas, como camarões frescos, para a esposa do Generalíssimo, que, por sua vez, devolvia o gesto lhe enviando bolos de gengibre e biscoitos de queijo. Ching-ling oferecia medicamentos para o problema no olho da Irmã Mais Nova e enviava livros para a filha de T. L. — como se as batalhas terríveis travadas ao redor deles não tivessem relevância na vida deles.[19] A pergunta de May-ling trouxe à tona a dura realidade. Ainda mais porque Ching-ling fingia ser apenas uma simpatizante independente do Partido, não uma participante ativa do que para o resto dos Soong era uma organização maligna. Agora a pergunta da Irmã Mais Nova sinalizava que o fingimento já não fazia sentido; todos os irmãos e irmãs de Ching-ling sabiam que ela era parte essencial da organização que se dedicava a destruí-los. A Irmã Vermelha respondeu apressadamente, repetindo a velha fantasia de que não tinha nenhuma relação com os comunistas, portanto não teria como saber qual seria a demanda final. Despediu-se da irmã e embarcou num trem para Shanghai, onde imediatamente inteirou o PCC a respeito da conversa com a Irmã Mais Nova. Não queria que o Partido achasse que ela vinha tecendo acordos com a família em segredo, o que lhe teria trazido consequências desastrosas.

Que sua esposa inquirisse sobre a demanda final do inimigo revelava o desespero de Chiang Kai-shek. De fato, entre 1947 e 1948, Chiang sofreu uma série de derrotas catastróficas. Seu principal conselheiro militar americano, o general David Barr, pôs toda a responsabilidade nele. Num relatório do dia 18 de novembro de 1948, Barr comentou: "Nenhuma batalha foi perdida [...] por falta de munição ou equipamento. Os fracassos militares, na minha opinião, podem ser todos atribuídos à pior liderança do mundo e muitos outros fatores que abalaram o moral das tropas e levaram a uma completa falta de vontade de lutar".[20] Entre os fatores que abalaram a disposição das tropas nacionalistas, contam-se talvez algumas vitórias miraculosas e espetaculares dos comunistas em importantes frentes de batalha, como a Manchúria e a região onde o quartel-general de Mao se estabelecera. Infiltrados vermelhos, que haviam conquistado a confiança de Chiang em posições militares de destaque, enviaram as tropas do Generalíssimo para a catástrofe, ora aos poucos, ora em massa.[21] Era raro que Chiang confiasse em alguém, mas, quando o fazia, sua confiança era muitas vezes fatalmente mal direcionada — o que diz muito sobre sua capacidade de julgamento.

No verão de 1948, o Generalíssimo começou a preparar uma "mudança de casa" para Taiwan, a ilha de 36 mil quilômetros quadrados e uma população de 6 milhões de pessoas. Antes disso, traçou um plano para extrair o máximo possível de ouro, prata e moeda forte para levar consigo. A extração se deu sob o nome de "reforma monetária": todos foram obrigados a trocar seus ativos líquidos por um novo papel-moeda chamado "iuane dourado". Não fazê-lo era punível com a morte. Enquanto pequenos oficiais nas províncias batiam de porta em porta tentando forçar as pessoas a entregar suas poupanças, o filho de Chiang, Ching-kuo, foi enviado a Shanghai. Lá, culpou a hiperinflação galopante e a crise econômica geral na comunidade empresarial e ordenou que todos cadastrassem seus ativos. Era um prelúdio para o confisco. Os empresários que se recusaram a cooperar eram chamados de "tigres", e, numa operação chamada "ataque aos tigres", foram intimidados, presos e até executados.

Para forçar os empresários a andar na linha, Ching-kuo prendeu o filho de um dos maiores gângsteres de Shanghai, o Orelhudo Du. Quando a fotografia de seu filho apareceu na primeira página do jornal nacionalista *Central Daily*, Du adoeceu. Considerava-se amigo do Generalíssimo e achava que não merecia aquilo. Decidiu dar o troco. Pouco depois, a imprensa começou a expor a Yangtze Trading Corp., companhia que pertencia ao filho de Ei-ling, David, acusada de acumular artigos importados ilegalmente. A polícia realizou uma série de batidas e fechou o depósito da empresa. David teve de enfrentar multas pesadas e até prisão. Contudo, graças às conexões internas e à sagacidade financeira da mãe, David registrara os produtos apreendidos de modo que, estritamente falando, não ferira nenhuma lei (os artigos, em todo caso, representavam apenas uma fração de sua fortuna). Mas a indignação pública disparou. Até o *Central Daily* condenou os "capitalistas com poder estatal", numa linguagem que normalmente só se via em propagandas comunistas. Ching-kuo se sentiu em meio a um tornado. Se continuasse a pressionar as pessoas a entregarem seus bens, teria de usar seu primo como exemplo. E, pessoalmente, sentia-se inclinado a fazê-lo.

David foi suplicar à tia May-ling, que reagiu com indignação. Convocou o marido, que estava em viagem, inspecionando o front ao norte. As palavras e o tom da esposa não davam brechas para hesitação, e Chiang voou imediatamente para Shanghai. May-ling o confrontou com um ultimato: caso ele os sacrificasse, ela ficaria ao lado dos Kung. Diante disso, o Generalíssimo disse ao filho para não tocar em David. Ching-kuo deixou Shanghai, e o "ataque aos tigres" cessou. O trabalho de Ching-kuo foi — e ainda é — retratado como uma operação anticorrupção levada a cabo por Chiang e seu filho; na verdade, foi uma grande onda de extorsões. Graças à determinação de May-ling no sentido de proteger o sobrinho, a onda minguou — e a classe média pôde guardar o que restava de seus ativos (por ora; mais tarde, Mao se apossou de tudo). Chiang, não obstante, já arrancara um bom tanto, e isso, junto com as reservas de ouro do governo, sustentou os nacionalistas durante o período inicial em Taiwan. Para o público geral, o ímpeto anticorrupção do "ataque aos tigres" fracassara por causa de May-ling, e as pessoas voltaram sua raiva contra ela. Em novembro, Chiang anotou várias vezes em seu diário que "todos os membros do Partido Nacionalista", bem como a sociedade em geral, culpavam sua esposa e os Kung e os Soong. Mencionou um ataque contra ele e contra seu filho, mas se apressou a acrescentar que aquilo acontecera "inteiramente porque ficamos maculados por associação com o Kung pai e o Kung filho".[22]

May-ling já vinha se sentindo devastada pelo colapso iminente do regime. Agora, via-se também amargamente perturbada pelas acusações contra sua família. E a irritava ainda mais o fato de que seu marido e o filho dele se dispusessem a usar sua família como bode expiatório, a ponto de prender seu sobrinho. Confrontou Chiang, chorando e gritando descontroladamente, o que abalou sobremaneira o Generalíssimo, que nunca vira a esposa daquele jeito. Tentou acalmá-la, mas a Irmã Mais Nova estava inconsolável. Não podia esperar para se afastar dele, das acusações e do caos que era o país. Em 28 de novembro de 1948, partiu para Nova York. Estava preparada para nunca mais ver o marido.[23]

Como logo descobriria, o presidente Truman alimentava a mesma péssima opinião sobre ela e sua família. Mais tarde, o presidente contou à escritora Merle Miller que, "de todo dinheiro que gastamos para apoiá-los [China] [...], boa parte terminava nos bolsos de Chiang e da Madame e das famílias Soong e Kung. São todos ladrões, cada um desses malditos".[24]

Já May-ling insistia que sua família não era de modo algum a causa da queda do regime de Chiang. "O tempo e Deus hão de inocentá-los."[25] Acreditava nisso com fervor.

No dia 21 de janeiro de 1949, Chiang Kai-shek foi forçado a renunciar a favor de Li Tsung-jen, o vice. Retirou-se para seu local de nascimento, em Xikou. Lá, ficou ao pé da tumba gigantesca que construíra para sua mãe. Em 23 de abril, o Exército comunista tomou Nanjing, encerrando 22 anos de governo nacionalista. Em 19 de maio, Chiang chegou a Taiwan. Durante seus últimos meses no continente, o Generalíssimo esteve sem a companhia da esposa. Pediu-lhe repetidamente que voltasse. As desculpas de May-ling iam desde questões de saúde até a necessidade de continuar trabalhando em Washington. Ching-kuo escreveu e lhe disse que o pai estava enfrentando o momento mais grave de sua vida e precisava do apoio dela. May-ling respondeu: "Gostaria de poder voltar voando como uma flecha. Mas neste momento meu retorno não ajuda em nada essa situação difícil. Então planejo ficar aqui por mais um tempo. Tenho certeza de que isso beneficiará o partido e o país".[26]

Durante esse período, Ching-kuo, beirando os quarenta anos, encontrava-se com o pai todos os dias. Pai e filho desenvolveram um elo extremamente forte. Quando May-ling sugeriu — de maneira precipitada, como logo perceberia — que Ching-kuo fosse aos Estados Unidos para inteirá-la da exata situação da China e discutir o que ela poderia fazer dali, Ching-kuo respondeu que não poderia de modo algum deixar o pai sozinho.[27] A relação entre pai e filho crescera a ponto de substituir o apego do Generalíssimo por May-ling.

Os telegramas de Chiang para May-ling foram se tornando distantes e impessoais. Percebendo a frieza do marido — e sentindo-se culpada por não estar a seu lado naquela "hora crítica" —, May-ling passou a agir de maneira insinuante, o que já fizera antes. Expressou ardentemente sua preocupação com a segurança e o bem-estar do Generalíssimo, contou de seu trabalho de lobby nos Estados Unidos e muito gentilmente sugeriu que Chiang fosse encontrá-la e que os dois viajassem o mundo juntos. Chiang se recusou a partir e jurou viver ou morrer em Taiwan. De modo quase ríspido, disse à esposa que se juntasse a ele ("Que dia você pretende voltar para Taiwan?").[28]

Ei-ling aconselhou a Irmã Mais Nova a não ir. "Protestava" sempre que May-ling sugeria deixar Nova York.[29] Para a Irmã Mais Velha, dada a revolta que ele direcionara à família, além de sua incompetência desastrosa, Chiang não merecia lealdade. Mas, acima de tudo, Ei-ling se importava com a irmã e não queria vê-la voando para a morte quase certa. Os comunistas tinham planos de conquistar Taiwan e, com a ajuda de Stálin, orientados pelos espiões estrategicamente alocados na ilha, era provável que conseguissem. Como o Generalíssimo se recusava a deixar Taiwan, Ei-ling não queria que a Irmã Mais Nova fosse para lá apenas para morrer ao lado dele. Não obstante, tinha uma consciência dolorosa de que uma mulher desertar o marido numa situação de necessidade era algo vergonhoso. Também devia saber que Chiang nunca perdoaria May-ling se ela o abandonasse — e que a Irmã Mais Nova poderia muito bem compartilhar do destino de muitos a quem Chiang não perdoava. Acostumada a estar segura de suas decisões, Ei-ling se mostrava agora dividida.

May-ling, por sua vez, mergulhara no caos emocional. Sentia-se culpada só de pensar em deixar o marido naquela conjuntura — e sabia que isso daria aos comunistas um tema para propaganda. Se o desertasse, jamais poderia se perdoar. Em 1º de dezembro de 1949, Chiang lhe enviou um telegrama para dizer que lamentava não poder celebrar com ela o aniversário de 22 anos de casados.[30] A referência ao casamento parece ter criado uma inundação de memórias em May-ling, que não esquecia: "Acompanhei meu marido em suas campanhas. Vivemos em choupanas, em estações ferroviárias, em trens, nas formações arenosas de pedra do Noroeste, em barracas primitivas, em tendas [...]. Fundei escolas, orfanatos, hospitais, clínicas para viciados em ópio [...]. Cheguei até a mesmo a ingressar no serviço militar como secretária-geral da Força Aérea". Uma vida tão plena e emocionante nunca teria sido possível sem o casamento com Chiang. May-ling perguntou a si mesma: "Como posso permitir que meu marido enfrente o pior revés de sua vida sem minha companhia?".[31]

Não conseguia dormir e, de dia, não conseguia ficar parada. Tentou conversar com Ei-ling e esclarecer seus pensamentos. A Irmã Mais Velha lhe disse: "Continue orando e seja paciente. Tenho certeza de que Ele mostrará um caminho". May-ling vinha rezando havia meses, mas estava desanimada: "Minhas orações se tornaram mecânicas e repetitivas". Mas perseverou: "Então, certa manhã, ao nascer do dia, sem saber se eu estava acordada ou se dormia, ouvi uma Voz — uma Voz etérea me dizendo claramente: '*Tudo está certo*'".

Essa pequena variação no verso de Browning ocorrera a May-ling anos antes. Em dezembro de 1936, quando Chiang Kai-shek foi sequestrado, ela voara para Xian ao encontro do marido. Naquela ocasião, Chiang lhe dissera que Deus lhe havia enviado um sinal por meio de uma passagem na Bíblia. May-ling interpretara aquele "fato espantoso" como Deus enviando uma mensagem ao marido: "*Tudo está certo*". Ao lhe repetir essas palavras, pareceu a ela que Deus traçava um paralelo entre o atual momento e o episódio de 1936 e a exortava a ir ao encontro do marido outra vez.

"Inteiramente desperta por aquelas palavras, eu me ergui imediatamente e fui ao quarto da minha irmã. Ela me olhou de sua cama. Não se surpreendeu com uma visita de manhã tão cedo, pois, naqueles dias turbulentos, quando atacada pela insônia, eu a perturbava a qualquer hora do dia e da noite." Ei-ling viu que o rosto de May-ling estava "radiante" e entendeu tudo na mesma hora. "Contei a ela que Deus falara comigo [...] e anunciei que estava indo para casa no primeiro avião disponível. Ela me ajudou a fazer a mala e não protestou mais."[32]

May-ling chegou a Taiwan em 13 de janeiro de 1950. Na entrada do diário referente àquele dia, Chiang escreveu de maneira suave e formal que, depois do descanso da esposa, ele "ouviu seu relato" sobre o trabalho que ela realizara nos Estados Unidos.[33]

Contudo, o significado do retorno de May-ling logo lhe ocorreu. A situação em Taiwan era crítica: 2 milhões de soldados e civis haviam fugido do continente, inundando uma ilha de apenas 6 milhões de habitantes. Taiwan enfrentava uma grande crise econômica. Os Estados Unidos se mantinham distantes. Não havia embaixador americano, apenas um segundo-secretário. Os comunistas haviam anunciado que estavam determinados a conquistar Taiwan. Todos acreditavam que a ilha não tardaria a cair. O pânico era geral, e quem podia não hesitava em abandoná-la. No entanto, May-ling fez o caminho contrário. Aquilo foi um grande estímulo ao ânimo dos nacionalistas. Quando vazou a notícia de que a Madame Chiang estava chegando, multidões se dirigiram ao aeroporto. O Generalíssimo soube apreciar o que a esposa havia feito. Em seu diário, comparou May-ling a heróis lendários que chegavam para o resgate no momento mais perigoso.[34]

PARTE V

TRÊS MULHERES, TRÊS DESTINOS (1949-2003)

19. "Precisamos esmagar sentimentalismos": A vice-presidente de Mao

Dias antes de os comunistas tomarem Shanghai, em maio de 1949, May-ling, ainda nos Estados Unidos, enviou uma carta cheia de preocupação à Irmã Vermelha. Ching-ling não saía dos seus pensamentos, dizia; torcia para que a irmã estivesse segura e que tudo corresse bem. Preocupava-se ainda mais agora que um oceano as separava e pedia que Ching-ling, por favor, escrevesse, contando como estava. A essa altura, May-ling já constava na lista de "criminosos de guerra" dos comunistas, junto com o marido; por isso, teve a preocupação de não enviar a carta apenas em seu nome: foi coassinada pelo irmão T. L., cuja filha ganhara alguns livros de Ching-ling.[1]

A Irmã Vermelha não respondeu. Nem respondeu às cartas de Ei-ling. Nos momentos que antecederam a vitória comunista, enquanto as irmãs exiladas escreviam exprimindo amor e afeição, Ching-ling não enviou uma única palavra de acalanto na direção delas. Manteve-se impassível — ou talvez até ofendida, pois as irmãs pareciam supor que ela estava escolhendo um futuro de precariedade e infortúnios. Desde que decidira se juntar aos vermelhos, Ching-ling endurecera, procurando cortar os laços com as irmãs. Seus gestos íntimos e afetuosos de antes eram mais um mecanismo para se proteger contra qualquer ataque de Chiang Kai-shek do que um reflexo de sentimentos profundos. Havia muito decidira viver sem a família na qual nascera.[2]

Sua família adotiva eram seus camaradas e seus amigos íntimos. Com alguns deles celebrou a conquista comunista de sua cidade. "O dia pelo qual vínhamos lutando finalmente chegou!" Juntaram-se na sua casa e se cumprimentaram. Sorrindo, animada, Ching-ling pôs uma rosa vermelha na botoeira de um dos visitantes.[3]

Mao escolheu Beijing para ser sua capital e escreveu pedindo-lhe que viesse e se juntasse a ele no governo. A linguagem que o presidente usou era cortês e respeitosa: será que a Madame Sun poderia, por favor, vir e "nos guiar no sentido de construir uma nova China?".

Ching-ling agradeceu Mao profusamente, mas recusou o convite. Disse que sofria de pressão arterial e outras enfermidades e precisava de tratamento em Shanghai. O novo primeiro-ministro, Zhou En-lai, tentou persuadi-la, bem como alguns velhos amigos. Ela educadamente disse não a todos.[4]

Não estava bancando a difícil. Fora o fato de que Shanghai era o lugar onde ela queria viver, Ching-ling sabiamente decidiu que era melhor ficar longe do centro do poder, onde poderia ser sugada para dentro das intrigas internas do partido. Ching-ling não tinha ilusões quanto à crueldade do sistema que escolhera. Presenciara os sangrentos jogos de poder de Stálin e sabia dos expurgos brutais de Mao (nos quais até mesmo Zhou En-lai se viu vítima, obrigado a se humilhar). Por vezes, o futuro parece tê-la assustado, a ponto de contemplar a ideia de morar na Rússia, "para tratamento médico".[5] Tudo o que queria realmente era tocar sua pequena organização, agora rebatizada de China Welfare, na companhia de seus amigos íntimos, em sua cidade natal.

Mao despachou para Shanghai a esposa de Zhou, que conhecia bem Ching-ling, com o intuito de reafirmar o convite pessoalmente. Insistir na recusa seria desfeita. Ching-ling aceitou o convite da sra. Zhou. Enquanto isso, o próprio Zhou tomou providências para a futura vida da Irmã Vermelha, valendo-se de sua tradicional atenção ao detalhe. Inspecionou a casa que havia sido preparada para ela, informando-a de que era mais espaçosa do que a residência dela em Chongqing e em Shanghai e que tinha dois andares, coisa rara em Beijing, onde a maior parte das casas eram térreas. O interior havia sido decorado sob a supervisão de alguns velhos amigos, acrescentou o primeiro-ministro, que não esqueceu de sugerir a ela que trouxesse seu próprio cozinheiro. Ching-ling fez algumas reclamações, que foram todas resolvidas a contento. Um velho criado de Sun Yat-sen que tinha sido preso foi solto. A residência de T. A., seu irmão favorito (e apolítico), havia sido confiscada (como todas as propriedades da sua família) e foi posta sob sua guarda, no nome do irmão.[6]

No fim de agosto, Ching-ling partiu para Beijing. Durante os dois dias de viagem de trem, contemplou pela janela a paisagem em transformação, os campos e vilas e cidades, do sul ao norte, pensando em "como nossa terra natal poderia se tornar próspera. Temos todas as condições [...]. Temos grandes recursos [...]. Nenhum sucesso está além das nossas capacidades".[7]

Mao veio recebê-la na estação. Crianças lhe ofereceram flores, ao estilo soviético. Aos 56 anos de idade (onze meses mais velha do que Mao), a Irmã Vermelha se tornou vice-presidente do governo comunista. Quando Mao proclamou a República Popular, no dia 1º de outubro de 1949, ela caminhou a seu lado em direção à Porta de Tiananmen. Enquanto as irmãs estavam no exílio, Ching-ling chegava ao auge de sua vida.

Tal vida era de privilégios singulares. A Irmã Vermelha tinha casas invejáveis, tanto em Beijing quanto em Shanghai. A de Shanghai, confiscada de um banqueiro proeminente, era uma *villa* em estilo europeu, com um grande gramado muito bem cuidado, árvores raras e flores exóticas. Suas sucessivas casas em Beijing eram ainda mais magníficas. A última era uma mansão palaciana que pertencera a um príncipe manchu; Pu Yi, o último imperador, nascera lá. Entre as propriedades favoritas dessa antiga residência imperial estava uma enrugada romãzeira de 140 anos de idade que ainda dava muitos frutos todos os anos. Como seu falecido marido era celebrado como o líder altruísta de uma grande revolução que desbancara a família imperial, a ironia em Ching-ling se mudar para aquele palácio não escapou a muitos céticos e idealistas. Ching-ling ficou sem jeito e arriscou uma espécie de desculpa aos amigos: "Estou recebendo um tratamento de rainha, o que me deixa triste, pois outros *que merecem muito mais* [ênfase dela] estão vivendo em casas simples".[8] As casas de Ching-ling eram muito bem servidas de funcionários, e os criados se dirigiam a ela no estilo pré-comunista, chamando-a de *Taitai* [minha senhora].

Estritamente falando, não era membro do Partido. Nos anos 1930, alistara-se no Comintern, diretamente sob a autoridade de Moscou; mas Moscou decidira que ela devia se manter fora da organização, como membro secreto. Depois que o Comintern foi dissolvido, em 1943, a Irmã Vermelha vinha tratando o PCC, junto com Moscou, como sua "Organização", embora formalmente ela não fosse uma integrante. Na China comunista, não se envolveu na criação de políticas públicas, o que lhe caía bem. Não tendo nenhuma ambição política pessoal e aceitando suas próprias limitações, ficava satisfeita em ficar encarregada de sua pequena operação, a China Welfare, agora instalada na velha casa de sua família, que ela doara aos comunistas junto com todas as demais propriedades dos Soong.[9] A China Welfare recebeu autorização para criar um hospital para mulheres e crianças, uma creche e um "Palácio de Juventude" ao estilo soviético. Havia também um parque para crianças. Contudo, precisou parar de servir uma função essencial: o auxílio aos famintos. Oficialmente, não havia fome na China comunista. Quando a Voz da América reportou que ela vinha ajudando vítimas da fome, Ching-ling escreveu para Zhou En-lai de imediato, oferecendo-se para denunciar essa "falsificação despudorada dos fatos"[10] ao público.

Entre outras iniciativas, a Irmã Vermelha editou uma revista em língua inglesa, *China Reconstructs*. Censores do Partido filtravam cuidadosamente cada edição. O Partido também cuidou de inserir novos colaboradores na China Welfare e, ao mesmo tempo, vetou toda a antiga equipe. Alguns amigos próximos de Ching-ling consideraram as mudanças insuportáveis e se afastaram. Mas ela aceitava tudo sem vacilar. Ajustava-se rapidamente.

O ajuste envolvia viver cercada por guarda-costas, ex-soldados comunistas, oriundos muitas vezes de famílias camponesas. Encontravam muito que criticar em seu estilo de vida e lhe dirigiam comentários francos de um jeito que os antigos criados jamais fariam. Os comunistas insistiam muito na ideia de "igualdade" diante dos funcionários, fazendo disso algo essencial quando alegavam serem "democráticos". Um dia, em 1951, Ching-ling foi à embaixada da Alemanha Oriental para uma recepção. Na ocasião, alguns dos seus guarda-costas criticaram os longos vestidos de gala das mulheres, considerados um desperdício: "Toda aquela boa seda e tecido inutilizados!". Ching-ling passou um bom tempo explicando a eles que moda e modos de se vestir eram coisas importantes na vida das pessoas. Se isso convenceu ou não aqueles jovens, ela não sabia dizer.[11]

Uma festa de Natal já não era uma coisa natural. Quando convidou os amigos para a celebração natalina em 1951, precisou dizer a eles para ficarem de bico calado e não contar a ninguém. Uma celebração poderia causar algum "mal-entendido". Mais tarde, ela começaria a celebrar apenas o Ano-Novo, embora montasse uma árvore de Natal.[12]

Ching-ling aprendeu a ser cuidadosa em relação a coisas com as quais ela nunca precisara se preocupar. Quando repassou uma carta de seu velho amigo americano Edgar Snow para Mao, sentiu necessidade de enfatizar: "Não sei se os pensamentos mais recentes dele estão corretos, pois faz tempo que não leio seus trabalhos".[13] Ao escrever para amigos, muitas vezes lhes pedia que "queimassem" ou "destruíssem" as cartas depois de ler.[14]

Entre 1951 e 1952, Mao lançou uma campanha chamada "Os Três Antis" (anticorrupção, antidesperdício e antiburocracia), mirando oficiais que lidavam com dinheiro. As pessoas na China Welfare foram incitadas a denunciar companheiros e a se entregar. Ching-ling, por sua vez, se viu alvo de acusações bastante desagradáveis. Uma delas mencionava um construtor, parente seu, que construíra e cuidava de casas para sua família e amigos, incluindo a que ela doara para a China Welfare. Pouco antes de Chiang Kai-shek perder Shanghai, houve especulações de que Chiang pudesse sequestrar a Madame Sun e levá-la para Taiwan. Esse parente ficara na casa de Ching-ling, servindo de guarda-costas. Ela se sentia agradecida e próxima a ele, e vez ou outra os dois trocavam presentes. Agora surgiam rumores de que ela vinha recebendo propina do camarada em questão. Precisou passar pela indignidade de argumentar que os presentes que os dois se davam eram não mais do que bolos e biscoitos, e que se os presentes dele por vezes eram caros, como duas garrafas de vinho tinto, ela, por sua vez, lhe dava em troca mimos muito mais dispendiosos. Jurou que poderia apresentar testemunhas que sustentariam suas afirmações e até tentou se dissociar do camarada, demandando que ele fosse sujeito a uma investigação total e punido, caso fosse de fato corrupto.[15]

À medida que novas campanhas políticas surgiam e um amigo atrás do outro se metia em apuros, Ching-ling ruminava que ela sempre se inclinara a confiar nas pessoas, em vez de suspeitar delas, e que essa postura agora se tornara praticamente criminosa: era "o modo de pensar da direita".[16]

Contudo, naqueles primeiros anos, o equilíbrio da Irmã Vermelha persistiu mais ou menos intacto. Continuou dando festas para seu núcleo principal de amigos, ocasiões em que dançavam e ouviam velhos discos de música ocidental no gramofone. Mao designara Zhou En-lai, a face mais carismática e educada do rígido regime, para manter contato com ela. Outros altos oficiais com quem ela lidava, especialmente em Shanghai, eram velhos amigos que haviam atuado como agentes secretos do comunismo. Formavam um casulo confortável ao seu redor. Todo tipo de honraria lhe foi dedicada, inclusive o muito celebrado Prêmio da Paz de Stálin, concedido pelo Kremlin. Dois escritores de renome, Ilya Ehrenburg, da União Soviética, e Pablo Neruda, do Chile, viajaram a Beijing para fazer a apresentação. E havia novos prazeres. Ching-ling viajou para muitos países, sempre saudada como a representante ilustre e graciosa da China. A vida para a Irmã Vermelha não era de modo algum ruim, e ela se sentia bastante contente.

Em 1956, a Irmã Vermelha teve sua primeira — e talvez última — confrontação direta com o Partido. Naquele ano, um novo comitê executivo foi imposto ao China Welfare, comandado pelo secretário do Partido em Shanghai, Ke Qing-shi, um dos companheiros favoritos de Mao. Embora Ching-ling ainda fosse a "presidente", era óbvio que aquilo era, a partir de agora, um título meramente honorífico. Perdera seu "bebê" e ficou profundamente desgostosa. Em cartas privadas, ventilava sua frustração, referindo-se ao Partido como "eles": "Nunca fui consultada sobre nada e, na verdade [...] não tinha ideia do que eles haviam decidido".[17]

Em novembro, Ching-ling explodiu. Celebrava-se naquele mês o nonagésimo aniversário de nascimento de Sun Yat-sen, e Beijing planejava uma grande comemoração. Ching-ling escreveu artigos sobre Sun para o *Diário do Povo*, o jornal do Partido. Representava Sun como o Lênin da China, afirmando que o Partido Comunista Chinês "assumiu sua missão" depois de sua morte.[18]

Como sempre, Ching-ling enviou o rascunho a Beijing para aprovação. Normalmente, comunicava-se com Zhou En-lai, a quem respeitava. Mas, dessa vez, Zhou estava preocupado demais com algo mais urgente. O mundo comunista estava em convulsão. O Levante Húngaro se deflagrara na Europa, seguido por protestos na Polônia, e Mao estava abalado. Ao mesmo tempo, planejava se aproveitar da crise e suplantar Nikita Khrushchev como líder do campo comunista. (Stálin morrera em 1953.) A questão de como lidar com aquela situação consumia todo o tempo e energia de Mao e de seus tenentes. Por dias e noites ficaram imersos em reuniões.

Zhou En-lai não teve tempo de ler os artigos de Ching-ling, trabalho que sobrou para censores menos experientes. Sem o tato de Zhou, os oficiais pediram sem rodeios que Ching-ling fizesse algumas alterações e enfatizasse o papel de guia que o PCC exercera sobre a carreira de Sun. Informaram a Ching-ling o que ela devia dizer: "O trabalho anti-imperialista do dr. Sun etc. desenvolveu-se como resultado de seu encontro com Li Ta-chao e Chiu Chu-pak [dois líderes de primeira hora do PCC]". Ching-ling ficou indignada. Escreveu a um amigo, em 8 de novembro, afirmando que Sun desenvolvera suas ideias revolucionárias "muito cedo na vida [...], antes de conhecer qualquer PC"; "Não estou diminuindo a contribuição do Partido, só que, se valorizamos a verdade e os fatos, precisamos registrá-los fidedignamente, ainda que os fatos não representem o que algumas pessoas desejam ver". Como já era de hábito, pediu ao destinatário da carta: "Por favor, destrua esta nota".[19]

Ching-ling insistiu na própria versão, e os censores, sem autoridade para desautorizá-la, deixaram que os artigos fossem publicados tal como redigidos. Quando leram aquelas palavras, os líderes do Partido se irritaram e decidiram lhe ensinar uma lição. Em 11 de novembro, quando se deu a comemoração do aniversário — uma grande ocasião à qual o próprio Mao compareceu, além de toda a liderança do PCC —, a viúva de Sun não foi vista em parte alguma.

Enquanto isso, corria à boca pequena o boato de que Ching-ling estava tendo um "affair ilícito" com seu chefe de segurança, já não podendo ser vista como Madame Sun. Um primo seu ouviu o boato e escreveu para informá-la. Ching-ling ficou fora de si de raiva e respondeu dizendo que, se alguém afirmasse aquilo, "que seja levado para a polícia!".[20] O primo perguntou, então, por que ela não havia comparecido à comemoração. Diante da pergunta, Ching-ling precisou dizer que se ausentara por temer não controlar a tristeza e perder a compostura, o que seria muito ruim. A verdade é que não tinha sido convidada ou sequer avisada da ocasião.[21]

Ching-ling de fato demonstrava uma ternura incomum pelo chefe de segurança, Sui Zue-fang. Sui era um jovem bonito, bom de tiro, motorista habilidoso, fotógrafo de talento e dançarino abençoado. Nas festas de Ching-ling, quando ela ocasionalmente dançava, era ele seu parceiro, e os dois jogavam partidas de xadrez e bilhar com certa frequência. Ching-ling, que, em geral, era doce e cheia de consideração pelos funcionários,* talvez tratasse Sui como um filho que ela nunca pôde ter. Além disso, Ching-ling também tratava com muito afeto o vice de Sui, Jin Shan-wang, que ela apelidara carinhosamente de "Cannon". Ching-ling ensinou Jin a tocar piano e até o encarregou de fazer discursos informais em seu lugar. Os dois jovens competiam pela afeição dela, por vezes de modo petulante e voluntarioso. E ela reagia de modo vivaz e manipulador, como uma jovem dama. A atmosfera na residência de Ching-ling tinha, assim, o aspecto de uma família, com afeição e risadas, bem como zangas e discussões.[22]

As fofocas acabam sendo inevitáveis, mas, nesse caso, de modo pouco comum, espalhou-se para o grande público. A vida privada dos líderes do país ficava, normalmente, sob um espesso cobertor de mistério. Outros altos oficiais podiam ter casos, mas nada jamais alcançou os ouvidos de ninguém fora de seus círculos de elite. Só a vida de Ching-ling era comentada abertamente.

O boato — e ter sido excluída da comemoração — deixou Ching-ling alarmada. Percebeu que podia muito bem ser privada do título de Madame Sun, que era vital para sua sobrevivência. Vivenciara rumores como aquele antes, sob Chiang Kai-shek; mas, nessa época, sempre podia se pronunciar e refutá-los. Algum jornal publicaria sua versão dos fatos, ou então ela própria imprimiria panfletos e os lançaria de cima dos telhados de Shanghai. Mas agora ela não tinha nenhum veículo para sua voz — ainda que fosse a vice-presidente do país. Não tendo meios de se defender em público, via-se completamente à mercê do Partido. Se o Partido dissesse que ela já não era a Madame Sun, ela deixaria de sê-lo — mesmo se permanecesse na condição de viúva fiel.

Apesar de seu temperamento forte, essa revelação amedrontadora forçou Ching-ling a se dobrar. E ela encontrou um modo de demonstrar sua submissão. Em abril de 1957, o número dois de Mao, presidente Liu Shao-qi, estava em Shanghai e visitou Ching-ling na companhia da esposa. A elegante e inteligente sra. Liu vinha de uma eminente família tradicional e se graduara em física pela Universidade Católica em Beijing, nos tempos pré-comunistas. Ching-ling se deu muito bem com o casal. Viu a visita de Liu como um sinal

* Entrevistei dois membros importantes da equipe de Ching-ling: o assistente Li Yun e o vice-chefe de segurança, Jin Shan-wang. Os dois fizeram questão de me dizer que ela era gentil com os funcionários, pedindo-me diretamente para mencionar essa qualidade. Esse pedido foi o único do tipo entre os funcionários de líderes que entrevistei.

de que o Partido desejava fazer as pazes, e não perdeu a oportunidade. Disse a Liu que desejava ingressar no PCC. A sra. Liu notou a seriedade com que a Irmã Vermelha fez a requisição. Seu marido ficou muito contente, mas, medindo cada palavra, respondeu que se reportaria a Mao, uma vez que aquilo era "uma questão muito importante". Liu logo voltou a Shanghai com Zhou En-lai, o número três, e contou a Ching-ling que o PCC acreditava que ela seria de maior serventia à causa comum se ficasse efetivamente fora do Partido. No entanto, o Partido a informaria de todas as principais questões, e ela participaria dos processos decisórios. Ching-ling concordou; lágrimas vieram aos seus olhos, e ela pareceu bastante emocionada.[23]

Na verdade, Mao e a liderança do Partido não tinham nenhuma intenção de alienar Ching-ling. O próprio Mao tinha uma boa relação pessoal com ela, chamando-a de "Querida Irmã Mais Velha"[24] e escrevendo-lhe de forma brincalhona. Politicamente, ela era uma princesa. Os vizinhos não comunistas da China temiam a China Vermelha, e Ching-ling podia ajudar o PCC a conquistá-los. O presidente Sukarno, da Indonésia, que Mao desejava particularmente cultivar, sentia-se atraído pela bela e graciosa Ching-ling e lhe cantava loas — literalmente, numa canção dedicada a ela e cantada por ele mesmo. Mao fez questão de dizer à Irmã Vermelha que ficou muito contente com o impacto que ela tivera sobre Sukarno.[25]

Ching-ling era ainda mais valiosa para os projetos de Beijing de tomar Taiwan. Inicialmente, o presidente americano Harry S. Truman se distanciara do regime de Chiang; contudo, quando Mao apoiou a Coreia do Norte na invasão ao Sul em junho de 1950, iniciando a Guerra da Coreia, Truman despachou a Sétima Frota americana para o estreito de Taiwan para proteger a ilha de qualquer invasão possível. O Exército de Mao ficou impossibilitado de conquistar Taiwan pela força. Sua única opção era seduzir a ilha, conduzindo o país à capitulação. E quem teria mais influência para seduzir os nacionalistas do que a Madame Sun? Obedientemente, Ching-ling escreveu a Ei-ling em Nova York, pedindo-lhe que viesse visitá-la "imediatamente", antes que as duas ficassem velhas demais. Ei-ling escrevera várias cartas a Ching-ling nos últimos anos, sem resposta. Com muito tato, explicou que tinha cataratas e estava prestes a operar; prometeu que, tão logo recuperasse a visão, iria se encontrar com a irmã o mais cedo possível. E, claro, sentia falta de Ching-ling o tempo todo e desejava poder estar com ela como antes. Na ocasião, enviou a Ching-ling algumas peças de caxemira. Mas jamais pôs os pés na China comunista.[26]

Mao fez ainda outro gesto de boa vontade para com Ching-ling, a fim de compensar a humilhação que lhe impusera. Levou-a como sua vice a Moscou, em novembro de 1957, para a celebração do quadragésimo aniversário da Revolução de Outubro. De sua parte, antes da viagem, Ching-ling tratou de aderir completamente à versão do Partido sobre Sun Yat-sen, escrevendo que Sun só desenvolveu "a visão correta sobre a revolução chinesa depois de conhecer os representantes do Partido Comunista".[27]

Enquanto isso, Sui, seu chefe de segurança, casou-se com uma trabalhadora de fábrica. Ching-ling organizou um jantar para celebrar a união e, como ainda não haviam designado um apartamento para os recém-casados, ofereceu aos dois um quarto nas instalações dos funcionários em sua mansão de Shanghai.

O episódio se resolveu de modo muito hábil nas duas frentes. Contudo, o boato sobre a relação de Ching-ling com Sui persistiu. Como outras pessoas que cresceram na China nos anos 1960 e 1970, eu muitas vezes ouvi dizer que Ching-ling se casara em segredo com seu chefe de segurança, e que "Madame Sun" era apenas uma fachada, que o Partido mantinha para não desmoralizá-la. As pessoas acreditavam no boato. E muitos acreditam até hoje.

O resultado de tudo isso é que Ching-ling parou completamente de agir de forma independente, tornando-se um elemento meramente decorativo, visitando países estrangeiros e recepcionando visitantes do exterior em nome do Partido. Já não havia críticas ostensivas, nem mesmo em privado. Em público, ecoava a voz do Partido sem hesitação. Em 1957, durante a campanha "Antidireitismo", centenas de milhares de homens e mulheres com formação educacional que, aceitando o convite de Mao, falaram sobre os problemas do país foram condenados. (O convite era uma isca para atrair potenciais críticos.) Entre as vítimas havia muitos antigos amigos e conhecidos de Ching-ling que tinham lutado ao lado dela contra Chiang Kai-shek. Perderam seus empregos e foram enviados para fazer trabalho manual. Alguns terminaram no gulag, outros se suicidaram. Isso arruinou mais vidas do que qualquer coisa que Chiang Kai-shek tivesse feito. Mas a Irmã Vermelha se calou. (Naquele ano, ela estava ocupada lutando por sua própria sobrevivência.) O infortúnio dos antigos companheiros causou-lhe, sim, alguma dor, mas ela se esforçava para se endurecer. Num artigo, citou um slogan do Partido como conselho para seus leitores e para ela mesma: "Precisamos esmagar sentimentalismos...".[28]

Em 1958, Mao lançou o grandioso "Grande Salto para a Frente" — na verdade, um projeto para construir uma variedade de indústrias militares a uma velocidade desconcertante. Havia demanda por aço, e Mao, completamente inepto em assuntos econômicos, ordenou que toda a população o produzisse. Fornalhas de fundo de quintal brotaram na China inteira — a própria Ching-ling construiu uma no seu jardim.[29] Para abrir espaço para aquela monstruosidade, precisou cortar árvores antigas lindas. O *Diário do Povo* anunciou que ela segurou um pedaço de aço em brasa para jovens rapazes martelarem. Sentia-se infeliz, mas não protestou.

O desperdício monumental de recursos humanos e naturais do Grande Salto teve um enorme papel na grande fome nacional, que durou quatro anos, de 1958 a 1961.* Cerca de 40 milhões de pessoas morreram. Mesmo no mundo privilegiado de Ching-ling as pessoas passaram fome. A certa altura, a Irmã Vermelha deu ordens para que matassem uma cabra de estimação a fim de suprir a dieta dos funcionários. Enfrentando um desgoverno de dimensões tão impensáveis, alguns antigos comunistas se rebelaram, entre eles o marechal Peng De-huai, o ministro da Defesa. Peng foi denunciado em julho de 1959. (Morreu no cárcere.) Ching-ling, que admirava o marechal, ficou abalada. Em carta a um velho amigo, revelou: "Sinto-me muito tensa e tenho tido pesadelos". O destinatário, naturalmente, foi aconselhado a "queimar a carta depois de ler".[30]

É possível que nessa época a Irmã Vermelha tenha contemplado a ideia de abandonar a China, tomando por pretexto algumas questões de saúde. Sofria de artrite e tinha os melhores médicos possíveis à disposição; mas, numa carta à amiga alemã Anna Wang, datada de 27 de julho de 1959, alegou ter sido informada de que só no exterior conseguiria o tratamento adequado. O comentário talvez fosse uma sugestão disfarçada para que Anna descobrisse alguma forma de fugir relacionada à saúde. Contudo, era algo mais da ordem do pensamento mágico do que um plano sério. A mera menção de tal ideia a uma amiga a deixava nervosa. Sua carta fora escrita como se ela pressentisse

* A causa principal era que Mao exportava comida para a Rússia com o intuito de financiar o complexo industrial militar — comida da qual os chineses dependiam para sobreviver. Ver *Mao: A história desconhecida*, cap. 40, Jung Chang e Jon Halliday.

um Grande Irmão lendo tudo por sobre o ombro de Anna. Ao mesmo tempo que sondava também se retratava, acrescentando que sentia dores e que seria muito difícil viajar para o exterior — e que seu problema parecia intransponível.[31]

A ansiedade de Ching-ling em relação às cartas não se resumia a esperar que o Partido as lesse; temia que fossem interceptadas e esperava ansiosamente a confirmação do recebimento por parte dos amigos.[32] Somente vez ou outra se permitia vocalizar alguma insatisfação. Alto-falantes (um aspecto do Grande Salto para a Frente) berrando em êxtase do amanhecer às nove horas da noite a vinham enlouquecendo; uma vida social de qualquer tipo agradável havia desaparecido, tendo sido substituída por cerimônias oficiais monótonas; e havia uma grave escassez de itens necessários ao dia a dia.[33] Escreveu a Anna que mães com bebês recém-nascidos precisavam mendigar lençóis velhos para fazer fraldas e que ela própria tivera de doar lençóis sobressalentes e roupas velhas. Precisava urgentemente de material para fazer camisas e calças. Será que Anna poderia, por favor, enviar alguma coisa (da Alemanha Oriental)? Qualquer coisa servia, pois "mendigos não podem escolher". Anna lhe enviou também elásticos para roupas de baixo, meias e um espelho com apoiador para a penteadeira.[34]

Admiradores da Madame Sun, desejando desesperadamente apontar alguma atitude de desafio por parte de sua heroína, alegam com frequência que ela escreveu muitas vezes à liderança do Partido, protestando. Não há nenhum sinal disso. As evidências mostram que ela apenas endossou a linha do Partido e jurou lealdade.

Durante a grande fome, algo aconteceu a Ching-ling que lhe permitiu fechar os olhos e a mente para a realidade. Quando os anos 1950 se transformaram nos anos 1960, a Irmã Vermelha adotou duas filhas informalmente. As crianças preencheram sua vida.

Eram filhas de Sui, seu chefe de segurança e covítima do boato escandaloso. No fim de 1957, sua primeira filha nasceu e ele a levou para apresentá-la a Ching-ling — algo que seus funcionários sempre faziam, já que a Madame Sun adorava crianças. Ching-ling pôs a menina no colo e a embalou nos braços. A pequena infante sorriu, sem chorar, e as duas se entreolharam. O bebê se pôs, então, a se aliviar na bata engomada de Ching-ling. Seus funcionários, cientes da rigidez da senhora em relação à limpeza, correram para recolher o bebê. Mas ela os interrompeu: "Deixem-na terminar o xixi, do contrário lhe fará mal".[35] O xixi morno despertou em Ching-ling algo que ela nunca havia vivenciado e pelo qual se sentia sedenta: ser mãe. A partir de então, as nuvens sombrias da política começaram a recuar, e Ching-ling, por volta dos 65 anos, ficou absorta na maternidade.

20. "Não me arrependo de nada"

A bebê que fez xixi em Ching-ling cresceu e agora já engatinhava. Ching-ling lhe deu um nome inglês, Yolanda, mas a chamava de "meu pequeno tesouro". Como a Madame Sun já passara dos sessenta anos, as pessoas orientavam a criança a se dirigir a ela como "avó" ou "Taitai", mas Ching-ling queria ser chamada de "mãe". Como se pressentindo o que se passava na cabeça da madrasta, a criança esperta murmurava "Mamãe-Taitai", o que encantava Ching-ling e resolvia o problema. A partir de então, ela deu instruções para que todas as crianças que fossem visitá-la a chamassem assim. Já a portas fechadas com Yolanda, ela se referia a si mesma como mamãe, e a criança a chamava assim.[1]

Um dia, em 1961, Yolanda, com três anos de idade, dançou para a Mamãe-Taitai. Ching-ling mal podia conter o orgulho e a exibia aos amigos. Naquele ano, Yolanda foi convidada para dançar numa grande celebração pelo Dia das Crianças (1º de junho) vestindo uma linda roupa coreana. Quando Ching-ling a viu na televisão (televisão era um luxo raro, disponível apenas para um pequeno grupo da elite), ficou encantada, ainda mais porque sentia que, inacreditavelmente, Yolanda se parecia com ela. (Outros também achavam.)

Ching-ling também adotara extraoficialmente a irmã de Yolanda, Yong-jie, nascida em 1959. Quando a bebê tinha cinco meses, foi feito um registro fotográfico. Ching-ling amava tanto o retrato que pediu que fosse publicado na capa da revista oficial das mulheres, *Mulheres na China*. (O pedido não foi aceito.)[2]

As meninas entravam e saíam da casa de Ching-ling o tempo todo, o que era o paraíso para as duas, que moravam nos apertados alojamentos dos funcionários. A vida era dura para os pais — o chefe de segurança e a trabalhadora de fábrica —, especialmente durante a grande fome. O casal tinha muitas bocas para alimentar: depois de Yolanda e Yong-jie, tiveram mais duas crianças, um filho e uma filha. E, para piorar, não era uma família feliz. Havia brigas frequentes e muita gritaria. A sra. Sui não gostava das intromissões de Ching-ling e, em ataques de frustração e raiva, destruía tigelas e pratos, itens preciosos. Numa ocasião, seguiu o marido até a casa da chefe e praguejou contra Madame Sun, culpando-a pela tensão que imperava na residência da família Sui. Ching-ling ficou abalada e ordenou que acomodações fossem providenciadas para a família imediatamente. Não tardaram a se mudar.[3]

Em 1963, Sui sofreu um derrame e ficou parcialmente paralisado. Ching-ling escreveu a um velho amigo: "A notícia me deixou muito triste e até agora não consegui reunir coragem para visitá-lo. Temo que minha emoção lhe provoque tristeza e o deixe em um estado pior. Enviei dois de seus filhos para o jardim de infância, onde a influência é bem melhor do que na casa dele. As crianças são extremamente inteligentes. Visitei as duas quando retornei. Estão bem adaptadas à nova rotina e ao ambiente".[4] Ching-ling ia buscá-las na escola, depois levava as duas para sua residência, e não demorou para que ambas passassem a ficar com ela regularmente.

Embora a mãe se ressentisse disso, precisou aceitar que era o melhor para as filhas. Yolanda e Yong-jie mantiveram a relação com os pais, mas passavam muito tempo com a Mamãe-Taitai, que lhes dava comida e roupas lindas com as quais não podiam sequer sonhar, incluindo os casacos de pele mais macios, feitos de lã de cordeiro, que as deixavam tremendo de emoção. Pela manhã, Ching-ling enfeitava os cabelos das duas com fitas de seda colorida no formato de borboletas. Gostava de observá-las brincando no gramado da casa; sentava-se num banco e esperava até que as duas corressem para um grande abraço. No jardim, havia dois grandes gansos, e as meninas, nos braços de Ching-ling, os alimentavam quando eles se aproximavam, meneando a cabeça. Mamãe-Taitai ensinou a elas a etiqueta para encontros com VIPS e as introduziu nas visitas a dignitários. Numa fotografia, um Zhou En-lai cintilante aparece de mãos dadas com as duas, passeando pelo jardim.

As garotas preencheram a vida de Ching-ling, ocupando completamente sua atenção. Mais tarde, a própria Yolanda especulou que a devoção que Ching-ling antes dedicara ao trabalho podia ser uma forma de preencher o vazio que havia nela, criado por ter sido privada da maternidade.[5]

Em 1966, quando a Revolução Cultural começou, a Irmã Vermelha já não podia ignorar a realidade que imperava do lado de fora das mansões. Na ocasião, que consistiu no maior expurgo da era Mao, o presidente Liu Shao-qi foi o principal alvo, pois foi ele quem encurralara Mao, diminuindo o ritmo da industrialização militar desenfreada (e mitigando, dessa forma, a fome).* Mao, que detestava frustração, fez de tudo para que Liu padecesse uma morte terrível na prisão. A sra. Liu, por sua vez, também foi presa, sob a acusação estapafúrdia de ser "espiã dos nacionalistas e da CIA". Dezenas de milhões de supostos seguidores de Liu foram condenados sob o rótulo de "capitalistas disfarçados" e outras pechas igualmente fatais. Para sobreviver, o primeiro-ministro Zhou En-lai precisou se humilhar diante de Mao.

Ching-ling foi mais uma vez poupada. Graças a seu valor como Madame Sun Yat-sen, encabeçou uma lista de pessoas a serem protegidas de qualquer violência por parte da Guarda Vermelha, a força-tarefa de Mao. Algumas coisas desagradáveis lhe ocorreram, mas, em comparação, tais episódios eram meros aborrecimentos. Em Shanghai, por exemplo, a tumba de seus pais foi pilhada; contudo, depois de enviar fotos a Zhou En-lai, o sítio foi restaurado (com o detalhe de que os nomes de seus irmãos e irmãs permaneceram devidamente apagados da lápide). Em outro episódio, viu-se às turras com o novo chefe de segurança, que vinha tornando sua vida um inferno; depois de reclamar à sra. Zhou, ele foi removido. (O segurança, maoista fanático, foi despachado de modo dramático. Voltava para seus aposentos, cantarolando uma canção composta a partir de uma citação de Mao, quando um subordinado o cumprimentou e pediu que entrasse em um escritório para uma consulta urgente. Tinha acabado de entrar quando dois outros guardas saltaram de trás

* Para mais detalhes, ver *Mao: A história desconhecida*, cap. 44.

da porta, prenderam-no pelos braços, e um deles recolheu sua pistola do cinto. Foi escoltado até o portão, de onde partiu pedalando na sua própria bicicleta.)[6]

Mas Mao queria que todos ficassem pelo menos um pouco amedrontados. Assim, guardas vermelhos obtiveram permissão para acampar do lado de fora dos muros carmesins da residência de Ching-ling em Beijing (onde ela foi orientada a ficar, em vez de Shanghai). Alto-falantes repetiam slogans de gelar o sangue. Os guardas submetiam suas vítimas a violentas "sessões de denúncia" do lado de fora da casa de Ching-ling, e os gritos de dor por vezes alcançavam seus ouvidos. Ela ficava aterrorizada. Não houvera nada do tipo nos expurgos de Stálin ou no terror branco de Chiang Kai-shek, ou mesmo nas campanhas políticas anteriores do próprio Mao. Temendo que a Guarda Vermelha entrasse em sua casa e a torturasse por possuir belas bolsas de mão, sapatos e vestidos, itens classificados como "burgueses", lançou todos ao forno. Quando leu um artigo de jornal que condenava a posse de animais de estimação, incluindo pombos e peixinhos dourados, Ching-ling largou o jornal na mesma hora e deu ordens aos funcionários para que sacrificassem todos os seus pombos. Para sorte das aves, essa questão foi relatada a Zhou En-lai, que ordenou que os animais fossem deixados em paz.[7] Certa vez, Ching-ling descreveu impulsivamente seus receios a uma velha amiga, a jornalista americana pró-Mao Anna Louise Strong. Tão logo postou a carta, foi tomada por um grande medo e se apressou a enviar uma segunda missiva, orientando Strong a destruir a primeira. Strong respondeu: "No mesmo dia em que recebi sua segunda nota, eu pessoalmente rasguei a primeira em pedacinhos, joguei na privada e dei descarga [...]. Nada da correspondência sobreviveu".[8]

A vida se tornou um relatório diário de notícias terríveis. Amigos e parentes eram torturados em tribunais populares, outros eram despejados de suas casas, encarcerados, e muitos tiveram mortes violentas. Um amigo próximo, o velho camarada Jin Zhong-hua, até então vice-prefeito de Shanghai, viu-se acusado de ser "espião americano" e foi submetido a interrogatórios brutais. Teve a casa invadida, e aproximadamente oitenta cartas de Ching-ling foram encontradas. Ching-ling lhe havia pedido que destruísse as missivas, mas ele estimava muito a correspondência e não o fez. Embora as cartas não contivessem nada nem remotamente ofensivo ao regime, o ex-vice-prefeito se viu consumido por ansiedade, temendo que, por algum motivo inesperado ou insondável, elas trouxessem consequências desastrosas para Ching-ling. A tensão era insuportável e, em 1968, Jin Zhong-hua se enforcou.[9]

Por causa dos laços com a família Soong, praticamente todos os parentes de Ching-ling foram submetidos a tratamentos terríveis. Uma prima pelo lado materno, Ni Ji-zhen, foi arrancada da própria casa em Shanghai e, em seguida, espancada e pisoteada pela Guarda Vermelha. Numa carta a Ching-ling, datada de 14 de dezembro de 1966, contou em detalhes o que vinha sofrendo e escreveu: "Não sei por quanto tempo conseguirei resistir a tanto medo e sofrimento [...]. Tentarei continuar vivendo. (Dizem que, se você se matar, será considerada uma contrarrevolucionária.) Não infringi nenhuma lei, nem buscarei minha morte [...]. Será que você poderia, por favor, me escrever algumas palavras ao receber esta carta, para que eu saiba que recebeu? Isso me daria algum consolo". Depois de assinar seu nome, a prima acrescentou: "A nora dos Gan cometeu suicídio, com gás. Das pessoas que conheço, oito fizeram o mesmo".[10]

Ching-ling, ainda obrigada a viver em Beijing, recebeu a carta. Não respondeu, mas pediu discretamente para que uma velha subordinada em Shanghai levasse um pouco de dinheiro para a prima desabrigada. Disse que, "fora o fato de ter nascido numa família burguesa, minha prima nunca se envolveu com política e nunca fez nada de mal. Sempre fez o que lhe mandaram". Depois disso, nunca mais se ouviu falar da tal subordinada (Ching-ling descobriu mais tarde que ela fora trancafiada em uma das muitas prisões ad hoc criadas por praticamente todas as organizações na China na época — provavelmente por ter entregado o dinheiro). Assim, a Irmã Vermelha precisou desistir de ajudar a prima. Até que, em maio de 1968, a mesma prima tantas vezes torturada tocou a campainha da mansão de Ching-ling em Shanghai, desesperada. Depois de ser informada de que Ching-ling estava em Beijing, foi despachada. Ela cruzou a rua, entrou no prédio da frente, subiu ao telhado e pulou, suicidando-se.

Essa morte assombrou a Irmã Vermelha, que se sentia "parcialmente responsável" e muitas vezes via a prima em sonhos.[11] Finalmente, já não podendo suportar os pesadelos, desafogou-se com uma amiga íntima de muitos anos, Cynthia, que, ainda na infância, estivera presente ao seu casamento com Sun Yat-sen. A carta era franca, repleta de raiva e repulsa às crueldades e atrocidades que vinham acontecendo por toda parte. Dessa vez, não pediu para que a carta fosse destruída. Escrita em fevereiro de 1971, essa missiva foi o mais próximo que Ching-ling chegou de um protesto contra a Revolução Cultural. A Irmã Vermelha estava à beira de um colapso nervoso.

Naqueles anos infernais, viu-se obrigada também a parar de ver as filhas adotivas. O antigo boato sobre sua relação com o pai das duas, Sui, retornara, e dessa vez a insinuação era ruidosa e oficial. Militantes a acusavam publicamente de dar a Sui muitos presentes, incluindo uma câmera fotográfica — um grande luxo na época — e uma coleção de roupas. Ching-ling precisou provar a inocência e, em outubro de 1969, escreveu às autoridades: "A verdade é que, quando ele me acompanhou a diversas visitas oficiais no exterior, as roupas foram fornecidas pelo governo. Não encomendei nem uma peça sequer. A câmera, sim, foi um presente meu".[12]

Como antes, as autoridades concluíram que não era uma boa ideia fazer da Madame Sun uma inimiga. No começo de 1970, Ching-ling viu as filhas adotivas pela primeira vez em muitos anos. Seu coração se inflou quando as adolescentes apareceram. Olhando para elas, percebeu quanto haviam crescido. Yolanda era agora mais alta do que ela, e seus pés eram tão grandes que precisava usar sapatos masculinos. Ching-ling sentiu que as amava mais do que nunca, e as duas passaram a morar com ela definitivamente.

As garotas mal tinham tido acesso à educação: as aulas haviam sido interrompidas, e as crianças compareciam aos prédios escolares apenas para denunciar professores, brigar entre si — divididas em facções da Guarda Vermelha —, ou perambular sem propósito. Mao, então, decidiu dissolver a Guarda Vermelha, enviando seus integrantes para trabalhar como camponeses em vilarejos. Esse era o único futuro disponível para a vasta maioria da juventude do país. Ching-ling, contudo, estava determinada a salvar as "filhas" desse destino. Mexeu os pauzinhos para alistá-las no Exército, alternativa disponível apenas para membros da elite. Ali, Yolanda estudou dança e Yong-jie trabalhou num hospital.[13]

Em setembro de 1971, aconteceu um evento monumental. O chefe do Exército Lin Biao, braço direito de Mao na Revolução Cultural, morreu num acidente de avião enquanto tentava fugir da China, depois de romper com o chefe. Nisso, Mao já não podia confiar nos homens de Lin, que vinham governando o país por ele, e se viu forçado a reintegrar alguns oficiais antigos que havia expurgado, incluindo Deng Xiao-ping, velho tenente que se recusara a colaborar em seu grande expurgo. As coisas ficaram palpavelmente mais fáceis. Nos altos círculos, a Revolução Cultural começou a ser chamada de "holocausto" chinês.[14] Nessa nova atmosfera, Ching-ling se sentiu capaz de se expressar com mais liberdade. Em junho de 1972, escreveu a um parente e amigo confiável: "Foi bom poder abrir meu coração para você ontem à noite. Uma revolução traz, sim, alguns maus elementos à tona, mas o faz ao custo de sacrificar *tantas vidas boas*! *Quadros capazes*!".[15] O destaque revelava bem a intensidade de seus sentimentos.

Nos anos seguintes, muitos dos amigos de Ching-ling foram soltos. Entre eles, seus amigos de longa data Israel Epstein e a esposa, que vinham definhando na prisão sob falsas acusações havia cinco anos. Quando chegou a notícia da libertação dos dois, Ching-ling ficou muito feliz. Mas também sentiu a necessidade de perguntar às autoridades, indiretamente, se podia tratá-los como o fazia antes.[16]

Nessa época, Ching-ling voltou a fazer festas, nas quais velhos amigos que tinham passado por tantas coisas e que não se viam havia muitos anos conversavam e riam. Antes das festas, ela colocava um pouco de pó no rosto e traçava as sobrancelhas. Ainda havia muitas coisas que a deixavam furiosa. Um amigo íntimo não pôde ir a um jantar que ela ofereceu (disseram-lhe que ele estava doente e não podia ir; ele, por sua vez, foi informado de que ela estava doente e não podia vê-lo). Indignada, a Irmã Vermelha lhe escreveu: "Isso *não* é jeito de tratar um membro antigo do Partido, alguém que sempre foi fiel".[17] Teve grande dificuldade em encontrar uma funcionária que fosse aprovada pela análise da equipe de segurança. A que conseguiu tinha pés atados e mal conseguia andar. Ching-ling ficou irritada. "Dizem que ela vem de boa família. Mas será que devemos ser responsáveis por nossos ancestrais?"[18]

Em janeiro de 1976, Zhou En-lai morreu de câncer, aos 77 anos. Ching--ling lamentou muito. Zhou continuara a tornar sua vida mais suave, mesmo quando tinha apenas mais alguns meses para viver. Numa ocasião, Yolanda apanhou de um homem que alegava que ela havia tomado dele dinheiro emprestado e se recusava a pagar. Ching-ling imediatamente reportou o homem às autoridades. Quando Zhou ficou sabendo, ordenou que o homem ficasse detido por uma semana e escrevesse um pedido de desculpas. Outra vez, quando Ching-ling sofreu uma queda, Zhou lhe telefonou mais de uma vez por semana para saber de seu estado.[19]

No dia 9 de setembro, Mao morreu. Ching-ling estava em Shanghai e foi informada por uma ligação de longa distância. Aparentemente, lágrimas rolaram no rosto da senhora de 83 anos. Mas ela não disse nada e não comentou o episódio com ninguém.[20] Andava suspeitando de que cartas endereçadas a ela vinham sendo interceptadas logo após a morte de Mao. Um mês depois, os quatro assistentes mais próximos de Mao naqueles últimos anos, a chamada "Gangue dos Quatro", capitaneada por Jiang Qing, sua mulher, foram presos. Foram culpados por todas as atrocidades da Revolução Cultural, que agora se encerrava oficialmente. Ching-ling, então, começou a voltar à vida.

Apesar de todo seu desprezo pela Revolução Cultural, a Irmã Vermelha relutava em atribuir a culpa a Mao. Confrontar a responsabilidade do antigo líder envolveria refletir sobre suas próprias decisões, conduzindo talvez à ideia de que toda a sua vida fora um erro e que ela escolhera o deus errado. Estava determinada a não permitir que isso acontecesse. "Fiz minha escolha e não me arrependo de nada",[21] disse a pessoas próximas. A queda da Madame Mao, de quem ela nunca tinha gostado, deu-lhe um bode expiatório conveniente, restaurando seu equilíbrio.

Na verdade, Jiang Qing não instaurara política alguma; como ela própria disse: "Eu era como o cão de guarda do presidente Mao; quem quer que o presidente Mao desejasse que eu mordesse, eu mordia". Jiang Qing trabalhara como atriz em Shanghai nos anos 1930, antes de mudar para Yenan com outros artistas de esquerda. Lá, chamou a atenção de Mao, que se divorciou da terceira esposa e se casou com ela, em 1938. Ao longo dos anos, Mao percebeu que Jiang Qing tinha muito veneno e que gostava de destilá-lo. "Jiang Qing é mortalmente venenosa, como um escorpião", disse a um parente, meneando o dedo mindinho, como o rabo de um escorpião. Mao fez com que ela encabeçasse a Revolução Cultural e desse cabo de boa parte do trabalho sujo. Sabia bem quanto ela era odiada. Perto do fim da vida, ele sofria de uma doença incurável e, temendo um golpe, enviava repetidamente a mesma mensagem a seus oponentes: "Deixem-me morrer na minha cama, depois façam o que bem quiserem com minha esposa e sua Gangue".[22]

Quando a Madame Mao foi encarcerada, a Irmã Vermelha ficou felicíssima. Exclamou a um amigo: "O partido é generoso demais com essa vagabunda doentia! E ela ainda demandou a peruca de volta, pois o clima estava insuportavelmente frio!". Durante o julgamento da Gangue dos Quatro, em 1980, Ching-ling escreveu a Anna Wang afirmando que a pior coisa que a Madame Mao fez foi conspurcar o nome do marido, alegando que tudo quanto fizera foi sob suas ordens. "Que mulher horrível!", exclamou a vice-presidente de Mao. Agora se sentia livre para louvar Mao de novo, mesmo em correspondências privadas: "Para mim, ele foi o homem mais sábio que tive a sorte de conhecer — seu pensamento claro, seus ensinamentos [...], devemos segui-los fielmente, pois nos levam de vitória à vitória". Essa eulogia foi seguida por um último comentário: "(Uma coisa que sempre me perguntei é *por que* ele nunca cortou relações com [Jiang Qing], de modo a impedi-la de criar problemas.)". Aqui, a Irmã Vermelha parece acreditar de verdade que o "holocausto" chinês foi todo obra dessa mulher desagradável.[23]

Em todo caso, uma nova era começava. Deng Xiao-ping assumiu o comando, e o país entrou na fase de Reformas e Abertura para o Mundo Exterior, que viria a transformar a face da China. Deng estabeleceu a orientação de que o Partido Comunista e Mao não deviam ser questionados. Para a Irmã Vermelha, era a orientação perfeita. Encontrava-se agora em paz e se sentia "muito tranquila" e "muito contente" nos últimos anos de sua vida.[24]

Nessa época, Yolanda e Yong-jie inundaram de alegria a vida de Ching-ling. Madame Sun estava com seus oitenta anos e muito frágil. A exemplo de May-ling, era constantemente atormentada por urticárias, a pele se cobria de bolhas que pareciam cerejinhas enfileiradas. Seus problemas de saúde poderiam tê-la levado ao suicídio, se não fosse durona, como disse certa vez a um amigo.[25] Ter as filhas adotivas por perto lhe possibilitava distração e risos. Gostava muito delas, considerava ambas inteligentes e divertidas e, assim, as mimava e lhes concedia todos os privilégios disponíveis aos que pertenciam aos altos círculos.[26]

Por volta do fim da Revolução Cultural, a China permitiu que um pequeno número de visitantes estrangeiros entrasse no país. Para atendê-los, itens desejáveis foram postos à venda na "Loja da Amizade", na capital. Na época, todos no país vestiam uma espécie de uniforme composto de jaquetas azuis e calças folgadas. Yolanda e Yong-jie ficaram encantadas por todas aquelas coisas novas e bonitas. Insistiram para que Ching-ling fizesse seus amigos estrangeiros comprarem presentes para as duas. Primeiro, meias de nylon, que viram as amigas usando; depois, modeladores de cabelo. (As mulheres estavam proibidas de enfeitar o cabelo ou usar maquiagem.) E, claro, queriam visitar pessoalmente a tal loja de artigos fabulosos. Ching-ling simpatizava com aquele sentimento e as satisfazia. Muitas vezes deixou que usassem seu carro para irem às compras, o que provocava críticas. Comprou roupas bonitas e sapatos para elas — e uma bicicleta para cada uma. Para o aniversário de quinze anos de Yolanda, encomendou um relógio a um amigo de Hong Kong — luxo muito dispendioso, embora especificasse que devia ser "um relógio de pulso comum, duradouro e nada chique". Dois anos mais tarde, quando Yolanda precisou encerrar sua carreira na dança por causa de uma lesão e se tornou atriz de cinema, Ching-ling encomendou outro relógio ao mesmo amigo, mas agora um mais sofisticado, tendo em vista a nova carreira da filha adotiva.

Segundo ela própria, Yolanda era vaidosa e exibida naquela época. Era pouco popular e oferecia muito material para fofocas entre a elite de Beijing. Israel Epstein, o biógrafo autorizado de Ching-ling, trata-a com desdém em seu livro, referindo-se às irmãs como "garotas impertinentes". Uma senhora em Beijing chegou a dizer algumas verdades à grande Madame Sun. Ching-ling escreveu que a mulher "me censurou por não ensinar bons modos [a Yolanda], e é verdade que não consigo controlar os modos arrogantes de Y.". O coro de desaprovação só tornou Yolanda ainda mais rebelde, a ponto de ela exagerar a arrogância. Frustrada, Ching-ling dizia-lhe "para não voltar". Mas Yolanda sempre voltava — para alegria de sua Mamãe-Taitai.

Em 1975, antes de completar dezoito anos, Yolanda arranjou um namorado. Ching-ling a aconselhou a ser cuidadosa, mas, quando a garota se recusou a seguir seus conselhos, não se envolveu mais. O relacionamento excitava as adversárias de Yolanda, que espalhavam histórias obscenamente exageradas. Ching-ling tomou as dores da filha adotiva e decidiu esclarecer aquela história. Numa carta para uma amiga, declarou: "Amo Yolanda, sei que ela é inocente, embora tenha lá suas falhas".[27]

Depois da morte de Mao, os chineses começaram a rasgar a camisa de força puritana que foram obrigados a vestir. Yolanda, entrando nos seus vinte anos, curtia a vida freneticamente. Foi, talvez, a primeira patricinha farrista do país: saía dia e noite, frequentando, na companhia de visitantes estrangeiros, os clubes e restaurantes chiques que começavam a colorir a tediosa capital. Fox Butterfield, primeiro correspondente do *New York Times* em Beijing desde o levante comunista, a viu no Beijing Hotel, em 1980: "Vestia uma saia curta de lã, apertada nos quadris, botas de couro marrom e cano alto e uma blusa laranja-claro. Yolanda era [...] esbelta e muito alta para os padrões chineses, aproximadamente um metro e setenta. Usava sombra pesada nos olhos e batom; não era bonita, mas altiva, impressionante, sexy. Parecia uma estrela de cinema de Taiwan ou Hong Kong".

Naquele ano, na cerimônia da versão chinesa do Oscar, "Yolanda apareceu vestida numa blusa de seda vermelha, com uma longa saia carmesim bordada, um deslumbre de cor e estilo numa floresta de roupas azuis folgadas. E fumava cigarro, coisa que poucas jovens chinesas faziam em público. Quando uma equipe de TV canadense reparou nela, Yolanda puxou um estojo de pó da bolsa e conferiu a maquiagem. Dentro da bolsa, como pude ver, havia um maço de Marlboro, apesar de cigarros estrangeiros não estarem disponíveis em lojas comuns da China".[28]

Ching-ling tolerava tudo isso. Não a incomodava que Yolanda apreciasse o estilo de vida ocidental e fosse "fascinada por conversas sobre como era incrível a vida nos Estados Unidos". Ela e Yolanda até se provocavam falando de "amor", palavra nunca mencionada naqueles anos. Um dia, Yolanda flagrou Ching-ling admirando uma foto de Sun Yat-sen jovem e disse: "Olha só, o sr. Sun era bonito. Se eu estivesse lá, também teria ido atrás dele". Ching-ling, ruborizada de orgulho, disse: "Você chegou tarde, eu o fisguei, esse é meu. Você não vai conseguir colocar as mãos nele".[29] Yolanda reparou que, quando Ching-ling falava sobre Sun, ela se comportava como uma garotinha apaixonada. Parece que, tendo se tornado "mãe", com a ferida de não ter filhos agora, em certa medida, curada, Ching-ling redescobriu o amor pelo falecido marido.

Yolanda era cortejada por muitos homens, e, como uma verdadeira mãe, Ching-ling se preocupava. A jovem parecia ostentar a própria sexualidade: o suéter, por exemplo, era apertado demais e revelava os seios abundantes. Exasperada, Ching-ling suspirava: "Espero que alguém aceitável me liberte logo desse peso de ter de vigiá-la como uma mamãe ganso! Os constantes telefonemas nos deixam a todos com doı de cabeça. Talvez seja ela a responsável pelos meus frequentes ataques de urticária".[30]

Em 1980, a atriz escolheu seu futuro esposo, um colega de profissão, muito bonito e catorze anos mais velho. Ching-ling tinha outra pessoa em mente e não aprovou o casamento, mas não se opôs ativamente. Como forma de alertá-la, tudo o que fez foi dizer a Yolanda, na véspera do matrimônio: "Uma coisa você não pode tolerar nem por um segundo: se ele bater em você, ainda que seja apenas um tapa, se divorcie e venha direto para casa". Ching-ling organizou uma pequena celebração. Os convites eram vermelhos com caracteres dourados. Na festa, Yolanda estava fabulosa, vestindo um *qipao* branco e véu. O coração de Ching-ling transbordava de emoções contraditórias; a certa altura, precisou se retirar da sala abruptamente. Quando Yolanda correu atrás dela, Madame Sun se virou e agarrou o braço da noiva, explodindo em lágrimas.

Depois do casamento, Ching-ling passou meses indisposta e fez muitos check-ups. Não havia nada particularmente errado com sua saúde. Disse a Anna Wang, com pesar: "Talvez a causa psicológica seja maior". Continuava a se ocupar de Yolanda e ajudou os recém-casados a adquirirem um cobiçado apartamento pequeno em um dos novos complexos de torres construídos no começo dos anos 1980. Por mais de uma década, quase não haviam sido construídas novas habitações, de modo que toda uma geração havia crescido e agora casava e tinha filhos. Esses novos complexos de torres eram disputadíssimos. Haviam sido construídos às pressas. Os quartos eram pequenos e o piso era de cimento cru — para consternação de Ching-ling. O elevador parava de operar às nove horas da noite, e o apartamento do casal ficava no décimo oitavo andar. Quando trabalhavam no turno da noite, eles chegavam em casa às três horas da manhã, então precisavam subir de escada. Mal haviam se instalado quando Ching-ling começou a planejar transferi-los para um apartamento melhor.[31]

Mamãe-Taitai era tão protetora quanto com a outra filha adotiva, Yong-jie, para quem garantira uma vaga no hospital militar. Contudo, descobriu mais tarde que a garota não tinha chance alguma de estudar medicina e, tendo sido designada para um trabalho administrativo, passava os dias copiando documentos. Ching-ling acreditava que aquele emprego era uma punição que, ao longo dos anos, danificara os olhos de Yong-jie. Escreveu a amigos: "Não acreditem nos boatos maliciosos que os inimigos delas espalham. Eu as amo, e estou pronta para fazer tudo que posso para não deixar a inveja destruir o futuro das duas". Mexeu os pauzinhos para matricular Yong-jie no prestigiado Instituto de Línguas Estrangeiras de Beijing. Em 1979, Yong-jie ganhou uma bolsa de estudos e foi estudar nos Estados Unidos. Ching-ling gastou muito dinheiro comprando tudo de que Yong-jie pudesse precisar. Vendeu as peles, que sua mãe lhe deixara, e alguns vinhos preciosos herdados do pai. Antes mesmo de Yong-jie chegar aos Estados Unidos, Ching-ling, já sentindo saudades, começou a planejar uma forma de trazê-la para as férias de verão.[32]

Harold Isaacs, que, durante a juventude, nos anos 1930, trabalhara como ativista ao lado de Ching-ling, fez-lhe uma visita nos anos 1980. "Havia muitas coisas que eu queria perguntar a ela", escreveu, depois do encontro; mas, "obviamente, ela só falaria sobre o que *ela* quisesse falar, e era sobre um pequeno pacote de fotos que ela tinha posto sobre a mesinha à frente dela". As fotos eram de Yolanda e Yong-jie. Para surpresa de Isaacs, a famosa "Joana d'Arc da China" entabulou uma "conversa bastante familiar". "Quero lhe falar da minha família", ela disse. Falou do casamento de Yolanda e de como Yong-jie, de volta dos Estados Unidos por um breve período, organizou tudo. "Falava de Yolanda com a dor da perda maternal e de [Yong-jie] com grande orgulho de mãe", notou Isaacs. Ching-ling pediu a ele que levasse um pacote de revistas para Yong-jie, que estava nessa época na Trinity College, em Hartfod, em Connecticut.[33]

Meses depois, Yolanda gravava um filme na Costa Sul do país, quando um telegrama de Beijing chegou, pedindo seu retorno. A atriz pegou o primeiro avião para casa e encontrou Ching-ling entre a consciência e a inconsciência. Yolanda pôs a mão de Ching-ling em seu rosto, clamando: "Mamãe-Taitai!". Ching-ling abriu os olhos, acariciou a bochecha de Yolanda e murmurou: "Minha criança, meu pequeno tesouro, você voltou, finalmente". Yong-jie, por sua vez, acorreu às pressas dos Estados Unidos.[34]

Na madrugada do dia 15 de maio, depois de receber a notícia de que a vida de Ching-ling estava em perigo, o Partido Comunista Chinês decidiu incluí-la entre seus membros de modo oficial e explícito. Não importava que dessa vez a Irmã Vermelha não tivesse requisitado a formalização. Ela o fizera um quarto de século antes, em 1957. A sra. Liu Shao-qi, que presenciara tudo na ocasião, e que acabara de sobreviver à prisão de Mao (seu marido, o falecido presidente, não teve a mesma sorte), foi enviada para a cama de Ching-ling e disse: "Eu lembro que certa vez você pediu para ingressar no Partido. Gostaria de saber se ainda deseja isso". Ching-ling concordou com um aceno de cabeça. A sra. Liu repetiu a pergunta três vezes, e em todas a Irmã Vermelha acenou positivamente. Assim, a formalização foi finalizada, e, naquela tarde, Deng Xiao-ping presidiu uma reunião de emergência do chamado Politburo, que "decidiu unanimemente aceitar Soong Ching-ling como membro do PCC".[35]

No dia seguinte, em 16 de maio, Ching-ling recebeu o título de "Presidente Honorária da República Popular da China".

Com Ching-ling no leito de morte, o Partido convidou seus parentes para visitá-la em Beijing. No topo da lista de convidados estava a Madame Chiang Kai-shek, que foi encorajada a fazer uma última visita à irmã moribunda. Anna Chennault — a esposa chinesa do piloto americano Claire Chennault, que criara o esquadrão dos "Tigres Voadores" durante a Segunda Guerra Mundial — repassou a mensagem a May-ling, que agora vivia em Nova York. A Irmã Mais Nova se recusou a responder.[36]

Ching-ling morreu em 29 de maio de 1981, aos 88 anos. Bejing mais uma vez convidou todos os membros da "família" para comparecer ao funeral, oferecendo-se para pagar todas as despesas da viagem. O gesto foi recebido com um silêncio ensurdecedor pelos Soong, pelos Chiang e os Kung. Os parentes mais próximos que compareceram e que foram fotografados ao lado de seu caixão foram alguns netos do primeiro casamento de Sun Yat-sen.

Yolanda e Yong-jie não foram vistas. Harold Isaacs, que visitara Ching-ling no ano anterior, testemunhando como ela as tratava como verdadeiras filhas, ficou "pasmo ao descobrir que as duas não apareceram em nenhuma das fotografias de familiares e amigos no funeral [...]. Só posso imaginar quão triste e doloroso deve ter sido para as duas jovens que ela mais amava no mundo, como ela própria deixou claro quando nos vimos".[37] De fato, as irmãs choraram muito ao se despedir do corpo de Ching-ling — foram as últimas numa longa fila, depois dos funcionários. Logo em seguida foram retiradas do local. Por três décadas, suas identidades nunca foram mencionadas. Enquanto Yolanda continuou sua carreira de atriz em Beijing, Yong-jie partiu depois do funeral para os Estados Unidos. Desde então, nunca mais se ouviu falar dela.

O anonimato oficial das duas filhas adotivas de Ching-ling só em parte se devia ao fato de que a adoção fora informal. A principal razão era outra: as duas simplesmente não tinham lugar nos propósitos do Partido. O PCC queria enfatizar o laço de sangue da família estendida de Ching-ling, em seu esforço contínuo para conquistar Taiwan. As garotas, inconvenientemente, não eram membros daquele clã.

A velhice reavivara a afeição da Irmã Vermelha pela família natural. Destacara o retrato da mãe na parede de casa e sempre levava seus convidados para prestarem homenagem à falecida. Deu instruções para que fosse enterrada ao lado do túmulo dos pais, pois, como contou a pessoas próximas, queria continuar pedindo desculpas à mãe. "Agi mal com ela. Tenho me sentido muito culpada."[38] Também se sentia mal pelo modo como atacara as irmãs no passado. Nos anos 1930, fez comentários duros para Edgar Snow sobre as habilidades financeiras da Irmã Mais Velha, e Snow publicou o que ela havia dito. Em 1975, parecia lamentar ter feito tais comentários e acusou Snow de colocar "palavras ofensivas sobre minha irmã mais velha na minha boca". Insistiu para que a viúva de Snow retirasse o trecho do livro.[39]

Apesar de todos esses sentimentos, Ching-ling seguiu a vida e construiu sua própria família. Além das duas filhas adotivas e dos amigos íntimos, que chamava de "minhas irmãs e irmãos", um membro-chave de seu mundo era a Irmã Yan-e, funcionária que lhe devotou a vida por mais de cinquenta anos. Ching-ling pagou lealdade com a mesma moeda. Quando a Irmã Yan-e estava sofrendo de câncer, imersa em dores profundas, Ching-ling ficou angustiada. Pagou pelo melhor e mais caro tratamento disponível e, quando a fiel escudeira morreu (alguns meses antes dela), deu instruções para que a enterrassem perto de seu próprio futuro túmulo, no cemitério da família Soong. Ching-ling nunca pretendeu adentrar o grandioso mausoléu de Sun Yat-sen.

Também não se via como uma pessoa inteiramente do Partido. Apesar de uma vida inteira associada aos comunistas, ainda se enxergava como alguém que possuía uma identidade separada, particular. Preparara cuidadosamente seu testamento (sem advogados; na época, não havia essa profissão), deixando seus bens pessoais — coisas que ela enxergava como suas e não do Estado — para indivíduos específicos. Era um ato absolutamente incomum para um comunista na época. Caso chegassem a fazer um testamento, em geral deixavam tudo para a Organização. Já Ching-ling deixou quantias de dinheiro para seus funcionários. Um amigo em Hong Kong, Ernest Tang, foi particularmente contemplado. Ao longo dos anos ele lhe comprara muitas coisas que ela não podia conseguir na China (incluindo relógios para Yolanda). Embora tenha

Ei-ling, a Irmã Mais Velha, "a mente mais brilhante da família" — segundo May-ling —, era uma das mulheres mais ricas da China.

Ching-ling, a Irmã Vermelha, vice-presidente da China comunista.

May-ling, a Irmã Mais Nova, primeira-dama da China nacionalista.

Ching-ling no exílio em Moscou, 1927-8.

O presente de Chiang Kai-shek para a esposa em 1932 foi um colar composto por uma montanha. A pedra preciosa do pingente era uma linda *villa* conhecida como "Palácio May-ling".

May-ling, no ano de 1943, em visita aos Estados Unidos, onde lhe foi preparada uma recepção fantástica quando era primeira-dama da China na guerra.

Ei-ling em Taiwan, em 1969, com a nora Debra Paget, ex-estrela de Hollywood, protagonista no primeiro filme de Elvis Presley, *Ama-me com ternura*. Debra segura no colo o filho, Gregory Kung, único descendente das três irmãs Soong.

May-ling mudou-se de Taiwan em definitivo em 1991, dissociando-se da política da ilha. Compareceu à despedida o presidente Lee, que, em 1996, se tornou o primeiro presidente democraticamente eleito.

May-ling por volta dos cem anos de idade, em seu apartamento em Manhattan. May-ling morreu em 2003, aos 105 anos.

Cartão-postal de 1912 exibindo as três figuras fundadoras mais importantes da República da China. Da esq. para a dir.: Li Yuan-hong, Sun Yat-sen e Huang Xing. Na legenda, lê-se: "Felicitações pela criação da República da China".

Mais de 150 estátuas de Chiang Kai-shek e Sun Yat-sen, remanescentes dos tempos em que eram objetos de culto, foram removidas para um "parque de estátuas" nos arredores de Taipei. Atrás dessas estátuas há um restaurante.

sempre lhe agradecido muito e enviado presentes valiosos, como licores e uísques da coleção de seu pai e brincos de ouro da sua mãe, Ching-ling sentiu que ainda não lhe agradecera o bastante e deixou para ele, em 1975, sua biblioteca, num documento intitulado "Meu testamento". Enviou o documento para Ernest com uma carta em que explicava que aqueles livros não pertenciam ao Estado, mas compunham sua própria coleção, remontando aos seus dias de estudante, e que ele podia empacotá-los em caixas de madeiras e enviá-los para sua casa. Por ora, acrescentou, ele devia manter o testamento em segredo. Temia que as coisas corressem mal. E, de fato, depois de sua morte, foi o que aconteceu. Ernest esteve ao seu lado nos últimos dias, mas depois do funeral não obteve permissão para voltar para Hong Kong e foi mantido em Beijing ("contemplando o teto [do quarto de hotel] o dia inteiro", escreveria mais tarde). Por fim, sob pressão, fez uma declaração de que não desejava "aceitar os livros e que deixava ao governo a tarefa de decidir o que fazer com eles".[40]

Yolanda e Yong-jie foram as principais beneficiárias da herança da Mamãe-Taitai. Tratando-as como se fossem filhas de seu próprio sangue, a Irmã Vermelha deixou-lhes mobília, quadros, roupas e joias — além de somas de dinheiro gigantescas para a época. Yolanda receberia 5 mil iuanes, e Yong-jie, 10 mil iuanes. No fim, foram informadas de que não receberiam nada daquilo, exceto o dinheiro e algumas peças de roupa como lembrança.[41]

Apesar de os desejos finais de Ching-ling terem sido em grande parte ignorados, ela morreu de maneira tranquila. Sua mente não estava em contradição com a sua fé. Fisicamente, foi bem cuidada por uma equipe médica devotada, além de seu pessoal doméstico. E, acima de tudo, encontrara a plenitude como mãe.

21. Os dias em Taiwan

Para as irmãs de Ching-ling, as últimas três décadas foram bem diferentes. Quando os comunistas tomaram a China, em 1949, e a Irmã Vermelha se tornou vice-presidente de Mao, Ei-ling e May-ling se viram expulsas do continente junto com suas famílias e todo o regime de Chiang Kai-shek. Pouco depois, no começo de 1950, May-ling foi ao encontro do marido em Taiwan.

Assim que chegou, a Irmã Mais Nova mergulhou num turbilhão de ativismo, procurando estimular o ânimo dos nacionalistas, que haviam batido em retirada para a ilha. Viajava de norte a sul, visitando os feridos e doentes e animando as tropas. Presidiu um projeto de construção de moradias para acomodar os recém-chegados e deu início a uma Liga Anticomunista das Mulheres, que cuidaria da produção de centenas de milhares de vestimentas para o Exército e suas famílias. Deu especial atenção àquele projeto, checando com cuidado se as roupas eram costuradas da maneira correta.

Quando sozinha, contemplava algumas questões: "Por que os comunistas prevaleceram?"; "onde falhei pessoalmente?"; "poderia ter feito mais?". Sua conclusão foi de ordem religiosa: "Não estive trabalhando diretamente para Deus, sob as ordens de Deus, com Deus".[1] Formou, então, um grupo de orações, que contava inicialmente com seis cristãs devotas. No fim, acreditava, a nação rezaria em uníssono, o que resolveria todos os problemas.

No dia 25 de junho, o Exército da Coreia do Norte sob Kim Il-sung invadiu o Sul, apoiado por Mao e Stálin. Começava a Guerra da Coreia. Dois dias depois, o presidente americano Truman reverteu a política de "não intervenção" em Taiwan e se comprometeu a defender a ilha. Esse compromisso assegurou o futuro de Taiwan. A ajuda americana começou a chegar, e a crise de Chiang passou. May-ling ficou eufórica. Apesar do clima ("horrível, terrivelmente quente e abafado") e de seus problemas de pele ("Tenho desabado com o calor espinhoso e as irritações por causa da umidade"), mostrava-se animada: "Minha cabeça está cheia de novos projetos e ideias para expandir os trabalhos". "Tenho fé de que, antes do fim do ano [1951], estaremos de volta ao continente."[2]

Num ânimo otimista, May-ling começou a estudar pintura chinesa. Já por volta dos seus cinquenta anos (muito depois da idade convencional), descobriu que a tinta e o pincel lhe caíam muito bem: "Não me demanda esforço algum pintar". Apaixonou-se pelo novo hobby. "Pintar é a ocupação mais envolvente que conheci em toda a minha vida. Quando estou trabalhando, esqueço o mundo. Queria poder passar o tempo todo sem fazer nada além de pintar e pintar". Cinco meses depois, declarou orgulhosamente para Emma: "Todos os artistas e entendidos de pintura chinesa me dizem que tenho possibilidades de me tornar uma grande artista. Talvez até a maior artista viva, segundo alguns". Acreditando plenamente nos elogios, continuou: "Parece que minha pincelada é extraordinária [...]. Eu mesma acredito que o que as autoridades chinesas me dizem é verdade".

Enviou fotos de suas pinturas para Ei-ling em Nova York, com o intuito de recolher opiniões de especialistas estrangeiros. A apreciação foi encorajadora, mas não tão extasiada. Três especialistas concordaram que a pintora tinha "habilidade real", mas que as pinturas pareciam "cópias de outras pinturas"; recomendaram que "a artista se dedicasse mais a trabalhos originais".[3]

Fora da tranquilidade do estúdio e do grupo de orações, um "terror branco" envolvia a ilha. Chiang Kai-shek, o Exército derrotado e o aparato administrativo, além das famílias de todos eles — totalizando algo em torno de 2 milhões de pessoas —, haviam se instalado em um lugar que não os recebia de braças abertos. Um verdadeiro massacre ocorrera dois anos antes, quando os nacionalistas se apossaram da ilha, seguindo-se à retirada dos japoneses. Inicialmente, boa parte da população celebrara o retorno do governo chinês.

Mas o entusiasmo rapidamente se transmutou em revolta. A mesma "calamidade da vitória" que fizera as pessoas no continente se virarem contra o regime de Chiang repeliu os cidadãos de Taiwan, que viviam na ilha havia muitas gerações. Corrupção galopante, administração incompetente (ainda mais em comparação com os eficientes japoneses) e o desprezo explícito dos recém-chegados pelo povo local — esses e muitos outros males que acompanharam a retomada nacionalista geraram uma revolta que se deflagrou em 28 de fevereiro de 1947. Uma repressão militar brutal causou a morte de milhares de pessoas.

Os problemas de Chiang não se limitavam aos nativos. Ele tinha razões para crer que um grande número de agentes vermelhos havia se infiltrado durante o êxodo, agentes que, no momento certo, agiriam como um cavalo de Troia. Para garantir a segurança de seu refúgio, impôs a lei marcial que se prolongaria pelo resto de sua vida, com seu filho, Ching-kuo, encabeçando o aparato de segurança. Essa polícia secreta tinha carta branca para prender e executar espiões vermelhos reais ou imaginários. As pessoas viviam aterrorizadas.

A ilha era protegida como uma fortaleza. Todos os 15 mil quilômetros de costa estavam interditados para o ilhéu comum. Não se podia nadar no mar. Também estavam fora de questão os passeios pelas montanhas, que foram interditadas com o intuito de privar possíveis grupos guerrilheiros de qualquer esconderijo.

Por outro lado, Chiang tomou providências para diminuir a corrupção. Diferentemente do que se passara no continente, endossou um conjunto de reformas agrárias, incluindo a redução do aluguel da terra (que era mais fácil de introduzir ali, uma vez que os donos da terra eram pessoas locais e a administração não tinha interesses escusos). Ainda assim, o Generalíssimo demonstrou pouco interesse no desenvolvimento econômico da ilha, e houve poucas melhorias nas condições de vida durante seu governo.

Naturalmente, Chiang promoveu seu próprio culto, numa escala que não chegou a alcançar a do continente. Estátuas foram erigidas por toda parte, junto com outras de Sun Yat-sen, que mantinha a alcunha de Pai da China. O Generalíssimo se alardeava como o modelo da nação. Professores que queriam que as crianças raspassem a cabeça (provavelmente para evitar piolhos) diziam que o corte — ou a careca — levava um nome desejável: era o "corte ao estilo Chiang" (*zhong-zheng-tou*). O Generalíssimo mal tinha cabelo, e as pessoas acreditavam que ele, na verdade, era careca. Quando soube disse através do neto, não ficou nada contente.[4]

Agora que Taiwan estava segura, May-ling começou a sonhar com a partida. No verão de 1952, já se encontrava em Nova York. O padrão anterior se repetia: o marido implorava seu retorno; ela alegava problemas de saúde.[5] Ficou longe por oito meses e teria continuado, caso uma crise não se houvesse instalado em Taiwan. O governador civil, dr. K. C. Wu, viu-se impossibilitado de trabalhar com o Generalíssimo e estava determinado a renunciar. Wu, liberal, tinha a simpatia dos americanos, e sua renúncia seria um golpe à imagem de Chiang diante de Washington. Uma questão-chave é que dr. Wu condenava as prisões e execuções sumárias. Apresentou seu pedido de renúncia em 1953. Chiang se recusou a deixá-lo partir.

May-ling, preocupada, voltou para Taiwan com o intuito de persuadi-lo. Quando Wu se apresentou para explicar sua decisão, ela o tomou pelo braço e o conduziu a um canto da varanda, dizendo-lhe que havia aparelhos de vigilância por toda parte, pois Chiang gostava de ouvir as conversas dos visitantes. Wu falou de sua aversão à polícia secreta e citou um caso em particular, envolvendo um empresário que havia sido preso e sentenciado à morte sob acusação de ser um espião comunista. Wu considerava a acusação infundada. May-ling ficou profundamente aborrecida. Naquele dia, Wu e a esposa haviam sido convidados para o almoço. Quando Chiang entrou na sala de jantar, May-ling se dirigiu a ele em fúria: "Veja! Veja o que seu filho anda fazendo!". Em seguida, tomando Wu pela mão, disse: "Vamos!", e os três se retiraram.

Mas Chiang não cedeu à esposa. Wu, por sua vez, insistiu em renunciar. As coisas alcançaram um impasse na Sexta-Feira Santa. No domingo de Páscoa, os Wu partiram para a casa de campo que tinham nas montanhas. Pararam para almoçar, desviando-se do costume de levar sanduíches para comer na estrada. Durante o intervalo, ao pé das montanhas, o motorista conferiu o carro, pois algo o havia incomodado. Nisso, descobriu que as porcas dos pneus dianteiros haviam desaparecido. Se não tivesse reparado nisso, os pneus podiam muito bem ter se soltado na estrada pedregosa, provocando um acidente fatal. Como o carro havia sido averiguado na noite anterior, a possibilidade de que aquilo fosse o resultado de alguma negligência era ínfima. Wu ficou convencido de que o carro havia sido sabotado. Suspeitou de Chiang e tentou por muitos meios determinar se o Generalíssimo estava envolvido naquilo ou não. Tudo o que conseguiu averiguar o convenceu de que Chiang, no mínimo, sabia da trama.

Wu não disse uma palavra sobre suas suspeitas, pois sabia que, caso a notícia da tentativa de assassinato vazasse, talvez nunca conseguisse sair de Taiwan. Mas agora ficou ainda mais determinado a fugir. Por coincidência, o Grimmel College, sua alma mater nos Estados Unidos, decidiu conferir a ele o título de doutor honoris causa e o convidou para a cerimônia. Havia também alguns outros convites para palestrar nos Estados Unidos. Mencionando tais convites, solicitou passaportes para si e para a família. Não obteve resposta. Por fim, Wu escreveu para May-ling que, caso os passaportes fossem recusados, ele não hesitaria em comunicar a razão de sua ausência a quem o havia convidado. Conseguiu os passaportes — menos o de seu filho de treze anos. O Generalíssimo pretendia manter o garoto como refém.[6]

Dos Estados Unidos, Wu solicitou repetidamente um passaporte para o filho. Para conseguir resgatá-lo, precisava silenciar sobre a rixa com Chiang — e sobre o "acidente de carro".

Escreveu três cartas a May-ling, pedindo ajuda. Ela respondeu, mas disse que não havia nada que pudesse fazer. Durante esse período, Madame Chiang se entregou a "pintar, pintar", como disse a Emma, completando: "Você sabe como eu detesto política".[7]

Para acossar Wu, Chiang deu início a uma campanha de difamação, acusando-o de fugir com fundos públicos. O tiro saiu pela culatra: Wu levou a público as alegações contra Chiang — embora ainda não falasse sobre o "acidente". Suas revelações saíram na primeira página do *New York Times*. Com a mídia inquieta por mais notícias, Wu enviou a Chiang um ultimato: confira o passaporte ao meu filho em trinta dias, ou mais detalhes nada palatáveis virão à tona. A "chantagem" funcionou. Exatamente trinta dias depois, um oficial apareceu na residência da irmã da sra. Wu, com quem o garoto se hospedara, e lhe entregou o passaporte.

O garoto havia passado um ano na condição de refém. Fora levado repetidas vezes à Liga da Juventude Nacionalista, onde era exortado a condenar o pai publicamente. Era o mesmo tratamento que o próprio Ching-kuo sofrera quando se viu refém na Rússia, mais de vinte anos antes. Agora transmitira o método aos seus subordinados.

Chiang libertou o filho de Wu, garantindo o silêncio do adversário. O episódio inteiro foi varrido para debaixo do tapete pelo poderoso lobby chinês que atuava nos Estados Unidos e apoiava os nacionalistas veementemente. Quando Wu começou a expor o Generalíssimo, figuras-chave do lobby agiram para calá-lo, exigindo que emitisse um pronunciamento em apoio a Chiang. Wu se recusou, mas não disse mais nada. Por fim, conseguiu um emprego como professor na Geórgia e desapareceu da arena pública. Só anos depois contou sua história.

May-ling, que desempenhara um papel importante no regresso de Ching-kuo, fez o que pôde pelo filho de Wu. Tão logo o garoto foi libertado, ela partiu de Taiwan, ignorando a posse iminente de seu marido como presidente "eleito", que se daria em 20 de maio de 1954. Antes da "eleição", May-ling dissera a Emma, amargamente: "Não há dúvida de que meu marido será reeleito; ele designou Chen Cheng como seu vice. Ontem tive de estar presente na reunião de abertura [da Assembleia Nacionalista], e o esforço me deixou exausta".[8]

No dia 3 de setembro daquele ano, Mao, perseguindo uma agenda própria bastante inesperada, abriu fogo contra a ilha de Quemoy (Jinmen), a alguns quilômetros da costa continental,* então sob domínio nacionalista. Como essa pequena ilha era considerada o ponto de apoio mais provável para qualquer ataque a Taiwan, a impressão geral era a de que Mao estava decidido a conquistar a última base nacionalista. May-ling regressou em outubro para ficar ao lado do marido.

Washington respondeu à fanfarronice de Mao assinando um Tratado de Mútua Defesa com Taiwan. Formalizava-se, assim, o reconhecimento do regime de Chiang por parte dos Estados Unidos como o único governo legítimo da China, de modo que Taiwan pôde reter o assento reservado à "China" nas Nações Unidas. Para manter essa posição, Chiang fez da reconquista da China continental sua política estatal básica. "Lutar pelo continente!" era o principal slogan do regime. Era tanto seu sonho quanto um posicionamento que precisava sustentar caso desejasse manter o assento na ONU. Com isso

* Para uma explicação dos objetivos de Mao no ataque a Quemoy, nessa ocasião e em 1958, ver *Mao: A história desconhecida*, de Jung Chang e Jon Halliday, cap. 37-8.

também dava esperanças a milhões de soldados e civis que fugiram de suas casas e que ansiavam por se reunir com seus entes queridos.

O ataque a Quemoy comunicou a May-ling uma ideia mais clara sobre a "ameaça comunista". Notícias vindas do continente sobre mortes e sofrimentos de antigos nacionalistas e de suas famílias já a haviam horrorizado. Uma noite, acordou chorando e, quando o marido perguntou qual era o problema, respondeu que tinha visto Ching-ling num sonho, dando-lhe adeus.[9] Temia que a Irmã Vermelha tivesse sido assassinada.

May-ling começou a enxergar o marido como defensor de Taiwan e passou a simpatizar com sua abordagem dura, ainda que sangrenta. O casal se harmonizava espiritualmente mais uma vez. Quando Chiang escreveu o importante *Rússia soviética na China*, May-ling foi sua editora e colaboradora dedicada. A intimidade e a camaradagem renovadas se revelavam na "Nota do autor", em que Chiang escreveu: "Neste dia, 1º de dezembro de 1956, minha esposa e eu comemoramos nosso [29º] aniversário de casamento". Seguindo o estilo clássico de Chiang Kai-shek de adoração à mãe, dedicou o livro "à memória sagrada de nossas mães amadas, a falecida Madame Chiang, nascida Wang, e a falecida Madame Soong, nascida Nie. Dessa forma, minha esposa e eu nos dedicamos mais uma vez à tarefa suprema para a qual somos convocados, esforçando-nos, assim, para não sermos indignos da criação que recebemos".[10]

May-ling exerceu uma influência apaziguadora na violenta campanha de repressão de Chiang. Convocou um pastor da Igreja batista, o reverendo Chow Lien-hwa, que obtivera o título de doutor pelo Seminário Teológico Batista do Sul, nos Estados Unidos, para ser o capelão dos Chiang, e o enviou para pregar nas prisões. Reverendo Chow acabou se revelando um grande sucesso entre os prisioneiros. Um deles, cumprindo uma pena de dez anos, relembrou o impacto do pastor. O mundo no qual ele e seus colegas encarcerados viviam era sinistro e brutal, consistindo de trabalho pesado, abusos físicos e mentais e de reuniões diárias em que bradavam em uníssono: "O Generalíssimo Chiang é o grande salvador da nossa nação!" e "Matem Zhu [De, chefe do Exército comunista] e Mao!". Nesse contexto, o reverendo Chow representava uma lufada de humanidade e momentos de alívio e tranquilidade. Com sua presença e sua mensagem, os prisioneiros se sentiam dignos e humanizados de novo. O aparato de inteligência não gostava do reverendo; mas May-ling fez de tudo para que ele se tornasse uma peça intocável.[11]

Em 1958, May-ling voltou para os Estados Unidos. Dessa vez, viajou pelo país alardeando a ameaça comunista. Como para ilustrar seu discurso, Mao, de forma mais uma vez aparentemente inexplicável, descarregou dezenas de milhares de cartuchos na mesma ilha de Quemoy, em agosto. Os americanos responderam aos discursos de May-ling emocionalmente. Aquele grande apoio público elevou o moral dos nacionalistas. Assim, a belicosidade de Mao só tornou o governo de Chiang mais inabalável.

Ching-kuo enviou um telegrama para May-ling contando sobre a satisfação do pai — e sobre a sua. Esse ano marcou um ponto de virada na relação entre madrasta e enteado. Até então tudo fora bastante formal e polido. Ching-kuo ou se dirigia a ela como "Madame Chiang", ou evitava qualquer forma de tratamento. Agora, passava a chamá-la de "minha mãe respeitável". Do mesmo modo, nas comunicações com ele, May-ling começou a se referir a si mesma como "Mãe".[12] Estava feliz. Uma noite, na época do Natal, ela assistia ao musical *Rua 42* com alguns velhos amigos. Emma anotou no diário que, "duas ou três vezes, May-ling pegou seu longo vestido chinês e dançou alegremente pelo quarto, imitando os passos, improvisando algumas voltas e gestos [...]. Foi ótimo vê-la tão alegre".[13]

Em junho de 1959, May-ling voltou para Taiwan sem que o marido precisasse implorar. Chiang, como sempre, foi buscá-la no aeroporto, mas dessa vez os sorrisos cintilantes do casal sob a luz do sol eram excepcionais. De óculos escuros, topete e um terno ao estilo Sun Yat-sen, Chiang segurou o braço da esposa enquanto ela esticava a luva para cumprimentar a multidão que lhe dava boas-vindas. Era uma imagem de alegria e afeto. Quando Chiang foi mais uma vez "eleito unanimemente" presidente em 1960, May-ling se comportou de maneira bem diferente da última vez, quando se ausentou da posse. Dessa vez, ocupou-se das "inúmeras atividades relacionadas à posse presidencial", como contou a Emma: "Temos ido a tantos eventos e recebido tantos convidados". Em cartas a amigos, ela se referia ao marido como "o presidente".[14] A harmonia durou, e a Irmã Mais Nova escreveu ao irmão T. V., em 1962, que eles tinham acabado de celebrar "um 35º aniversário de casamento muito feliz".[15]

May-ling se estabeleceu de vez em Taiwan com o marido. Não faltavam crianças por perto: as de Ching-kuo e os dois filhos de T. A., que vinham de San

Francisco nas férias. A tia contratou um tutor para ensinar-lhes o mandarim. Os garotos "são dois queridos perfeitos, tão bem-comportados, obedientes e, ah, tão fofos", derretia-se. Cozinhava para os dois e dançava com eles. Todo mundo ria bastante, inclusive o Generalíssimo.[16]

A primeira-dama de Taiwan cumpria seus deveres oficiais e encantava visitas VIPS. Ao descobrir que havia uma epidemia de pólio na ilha, abriu um hospital para crianças vítimas da doença. Muitas vezes visitava os filhos de soldados mortos, e seu dom de fazer as crianças se sentirem amadas e os professores apreciados lhe valeu muitos admiradores. Por duas vezes visitou um hospital para leprosos. Seu fotógrafo a viu se aproximar dos pacientes, tirando a luva sem hesitação e apertando suas mãos calorosa e naturalmente. Ficou emocionado.[17]

Na maior parte do tempo, a vida da família Chiang era de ócio e lazer. A Irmã Mais Nova raramente saía da cama antes das onze. Pintava e jogava xadrez, encontrava-se com amigas, sempre seguida por uma grande matilha de cães (um deles era detestado pela equipe de funcionários, pois mordera uma porção deles). A certa altura resolveu criar um jardim de rosas na mansão presidencial. Os dias do Generalíssimo, por sua vez, consistiam em ler os jornais e alguns poucos documentos — ou escutar outras pessoas lendo para ele. Fazia algumas poucas visitas de inspeção. Nos primeiros anos, gostava de convocar reuniões semanais nas quais o principal acontecimento eram seus longos discursos moralizantes, que faziam muitos dos presentes cochilar. Agora, com o passar dos anos, abandonou os sermões e se contentava em apenas correr os olhos pelas papeladas, cochilar, zanzar, assistir filmes antigos e passear. Para alguém supostamente decidido a reconquistar a China continental, pouco fazia, com exceção de um ou outro "plano" fantástico. No fundo, Chiang era um realista e sabia que aquele sonho dependia inteiramente de os Estados Unidos invadirem militarmente a China, e a possibilidade de que isso acontecesse era pequena.

Nessa época, o Generalíssimo já não usava uniforme, nem sustentava uma pose de combate. Apresentava-se relaxado, vestindo uma bata tradicional, longa e esvoaçante, de bengala na mão. Sua postura era recurvada, os olhos se estreitaram, e os cantos da boca pendiam. Em Taiwan, tornara-se, enfim, um velho.

May-ling e ele viajavam por toda a ilha. Como a costa e as montanhas encontravam-se interditadas para prevenir uma invasão comunista, os Chiang praticamente monopolizavam os locais mais bonitos. Aproximadamente trinta *villas* eram de seu uso exclusivo, desde antigas e elegantes casas japonesas até imitações recentes de palácios imperiais. A última adição arquitetônica era um grande — e desinteressante — complexo chamado eufemisticamente de Pousada Renascer. O complexo ficava bem encravado nas montanhas, a apenas uma hora de carro da capital — adequando-se perfeitamente à velhice de Chiang. O Generalíssimo supervisionou a construção pessoalmente, visitando o local cinco dias por semana e telefonando sempre que lhe ocorria alguma ideia ("mude a cor das paredes", "plante mais ameixeiras" etc.).[18] May-ling emprestou seu toque pessoal, desde a qualidade dos estofados até a cor do seu banheiro (tinha de ser rosa). A certa altura, marido e mulher tiveram uma discussão quanto à localização exata de uma janela. Mas concordaram em instalar uma capela, como haviam feito em outros resorts que frequentavam.

Todas as *villas* de Chiang ofereciam vistas magníficas, e as das montanhas ou do oceano pertenciam apenas à família. Nos lagos, o caso era diferente. Como não podiam ser interditados sob a justificativa de prevenir uma invasão vermelha, os nativos tinham acesso a eles. Contudo, se acontecesse de o Generalíssimo gostar de um lago — tal como o lago do Sol e da Lua, menina dos olhos de Taiwan —, uma boa parte da área era devidamente isolada. Tomando tudo como sua propriedade, Chiang construiu um pagode na ilhota no centro do lago para celebrar sua mãe.

Ao contrário do que geralmente se pensa, Chiang não levava uma vida espartana: o Generalíssimo se preocupava muito com seu conforto. Antecipando que muitas montanhas e florestas na ilha seriam inacessíveis a carros, tratou de levar consigo do continente duas belas liteiras, devidamente equipadas com seus respectivos carregadores.[19]

Entre os meios de transporte adquiridos enquanto viveu em Taiwan, não faltam aviões de ponta. Quando o Boeing 720 foi produzido, Chiang garantiu imediatamente uma unidade. Seu antigo piloto particular, general I Fu-en, argumentou fortemente contra a aquisição, apontando o fato de que o avião era grande demais para ser de qualquer utilidade na ilha e caro demais para uma localidade tão pequena, vivendo sob risco de guerra. O conselho encontrou ouvidos moucos. Grandes somas de dinheiro foram gastas, e o avião mal foi usado. Chiang também não hesitou em comprar um hidroavião para que o casal pudesse pousar nos lagos. Durante o voo teste, o avião se espatifou ao tocar a superfície da água, e o piloto quase se afogou. A ideia precisou ser abandonada.[20]

Graças aos Estados Unidos e aos maneirismos bélicos de Mao, os Chiang levaram uma vida excelente, cheia de paz e estilo, por duas décadas. Embora tivesse perdido a China continental, a verdade é que Chiang gozou de dias muito mais prazerosos em Taiwan. Ali reinava mais absoluto, podia impor um controle muito mais cerrado, de modo que aqueles dias representaram a época de felicidade mais prolongada em sua vida e em seu casamento. Nem o calor era um problema: não faltavam refúgios frescos nas montanhas, onde nem mesmo era necessário o uso de ventiladores. O Generalíssimo preferia que funcionários o abanassem pelas costas.[21] May-ling evitava esse tipo de indulgência.

Quando mais tarde o estilo de vida dos Chiang se tornou público, a descoberta não pareceu irritar os nativos. Chiang protegeu Taiwan da tirania de Mao, e a população permaneceu-lhe grata por isso. Quanto a May-ling, tendo em vista sua contraparte no continente, a Madame Mao, ninguém em Taiwan negava que tinham sorte de tê-la como primeira-dama. Em geral, reconhece-se que ela cumpriu suas funções com diligência, que exerceu uma influência benigna sobre o Generalíssimo — e que era uma pessoa gentil e decente.

Em 1971, quando Chiang tinha 84 anos e May-ling, 73, aquela vida prazerosa sofreu um abalo. O presidente Nixon buscou uma aproximação com a China continental e anunciou que faria uma visita no começo daquele ano. Em outubro, enquanto Henry Kissinger, seu conselheiro de Segurança Nacional, encontrava-se em Beijing cuidando dos preparativos da viagem, a ONU aprovou uma resolução cedendo o assento reservado à China para Beijing, forçando Taiwan a se retirar. Os políticos ocidentais começavam a ensaiar um caminho em direção a Mao, e May-ling, angustiada, voltou-se de novo para a fé. Repetia muitas vezes esta passagem da Bíblia: "Por tantos meios atacados, mas nunca derrotados; perplexos, mas não desesperados; perseguidos, mas jamais esquecidos; caídos, mas não destruídos".[22]

Para Emma, escreveu: "Tenho esperanças de que o pêndulo do bom senso e da decência logo cumprirá seu movimento de retorno [...]. O que importa não é o que acontece, mas como reagimos".[23]

O Generalíssimo odiava Nixon de maneira violenta, chamando-o de

"Ni[xon], o palhaço" (*ni-chou*). Dizia que Nixon dera aquele passo guiado por um sentimento de vingança, pois Chiang se recusara a contribuir para o financiamento de sua campanha. No diário, escreveu: "Antes de Ni, o palhaço, ser eleito, ele visitou Taipei. Tinha muitas esperanças de que abasteceríamos seu fundo de campanha". "Eu o considerava um político desprezível e o tratei como um homem sem nenhuma substância. E não aceitei ajudá-lo." "Ni, o palhaço, guarda ressentimento de mim e, agora, tenta me prejudicar."[24]

Além de Nixon, a ira de Chiang se dirigia também contra o filho de Ei-ling, David, e até contra May-ling: "A mudança política para pior levada a cabo por Ni, o palhaço, é culpa dele [David]. E, no entanto, minha mulher acredita nele". "Tudo isso é o resultado de minha mulher dar ouvidos apenas a ele [David]. Ele é criminosamente responsável por colocar nosso país nessa catástrofe."[25]

O Generalíssimo por vezes descontava sua fúria nos funcionários, acertando-os com a bengala em momentos de irritação. A força dos golpes se tornou um termômetro das condições físicas do ancião. Um dia, um ajudante disse a um médico (Chiang, por cálculo, era sempre educado com os médicos; e nunca batia em mulheres): "O presidente melhorou — seus golpes estão poderosos hoje!".[26]

Sua saúde, contudo, vinha se deteriorando. Sofrera um derrame, que o deixou com problemas na fala.[27] Um dia, durante um passeio, suas pernas colapsaram subitamente, e o Generalíssimo precisou ser carregado de volta para casa. Os problemas de saúde foram mantidos em segredo, mas Chiang começou os preparativos para entregar o poder ao filho Ching-kuo. No fim de 1971, fez de Ching-kuo primeiro-ministro e comandante-chefe das Forças Armadas (preservou para si o posto de presidente). Essas nomeações seriam confirmadas na primavera seguinte, quando o Congresso Nacional se reunisse.

A crise de saúde do marido e a iminente sucessão deram a May-ling novas causas de ansiedade, puramente pessoais: seu estilo de vida presidencial podia estar em perigo. Levava uma existência de considerável esplendor, com dúzias de funcionários à disposição. Quando se encontrava nos Estados Unidos, tão logo o desejou, *China-America*, o C-54 magnífico de Chiang, foi-lhe despachado. Quando o marido partisse, Ching-kuo garantiria a ela o mesmo nível de vida? Se fosse viver em Nova York, que é o que desejava fazer, quem pagaria pela grande equipe de funcionários à qual estava acostumada, incluindo os seguranças em tempo integral, de quem sua paz de espírito dependia? E as enfermeiras para sua velhice? Quem cobriria os salários, as despesas e as contas médicas de suas velhas criadas fiéis de Taiwan, que ela pretendia continuar empregando? O governo de Taiwan tinha de bancar a maior parte. Mas ela não tinha certeza de que poderia contar com Ching-kuo. O filho do Generalíssimo e a família dele eram conhecidos por levar uma vida simples, quase frugal. É bem possível que ele considerasse suas extravagâncias inaceitáveis, por mais simpático que fosse a ela. Ching-kuo e família não eram Soong, e para May-ling isso era muito importante. Uma vez, quando os filhos de Ching-kuo estavam hospedados em sua casa junto com os filhos de T. A., ela entregou alguns presentes para os sobrinhos e sussurrou — brincando apenas em parte — que não contassem para os filhos de Ching-kuo. "Vocês são sangue do meu sangue", ela disse.[28]

May-ling decidiu que, a fim de proteger seus interesses, alguém de sua própria família tinha de ficar encarregado do dinheiro de Taiwan. Assim, procurou persuadir o marido a nomear David, seu sobrinho, para o cargo de ministro das Finanças na próxima reunião do Congresso, alegando que o sobrinho, agora com 56 anos, havia feito contribuições ainda não reconhecidas à causa nacionalista.[29]

Chiang ficou irritado. David, junto com a família Kung, havia sido largamente condenado por muitos nacionalistas como responsável pelo partido ter perdido o continente. Ele trabalhou no governo de Taiwan — e nunca sequer morou em Taiwan. Além disso, Chiang o culpava pela reaproximação entre Nixon e Beijing. Com Nixon prestes a ir a Beijing, a demanda de May-ling não poderia ter sido feita num momento pior. Parecia até que a Irmã Mais Nova tinha perdido o juízo. Mas era pânico. Nunca houvera um período durante o governo nacionalista em que sua família (o que incluía Chiang pai, mas não Chiang filho) não tivesse em mãos a chave dos cofres do país. O futuro a assustava. Não podia esperar um momento mais oportuno para conversar com o marido, pois seus problemas no coração eram tamanhos que ele corria o risco de morrer a qualquer momento.

May-ling insistia, e Chiang considerava aquilo intolerável, a ponto de fugir de sua companhia. Só queria estar com Ching-kuo, que jantava regularmente com o pai. Quando Ching-kuo se atrasava por causa do trabalho, Chiang esperava por ele e não comia sem o filho. E tão logo Ching-kuo aparecia, o pai se alegrava. Depois do jantar, os dois passeavam de carro. (Chiang não demonstrava interesse algum em seu outro filho, o adotivo, e o dispensava tão logo ele aparecia.) Quando Ching-kuo se ausentava, Chiang lia o diário do filho, como consolo. Uma vez, Ching-kuo foi a Quemoy para uma visita de inspeção, e Chiang, tendo aconselhado o filho a descansar alguns dias por lá, sentiu-se inquieto até que ele regressasse.[30]

Por fim, Chiang cedeu e recebeu a esposa, comportou-se amistosamente em seu aniversário de 74 anos. May-ling aproveitou a chance para promover seu sobrinho de novo: o próximo governo estava prestes a se formar. Por instrução sua, David foi ver o tio, com o intuito de impressioná-lo. Mas sua presença apenas enraiveceu o Generalíssimo, que se irritou com a esposa. Nesse período, Chiang descreveu a mulher implicitamente como alguém que, quando lhe era permitido se aproximar, se comportava "com impertinência". "Nunca, jamais deixe [aquela] mulher se aproximar", anotou em seu diário, em 12 de junho de 1972. Quanto a David, Chiang agora o enxergava como a fonte de todos os seus infortúnios: "Vergonha, humilhação, ódio e raiva — nem por um momento minha mente se liberta desses sentimentos. A causa da minha doença é [David]. A causa da vergonha do meu país, também".[31]

Essas palavras foram escritas no dia 11 de julho. No dia 20, um passeio de carro com May-ling o deixou num estado de "irritação e incômodo".[32] É possível que ela tenha mencionado o caso de David de novo, e Chiang se sentiu como quem precisa "suportar um sofrimento". No dia seguinte, endossou a composição final do governo de Ching-kuo, assinalando enfaticamente que David não seria incluído.[33] Foi a última entrada no diário de Chiang. No dia seguinte — 22 de junho —, sofreu um terrível ataque do coração e mergulhou num coma que durou seis meses.[34]

No começo de 1973, Chiang Kai-shek acordou. Demorou-se neste mundo na condição de homem muito doente mais dois anos, e morreu no hospital no dia 5 de abril de 1975, aos 87 anos. Selecionara o local onde seria enterrado: um ponto esplêndido ao lado do mausoléu grandioso de Sun Yat-sen, em Nanjing. Como Nanjing ficava na China Vermelha, Chiang ordenou que seu caixão fosse posto em sua *villa*, Cihu, nos arredores de Taipé, à espera do dia em que o governo comunista colapsaria no continente.

Em seus últimos anos, o relacionamento com May-ling foi tranquilo. Ela se resignou à realidade e tratava o moribundo com ternura. Sentava-se com ele, conversando e fazendo-lhe companhia. Pouco antes de sua morte, ela própria foi diagnosticada com câncer de mama. Sobre a doença mais séria e perigosa de toda a sua vida, May-ling não disse uma palavra a Chiang — ao contrário das constantes reclamações que fazia, no passado, sobre enfermidades menores. Antes de se internar no hospital para a cirurgia, disse aos funcionários que estava gripada e precisava se afastar para não contaminá-lo. May-ling se importava com o marido. E sabia que o marido se importava com ela.[35]

Quando Chiang morreu, no privado May-ling debulhou-se em lágrimas. Em público, manteve os olhos secos, tomando providências complicadas com determinação e comportando-se com altivez no funeral. Era a própria imagem da dignidade e da tristeza contida.[36] Em contraste, Chiang-kuo chorou em público até colapsar e precisou que lhe apoiassem para ficar de pé. A certa altura, May-ling sugeriu que os médicos lhe dessem uma injeção para acalmá-lo (não o fizeram). Essa exibição de dor incontrolável era bastante incomum. Grande e pesado como um urso, Ching-kuo tinha uns 65 anos e era o chefe de um regime ditatorial. Também adquirira uma capacidade sobre-humana de domar os sentimentos durante os anos como refém na Rússia. Não obstante, agora parecia incapaz de subjugar sua angústia. A dor foi não apenas intensa, como duradoura.[37] Muito depois da morte do pai, continuou a escrever cartas como esta à madrasta:

> Sento-me sozinho, em silêncio, em Shilin [residência oficial de Chiang], no quarto do meu pai, pensando nele e sentindo sua falta com todo o meu coração. No começo da noite, minha família inteira jantou em Cihu para fazer companhia a seu caixão. Dor e tristeza penetraram cada fibra dentro de mim [...].
>
> Ontem à noite fui dormir em Cihu, entre o vento do outono e a chuva; um toque gélido já perpassava a noite [...].
>
> Ao voltar para Shillin, vi que os crisântemos outonais amarelos tinham florescido. Isso me trouxe tantas lembranças que senti falta do meu pai com uma dor aguda [...].

> Acabei de voltar de Cihu, onde minha mulher e eu fomos homenagear o caixão do meu pai. Lá, cortei um galho de jasmim florido e o depositei diante do ataúde [...].

> Ontem à noite dormi em Cihu. Nas montanhas, a lua clara cintilava sobre as camélias floridas. Fui tocado pela calma e pela serenidade do lugar ao redor do caixão do meu pai. Meu único remorso é que aqui ele está sozinho e pode se sentir isolado e triste [...].[38]

Coube a May-ling confortá-lo e lembrá-lo de que, comparado à experiência dela (ela mal convivera com o pai, partindo para os Estados Unidos ainda criança e retornando quando ele tinha apenas mais alguns meses de vida), Ching-kuo foi sortudo: seu pai morreu numa idade avançada, e os dois estiveram juntos por muitas décadas.[39]

Aquele luto extraordinário que Ching-kuo guardou pelo pai só poderia ser resultado de algo realmente excepcional. Pode ser que, durante aquelas longas conversas privadas nos últimos anos, Chiang Kai-shek tenha divulgado o segredo de como conseguiu garantir a libertação de Ching-kuo das garras de Stálin. Que o pai o tivesse libertado a preço tão caro — perdeu a China continental — era uma ideia verdadeiramente impressionante.

Outro adeus emocionado veio de alguém bem improvável — Mao, o líder da China Vermelha, que depusera Chiang e chacinara milhões de pessoas para mantê-lo deposto. Mao encarava o Generalíssimo como um rival digno. Um dia, acamado aos 81 anos, sentou-se por horas a fio em sua enorme cama de madeira. Não comeu nem falou nada. Por ordem sua, uma gravação de oito minutos de uma peça musical pungente foi tocada incontáveis vezes, de maneira a instaurar uma atmosfera fúnebre; o velho comunista marcava o tempo, sentado na cama, a expressão enfaticamente solene. A música havia sido composta para Mao a partir de um "poema de despedida" do século XII. Era Mao se despedindo de Chiang. Chegou a reescrever os últimos dois versos para enfatizar o sentido de elegia. Os versos reescritos diziam: "Vá, amigo honrado,/ não olhe para trás".[40]

May-ling partiu de Taiwan para Nova York cinco meses depois da morte do marido. Guardou um retrato de Chiang em seus dias de juventude ao lado da mesa de cabeceira. Família e funcionários a viam conversando com a imagem de Chiang, chamando-o de "querido". Uma vez, flagrada por um sobrinho contemplando o retrato, ela sorriu e lhe disse: "Ele é tão bonito, não é?".[41]

Um séquito considerável a seguiu para o outro lado do oceano, incluindo chefes de cozinha, motoristas, guardas e enfermeiras. Mais tarde, já bem idosa, alcançou a marca de 37 funcionários.[42] Ching-kuo, agora líder de Taiwan, garantiu que ela recebesse um tratamento suntuoso. Fizera um juramento às lágrimas ao pai, antes da morte de Chiang. Quando sozinhos, Chiang lhe pediu várias vezes que cuidasse de May-ling: "Só posso descansar em paz se você fizer isso". E, certa vez, numa ocasião com a própria May-ling, o Generalíssimo segurou as mãos dos dois e disse a Ching-kuo: "Meu filho, você deve amar sua mãe tal como você me ama".[43] Depois da morte de Chiang, Ching-kuo e May-ling mantiveram uma relação bastante próxima — e os laços se tornaram ainda mais estreitos com as futuras transformações em Taiwan. Enquanto Ching-kuo viveu, May-ling nunca precisou se preocupar com seu estilo de vida.

22. Um contato em Hollywood

Enquanto May-ling, depois da conquista comunista da China, passou a maior parte do tempo com o marido na Taiwan Nacionalista, Ei-ling, embora tenha visitado o casal com frequência, fez de Nova York seu lar permanente. A Irmã Mais Velha tinha uma grande casa no Locust Valley, em Long Island, cercada pela floresta. Sua vida era calma e reservada, e a principal atividade social eram jogos de cartas com alguns amigos seletos e discretos. Evitava eventos públicos. Como sempre, Deus era o centro de sua rotina. Antes de tomar qualquer decisão importante, inclusive no campo dos investimentos, Ei-ling orava.

Sua mente, que May-ling considerava a mais arguta das três irmãs, mantinha-se bastante ativa, e ela assistia à situação em Taiwan com grande atenção. Certo dia, numa visita à Irmã Mais Nova em outubro de 1956, deu um conselho a Chiang Kai-shek que beneficiaria a ilha nos anos vindouros. No regime rigidamente controlado de Chiang, poucos jovens tinham direito de estudar no exterior. Ninguém ousava sugerir que aquela proibição precisava ser suspensa, e May-ling não tinha o tipo de cérebro político para propor tal iniciativa. Nesse dia, as irmãs e o Generalíssimo passeavam pelo jardim da mansão presidencial, quando Chiang, com um grande sorriso, tomou o braço de Ei-ling. Ela se virou e disse: "Escute, Irmão Chiang, estamos ficando muito para trás em ciência e tecnologia [...]. E mesmo assim você não permite que nossos jovens estudem no exterior. Você deveria deixar que os jovens estudassem nos Estados Unidos!".[1] Chiang aceitou o conselho, e assim começaria uma grande onda de jovens taiwaneses que cruzariam o oceano para estudar.

Nos Estados Unidos, Ei-ling ajudou os Chiang a lidarem com alguns problemas pessoais. Em 1964, chegou uma carta de Lawrence Hill, agente literário de Jeannie, ex-mulher do Generalíssimo. Ela estava com problemas financeiros e planejava publicar suas memórias. Hill disse que queria checar alguns fatos com Ei-ling. Uma vez publicado, o livro seria uma vergonha tremenda para os Chiang. A Irmã Mais Velha, trabalhando por trás dos panos, impediu a publicação. Jeannie aceitou 250 dólares e prometeu nunca publicar o livro.[2] O dinheiro, sem dúvida, veio do bolso de Ei-ling.*

Nos detalhes e no quadro geral, Ei-ling sempre cumpriu o papel de provedora da família — e sempre de forma prodigiosa. Quando um filho de seu irmão mais novo, T. A., a visitou pela primeira vez, ela lhe deu uma nota de cem dólares como presente — uma soma colossal para um garoto cuja mesada semanal era de 25 centavos. Alguns funcionários dos Chiang ganhavam presentes caros, como relógios Rolex. Quando o médico do Generalíssimo foi convidado a se hospedar com ela por uma semana, Ei-ling serviu sopa de barbatana de tubarão, prato caríssimo, em todas as refeições. O médico criou repulsa pela iguaria, mas ficou encantado com a hospitalidade da Irmã Mais Velha.[3]

De acordo com todos os relatos, ela era o cérebro no casamento com H. H. Kung, que havia sido o primeiro-ministro da China por muitos anos. Como era notório, a capacidade de julgamento de H. H. podia ser errática. Em suas reminiscências, que oferecem muitas observações francas, é comum que se vanglorie: "Rooselvelt confiava 100% em mim. Aceitava como verdade tudo que eu lhe dizia [...]. Roosevelt era um grande amigo". Outro que tinha a melhor opinião dele era Mussolini: "Mussolini achou que a China enviou homens de grande valor [como embaixadores] para todas as capitais europeias [...]. Acho que Mussolini sugeriu, confidencialmente, que gostaria de contar comigo".

Durante uma visita oficial à Europa em 1937, H. H. teve um encontro

* Hill, o agente, foi espancado durante esse período, muito provavelmente por capangas de Chiang. Mas foi o pagamento que encerrou o assunto. As memórias só foram publicadas em 1990, muito depois da morte de Jennie e de Chiang (ela morreu em 1971).

particular com Hitler. Segundo ele, travou um excelente diálogo com o Führer, que lhe "disse que os comunistas tentaram arruinar a Alemanha, mas os alemães estavam suficientemente alertas e perceberam o perigo. Os comunistas foram expulsos do país antes de irem longe demais". Hitler ainda lhe disse: "Eu acredito que você, *Herr Doktor*, compreende o perigo das doutrinas comunistas". H. H. também acreditava que tinha sido capaz de "fazer Hitler pensar duas vezes antes de se aproximar demais do Japão".

Dizia ter recebido mensagens frequentes de Taiwan implorando para que "voltasse". "Acham que, se eu voltar, poderei ajudar o governo a reconquistar o continente."[4]

Ei-ling tinha consciência de que era ela quem pensava pelo marido — e que exercia uma influência incomparável sobre a Irmã Mais Nova e sobre o Generalíssimo. Certa vez, disse à mãe de Debra Paget, estrela de Hollywood que se casou com Louis, seu filho mais novo: "Em muitos aspectos somos bastante parecidas". Com isso, queria dizer que as duas preparavam o terreno para o sucesso dos seus (além do fato de que ambas eram profundamente religiosas).

Debra Paget, protagonista do primeiro filme de Elvis Presley — *Ama-me com ternura* —, foi empurrada para Hollywood pela mãe dominadora, Maggie Griffin, descrita como "uma rainha dos antigos espetáculos burlescos, astuciosa, falante e charmosa, que é ela mesma uma figura local bastante querida". Maggie pôs na cabeça que Debra e suas irmãs fariam carreira no mundo do entretenimento. Pouco depois de Debra nascer, em 1933, em Denver, no Colorado, a família se mudou para Los Angeles com o intuito de ficar próxima da indústria cinematográfica. Aos oito anos, Debra conseguiu seu primeiro emprego profissional. Ao estrelar, em 1956, ao lado de Elvis, já trazia no currículo participações em dezenove produções e assumia a missão de promover o cantor. Aos fãs, ela disse: "Arrisco alegremente dizer que Elvis Presley manterá sua popularidade [...]. Elvis Presley veio para ficar".[5]

Durante a gravação do filme, a mãe sentava no set, trocando provocações amistosas com Elvis. Uma de suas regras era sempre acompanhar as filmagens de Debra. Assim, ela ficou no meio do relacionamento da filha e do futuro "rei" do rock. Ao público do influente *Milton Berle Show*, Debra disse:

> Esperei meu primeiro encontro com Elvis Presley cheia de sentimentos contraditórios. Eu tinha ouvido e lido muito sobre esse novo cantor do Tennessee que vinha causando furor — e muitas coisas não eram lisonjeiras. A primeira coisa que lembro foi o jeito como ele nos cumprimentou. Quando o sr. Berle nos apresentou, Elvis tomou minha mão com firmeza e disse: "Prazer em conhecê-la, srta. Paget". Depois apertou a mão da minha mãe com o mesmo vigor, pediu licença e, alguns minutos depois, voltou com uma cadeira para ela [...]. A partir de então, eu e minha família o vimos muitas vezes [...]. Meus pais consideravam Elvis um membro do clã Paget — um sentimento que, creio eu, era recíproco.[6]

Aparentemente, Elvis propôs casamento a Debra. Mas Maggie vetou. "Se não fosse por meus pais", Debra disse numa entrevista na televisão, "eu teria me casado com ele."[7]

No fim, Debra se divorciou do primeiro marido (o ator David Street) depois de dez semanas e abandonou o segundo (o diretor Budd Boetticher) dezenove dias depois do casamento. Em 1962, aos 28 anos, conheceu e se casou com o caçula de Ei-ling, Louis. Ex-capitão do Exército britânico, treinado em Sandhurst, Louis completara quarenta anos, continuava solteiro e era agora um riquíssimo empresário do ramo do petróleo, em Houston, no Texas. Tinha seu próprio avião particular e vivia cercado por um time de seguranças.

Ei-ling foi essencial na união. Gostava de Debra, até porque a vedete ruiva era uma cristã tão devota quanto ela. Descrevendo Elvis, Debra dizia: "E ele ama a Deus — é a melhor parte".

Ei-ling tinha uma casa em Bervely Hills, e Debra foi convidada para jantar, onde conheceria Louis. O convite foi feito por uma amiga em comum. Maggie contou à imprensa: "Foi tudo muito correto. Ele me convidou também. E nos apresentou à mãe. Uma pessoa adorável. Foi tão correto, tão tradicional que Debra não teve como não se apaixonar por ele. Eu mesma me apaixonei".

Quando Louis e Debra ficaram noivos, Maggie se deleitou: "Ele cortejou minha filha de um jeito tão tradicional, tão maravilhoso — não poderia pedir um genro melhor [...]. Eu o amo, simples assim, e sei que a mãe dele ama minha filha também". Debra havia sido contratada para fazer alguns filmes em Roma, mas, em vez disso, Louis a enviou de avião para Las Vegas, onde o casamento aconteceu, na presença de ambas as mães, na Primeira Igreja Metodista. Quando o casal partiu em lua de mel, Maggie mais uma vez se derreteu para os repórteres: "Fiquei tão animada quanto Debra [...]. Acho que dessa vez meu bebê encontrou a felicidade de verdade". Ei-ling ficou contente, mas, como sempre, evitou falar com a imprensa.[8]

A casa para a qual Louis levou Debra era uma "fortaleza" nos arredores de Houston, em meio a centenas de acres de pastos verdejantes. Era ali que ele havia instalado o quartel-general de sua companhia de petróleo e a mansão da família, tudo equipado com janelas à prova de balas. No terreno, construíra um lago artificial, com pavilhões chineses de telhados azuis — uma visão delicada na planície texana. Vistos mais de perto, contudo, os ornamentos se revelavam feitos de concreto armado, equipados com aberturas para metralhadoras.

Por baixo do lago, Louis construíra um dos maiores bunkers nucleares privados do mundo: o Westlin Bunker. O sobrinho da Madame Chiang levava a possibilidade de um ataque nuclear por parte da Rússia vermelha ou da China bastante a sério. Alcançava-se o bunker através de escadarias secretas, algumas delas conectadas aos pavilhões. Era um complexo subterrâneo gigantesco, projetado para suportar qualquer cataclismo conhecido, mesmo uma explosão de quarenta megatons. A cidade subterrânea em miniatura tinha seus próprios geradores de energia e uma capacidade de estocar água, comida e combustível para 1500 pessoas por noventa dias. Camas estavam empilhadas em boa disposição; uma das câmaras abrigava 115 beliches de três andares, cada um deles com sua própria iluminação para leitura. Havia cantinas com mesas e cadeiras, banheiros e chuveiros para descontaminação, uma clínica — e até uma prisão, com quatro celas de barras de aço. Louis pensara em tudo, inclusive em possíveis problemas.

No caso de um ataque nuclear, um painel de parede na sala de controle emitiria uma variedade de sinais, e as instalações de confinamento do bunker seriam ativadas. Medidores de radioatividade entrariam em ação, verificando os sistemas de água e de ventilação.

Na página virtual <houstonarchitecture.com>, que descreve o bunker, Todd Brandt, um leitor, deixou uma mensagem: "Supervisionei a construção do elevador e a remodelação do interior do Westlin Bunker. Era fascinante, você tinha de ver para acreditar. Esse lugar tinha um lago em cima e nenhum vazamento. O serviço mais impressionante que já fiz".

Essa caverna fantasiosa custou a Louis algo entre 400 milhões e 500 milhões de dólares (em números atualizados). Durante a crise do petróleo em Houston, nos anos 1980, Louis perdeu a propriedade (embora tenha estado longe de falir pessoalmente). Essa maluquice extraordinária da Guerra Fria continuou incompleta e congelada no tempo até bem recentemente, quando foi posta para alugar em 2005. Depois dos furacões Katrina e Rita, diversas grandes companhias foram correndo bater na porta do Westlin Bunker. Algumas delas, como a Continental Airlines, desejavam usar as instalações como um centro de operações em momentos de crise. Outros a julgaram o lugar perfeito para um centro de dados de internet. Hoje, o Westlin Bunker é anunciado como capaz de prover "hospedagem e armazenamento de dados no maior nível de segurança possível. À prova de intempéries. Impermeável. E resistente em caso de ataque nuclear". O refúgio de Louis ganhou uma vida nova.[9]

Louis adorava dispositivos da Guerra Fria, típicos de filmes de James Bond. Certa vez, presenteou um sobrinho pequeno com um pente que, na verdade, era uma faca disfarçada. Numa visita, May-ling foi transportada numa limusine customizada cuja cabine se abria para revelar dois grandes refletores, poderosos o suficiente para cegar possíveis perseguidores; os canos de escapamento lançavam chamas. Madame Chiang Kai-shek, bastante prática e realista, comentou com o irmão T. V.: "Louis não é uma pessoa muito estável". T. V. respondeu: "Ele tem uma grande capacidade de sonhar".[10] O sobrinho era homem de muitos hobbies. Tinha uma linda propriedade em Louisiana, onde caçava patos. O séquito de May-ling gostava dele, pois era garantia de diversão.

Louis e Debra se divorciaram depois de dezoito anos casados, mas o casal permaneceu próximo. "Somos grandes amigos", Debra disse. Manteve a amizade com os Kung e os Soong mesmo depois da morte de Louis, em 1996. Essa "relação maravilhosa" se devia, ao menos em parte, ao filho do casal, Gregory, por quem Debra abandonou a carreira no cinema.[11]

Gregory nasceu em 1964 numa casa em Beverly Hills, ao lado da residência de Frank Sinatra. Quando H. H. Kung foi visitar o neto, levou um *ru-yi* de jade (um cetro curvo que normalmente servia como presente de bons votos e tinha de ser carregado com ambas as mãos). Ei-ling cuidou do bebê como uma avó experiente. Mais tarde, já garotinho, Gregory foi levado para conhecer

May-ling em Nova York. Sua ilustre tia-avó o recriminou: Gregory ainda não aprendera a etiqueta de se levantar da cadeira quando um adulto entra na sala nem era capaz de se sentar corretamente, sem se esparramar. Em ocasiões futuras, por outro lado, May-ling não cansou de elogiá-lo por ter se tornado um jovem bastante cortês. Também ficava aliviada por ele não ter se envolvido com drogas.[12]

Gregory foi o único neto de Ei-ling. De seus quatro filhos, David e Jeanette nunca se casaram, e os dois casamentos de Rosamonde não produziram nenhum herdeiro. Gregory, filho único de Louis e Debra, é o único descendente dos Kung. Cuida com devoção da mãe que, contando agora oitenta anos, continua bastante bonita — e profundamente religiosa. Mãe e filho são extremamente próximos.

Nem Ching-ling nem May-ling tiveram filhos, por causa da vida — e dos maridos — que escolheram. Desse modo, Gregory, que também não tem filhos, é o "herdeiro" solitário das três irmãs Soong. Não tem interesse algum em passar a vida como guardião do legado das três e permanece um homem absolutamente discreto.

23. New York, New York

As três irmãs Soong eram filhas de Shanghai. Mas, por questões políticas, nenhuma das três morreu lá. Ching-ling, líder da China Vermelha, passou seus últimos anos em Beijing, onde trabalhou pelo Partido Comunista até o último suspiro. Não gostava da capital e sentia falta de Shanghai; mas não tinha escolha. Ei-ling e May-ling exilaram-se, escolhendo viver os últimos anos em Nova York, que lhes lembrava sua cidade natal. Amavam Nova York e eram, na prática, nova-iorquinas. No atropelo daquela metrópole encontraram paz e tranquilidade.

Estabeleceram-se também na cidade americana dois dos irmãos Soong. Um deles, T. L., era um ano mais novo que May-ling. Ex-banqueiro, perdeu a maior parte do dinheiro ao fugir do continente e não encontrou sustento nos Estados Unidos. Esgotadas as economias, passou a depender das irmãs para viver. Dependência financeira jamais é uma boa receita para um laço afetivo descomplicado. Numa cidade permeada de relacionamentos frágeis, T. L., como muitos outros em sua posição, mal via os familiares, vivendo modestamente com a esposa e a filha. Foi o único Soong que enviou suas condolências quando a Irmã Vermelha morreu, em 1981; mas Beijing não fez muito caso — era quase como se ele não fizesse parte da família. Sua morte, em 1987, aos 88 anos, não recebeu nenhuma atenção.[1]

O outro irmão Soong tragado pelo magnetismo de Nova York depois de 1949 foi T. V., o mais velho e mais proeminente dos três irmãos. Tinha um apartamento na Quinta Avenida com vista para o Central Park, mas vivia num estado de alerta permanente, temendo pela sua vida. Certa noite, um neto assistia à televisão quando houve uma súbita comoção no programa. Para espanto do garoto, o avô surgiu às pressas com uma arma em mãos. Sempre andava armado e, quando saía de Nova York, nunca dizia para onde ia nem quanto tempo ficaria afastado. T. V. estava na lista dos "criminosos de guerra" de Mao, mas sua verdadeira preocupação era com a animosidade de Chiang Kai-shek. Durante a guerra civil, negociara com os oponentes nacionalistas do Generalíssimo. Esse breve surto de "deslealdade" irritou Chiang profundamente. T. V. era obrigado a tomar precauções.

T. V. sabia que agentes nacionalistas o mantinham sob vigilância em Nova York e que o maior tabu para o cunhado era sua proximidade com Washington (que poderia apoiá-lo como substituto de Chiang). Assim, embora tivesse muitos amigos proeminentes nos Estados Unidos, T. V. mal se encontrava com eles. Também evitava visitar oficiais taiwaneses. Sua vida era inteiramente privada: caminhadas diárias no Central Park, partidas de futebol americano na televisão, jogos de cartas ou esconde-esconde com os netos. Nada disso era um substituto satisfatório para os holofotes de que ele gozara desde a juventude. Mas tinha uma família feliz: uma esposa carinhosa (e bonita), três filhas comportadas e nove netos.[2]

Quanto às irmãs, não tinha nenhuma comunicação com Ching-ling, isolada como ela estava na China maoista. Mal via Ei-ling, embora vivessem na mesma cidade. A Irmã Mais Velha se ressentia por ele ter substituído H. H. Kung como primeiro-ministro ao fim da guerra do Japão. Viu aquilo como traição, uma forma de conluio com Chiang para fazer de H. H. um bode expiatório.[3]

Por outro lado, permaneceu próximo de May-ling — mas milhares de quilômetros os separavam quando ela estava em Taiwan. Ao longo dos anos, trocaram cartas e presentes e fizeram alguns serviços um para o outro, cujo propósito real era demonstrar a afeição que sentiam. Numa carta longa e íntima datada de 1962, May-ling disse ao irmão: "Em poucos dias será o aniversário da Irmã Mais Velha [...]. Espero que você lhe telefone e lhe deseje um feliz aniversário, pois, à medida que envelheço, mais me convenço da sabedoria daquele ditado: 'O sangue é mais denso que a água'".[4]

T. V. contactou Ei-ling, como a Irmã Mais Nova sugeriu, e Ei-ling respondeu convidando-o para uma visita a Los Angeles. Enquanto esteve por lá, a Crise dos Mísseis se deflagrou, terminando, pelo menos aos olhos do público, com uma retração por parte do líder russo Nikita Khrushchev. T. V. celebrou com Ei-ling e os dois fizeram as pazes. Feliz e animado, escreveu imediatamente para May-ling: "Fiquei na elegante casa da irmã E. em Los Angeles, onde a encontrei em excelente forma e espírito. Ficamos muito contentes com a postura de Kennedy diante de Khrushchev. É o começo de um novo capítulo na história e renova nossas esperanças de retornar à terra natal".[5]

Encorajada pelo sucesso da reconciliação entre o irmão e a irmã, May-ling começou a planejar uma aproximação entre T. V. e o Generalíssimo. Em fevereiro de 1963, enquanto estava em Manila, visitando uma filha casada, T. V. recebeu um convite para ir a Taiwan. O convite foi repassado especialmente por T. A., que, sendo o Irmão Mais Novo, muitas vezes agia como mensageiro entre os irmãos mais velhos apartados politicamente. A reação imediata de T. V. foi cautela. Amava a irmã, mas não podia confiar em seu marido. Temia que Chiang roubasse a sua liberdade, se não a sua vida. Preparando-se para esse cenário, T. V. escreveu várias cartas à esposa, dizendo-lhe que passaria apenas "uma ou duas semanas" e que ela "não devia se preocupar de modo algum. Devo estar de volta antes do fim do mês".[6]

Chiang Kai-shek permitiu que T. V. passasse mais ou menos uma dúzia de dias prazerosas em Taiwan, mas não o recebeu de braços abertos, como o fez com H. H. Kung. Nem pediu a T. V. para fazer nada por ele nos Estados Unidos. Como os cunhados, Chiang ficou contentíssimo com a postura firme de Kennedy durante a Crise dos Mísseis e agora planejava enviar o filho, Ching-kuo, em setembro para tentar persuadir Kennedy a apoiá-lo num ataque à China Vermelha. Concordou com a solicitação de May-ling, no sentido de arregimentar a ajuda de T. V. W. Averell Harriman, subsecretário de Estado para assuntos políticos no governo Kennedy, era um velho amigo de T. V.

T. V. se encontrou com Harriman depois da viagem a Taiwan e escreveu a May-ling uma carta longa e detalhada, relatando a conversa, que a irmã traduziu para o marido. O relato não continha boas notícias para Chiang. O governo americano não tinha interesse algum em se engajar em qualquer conflito de "grandes proporções" com Beijing.[7] O gelo no coração de Chiang em relação ao cunhado continuou petrificado. Chiang fez questão de não envolver T. V. na visita de Ching-kuo a Washington.

Em outubro de 1964, a China detonou sua primeira bomba atômica. Nessa época, a França reconheceu Beijing politicamente, obrigando Taiwan a cortar laços diplomáticos com Paris. O ano seguinte trouxe novo golpe a Chiang. Li Tsung-jen, que o suplantara brevemente como presidente da China em 1949 e que desde então vivia em Nova York, ludibriou a vigilância nacionalista secreta e fez uma aparição dramática em Beijing. Ao descer do avião num tapete vermelho, encontrou amigos de T. V. — e amigos de amigos — entre os antigos chefões nacionalistas que o aguardavam. O humor de Chiang ficou ainda mais sombrio. T. V. nunca mais foi convidado a ir a Taiwan, ainda que em várias ocasiões tenha tentado ser útil.

No dia 26 de abril de 1971, T. V. morreu subitamente, aos 76 anos, enquanto jantava com amigos. Engasgara "com um pedaço de carne", como registrou o atestado de óbito. Pode muito bem ter sido um derrame: havia sinais disso.[8]

Tão logo recebeu a notícia, May-ling disse ao marido que iria a Nova York para o funeral do irmão, marcado para o dia 1º de maio.

Na véspera da partida da esposa, Chiang hesitou. Na entrada de seu diário do dia 29 de abril, lê-se: "Hoje à noite recebi a notícia de que Soong Ching-ling pode ir a Nova York para o funeral de T. V., com a intenção de usar a oportunidade para falar sobre a paz [isto é, a capitulação de Taiwan] com minha esposa. Então decidi ordenar à minha esposa que não fosse para Nova York amanhã".[9]

Não há evidência de que a Irmã Vermelha iria a Nova York. Era uma época em que a China estava isolada do mundo exterior. Beijing não tinha relações diplomáticas com Washington. Kissinger ainda não partira para sua missão secreta (em julho) na capital chinesa. Era impossível que Ching-ling, a testa de ferro da China Vermelha, pulasse subitamente num avião. A família de T. V. em Nova York não tinha nenhum contato com ela havia muitas décadas e nem mesmo lhe enviou um convite. Nem receberam qualquer notícia de Beijing.[10] Não havia nenhum sinal de que Ching-ling solicitara permissão para ir. Mesmo quando um Soong muito menos político, T. A., morreu, em 1969, tudo que ela fez foi enviar uma mensagem de condolências. E, mesmo esse objetivo, tão simples, só foi alcançado porque Ching-ling apelou ao primeiro-ministro Zhou En-lai através de sua esposa.[11]

A ideia de que Beijing pudesse enviar Ching-ling ao funeral de T. V. com intuito de realizar algum truque pode até ter passado, de fato, pela cabeça do Generalíssimo. Uma notícia daquele mês teria lhe despertado suspeitas: jogadores de pingue-pongue americanos foram convidados para uma visita à China, num gesto sem precedentes de Beijing. Chiang estava atento a possíveis lances similares. Mas, no fundo, era a ideia de deixar a esposa viajar para chorar a morte de T. V. que deixava Chiang relutante. Pensamentos rancorosos direcionados ao cunhado dominavam a mente do Generalíssimo nos últimos tempos. Refletindo sobre a perda da China continental, Chiang sentia "muitos remorsos", como escreveu em seu diário. Entre os remorsos, destacava a nomeação de T. V., que, segundo ele, destruiu as finanças do país por "ignorância e incapacidade de obedecer a ordens ou assumir responsabilidades".[12] Foi nesse quadro mental que Chiang disse à esposa que a proibia de ir a Nova York.

A ausência no funeral de T. V. causou muita dor em May-ling. Quando a amiga Emma lhe escreveu para prestar condolências, a Irmã Mais Nova mudou de assunto bem rápido: "A família lamenta muito a perda dele e de meu irmão mais novo, T. A., que morreu dois anos atrás [...]. A Madame Kung esteve aqui no verão, vindo em abril para o meu aniversário".[13]

Ei-ling, que estava em Taiwan na época, também não foi ao funeral de T. V. Como resultado, a presença da família Soong na ocasião foi escassa se comparada ao funeral de T. A., em San Francisco, no qual compareceram May-ling e T. V., bem como Ei-ling, que fez o esforço de ir, embora estivesse de cama.[14]

Quando H. H. Kung, o outro cunhado de Chiang, morreu aos 85 anos, em 15 de agosto de 1967, May-ling viajou de Taiwan a Nova York para o enterro; em Taiwan, Chiang organizou uma grande cerimônia em homenagem ao falecido. O próprio Generalíssimo redigiu uma eulogia completa. T. V. não recebeu o mesmo tratamento. Tudo que Chiang fez foi enviar uma peça de caligrafia, do tipo que imperadores costumavam emoldurar e enviar a súditos valorosos — um filho amoroso, uma viúva casta ou uma mãe há muito sofredora que preservou a linhagem da família.[15]

Foi em Nova York que Ei-ling finalmente sucumbiu ao câncer, aos 84 anos, em 18 de outubro de 1973. Na velhice, viu-se atacada por enfermidades. May-ling garantiu que a irmã tivesse os melhores cuidados médicos em todas as ocasiões em que esteve em Taiwan e ficou ao lado dela no hospital por vários dias. E, quando a Irmã Mais Velha estava prestes a morrer, a Irmã Mais Nova foi ao seu encontro e fez vigília ao pé da sua cama, antes de voltar correndo para o marido, que desvanecia aos poucos.[16]

Um ano depois da morte de Chiang em 1975, May-ling se estabeleceu definitivamente em Nova York, vivendo com David Kung na Gracie Square, número 10, no Upper West Side, em Manhattan. Era um grande apartamento de esquina, no nono andar de um imponente edifício dos anos 1930, com vista para o East River. Ao escolher o apartamento, Madame Chiang Kai-shek pensou acima de tudo na própria segurança. O prédio tinha uma rua de acesso coberta dentro da área de segurança, de forma que era possível entrar e sair do carro já praticamente dentro do edifício. A alguns metros, cruzando um pequeno jardim, ficava a residência oficial do prefeito de Nova York, Gracie Mansion, o que implicava que toda aquela área devia ser muito bem protegida. Ainda assim, suas janelas eram à prova de balas.

Cercada por guardas e funcionários, May-ling se hospedava por vezes na mansão dos Kung em Long Island, que agora pertencia a Jeanette, que era como uma filha para ela. Jeanette continuava comandando a equipe doméstica de May-ling e mantinha os funcionários pisando em ovos dia e noite (enfermeiras noturnas não podiam cochilar, por exemplo). Como sempre, seus modos ríspidos alimentavam ressentimentos nos empregados; contudo, ela era indispensável a May-ling. A devoção que Jeanette sentia pela tia era singular. Ingeria todo novo remédio que receitavam a May-ling para conferir se havia efeitos colaterais. Já com seus setenta e tantos anos, continuava a se ajoelhar para cortar as unhas dos pés de May-ling, jamais confiando em nenhum pedicuro.[17]

A morte de Jeanette, em 1994 (posterior à de David, em 1992), foi um golpe particularmente duro para May-ling, que ficou deprimida por vários meses. Um admirador, percebendo como Madame Chiang lidava muito mal com a perda, decidiu fazer algo para animá-la. Por sugestão dele, um grupo de senadores americanos organizou uma recepção para May-ling no Congresso, em 1995, no quinquagésimo aniversário da vitória sobre os japoneses. May-ling foi a Washington para a cerimônia. No avião, a anciã de 97 anos se ocupou revisando o discurso. Falava de modo energético e impressionava. Mais tarde, em um almoço na residência do representante de Taiwan, foi cercada por sino-americanos e os recebeu com charme absoluto, conversando e tirando fotografias. Depois, voou de volta para Nova York, sem demonstrar nenhum sinal de fadiga. A adrenalina durou muitos dias, durante os quais todos a sua volta podiam sentir sua excitação.[18]

Rosamonde, a filha mais velha de Ei-ling, assumiu o encargo de cuidar de May-ling. Mas ela própria já tinha mais de setenta anos, e não se dava tão bem com a tia quanto Jeanette. Assim, eram os funcionários da ex-primeira-dama que constituíam agora sua família, governada, com maestria e devoção, por um antigo coronel da Força Aérea, de nome Sung. Homem habilidoso, cortês e diplomático, fez uma diferença tremenda na última década de vida de May-ling. Além disso, Madame Chiang era educada e gentil com os funcionários, e todos cumpriam suas funções com diligência. Duas ou três vezes por ano, os órfãos da guerra, agora também senhores e senhoras na terceira idade, faziam uma visita. Quando os recebia, e a outros visitantes muito ocasionais, taiwaneses na maior parte, May-ling trocava de roupa, colocava maquiagem, aprumava-se e aparecia com uma graciosidade régia. Uma vez, disse ao grupo reunido: "Quando vocês eram pequenos, eu costumava acariciar seus rostos. Agora, aproximem-se e me deixem fazê-lo de novo". Eles riam e a adoravam.[19]

Fora esses visitantes, não via ninguém de fora de sua vida doméstica. Recebia poucos convites, públicos ou particulares, e praticamente não se encontrava com amigos. Emma Mills, com quem manteve correspondência por muitas décadas, pôde vê-la apenas um par de vezes desde sua mudança para Nova York, depois da morte do marido. (Emma morreu em 1987, aos 92 anos.) Jamais conversava com os vizinhos — um sorriso discreto era tudo que conseguia fazer quando esbarrava com algum deles. E raras vezes saía. Podia perfeitamente estar vivendo em qualquer outro lugar, inclusive em Taiwan, de onde viera, aliás, toda sua equipe de funcionários, a imenso custo. Mas a Irmã Mais Nova tinha de viver em Nova York. O burburinho da cidade flutuava no ar: atravessava portas e janelas fechadas e preenchia todo o espaço. Mesmo em seu isolamento, May-ling se mantinha conectada ao mundo.

24. Diante de um novo tempo

Os últimos anos de May-ling em Nova York coincidiram com as transformações que ocorreram na China continental, depois da morte de Mao, em 1976. Deng Xiao-ping, o líder supremo pós-Mao, abriu as portas do país e abraçou o capitalismo. Beijing ganhou apelo internacional. Quando os Estados Unidos estabeleceram relações diplomáticas com os comunistas em 1979, Taiwan parecia em risco. May-ling ficou desapontada com seu país de adoção. Durante as negociações entre Taiwan e Washington, disse a Ching-kuo que insistisse para que os Estados Unidos não fizessem contato com o continente.[1] Era um objetivo tão inatingível que Taiwan sequer apresentou a proposta. May-ling repreendeu Ching-kuo. Frustrada e sem apoio, elaborou a ideia de doar grandes somas de dinheiro para lobbies anticomunistas em Washington e enviou um mensageiro secreto para repassar o plano a Ching-kuo. Mas nada pôde reverter aquela tendência.

Para May-ling, a China pós-Mao não era diferente do que havia sido durante o governo do antigo ditador. Referia-se a Deng Xiao-ping como "Deng, o Bandido",[2] retomando a velha retórica de seu falecido marido. A verdade é que estava desesperada com o fato de que o mundo parecia se encantar com a China comunista.

Em 1981, quando Ching-ling estava morrendo, Beijing convidou May-

-ling para uma última visita à irmã; May-ling não respondeu. Depois da morte da Irmã Vermelha, um novo convite, agora para o funeral — mais uma vez, foi ignorado. Contudo, May-ling lamentava não ter encontrado a irmã uma última vez. Uma vez, passou uma noite inteira falando com um assistente sobre a Irmã Vermelha, lembrando-se do tempo em que Ching-ling a levou, ainda criança, para os Estados Unidos. Mas estava determinada a não conceder aos comunistas nenhuma munição de propaganda.[3]

Nessa época, um importante jornal de língua chinesa dos Estados Unidos publicou uma carta supostamente escrita por Ching-ling ao Comitê Central, com duras críticas. A carta — falsa — deixou May-ling extasiada. Escreveu para Ching-kuo anunciando que a dor que a atormentara por trinta anos, relacionada às escolhas da irmã, havia agora cessado. Ching-ling finalmente abrira os olhos — e se pronunciara! "Ela se desiludiu com os comunistas — estou tão aliviada." Pôs-se a imaginar que, caso ela ou a Irmã Mais Velha estivessem em Shanghai na época da conquista comunista, elas poderiam ter convencido a irmã a partir. Por muitos dias, May-ling viveu num estado de excitação e insistiu que o enteado anunciasse a notícia no próximo congresso nacionalista. Ching-kuo parecia saber que a carta não era genuína e evitou fazer o anúncio. Tentando não desapontar a madrasta, disse que precisava proteger a identidade da fonte — um agente nacionalista que trabalhava clandestinamente no continente.[4]

No ano seguinte, Beijing esboçou outra grande abertura a Taiwan quando o oficial veterano Liao Cheng-zhi, filho de Zhong-kai, que conhecia muito bem o Generalíssimo, enviou um longo telegrama para Ching-kuo. O líder de Taiwan se recusou a responder. Despachou a mensagem para May-ling, que se prontificou a elaborar uma resposta, o que alegrou muito Ching-kuo. May--ling escreveu uma carta aberta feroz, que foi publicada em todos os jornais de Taiwan. Era o tipo de texto que a Irmã Vermelha costumava redigir contra Chiang Kai-shek, quando a Irmã Mais Nova ainda procurava evitar qualquer envolvimento. Agora, parece que, na velhice, a indignação moral de Ching-ling arrefecera, ao passo que a paixão virtuosa de May-ling se tornara mais intensa. Lembrando a Liao Jr. que ele próprio "por pouco escapara da boca de um tigre" ao sobreviver à terrível Revolução Cultural, na qual milhões sofreram espetacularmente, May-ling perguntava se por acaso ele teria enlouquecido a ponto de achar que Taiwan se submeteria a tal regime.[5]

Foi com raiva e frustração que May-ling atacou um livro chamado *A dinastia Soong*, escrito por Sterling Seagrave e publicado em 1985. O livro, best-seller nos Estados Unidos, retratava a família Soong numa luz extremamente desfavorável. Não que isso fosse novidade para May-ling: ela já se deparara com acusações piores. Mas a essa altura ela se ressentia mais do que nunca com o fato de sua família ser apontada como responsável pelo infortúnio da China, enquanto os comunistas saíam aparentemente ilesos. Alegando que o autor era um "instrumento dos bandidos comunistas", May-ling reagiu de uma maneira militante sem precedentes. Disse a Ching-kuo que enviasse seu inteligente filho Hsiao-yong para se instruir sobre como lidar com a obra. Coordenou toda uma "estratégia", o que incluía comprar uma página inteira de espaço publicitário no *New York Times* e no *Washington Post*, com a chamada: "Um pronunciamento solene refutando as distorções da história moderna chinesa em A DINASTIA SOONG". Embora escrito em nome de uma plêiade de historiadores de Taiwan, os anúncios eram obviamente trabalho do regime, e tudo que conseguiram foi incitar o interesse público pelo livro, turbinando enormemente as vendas. Taiwan caiu no ridículo. Mas May-ling se mostrou inflexível. Chamava aquilo de "uma ofensiva geral contra os bandidos" e afirmava que a campanha iria "sem dúvida travar as vendas crescentes do livro". Quando Seagrave contou a um entrevistador na televisão que vinha se escondendo num barco com medo de ser eliminado, May-ling riu.[6]

Alguns meses antes, um autor taiwanês, biógrafo de Ching-kuo, Henry Liu, fora assassinado em San Francisco por gângsteres que trabalhavam para o Serviço de Inteligência nacionalista. O público americano ficou pasmo e acusou o governo de Ching-kuo de operar ao estilo mafioso, tal como o do pai. Agora a repulsa crescia, e a venda de armas americanas para Taiwan parecia em risco. Mas May-ling continuou obcecada com a batalha contra Seagrave.

Ainda nesse ânimo, ela retornou a Taiwan em 1986 para o centenário de nascimento do falecido marido. O principal evento aconteceu na colossal praça do Memorial Chiang Kai-shek, dominada por um grande salão contendo uma estátua gigante do Generalíssimo, bem de acordo com a tradição dos modernos cultos de personalidade, cujo pioneiro havia sido o Pai da China nacionalista, Sun Yat-sen. Cinquenta mil homens e mulheres se reuniram, organizados impecavelmente. Milhares de balões multicoloridos foram lançados ao ar — e pombas brancas. May-ling leu um discurso num mandarim um tanto enferrujado. Era uma peça partidária dura, abrandada apenas pelo charmoso sorriso em seu rosto ao final da leitura.[7]

Essa ocasião acabou por constituir o último vestígio de toda uma era — a era Chiang Kai-shek. O sucessor do Generalíssimo, Ching-kuo, estava prestes a encerrar o legado ditatorial do pai.

Durante os doze anos em que viveu como refém na Rússia stalinista, Ching-kuo foi enviado para uma série de fábricas, um vilarejo e o gulag. Labutando na camada mais pobre da sociedade, desenvolveu uma afinidade com as pessoas comuns e passou a gostar delas e admirá-las. Fez muitos amigos russos. Um deles era um órfão chamado Krav, técnico numa das fábricas. "Krav me ensinou muitas coisas [...]. Ficamos amigos em meio à necessidade, compartilhando nossos prazeres, nossas tristezas e dificuldades." Os trabalhadores gostavam de Ching-kuo, reconheciam seu talento e o recomendaram para o cargo de diretor-assistente. Quando trabalhou como camponês, os habitantes mais iletrados do vilarejo o respeitavam e confiavam nele para administrar os assuntos da vila. No gulag, trabalhou duro junto com pessoas de todas as áreas da vida que haviam caído em desgraça aos olhos do regime, e mais uma vez formou um profundo "apego no coração por essas pessoas" — tanto que, quando se viu livre, partiu quase a contragosto. "Fiquei com pena por mal poder dizer adeus aos meus pobres companheiros."[8]

Embora, no início dos anos 1950, tenha acatado as ordens do pai e levado a cabo o "terror branco" a fim de assegurar a nova base para os nacionalistas, Ching-kuo, não obstante, conseguiu ganhar a reputação de "homem do povo" quando assumiu o poder. Diferentemente do pai, que mal tinha contato com os nativos, Ching-kuo se esforçava para se aproximar deles. Em suas infinitas viagens de inspeção, preferia comer em pequenas barracas de beira de estrada, conversando com outros fregueses. Na aparência, abandonou a postura paterna de grandiosidade ou poder e optou por se apresentar como uma pessoa comum. Essencialmente, reverteu muitas das políticas do pai tão logo o Generalíssimo morreu. Chiang pai mal se interessara pelo desenvolvimento econômico de Taiwan; Ching-kuo fez disso sua maior prioridade. Previu o chamado "milagre taiwanês", durante o qual a ilha gozou de um crescimento de dois dígitos e a renda média triplicou em seis anos a partir de 1977. Um grau considerável de liberalização se seguiu. Pela primeira vez, os cidadãos podiam sair da ilha livremente, como turistas. Velhos soldados nacionalistas que haviam fugido do continente conseguiram permissão para visitar as famílias. A costa e as montanhas que haviam sido isoladas foram abertas ao público.

O governo de Ching-kuo era considerado incorruptível. Ele e sua família não acumularam riqueza alguma. Reuniu em torno de si um grupo de talentos de espírito cívico, que se orgulhavam de estarem ali pelo serviço público e não pelo ganho pessoal. Essa ausência de corrupção e o espírito de dever e diligência sublinharam o sucesso de Taiwan. E quando a lei do partido único entrava em conflito com os comunistas ou com os ativistas pela independência de Taiwan, a repressão sob seu governo era moderada, e Ching-kuo permaneceu amplamente popular.

No fim, ele próprio conduziria Taiwan rumo à democracia.

Em 1985, Ching-kuo rejeitou pública e definitivamente a ideia de entregar o poder a qualquer membro de sua família, anunciando que nenhum dos seus três filhos herdaria a presidência. Sua própria sucessão não havia sido sua escolha, mas algo imposto sobre ele, que sentiu muito mais o peso da responsabilidade do que qualquer prazer. Na véspera de reuniões do alto escalão, sua equipe sempre percebia sua inquietude. Homem de hábitos simples, não se sentia de modo algum atraído pelos privilégios dos ditadores.[9]

Sob Ching-kuo, Taiwan começou a se transformar num lugar bastante diferente. A prosperidade econômica criou uma sociedade que borbulhava de aspirações. Movimentos demandando reformas surgiam a todo instante, não menos da parte daqueles que estiveram no exterior para turismo ou estudos, que somavam agora 300 mil por ano. Publicações que desafiavam o discurso oficial cresciam rapidamente. Com essa grande onda a favor da democratização, Ching-kuo suspendeu a lei marcial em 1987, autorizando a criação de partidos de oposição e as atividades da imprensa livre.

O salto histórico aconteceu quando May-ling estava em Taiwan. Demorara-se por lá depois de comparecer à celebração do centenário do marido, curiosa para ver os resultados das reformas na sociedade. Seus sentimentos eram ambíguos.[10] Não se opunha à democratização, mas desejava que o marido preservasse a aura sagrada e que seus próprios interesses fossem protegidos. Por ora, ela não estava muito preocupada. Ching-kuo ainda estava na casa dos setenta anos e poderia continuar no poder por um bom tempo.

* * *

No dia 13 de janeiro de 1988, Ching-kuo morreu subitamente, aos 77 anos. Embora sofresse de diabetes e de outras doenças, a morte foi inesperada. Naquela manhã, seu filho Hsiao-yung aparecera à porta do quarto para lhe desejar bom-dia e, em seguida, foi almoçar com May-ling. Pouco depois, Ching-kuo faleceu. Ninguém da família estava a seu lado.[11]

Lee Teng-hui, vice-presidente e taiwanês nativo, assumiu a presidência. May-ling ficou alarmada. Lee não nutria nenhuma óbvia lealdade a ela ou ao marido. Mais uma vez, sentiu seu conforto futuro ameaçado.[12] Em poucos dias, Jeanette voou de Nova York e se instalou de maneira agressiva no Grande Hotel de Taiwan. Situado no topo de uma colina e parecido com um palácio chinês tradicional, com amplos telhados de ouro e pilares vermelhos colossais, o emblemático edifício fora construído nos anos 1950 para servir como luxuosa acomodação para hóspedes do governo. May-ling participara detidamente de sua construção, e Jeanette o administrara, na prática, se não na letra, tratando-o como se fosse propriedade da família. Quando Ching-kuo ascendeu ao poder, introduziram-se novas regras, e Jeanette se viu marginalizada. Agora, aportou no hotel, rasgou literalmente os regulamentos bem diante do gerente, despediu o contador-chefe e forçou o presidente do conselho administrativo a renunciar. Apoiado por May-ling, um aliado de Chiang foi nomeado presidente, e Jeanette assumiu a administração do edifício, uma verdadeira galinha dos ovos de ouro.[13]

Para proteger seus interesses, a ex-primeira-dama, agora aos noventa anos, buscou o poder político, esforçando-se para resguardar a chefia do Partido Nacionalista das mãos do presidente Lee. (Ambos os Chiang haviam sido tanto presidentes quanto chefes do partido.) Como o novo chefe tinha de ser formalmente nomeado pelas lideranças nacionalistas, May-ling pediu que se adiasse a nomeação, de modo a ganhar tempo e cravar alguém de sua escolha. Sua proposta sofreu resistência de várias frentes, inclusive de antigos devotos de Chiang. Todos queriam que Lee assumisse. Num dia, à meia-noite, May-ling telefonou a um oficial que fora protegido de seu marido, mas o oficial se recusou a fazer o que ela pedia. Estava claro que ninguém queria que ela interferisse: todos desejavam seguir em frente, rumo a uma nova era. A imprensa, agora livre, voltou-se contra ela. May-ling precisou recuar, mas ainda tentou uma última vez orientar o partido a não se desviar rumo a novas mudanças fundamentais. O partido escutou educadamente, mas não deu atenção.[14]

May-ling, ainda fisicamente forte e mentalmente ágil, não ofereceu mais resistência. Aceitou a derrota e retornou a Nova York em 1991, dissociando-se da política taiwanesa. A ilha acelerou rumo à democracia, e, em 1996, o presidente Lee se tornou o primeiro presidente eleito democraticamente.

No fim, a Taiwan democrática tratou May-ling com generosidade. Embora as regras introduzidas sob o governo de Lee estipulassem as pensões para presidentes aposentados e esposas — e a viúva e a família de Ching-kuo seguiram essas regras estritamente —, abriu-se uma exceção para a Irmã Mais Nova. Seu estilo de vida ficou, em grande parte, garantido. O Grande Hotel continuou a funcionar como sua cozinha particular, exportando chefes e garçons para os Estados Unidos. Seguranças, enfermeiras e criados continuavam sendo enviados, ano após ano. Mas algumas extravagâncias precisaram ser controladas. Em 1994, quando fez sua última viagem a Taiwan para visitar Jeanette, que estava morrendo de câncer (Jeanette preferiu ser tratada em Taiwan e não nos Estados Unidos, pois lá podia gozar de certos privilégios, como ficar com seu cachorro na suíte do hospital), o governo de Taiwan, em vez de despachar um avião especial, reservou uma cabine inteira de primeira classe para a ex-primeira-dama.[15] Também pediu que os Kung contribuíssem com parte das despesas de May-ling, e o pedido foi aceito, embora, nos bastidores, alguns parentes tenham reclamado.[16]

Por algum tempo, May-ling reclamou da falta de dinheiro.[17] Mas, no geral, atravessou tranquilamente aqueles tempos de mudança. Orar e ler a Bíblia, as principais atividades dos seus últimos anos, lhe davam paz.[18] Chegando ao fim de uma vida longa e dramática em que esteve por vezes no topo do mundo, ela quase nunca se entregava às lembranças do passado e nunca mencionava suas glórias. Quando sugeriram que se nomeasse uma rua em sua homenagem, ela vetou, citando um verso de Eclesiastes: "Vaidade das vaidades, disse o Pregador, vaidade das vaidades! Tudo é vaidade".[19] Continuou esperando que Deus a levasse e muitas vezes murmurava: "As pessoas da minha geração, e mesmo de uma geração mais nova, já se foram, uma depois da outra; eu ainda estou aqui". "Deus me esqueceu."[20]

Deus se lembrou dela quando May-ling tinha 105 anos e vivera o suficiente para tocar três séculos. Em 23 de outubro de 2003, a Irmã Mais Nova morreu dormindo, pacificamente. Não deixou testamentos, mas expressara o desejo de ser enterrada com a família da irmã Ei-ling.[21] Os Kung haviam comprado dois jazigos de família no Cemitério Ferncliff, quarenta quilômetros ao norte do centro de Manhattan. Os espaços eram construídos com um mármore branco excelente e decorados com vitrais e altares modestos. O funeral foi organizado por parentes e por sua equipe de funcionários — e foi discreto. Houve até um pequeno problema durante a acomodação do caixão, que não coube no compartimento determinado, sendo preciso demolir ali mesmo uma parte da abertura. Tudo isso foi bem diferente do enterro de seu marido, minuciosamente planejado e executado. Por outro lado, o sepulcro de Chiang Kai-shek, mantido acessível ao público em alto estilo, teve de suportar muitos protestos em que manifestantes o cobriam de tinta vermelha, além dos constantes debates públicos sobre a validade de se destinar recursos públicos para aquilo. May-ling, enterrada como nova-iorquina comum, pôde descansar em paz, perto de sua amada irmã e da família. No dia que se seguiu ao enterro, o então presidente de Taiwan, Chen Shui-bian, veio a Manhattan prestar suas condolências e homenageou May-ling presenteando sua família com uma bandeira do país.[22] Chen foi o primeiro líder da oposição a ser eleito presidente, em 2000. Como se vê, May-ling adentrara mesmo, junto com a história, o século XXI.

Notas

1. A ASCENSÃO DO PAI DA CHINA [pp. 23-46]

1. Sun Yat-sen (Chen Xi-qi et al.), v. 1, pp. 4-5.

2. Sun Yat-sen (Chen Xi-qi et al.), v. 1, p. 74; Sun, Victor, p. 24; Shang Ming-xuan et al., p. 513.

3. Paul Linebarger, pp. 79-81; Sun Hui-fen, p. 18.

4. Tōten Miyazaki, 1977, p. 7.

5. Paul Linebarger, p. 116.

6. Victor Sun, pp. 79, 89-92; Paul Linebarger, pp. 122-31; Chung Kun Ai, p. 106; J. Y. Wong, 2012, pp. 193-224.

7. Chan, Luke e Taylor, Betty Tebbetts, pp. 3, 12-3, 147-8.

8. Victor Sun, pp. 86-7, 98-9; Charles R. Hager, pp. 382-3.

9. Sun Yat-sen (Chen Xi-qi et al.), v. 1, p. 36.

10. Comitê Administrativo dos Objetos Históricos de Sun Yat-sen e Soong Ching-ling em Shanghai (Org.), v. 1, p. 265; Israel Epstein, pp. 42-3.

11. Sun Yat-sen (Chen Xi-qi et al.), v. 1, pp. 46-7; Chen Shao-bai, p. 5.

12. Harold Z. Schiffrin, p. 30; Sheng Yong-hua et al., p. 70.

13. Chen Shao-bai, pp. 6, 8.

14. Sun Yat-sen, *The Sun Theory*, 1919/06, cap. 8. Em *Collected Works*. Disponível em: <http://sunology.culture.tw/cgibin/gs32/s1gsweb.cgi?o=dcorpusands=id=%22CS0000000030%22.andsearchmode=basic>; Carta para Li Xiao-sheng, 14 abr. 1912. Disponível em: <http://sunology.culture.tw/cgibin/gs32/s1gsweb.cgi?o=dcorpus&s=id=%22TG0000001329%22.andsearchmode=basic>.

15. Tse Tsan Tai, p. 4.

16. Chen Shao-bai, p. 29.

17. Deng Mu-han; cf. Wong, J. Y. 2012, pp. 587-93; Chen Shao-bai, pp. 29-30.

18. J. Y. Wong, 2012, pp. 574, 578.

19. Cantlie, Neil e Seaver, George, pp. xxv, xxviii; Cantlie, James e Sheridan, Charles Jones, p. 18; entrevista com seu neto Hugh Cantlie, 12 abr. 2016.

20. Sun Yat-sen (Chen Xi-qi et al.), v. 1, p. 110.

21. Luo Jia-lun, pp. 100-76.

22. Arquivos Nacionais, Londres, Reino Unido, FO 17/1718, p. 122.

23. Arquivos Nacionais, Londres, Reino Unido, FO 17/1718, p. 121.

24. Luo Jia-lun, pp. 45, 48-9; Arquivos Nacionais, Londres, Reino Unido, FO 17/1718, pp. 119-21.

25. Arquivos Nacionais, Londres, Reino Unido, FO 17/1718, p. 122.

26. Luo Jia-lun; Arquivos Nacionais, FO 17/1718, pp. 9-498; Cantlie, Neil e Seaver, George, pp. 103-5; Cantlie, James e Sheridan, Charles Jones, pp. 43-4; cf. Sun Yat Sen, *Kidnapped in London*; Chen Shao-bai, pp. 34-5.

27. *The West Australian*, 26 out. 1896.

28. Arquivos Nacionais, Londres, Reino Unido, FO 17/1718, p. 120.

29. Cantlie, Neil e Seaver, George, p. 107.

30. Chan, Luke e Taylor, Betty Tebbetts, p. 171.

31. Yang Tian-shi 2007, pp. 221-5, pp. 212-3; Sun Yat-sen (Chen Xi-qi et al.), v. 1, pp. 232, 244-9; Hsu Chieh-lin, pp. 21-4.

32. Papéis da Terceira Marquesa de Salisbury, Arquivos da Hatfield House /3M/B24.

33. Jung Chang, 2013.

34. Sun Yat-sen (Chen Xi-qi et al.), v. 1, p. 346.

35. Charles R. Hager, pp. 385-6.

36. Yang Tian-shi, 2007, pp. 272-312; Sun Yat-sen (Chen Xi-qi et al.), v. 1, pp. 469-76.

37. *New York Times*, 2 out. 1910.

38. Sun Yat-sen (Chen Xi-qi et al.), v. 1, pp. 558-9, 568.

39. Sun Yat-sen (Chen Xi-qi et al.), v. 1, p. 557.

40. Sun Yat-sen (Chen Xi-qi et al.), v. 1, pp. 558-9, 590-9; Zhang Tai-yan, p. 18.

2. SOONG CHARLIE: PASTOR METODISTA E UM REVOLUCIONÁRIO EM SEGREDO [pp. 47-58]

1. Comitê Administrativo dos Objetos Históricos de Sun Yat-sen e Soong Ching-ling em Shanghai, e Associação de Shanghai para Estudos sobre Ching-ling (Org.), 2003a, p. 1.

2. Arquivos da Igreja Metodista Unida da Quinta Avenida, Nova York.

3. James Burke, p. 13; E. A. Haag, pp. 30-1.

4. Comitê Administrativo dos Objetos Históricos de Sun Yat-sen e Soong Ching-ling em Shanghai (Org.), v. 2, pp. 281-2.

5. Comitê Administrativo dos Objetos Históricos de Sun Yat-sen e Soong Ching-ling em Shanghai (Org.), v. 2, pp. 281-5; e publicação do Comitê Administrativo de Shanghai dos Objetos

Históricos de Sun Yat-sen e Soong Ching-ling, e Associação de Shanghai para Estudos sobre Ching-ling (Org.), 2003a, p. 7.

6. *World Outlook*, abr. 1938, p. 8.

7. E. A. Haag, p. 79.

8. Charlie Soong na Trinity College.

9. James Burke, p. 17.

10. E. A. Haag, pp. 74-9; Charlie Soong no Trinity College; Emily Hahn, 2014b, p. 8.

11. Charlie Soong no Trinity College.

12. E. A. Haag, pp. 50-1.

13. Comitê Administrativo dos Objetos Históricos de Sun Yat-sen e Soong Ching-ling em Shanghai (Org.), v. 2, pp. 287-8.

14. Soong May-ling, 1955, p. 34.

15. E. A. Haag, pp. 48-9.

16. James Burke, pp. 31-2.

17. Comitê Administrativo dos Objetos Históricos de Sun Yat-sen e Soong Ching-ling em Shanghai (Org.), v. 2, pp. 288-9.

18. Comitê Administrativo dos Objetos Históricos de Sun Yat-sen e Soong Ching-ling em Shanghai (Org.), v. 2, pp. 288-90; E. A. Haag, p. 91; James Burke, pp. 32-3.

19. Soong May-ling, 1934, p. 131.

20. Coleção de Referência Charles Jones Soong.

21. E. A. Haag, p. 118.

22. James Burke, pp. 43-4.

23. Coleção de Referência Charles Jones Soong.

24. E. A. Haag, pp. 127-8.

25. James Burke, p. 43.

26. Emily Hahn, 2014b, p. 24; E. A. Haag, p. 111.

27. Emily Hahn, 2014b, p. 24.

28. Coleção de Referência Charles Jones Soong.

29. Coleção de Referência Charles Jones Soong; Sun Yat-sen, *The Sun Theory*, 1919/06, cap. 8. Em *Collected Works*. Disponível em: <http://sunology.culture.tw/cgibin/gs32/s1gsweb.cgi?o=dcorpusands=id=%22CS0000000030%22.andsearchmode=basic>, Carta para Li Xiao-sheng, 14 abr. 1912. Disponível em: <http://sunology.culture.tw/cgibin/gs32/s1gsweb.cgi?o=dcorpusands=id=%22TG0000001329%22.andsearchmode=basic>.

30. Zhang Zhu-hong.

31. Comitê Administrativo dos Objetos Históricos de Sun Yat-sen e Soong Ching-ling em Shanghai (Org.), v. 2, p. 295.

32. Coleção de Referência Charles Jones Soong.

3. EI-LING: UMA JOVEM DE "GRANDE INTELIGÊNCIA" [pp. 61-79]

1. Emily Hahn, 2014b, pp. 22-9.

2. Emily Hahn, 2014b, p. 22.

3. Comitê Administrativo dos Objetos Históricos de Sun Yat-sen e Soong Ching-ling em Shanghai (Org.), v. 2, p. 295.

4. Emily Hahn, 2014b, pp. 35-6.

5. Emily Hahn, 2014b, pp. 22-6, 40; James Burke, p. 161; Soong May-ling, 1934, p. 131.

6. James Burke, pp. 157-68; Elmer T. Clarke, pp. 46-8; Emily Hahn, 2014b, p. 42. Disponível em: <http://www.wesleyancollege.edu/about/soongsisters.cfm>. Acesso em: 15 nov. 2019.

7. James Burke, pp. 166-8; Arquivos e Coleções Especiais da Wesleyan College: Irmãs Soong, "artigo — sem data, 2/10", "Esboços — Questionário respondido — *c.* 1943", "Esboços — Faculdade — sem data 2/8", "Publicação de — Ei-ling 'Meu país e seus atrativos' — sem data, Pasta 5".

8. Arquivos e Coleções Especiais da Wesleyan College, "Esboços — Questionário respondido — *c.* 1943".

9. 13 set. 1917, Documentos de Emma DeLong Mills, MSS.2, Arquivos da Wellesley College.

10. James Burke, p. 168.

11. J. Y. Wong, 2005, p. 318.

12. Lo Hui-Min, v. 1, pp. 666, 721.

13. Sun Yat-sen, *Collected Works*, entrevista com o jornal *Dalu*, em Shanghai, 25 dez. 1911. Disponível em: <http://sunology.culture.tw/cgibin/gs32/s1gsweb.cgi?o=dcorpusands=id=%22TL0000000138%22.andsearchmde=basic>.

14. CPPCC, 1981, v. 6, p. 250.

15. Yang Tian-shi, 2007, pp. 298-9; Yang Tian-shi, 2008, v. 1, pp. 3-12; Chiang Kai-shek, Segundos Arquivos Históricos da China (Org.), pp. 17-8.

16. Huang Xing (Mao Zhu-qing, Org.), pp. 181-5, 237-8; Tōten Miyazaki, 1977, pp. 53-63.

17. Shang Ming-xuan et al., pp. 779-80; CPPCC, 1981, v. 1, pp. 117-9; Huang Xing (Mao Zhu-qing, Org.), p. 245.

18. Sun Yat-sen (Chen Xi-qi et al.), v. 1, p. 615.

19. CPPCC, 1981, v. 1, p. 118; cf. Sun Yat-sen (Chen Xi-qi et al.), v. 1, p. 633.

20. Sun Yat-sen (Chen Xi-qi et al.), v. 1, pp. 647-8.

21. Gu Li-juan e Yuan Xiang-fu, v. 1, pp.188-92; CPPCC, 1981, v. 1, pp. 119-20.

22. James Burke, p. 179.

23. Earl Albert Selle, pp. VII, 134, 139.

24. Huang San-de, p. 8.

25. Huang San-de, p. 8.

26. Shang Ming-xuan et al., p. 518; Luke Chan e Betty Tebbetts Taylor, p. 22; cf. J. Y. Wong, 2012, pp. 552-4.

27. Tōten Miyazaki, 1977, pp. 30, 130.

28. Luke Chan e Betty Tebbetts Taylor, pp. 187-8.

29. Victor Sun, pp. 360-6, 398.

30. Tōten Miyazaki, 1977, p. 141.

31. Huang San-de, p. 8.

32. Victor Sun, pp. 344, 407-21; Tōten Miyazaki, 1977, p. 130; Huang San-de, p. 8.

33. Victor Sun, pp. 289-91.

4. A CHINA EMBARCA NA DEMOCRACIA [pp. 80-7]

1. Lord William Gascoyne-Cecil, p. 274.

2. Arquivos da Dinastia Ming e Qing (Org.), v. 1, pp. 43-4, 54-68; v. 2, pp. 627-37, 667-84, 671-3, 683-4; Jung Chang, 2013, cap. 29.

3. Gu Li-juan e Yuan Xiang-fu, v. 1, pp. 2-5; Arquivos da Dinastia Ming e Quing (Org.), v. 1, pp. 667ff; Zhang Pengyuan, 1979, pp. 364-8; David Cheng Chang, p. 196.

4. Gu Li-juan e Yuan Xiang-fu, v. 1, pp. 88, 119-20, 156, 186-92.

5. Gu Li-juan e Yuan Xiang-fu, v. 1, pp. 2-16; Zhang Peng-yuan, 2013, p. 76-110; Zhang Peng-yuan, 1979, pp. 364-70; David Cheng Chang, p. 215.

6. Marie-Claire Bergère, p. 226.

7. Gu Li-juan e Yuan Xiang-fu, v. 1, p 523; Zhang Peng-yuan, 1979, pp. 398-447; K'ung Hsiang-hsi, p. 39.

8. Wu Chang-yi (Org.), pp. 18-9.

9. Earl Albert Selle, p. 134.

10. Sun Yat-sen (Chen Xi-qi et al.), v. 1, pp. 764, 773, 778, 782.

11. Earl Albert Selle, pp. 135-6.

12. Sun Yat-sem (Chen Xi-qi et al.), v. 1, pp. 757-8, 782.

13. Chen Peng Jen, pp. 107-8; Sun Yat-sen (Chen Xi-qi et al.), v. 1, pp. 784-7.

14. Song Jiao-ren (Chen Xu-lu org.), p. 496.

15. K'ung Hsiang-hsi, pp. 36-7.

16. Soong Chingling (China Welfare org.), p. 189.

5. OS CASAMENTOS DE EI-LING E CHING-LING [pp. 88-99]

1. Coleção de Referência Charles Jones Soong.

2. K'ung Hsiang-hsi; Lo Hui-Min, v. 2, pp. 478-9; Yu Xin-chun e Wang Zhen-suo (Org.), pp. 283, 299; Shou Chong-yi (Org.), pp. 42-3, 57, 77, 82.

3. K'ung Hsiang-hsi, pp. 36-43; Lo Hui-Min, v. 2, pp. 478-80.

4. Emily Hahn, 2014b, pp. 80-1.

5. Arquivos e Coleções Especiais da Wesleyan College: "Esboços — Questionário respondido — *c.* 1943", "Esboços — Faculdade — sem data, 2/8", "artigo — sem data, 2/10".

6. Emily Hahn, 2014b, p. 77.

7. Israel Epstein, p. 7.

8. Israel Epstein, p. 36.

9. Malcolm Rosholt, pp. 112-5.

10. Israel Epstein, pp. 7, 42-3.

11. Soong Ching-ling (Shang Ming-xuan et al.), v. 1, p. 67.

12. Comitê Administrativo dos Objetos Históricos de Sun Yat-sen e Soong Ching-ling em Shanghai (Org.), v. 2, pp. 293-5.

13. Comitê Administrativo dos Objetos Históricos de Sun Yat-sen e Soong Ching-ling em Shanghai (Org.), v. 2, p. 295; Israel Epstein, pp. 38-9.

14. Yu Xin-chun e Wang Zhen-suo (Org.), pp. 466-7.

15. Comitê Administrativo dos Objetos Históricos de Sun Yat-sen e Soong Ching-ling em Shanghai (Org.), v. 4, pp. 101-5; Soong Ching-ling (Shang Ming-xuan et al., Org.), v. 1, pp. 78-80; Israel Epstein, pp. 40-3; Yu Xin-chun e Wang Zhen-suo (Org.), p. 467; Malcolm Rosholt, p. 116.

16. Israel Epstein, p. 41.

17. Lo Hui-Min, v. 2, pp. 477-9; Comitê Administrativo dos Objetos Históricos de Sun Yat-sen e Soong Ching-ling em Shanghai (Org.), v. 2, p. 295; James Burke, p. 181.

18. Malcolm Rosholt, p. 115.

19. Lin Ke-guang et al., p. 16.

20. Sun Yat-sen (Chen Xi-qi et al.), v. 1, pp. 976, 983-91; Sun Yat-sen, *Collected Works*, carta aos camaradas de Shanghai, 3 mar. 1916. Disponível em: <http://sunology.culture.tw/cgi-bin/gs32/s1gsweb.cgi?o=dcorpus&s=id=%22TG0000001651%22.andsearchmode=basic>. Acesso em: 15 nov. 2019.

21. Chen Qi-mei (Mo Yong-ming e Fan Ran, Org.), pp. 426ff; Sun Yat-sen, *Collected Works*, carta para Huang Xing, 20 maio 1916. Disponível em: <http://sunology.culture.tw/cgibin/gs32/s1gsweb.cgi?o=dcorpus&s=id=%22TG0000001707%22.&searchmode=basic>.

22. Chiang Kai-shek (Chin Hsiao-i, Org.), v. 1, pp. 22-3; Sun Yat-sen, *Collected Works*, mensagem de condolências via cabo à família de Chen Qi-mei, maio 1916. Disponível em: <http://sunology.culture.tw/cgi-bin/gs32/s1gsweb.cgi?o=dco rpus&s=id=%22TG0000001718%22.&-searchmode=basic>. Acesso em: 15 nov. 2019; solicitação de funeral oficial para Chen Qi-mei, maio 1916. Disponível em: <http://sunology.culture.tw/cgi-bin/gs32/s1gsweb.cgi?o=dcorpu-s&s=id=%22TG0000001794%22.&searchmode=basic>.

23. Soong Ching-ling (Shang Ming-xuan et al.), v. 1, pp. 89-90.

6. TORNANDO-SE MADAME SUN [pp. 100-11]

1. Sun Yat-sen, *Collected Works*, carta para Dai De-lu (James Deitrick), 7 maio 1916. Disponível em: <http://sunology.culture.tw/cgibin/gs32/s1gsweb.cgi?o=dcorpusands=id=%-22TG0000001744%22.andsearchmde=basic>; Li Yuan-hong (Zhang Bei, Org.), pp. 36-8, 53.

2. Sun Yat-sen (Chen Xi-qi et al.), v. 1, pp. 1004-5.

3. p. 1010.

4. Li Guo-qi, p. 323; cf. Wang Jian e Chen Xian-chun.

5. Li Guo-qi, pp. 325-6; Wilbur, C. Martin, pp. 93-4; Tang Rui-xiang, pp. 10-3.

6. Sun Yat-sen (Chen Xi-qi et al.), v. 1, pp. 1051-3; Zhang Tai-yan, pp. 32-3; Tang Rui-xiang, pp. 26-8.

7. Luo Yi-qun, em CPPCC, anos 1950-, ed. 4, pp. 9-10; ed. 11, pp. 29-37; Sun Yat-sen (Chen Xi-qi et al.), v. 1, pp. 1089-92; Tang Rui-xiang, pp. 67, 90-1; Chen Jiong-ming (Chen Ding-yan, Org.), pp. 475, 507.

8. Chen Peng Jen, pp. 117-9.

9. Sun Yat-sen, *Collected Works*, resposta ao empresário de Hong Kong Chen Gengru, 1918. Disponível em: <http://sunology.culture.tw/cgibin/gs32/s1gsweb.cgi?o=dcorpus&s=id=%22TG0000002243%22.&searchmode=basic>.

10. E. A. Haag, p. 199.

11. *New York Times Magazine*, 10 jan. 1932.

12. Sun Yat-sen, *Collected Works*, cap. 5 de *The Sun Theory*, jun. 1919. Disponível em: <http://sunology.culture.tw/cgibin/gs32/s1gsweb.cgi?o=dcorpusands=id=%22CS0000000025%22and-searchmode=basic>; Sun Yat-sen (Chen Xi-qi et al., Org.), v. 2, pp. 1175-6.

13. Hu Shih, v. 5, p. 596.

14. 25 maio 1919, documentos de Emma DeLong Mills, MSS.2, arquivos do Wellesley College.

15. Malcolm Rosholt, p. 117.

16. Soong Ching-ling (Shang Ming-xuan et al.), v. 1, p. 105.

17. Li Guo-qi, pp. 327-9; Mikhail Kriukov, pp. 69-87.

18. Sun Yat-sen (Chen Xi-qi et al.), v. 1, p. 1133.

19. 1º mar. 1921, publicação em microfilme M329, registros do Departamento de Estado Relacionados a Assuntos Internos da China, 1910-29, rolo 26, n. arquivo: 893.00/3811-3975.

20. 28 abr. 1922, publicação em microfilme M329, registros do Departamento de Estado Relacionados a Assuntos Internos da China, 1910-29, rolo 29, n. arquivo: 893.00/4241-4440.

21. *New York Times*, 2 jun. 1922; Sun Yat-sen (Chen Xi-qi et al.), v. 2, pp. 1456-7; Tang Jia-xuan (Org.), p. 108; Tung, William L., pp. 186-7.

22. Chen Jiong-ming (Chen Ding-yan, Org.), v. 1, pp. 507-9.

23. Sun Yat-sen (Chen Xi-qi et al.), v. 2, pp. 1463-5; Shang Ming-xuan et al., pp. 134-5; Tang Rui-xiang, p. 151.

24. Sun Yat-sen (Chen Xi-qi et al.), v. 2, p. 1465.

25. Artigo de Ching-ling, reproduzido em Emily Hahn, 2014b, pp. 98-101; Soong Ching--ling (Shang Ming-xuan et al.), v. 1, pp. 122-4; Comitê Memorial Soong Ching-ling (Org.), p. 25.

26. Tang Rui-xiang, p. 163.

27. Sun Yat-sen (Chen Xi-qi et al.), v. 2, pp. 1465-6.

28. Soong Ching-ling (Shang Ming-xuan et al.), v. 1, p. 122; Israel Epstein, p. 97.

29. Emily Hahn, 2014b, p. 104.

30. Thomas A. DeLong, pp. 52-3.

31. Edgar Snow, p. 88.

32. Shang Ming-xuan et al., p. 650.

33. Malcolm Rosholt, p. 118.

7. “QUERO SEGUIR O EXEMPLO DO MEU AMIGO LÊNIN” [pp. 112-26]

1. *Far Eastern Affairs*, 1987, 2, p. 102; Sun Yat-sen (Chen Xi-qi et al.), v. 2, pp. 1472-3.

2. Huang Xiu-rong et al., *1920-1925*, pp. 110, 166, 149, 213.

3. Huang Xiu-rong et al., *1920-1925*, pp. 217, 226; Sun Yat-sen (Chen Xi-qi et al.), v. 2, pp. 1567, 1623.

4. Soong May-ling, 1977, pp. 8-9.

5. Sun Yat-sen (Chen Xi-qi et al.), v. 2, pp. 1698-9.

6. Jung Chang e Jon Halliday, cap. 2.

7. C. Martin Wilbur, p. 146.
8. Zhang Hai-lin, pp. 354-5.
9. Barbara W. Tuchman, p. 87.
10. *Life*, v. 8, n. 10.
11. *Time*, 8 set. 1924.
12. Israel Epstein, p. 116.
13. *Far Eastern Affairs*, 30 jun. 2003 REA-n. 002, pp. 121-6.
14. Sun Yat-sen (Chen Xi-qi et al.), v. 2, pp. 2042, 2048, 2052.
15. Huang Xiu-rong et al., *1920-1925*, pp. 567-8.
16. Sun Yat-sen (Chen Xi-qi et al.), v. 2, pp. 2072-3.
17. Huang Xiu-rong et al., *1920-1925*, p. 5.
18. K'ung Hsiang-hsi, p. 57.
19. Huang Xiu-rong et al., *1920-1925*, p. 572.
20. McCormack, Gavan, pp. 87-8, 253; Shang Ming-xuan et al., p. 413; Huang Xiu-rong et al., *1920-1925*, p. 570.
21. Huang Xiu-rong et al., *1920-1925*, p. 568; Sun Yat-sen (Chen Xi-qi et al.), v. 2, p. 2089; Shang Ming-xuan et al., p. 649.
22. Malcolm Rosholt, p. 120.
23. Shang Ming-xuan et al., p. 650; Sun Yat-sen (Chen Xu-lu e Hao Sheng-chao), p. 325.
24. Lee Yung, em Shang Ming-xuan et al., p. 650.
25. May-ling para Liao Cheng-zhi, 17 ago. 1982. Disponível em: <https://www.bannedbook.org/bnews/zhtw/lishi/20120916/664998.html>. Acesso em: 15 nov. 2019.
26. Sun Yat-sen (Chen Xu-lu e Hao Sheng-chao, org.), pp. 323-6; Soong Ching-ling (China Welfare, Org.), p. 189; Huang Xiu-rong et al., *1920-1925*, pp. 574, 578; Yoshihiro Ishikawa; Sun Yat-sen (Chen Xi-qi et al.), v. 2, p. 2125.
27. Yoshihiro Ishikawa.
28. Sun Yat-sen (Chen Xi-qi et al.), v. 2, pp. 2130-2.
29. Israel Epstein, p. 135; Earnest Tang, pp. 100-2.
30. Sun Yat-sen (Chen Xi-qi et al.), v. 2, p. 2132.
31. Li Gong-zhong, p. 234; Comitê Administrativo dos Objetos Históricos de Sun Yat-sen e Soong Ching-ling em Shanghai (Org.), v. 3, p. 386.
32. Li Gong-zhong, pp. 237-42.
33. Li Gongzhong, pp. 165-70.
34. Li Gong-zhong, pp. 128-9.

8. DAMAS DE SHANGHAI [pp. 129-40]

1. Arquivos e Coleções Especiais da Wesleyan College: "artigo — sem data, 2/10", "Esboços — Questionário respondido — *c.* 1943"; Hannah Pakula, p. 25.
2. 22 jun. 1941, *T. V. Soong Papers*, Arquivo Hoover Institution, caixa 61, pasta n. 31.
3. 4 jul. 1917, documentos de Emma DeLong Mills, MSS.2, Arquivos da Wellesley College.
4. 7 ago. 1917, documentos de Emma DeLong Mills, MSS.2, arquivo da Wellesley College.

5. Todas as citações de May-ling para Emma nesta seção: 16 ago. 1917, 6 set. 1917, 13 set. 1917, 15 set. 1917, 26 out. 1917, 4 nov. 1917, 12 nov. 1917, 7 dez. 1917, 15 dez. 1917, 28 dez. 1917; 13 jan. 1918, 8 fev. 1918, 6 mar. 1918, 19 mar. 1918, 11 abr. 1918, 25 abr. 1918, 26 abr. 1918, 29 abr. 1918, 15 maio 1918, 18 jul. 1918, 29 jul. 1918, 2 ago. 1918, 24 ago. 1918, 2 set. 1918, 20 set. 1918; 7 jan. 1919, 9 abr. 1919, 25 maio 1919, 24 jul. 1919, 9 set. 1919, 29 set. 1919, 18 nov. 1919; 11 fev. 1920, 28 fev. 1920, 21 mar. 1920, 5 set. 1920, 11 out. 1920; 28 abr. 1921, 25 maio 1921, 6 jul. 1921, 25 jul. 1921; documentos de Emma DeLong Mills, MSS.2, Arquivos da Wellesley College.

6. Chiang Ching-kuo (Zhou Mei-hua e Xiao Li-ju, Org.), v. 1, p. 366.

7. Entrevistas com o dr. Jan Kung-ming, médico que tratou May-ling durante seus últimos anos de vida; Chen Li-wen (Org.), 2014, p. 149.

9. MAY-LING CONHECE O GENERALÍSSIMO [pp. 141-53]

1. Diário de Chiang, 26 jul. 1943, em Yang Tian-shi, 2008, v. 1, p. 12.

2. Chiang Kai-shek, Segundo Arquivo Histórico da China (Org.), pp. 24-5, 63ff.

3. 14 mar. de 1924, Chiang Kai-shek, Segundo Arquivo Histórico da China (Org.), p. 167.

4. Chiang Kai-shek, Segundo Arquivo Histórico da China (Org.), pp. 168-9.

5. Huang Xiu-rong et al., *1920-1925*, pp. 383-5.

6. Huang Xiu-rong et al., *1920-1925*, pp. 383-4.

7. Zhang Ke, Comitê Administrativo dos Objetos Históricos de Sun Yat-sen e Soong Ching-ling em Shanghai, e Associação para Estudos sobre Ching-ling em Shanghai (Org.), 2013b, p. 629; Israel Epstein, p. 192; Huang Xiu-rong et al., *1926-1927*, v. 1, p. 141.

8. Chiang Kai-shek, Segundo Arquivo Histórico da China (Org.), pp. 538-9; Yang Tian-shi 2008, v. 1, pp. 130-1; Yang Tian-shi 2010, p. 337.

9. Huang Xiu-rong et al., *1926-1927*, v. 1, pp. 169-88; Chiang Kai-shek, Segundo Arquivo Histórico da China (Org.), pp. 528, 536-7, 540, 554.

10. 6 jul. 1921, documentos de Emma DeLong Mills, MSS.2, arquivos do Wellesley College.

11. K'ung Hsiang-hsi, p. 54.

12. Citações de Jennie sobre o jantar: Ch'en Chieh-ju (Lloyd E. Eastman, Org.), pp. 186-93.

13. 6 jul. 1921, documentos de Emma DeLong Mills, MSS.2, Arquivos da Wellesley College.

14. 12 nov. 1917, documentos de Emma DeLong Mills, MSS.2, Arquivos da Wellesley College.

15. Yang Tian-shi, 2010, p. 340.

16. 2 jul. 1926, Diários de Chiang Kai-shek, Arquivos da Hoover Institution.

17. Yang Tian-shi 2010, p. 341; Lu Fang-shang (Org.), p. 60.

18. 21 abr. e 25 maio 1921, documentos de Emma DeLong Mills, MSS.2, Arquivos da Wellesley College..

19. K'ung Hsiang-hsi, p. 45.

20. May-ling para Emma, 14 nov. 1918, documentos de Emma DeLong Mills, MSS.2, Arquivos da Wellesley College; K'ung Hsiang-hsi, p. 45.

21. May-ling para Emma, 20 set. 1918, 29 out. 1918, 9 set. 1926, documentos de Emma DeLong Mills, MSS.2, Arquivos da Wellesley College.

22. Yang Tian-shi, 2010, p. 341.

23. *New York Times*, 14 nov. 1926.

24. Vincent Sheean, pp. 218-9.

25. Soong May-ling (Madame Chiang Kai-shek), 1977, pp. 5, 69-75.

26. Emily Hahn, 1955, p. 8.

27. Soong May-ling (Madame Chiang Kai-shek), 1977, pp. 7, 60.

28. *New York Times*, 9 set. 1927; Yang Tian-shi, 2010, p. 346.

29. Yang Tian-shi, 2010, p. 347.

30. Exposição, Salão Memorial Chiang Kai-shek, Taipei.

31. May-ling para Emma, 24 jan. 1928, documentos de Emma DeLong Mills, MSS.2, Arquivos da Wellesley College; Emily Hahn, 2014b, pp. 123-4.

32. 11 e 21 dez. 1927, Diários de Chiang, Arquivos da Hoover Institution.

33. Chiang Kai-shek (Chin Hsiao-I, Org.), v. 3, p. 996.

34. 28 dez. 1927, Diários de Chiang, Arquivos da Hoover Institution.

35. Wu Kuo-Cheng, p. 15.

10. CASADA COM UM DITADOR SITIADO [pp. 154-67]

1. 29 dez. 1927, Diários de Chiang Kai-shek, Arquivos da Hoover Institution.

2. 30 dez. 1927, Diários de Chiang Kai-shek, Arquivos da Hoover Institution.

3. Soong May-ling (Madame Chiang Kai-shek), 1934, p. 133.

4. Chiang Kai-shek, Correspondência Familiar, 1928; Lu Fang-shang (Org.), p. 61.

5. Gu Li-juan e Yuan Xiang-fu, v. 3, pp. 1708-15; V. K. Wellington Koo, 2013, v. 1, p. 287.

6. Huang Xiu-rong et al., *1920-1925*, p. 574.

7. Barbara W. Tuchman, p. 151.

8. 13 abr. 1931, em Yang Tian-shi, 2002, p. 32.

9. Disponível em: YouTube, <https://youtube.com/watch?v=Mej3UnDDjoQ>. Acesso em: 15 nov. 2019.

10. Sun Yat-sen, *Collected Works*, discurso sobre "tutelagem", 11 set. 1920. Disponível em: <http://sunology.culture.tw/cgibin/gs32/s1gsweb.cgi?o=dcorpusands=id=%22SP0000000734%22.andsearchmode=basic>; Li Gong-zhong, p. 300.

11. Hu Shih, v. 5, pp. 523, 579, 588; Yi Zhu-xian, pp. 292-322; Yang Tian-shi, 2008, v. 1, pp. 177-8

12. Hu Shih, v. 5, p. 525.

13. V. K. Wellington Koo, Arquivo da Universidade Columbia, v. 3, parte 2, seção H, J, pp. 304-5; V. K. Wellington Koo, 2013, p. 391; Koo (Madame Wellington Koo), pp. 152-4.

14. Diário de Chiang, 5 jul. 1934, em Lu Fang-shang (Org.), p. 64.

15. 24 ago.-6 set. 1929, Diários de Chiang Kai-shek, Arquivos da Hoover Institution; Fulton Oursler, pp. 350-3; *New York Times*, 7 set. 1929.

16. Chen Li-wen (Org.), 2014, pp. 24-5.

17. Chiang Kai-shek, Correspondência Familiar, 1930; Yang Tian-shi, 2010, pp. 357-8.

18. May-ling para Chiang, 19 set. 1930, Chiang Kai-shek, Correspondência Familiar; V. K. Wellington Koo, Arquivos da Universidade da Columbia, v. 3, parte 1, seção E-G, p. 141; V. K. Wellington Koo, 2013, pp. 299-300; Yang Tian-shi, 2010, pp. 357-8.

19. Chiang Kai-shek, Correspondência Familiar, 1930-1.

20. K'ung Hsiang-hsi, pp. 74-7.

21. Lu Fang-shang (Org.), pp. 30, 34.

22. Lu Fang-shang (Org.), pp. 28, 69.

23. Wu Kuo-Cheng, pp. 16-17, 134, 190.

24. Lu Fang-shang (Org.), p. 69; Chiang Kai-shek, Correspondência Familiar, Passim.

25. Hu Shih, v. 5, p. 588.

26. Huang Zi-jin e Pan Guang-zhe, v. 1, pp. 602-7.

27. Soong May-ling (Madame Chiang Kai-shek), 1934, pp.131-3.

28. Soong May-ling (Madame Chiang Kai-shek), 1955, pp. 10-1; cf. Chiang Kai-shek, Correspondência Familiar, 1931-2; Comitê Administrativo dos Objetos Históricos de Sun Yat-sen e Ching-ling e Associação de Shanghai para Estudos sobre Ching-ling (Org.), 2013a, p. 127.

29. Han Li-guan e Chen Li-ping, pp. 53-70; *North China Herald*, 23 jul. 1931.

30. *New York Times*, 30 jul. 1931; Chiang Kai-shek, Correspondência Familiar, 2 ago. 1931.

31. Soong May-ling (Madame Chiang Kai-shek), 1934, p. 133.

11. CHING-LING NO EXÍLIO: MOSCOU, BERLIM, SHANGHAI [pp. 168-81]

1. Vincent Sheean, pp. 194-5.

2. Vincent Sheean, p. 208.

3. Edgar Snow, p. 82.

4. Zhang Ke, em Comitê Administrativo dos Objetos Históricos de Sun Yat-sen e Ching-ling e Associação de Shanghai para Estudos sobre Ching-ling (Org.), 2013b, p. 629; Israel Epstein, pp. 206, 219.

5. Israel Epstein, pp. 213, 224; Soong Ching-ling (Fundação Soong Ching-ling e China Welfare), v. 1, p. 60; Edgar Snow, p. 94.

6. *New York Times*, 29 set. 1927; Israel Epstein, p. 207; Vincent Sheean, p. 289.

7. Edgar Snow, p. 85.

8. Zhang Ke, em Israel Epstein, pp. 218-9.

9. Comitê Administrativo dos Objetos Históricos de Sun Yat-sen e Ching-ling (Org.), v. 1, p. 145; v. 2, pp. 90-3.

10. Li Yun, em Comitê Memorial Soong Ching-ling (Org.), p. 206.

11. Mei Ri-xin e Deng Yan-chao (Org.), pp. 1, 245, 248; Comitê Central do Partido Democrático dos Camponeses e Trabalhadores Chineses (Org.), p. 129; Deng Yan-da (Mei Ri-xin e Deng Yan-chao, Org.), p. 127.

12. Zhang Ke, em Israel Epstein, pp. 217-8.

13. Deng Yan-da (Mei Ri-xin e Deng Yan-chao, Org.), pp. 261-2, 462.

14. Comitê Administrativo dos Objetos Históricos de Sun Yat-sen e Ching-ling (Org.), v. 1, pp. 140-5; v. 2, pp. 87-9.

15. Soong Ching-ling (Fundação Soong Ching-ling e China Welfare, org.), Comitê Administrativo dos Objetos Históricos de Sun Yat-sen e Ching-ling (Org.), v. 1, pp. 58-9; Israel Epstein,

pp. 219ff; Shanghai, v. 1, pp. 136-50; Liu Jia-quan, pp. 56-62; Mei Ri-xin e Deng Yan-chao (Org.), pp. 301-4.

16. Carimbo de Shanghai, 4 jul. 1928 (o proprietário dessa carta deseja permanecer anônimo).

17. Soong Chingling (Fundação Soong Ching-ling e China Welfare), v. 1, p. 58.

18. Deng Yan-da (Mei Ri-xin e Deng Yan-chao), pp. 452, 459, 472, 480.

19. Mei Ri-xin e Deng Yan-chao (Org.), p. 6.

20. Soong Ching-ling, Fundação Soong Ching-ling (Org.), pp. 269-74.

21. *North China Herald*, 28 jul. 1931.

22. Comitê Administrativo dos Objetos Históricos de Sun Yat-sen e Ching-ling (Org.), v. 4, pp. 198-200.

23. Emily Hahn, 2014b, pp. 138-9; Comitê Administrativo dos Objetos Históricos de Sun Yat-sen e Ching-ling (Org.), v. 2, pp. 112-4; v. 3, p. 199.

24. Soong Chingling, Fundação Soong Ching-ling e China Welfare (Org.), v. 1, p. 66.

25. Liu Jia-quan, pp. 146-8, 156-9, 179; Soong Ching-ling, Fundação Soong Ching-ling e China Welfare (Org.), v. 1, pp. 68-9.

26. Soong Ching-ling, Memorial Soong Ching-ling em Shanghai (Org.), pp. 27-8.

27. Israel Epstein, p. 258; Comitê Central do Partido Democrático dos Camponeses e Trabalhadores Chineses (Org.), p. 143.

28. Soong Ching-ling, 1992, pp. 83-6; *New York Times Magazine*, 10 jan. 1932.

29. Yang Kui-song, 2003.

30. Artigo no *People's Daily*, 29 maio 1982; Yang Kui-song, 2003.

31. Harold Isaacs, p. 64.

32. Shen Zui, pp. 60-4; Ye Bang-zong, pp. 32-4.

33. Entrevista com um membro dos funcionários da residência de May-ling em Nova York, 21 out. 2015.

34. Chiang Ching-kuo. Zhou Mei-hua e Xiao Li-ju (Org.), v. 2, p. 163.

35. Chiang Ching-kuo. Zhou Mei-hua e Xiao Li-ju (Org.), v. 2, p. 564.

12. UM TIME FORMADO POR MARIDO E MULHER [pp. 182-8]

1. Yi Zhu-xian, pp. 349, 353.

2. Soong Ching-ling (Shang Ming-xuan et al.), v. 1, pp. 270-4; Yi Zhu-xian, pp. 348-55.

3. Disponível em: <http://baike.baidu.com/view/64757.htm?fromtitle=宋美龄别墅and-fromid=5176397andtype=syn#reference[5]-64757-wrap; https://baike.baidu.com/pic/美龄宫/1173649/0/29381f30e924b899e3e980d968061d950b7bf67e?fr=lemmaandt=single#aid=0andpic=a50f4bf bf bedab648ab61d20f136afc378311e0>. Acesso em: 15 nov. 2019.

4. Emily Hahn, 2014b, p. 126.

5. Lu Fang-shang (Org.), pp. 22, 71-3, 80.

6. Soong May-ling (Madame Chiang Kai-shek), 1934, p. 134; Soong May-ling (Madame Chiang Kai-shek), 1935a, pp. 75-8.

7. Soong May-ling (Madame Chiang Kai-shek), 1955, pp. 11, 29.

8. Soong May-ling (Madame Chiang Kai-shek), 1934, pp. 133-4.

9. Soong May-ling (Madame Chiang Kai-shek), 1935b, pp. 355-7.

10. Royal Leonard, p. 110.

11. Soong May-ling (Madame Chiang Kai-shek), 1934, p. 131.

12. Soong May-ling (Madame Chiang Kai-shek), 1935b, p. 357.

13. *Duli Pinglun*, n. 95, 8 abr. 1934; Hu Shih, v. 11, pp. 419-22.

14. John Gunther, p. 234.

15. Soong May-ling (Madame Chiang Kai-shek), 1935b, p. 355; 1934, p. 134; Soong May--ling e Chiang Kai-shek, p. 44.

16. Soong May-ling (Madame Chiang Kai-shek), 1935a, p. 75; cf. Soong May-ling (Madame Chiang Kai-shek), 1934, p. 131.

17. Soong May-ling (Madame Chiang Kai-shek), 1935a, p. 76.

13. RESGATANDO O FILHO DE CHIANG DAS GARRAS DE STÁLIN [pp. 189-95]

1. Chiang Kai-shek. Chin Hsiao-i (Org.), v. 2, pp. 334-5.

2. Chiang Ching-kuo, em Ray S. Cline; Qi Gao-ru, pp. 7-9, 13-4, 365.

3. 1º nov. 1930, Diários de Chiang Kai-shek, Arquivos da Hoover Institution; Chiang Kai-shek (Chin Hsiao-I, Org.), v. 2, p. 335.

4. 16 dez. 1931, Diários de Chiang Kai-shek, Arquivos da Hoover Institution; Comitê Administrativo dos Objetos Históricos de Sun Yat-sen e Ching-ling (Org.), v. 2, p. 56.

5. Yang Tian-shi 2002, pp. 373-4.

6. Universidade do Povo (Org.), pp. 81-3; CPPCC 1985, p. 241; Jung Chang e Jon Halliday, Índex: Shao Li-tzu.

7. Yang Tian-shi, 2002, p. 375; Chiang Ching-kuo, em Ray S. Cline, pp. 178-9; Qi Gao-ru, pp. 365-70.

8. Yang Tian-shi, 2002, p. 375; Chiang Ching-kuo, em Ray S. Cline, pp. 178-9; Qi Gao-ru, pp. 365-70.

9. Entrevista com Jon Halliday.

10. *DVP*, v. 18 (1935), p. 438.

11. *DVP*, v. 18 (1935), pp. 537-9.

12. Entrevista, 15 fev. 1993; AVPRF, 0100/20/184/11, pp. 11, 14-5.

14. "A MULHER PROTEGE O HOMEM" [pp. 196-205]

1. Jiang Ting-fu, p. 203.

2. Royal Leonard, p. 21; Barbara W. Tuchman, p. 196.

3. Jung Chang e Jon Halliday, cap. 16-7.

4. Soong May-ling e Chiang Kai-shek; Earl Albert Selle, pp. 260, 306, 319-20; Li Jin-zhou (Org.), pp. 72-3; Yang Tian-shi, 1998, p. 466.

5. Edgar Snow, p. 94.

6. Li Jin-zhou (Org.), p. 83.

7. Soong May-ling e Chiang Kai-shek, pp. 44-5.
8. Jung Chang e Jon Halliday, cap. 17.
9. Wang Bing-nan ouviu isso quando estava na porta, memórias não publicadas, citado em Han Su-yin, p. 154.
10. Royal Leonard, pp. 107-8.
11. Emily Hahn, 2014b, p. 207.
12. Royal Leonard, p. 108.
13. Soong May-ling e Chiang Kai-shek.
14. Yang Tian-shi, 1998, pp. 464-9.
15. Arquivos Centrais (Org.), p. 213; Zhang Xue-liang (Zhang You-kun e Qian Jin, Org.), p. 1124.

15. CORAGEM E CORRUPÇÃO [pp. 209-22]

1. Emily Hahn, 2014b, pp. 218-9.
2. Soong Ching-ling (Shang Ming-xuan et al.), v. 1, p. 345.
3. Earl Albert Selle, pp. 339-40.
4. Luo Jia-lun, pp. 141-53.
5. Diários de Chiang Kai-shek, Arquivos da Hoover Institution.
6. 26 set. e 12 dez. 1938, documentos de Emma DeLong Mills, MSS.2, Arquivos da Wellesley College.
7. Hannah Pakula, p. 356.
8. 10 maio 1939, documentos de Emma DeLong Mills, MSS.2, Arquivos do Wellesley College.
9. Soong May-ling (Madame Chiang Kai-shek), 1955, p. 16.
10. 10 maio, 1º nov. e 10 nov. 1939, 10 abr. 1941, documentos de Emma DeLong Mills, MSS.2, Arquivos da Wellesley College; Soong May-ling (Madame Chiang Kai-shek), 1955, p. 17.
11. 10 nov. 1939, documentos de Emma DeLong Mills, MSS.2, Arquivos da Wellesley College Archives.
12. Anna Chennault, pp. 93-4.
13. Joseph W. Alsop, p. 174.
14. Claire Lee Chennault, pp. 35, 54-5.
15. Sebie Biggs Smith, Arquivo da Universidade Columbia, OHRO/PRCQ, n. 1392.
16. Hannah Pakula, p. 290.
17. Chiang Kai-shek, Correspondência Familiar, p. 28.
18. Wu Kuo-Cheng, pp. 14-5, 183; Shou Chong-yi (Org.), pp. 79, 85.
19. K'ung Hsiang-hsi, pp. 128, 142-3; Shou Chong-yi (Org.), Passim; I Fu-en, p. 130; John Gunther, pp. 230-2.
20. Emily Hahn, 2014b, p. 93.
21. Shou Chong-yi (Org.), pp. 79-80, 84-5.
22. K'ung Hsiang-hsi, pp. 128-34.
23. Earl Albert Selle, pp. 348-9.

24. Entrevistas com dr. Jan Kungming, médico de Jeanette, que também tratou May-ling; Chen Li-wen (Org.), 2014, pp. 111, 197-202; Shong Wen, pp. 150-8; Shou Chong-yi (Org.), pp. 28-9, 86-90, 104-5, 260.

25. Barbara W. Tuchman, p. 234.

26. Emily Hahn, 2014b, p. 256.

27. Shou Chong-yi (Org.), p. 32.

28. K'ung Hsiang-hsi, p. 146.

29. Shou Chong-yi (Org.), p. 12; Shanghai Soong Ching-ling Memorial Residence (Org.), p. 422

30. Soong Ching-ling (Shanghai Soong Ching-ling Memorial Residence, org.), pp. 124-5.

16. A FRUSTRAÇÃO DA IRMÃ VERMELHA [pp. 223-33]

1. Soong Ching-ling, 1952, p. 107.

2. Israel Epstein, pp. 344-6.

3. Israel Epstein, p. 368.

4. Israel Epstein, pp. 369-70.

5. Edgar Snow, pp. 85-90.

6. Emily Hahn, 2014b, pp. 273-4.

7. Soong Ching-ling (Shang Ming-xuan et al.), v. 1, pp. 405-9; May-ling para Emma, 7 e 9 maio 1940, documentos de Emma DeLong Mills, MSS.2, Arquivos da Wellesley College; Emily Hahn, 2014a, p. 170; 2014b, p. 284.

8. Soong Ching-ling (Shang Ming-xuan et al.), v. 1, pp. 407-8; Israel Epstein, pp. 334-5.

9. Soong Ching-ling (Fundação Soong Ching-ling e China Welfare, Org.), v. 1, p. 191.

10. Soong Ching-ling (Shang Ming-xuan et al.), v. 1, p. 434; Comitê Central do Partido Democrático dos Trabalhadores e Camponeses Chineses (Org.), p. 130.

11. Wu Jing-ping e Kuo Tai-chun, 2008a, p. 58.

12. Wu Jing-ping e Kuo Tai-chun, 2008a, p. 58.

13. Chiang Ching-kuo (Zhou Mei-hua e Xiao Li-ju, Org.), v. 2, pp. 162-3; Wu Jing-ping e Kuo Tai-chun, 2008a, p. 58.

14. Wu Jingping e Kuo Tai-chun, 2008a, p. 58.

15. Yang Tian-shi, 2010, pp. 257-64.

16. Soong Ching-ling (Shang Ming-xuan et al., Org.), v. 1, pp. 437-8.

17. Wu Jing-ping e Kuo Tai-chun, 2008a, p. 58; Emily Hahn, 2014a, p. 183.

18. Wu Jing-ping e Kuo Tai-chun, 2008a, p. 58.

19. Soong Ching-ling (Fundação Soong Ching-ling e China Welfare, Org.), v. 1, pp. 205--16; Israel Epstein, p. 414.

20. Embaixador Gauss para o Secretário de Estado, 16 fev. 1944, *FRUS*, v. VI.

21. Barbara W. Tuchman, pp. 94-5.

22. Israel Epstein, pp. 396, 424.

23. John F. Melby, p. 121.

24. Israel Epstein, pp. 418-9.

25. Israel Epstein, p. 415.

26. Israel Epstein, pp. 401, 424; Embaixador Gauss para o Secretário de Estado, 16 fev. 1944, *FRUS*, v. VI.

27. Israel Epstein, p. 337.

17. O TRIUNFO E A MISÉRIA DA IRMÃ MAIS NOVA [pp. 234-43]

1. Barbara W. Tuchman, p. 428; Soong Ching-ling (Fundação Soong Ching-ling et al.), v. 1, pp. 216-7 (Ching-ling sobre Willkie).

2. 14 jan. 1939, documentos de Emma DeLong Mills, MSS.2, Arquivos da Wellesley College.

3. Entrevista com um empregado doméstico de May-ling em Nova York, 21 out. 2015.

4. Chiang Kai-shek, Correspondência Familiar, p. 30.

5. Barbara W. Tuchman, p. 448; Chiang Ching-kuo (Zhou Mei-hua e Xiao Li-ju, Org.), v. 2, p. 648; cf. Yang Tian-shi, 2008, v. 2, p. 533.

6. Thomas A. DeLong, p. 184; Barbara W. Tuchman, p. 449.

7. V. K. Wellington Koo, Arquivo da Universidade Columbia, v. 5, parte E, pp. 748, 806.

8. Chiang Kai-shek, Correspondência Familiar, pp. 29-30; Diários de Chiang, em Yang Tian-shi, 2008, v. 2, p. 519.

9. 5 jul. 1943, Diários de Chiang Kai-shek, Arquivos da Hoover Institution.

10. Jul. 1943, Diários de Chiang Kai-shek, Arquivos da Hoover Institution; Yang Tian-shi, 2008, v. 2, pp. 533-42.

11. 20-1 nov. 1943, Diários de Chiang Kai-shek, Arquivos da Hoover Institution.

12. 6 abr. 1944, Documentos de Emma DeLong Mills, MSS.2, Arquivos da Wellesley College.

13. Viscount Alanbrooke, p. 471.

14. Viscount Alanbrooke, p. 478.

15. Anthony Eden, p. 424.

16. 26 nov. 1943, Diários de Chiang Kai-shek, Arquivos da Hoover Institution.

17. V. K. Wellington Koo, Arquivo da Universidade Columbia, v. 5, parte E, p. 794.

18. 22 nov. 1943, Diários de Chiang Kai-shek, Arquivos da Hoover Institution.

19. 31 dez. 1943, Diários de Chiang Kai-shek, Arquivos da Hoover Institution.

20. Lord Moran, p. 151.

21. Barbara W. Tuchman, p. 246.

22. Barbara W. Tuchman, pp. 584-5, 600.

23. Yang Tian-shi, 2008, v. 2, p. 536.

24. Owen Lattimore, p. 186.

25. Owen Lattimore, p. 186.

26. Yang Tian-shi, 2008, v. 2, p. 536.

27. Yang Tian-shi, 2008, v. 2, pp. 526-9.

28. Hannah Pakula, p. 504.

29. Thomas A. DeLong, pp. 184-8; May-ling para Emma, 12 jun. 1946, documentos de Emma DeLong Mills, MSS.2, Arquivo da Wellesley College.

30. Chiang Kai-shek, Correspondência Familiar, pp. 30-3.

31. Yang Tian-shi, 2008, v. 2, pp. 449-66; V. K. Wellington Koo, Arquivo da Universidade Columbia, v. 5, parte F, p. 847.

32. Thomas A. DeLong, pp. 184-90.

33. Thomas A. DeLong, p. 191.

18. A QUEDA DO REGIME DE CHIANG [pp. 244-58]

1. Sem data, ago. 1945, Diários de Chiang Kai-shek, Arquivos da Hoover Institution.

2. Sem data, ago. 1945, Diários de Chiang Kai-shek, Arquivos da Hoover Institution.

3. 31 ago. 1945, Diários de Chiang Kai-shek, Arquivos da Hoover Institution.

4. Thomas A. DeLong, p. 191.

5. Jung Chang e Jon Halliday, cap. 27; Chiang Kai-shek (Chin Hsiao-i, Org.), v. 5, p. 2681; entrevista com Chen Li-fu, 15 fev. 1993.

6. I Fu-en, pp. 111-2.

7. Jung Chang e Jon Halliday, cap. 27.

8. Wu Kuo-Cheng, pp. 1, 18-9; I Fu-en, p. 113; Huang Ke-wu et al., v 1, pp. 289-90; v. 2, p. 55.

9. I Fu-en, pp. 107-9; Israel Epstein, p. 424.

10. Jung Chang, 1991, cap. 4; Wu Kuo-Cheng, pp. 2-9, 38, 187.

11. V. K. Wellington Koo, Arquivo da Universidade Columbia, v. 5, parte F, pp. 861, 898; William L. Tung, p. 71.

12. John Robinson Beal, pp. 341-2; Wu Jing-ping e Kuo Tai-chun, 2008a, pp. 97-104; *Hua Shang Daily*, 30 nov. 1947; Wu Kuo-Cheng, p. 189.

13. Soong Ching-ling (Shanghai Soong Ching-ling Memorial Residence, Org.), pp. 124-5.

14. Soong Ching-ling (Shanghai Soong Ching-ling Memorial Residence, Org.), p. 144.

15. 12 jun. 1946, documentos de Emma DeLong Mills, MSS.2, Arquivos da Wellesley College.

16. John Robinson Beal, pp. 100-1.

17. 12 jun., 31 ago., 1º nov. 1946, 23 abr. 1947, 14 dez. 1948, documentos de Emma DeLong Mills, MSS.2, Arquivos da Wellesley College.

18. Israel Epstein, p. 473.

19. Soong Chingling (Shanghai Soong Ching-ling Memorial Residence, org.), pp. 108, 144, 199.

20. Seymour Topping, p. 50.

21. Jung Chang e Jon Halliday, cap. 29.

22. Nov. 1948, Diários de Chiang Kai-shek, Arquivos da Hoover Institution; Yang Tian-shi, 2014, p. 217.

23. 23 e 27 nov. 1948, Diários de Chiang Kai-shek, Arquivos da Hoover Institution; Yang Tian-shi, 2014, pp. 217-8.

24. Merle Miller, p. 309.

25. Soong May-ling (Madame Chiang Kai-shek), 1955, p. 26.

26. Chiang Ching-kuo (Zhou Mei-hua e Xiao Li-ju, Org.), v. 1, p. 83; correspondência, pp. 68-108; Chiang Kai-shek, Correspondência Familiar, pp. 34ff.

27. Chiang Ching-kuo (Zhou Mei-hua e Xiao Li-ju, Org.), v. 1, pp. 85-7.

28. Chiang Ching-kuo (Zhou Mei-hua e Xiao Li-ju, Org.), v. 1, pp. 77ff; Chiang Kai-shek, Correspondência Familiar, pp. 34ff.

29. Soong May-ling (Madame Chiang Kai-shek), 1955, p. 23.

30. Chiang Kai-shek, Correspondência Familiar, p. 38.

31. Soong May-ling (Madame Chiang Kai-shek), 1955, pp. 23, 26.

32. Soong May-ling (Madame Chiang Kai-shek), 1955, pp. 23-4, cf. pp. 13-4.

33. 13 jan. 1950, Diários de Chiang Kai-shek, Arquivos da Hoover Institution.

34. Reflexão da semana, 1950, Diários de Chiang Kai-shek, Arquivos da Hoover Institution.

19. "PRECISAMOS ESMAGAR SENTIMENTALISMOS": A VICE-PRESIDENTE DE MAO [pp. 261-73]

1. Soong Ching-ling (Shanghai Soong Ching-ling Memorial Residence, Org.), p. 199.

2. Soong Ching-ling (Shanghai Soong Ching-ling Memorial Residence, Org.), p. 421.

3. Zheng Peng-nian, p. 237; Soong Ching-ling (Shang Ming-xuan et al.), v. 2, p. 680.

4. Soong Ching-ling (Shanghai Soong Ching-ling Memorial Residence, Org.), v. 2, pp. 175, 203, 206; Soong Ching-ling (Fundação Soong Ching-ling e China Welfare, Org.), pp. 62, 188-9; Zhou En-lai, v. 1, pp. 18, 47.

5. Zhou En-lai, v. 1, pp. 47-54.

6. Soong Ching-ling (Shang Ming-xuan et al.), v. 2, p. 684; Zhou En-lai, v. 1, pp. 47-54.

7. Israel Epstein, p. 479.

8. Israel Epstein, p. 548.

9. Soong Ching-ling, China Welfare (Org.) p. 148.

10. Soong Ching-ling, Shanghai Soong Ching-ling Memorial Residence (Org.), v. 2, p. 268.

11. Soong Ching-ling (Fundação Soong Ching-ling et al.), p. 277.

12. Soong Ching-ling (Fundação Soong Ching-ling et al.), pp. 279, 335.

13. Soong Ching-ling (Fundação Soong Ching-ling e China Welfare, Org.), v. 2, p. 292.

14. Soong Ching-ling (Fundação Soong Ching-ling et al.), p. 288.

15. Soong Ching-ling (Fundação Soong Ching-ling et al.), pp. 286, 289-90, 296-7.

16. Soong Ching-ling (Fundação Soong Ching-ling et al.), p. 297.

17. Comitê Administrativo dos Objetos Históricos de Sun Yat-sen e Ching-ling (Org.), v. 1, pp. 242, 269; cf. Soong Ching-ling (Shang Ming-xuan et al.), v. 2, p. 930.

18. Soong Chingling, 1992, pp. 239-47; Comitê Administrativo dos Objetos Históricos de Sun Yat-sen e Ching-ling (Org.), v. 1, p. 274.

19. Soong Chingling, 1992, pp. 239-47; Comitê Administrativo dos Objetos Históricos de Sun Yat-sen e Ching-ling (Org.), v. 1, pp. 269, 274.

20. Comitê Administrativo dos Objetos Históricos de Sun Yat-sen e Ching-ling (Org.), v. 4, pp. 135-6.

21. Comitê Administrativo dos Objetos Históricos de Sun Yat-sen e Ching-ling (Org.), v. 1, p. 242.

22. Tang Xiong, 2006.

23. Comitê Memorial Soong Ching-ling (Org.), p. 187.

24. Soong Ching-ling (Shang Ming-xuan et al.), v. 2, p. 917.

25. Soong Ching-ling (Shanghai Soong Ching-ling Memorial Residence, Org.), p. 409; Soong Ching-ling (Shang Ming-xuan et al.), v. 2, pp. 943-8; Soong Ching-ling (China Welfare, Org.), p. 144.

26. Soong Ching-ling (Shanghai Soong Ching-ling Memorial Residence, Org.), pp. 421-2.

27. Soong Ching-ling, 1992, v. 2, p. 288.

28. *People's Daily*, 10 set. 1957.

29. Soong Ching-ling (Shang Ming-xuan et al.), v. 2, p. 1012; Soong Ching-ling (China Welfare, org.), p. 103.

30. Li Yun.

31. Soong Ching-ling (Fundação Soong Ching-ling et al.), p. 346.

32. Soong Ching-ling (Fundação Soong Ching-ling et al.), pp. 348-53.

33. Soong Ching-ling (Fundação Soong Ching-ling et al.), pp. 358-9, 366-9.

34. Soong Ching-ling (Fundação Soong Ching-ling et al.), pp. 346, 348, 356-8, 362.

35. Entrevistas de Yolanda Sui. Disponível em: <http://history.sina.com.cn/bk/wgs/2015-004-13/1440118715.shtml>; <https://v.qq.com/x/page/t0163kzni44.html>. Acesso em: 15 nov. 2019; Tang Xiong, 2006, p. 207.

20. “NÃO ME ARREPENDO DE NADA” [pp. 274-89]

1. Entrevistas de Yolanda. Disponível em: <http://history.sina.com.cn/bk/wgs/2015-04-13/1440118715.shtml>; <https://v.qq.com/x/page/t0163kzni44.html>; <https://tv.sohu.com/v/dXMvMzM1OTQxNjQwLzEyMTA0MzY1MC5zaHRtbA==.html>. Acesso em: 15 nov. 2019; Earnest Tang, p. 119.

2. Soong Ching-ling (Fundação Soong Ching-ling et al.), p. 562; Tang Xiong, 2006, pp. 163, 208.

3. Tang Xiong, 2006, pp. 168-9; Tang Xiong, na revista *Woodpecker*, 2005, n. 7. Disponível em: <http://www.360doc.com/content/15/0113/22/7915662_440550733.shtml>. Acesso em: 15 nov. 2019.

4. Comitê Administrativo dos Objetos Históricos de Sun Yat-sen e Ching-ling (Org.), v. 1, p. 259.

5. Entrevista televisiva de Yolanda com Lu Hu. Disponível em: <https://tv.sohu.com/v/dXMvMzM4NDUw-MzYxLzExNzkwMTUzNS5zaHRtbA==.html>. Acesso em: 15 nov. 2019.

6. Soong Ching-ling (Fundação Soong Ching-ling et al.), p. 387; Tang Xiong, 2006, pp. 194-5; Li Yun.

7. Soong Ching-ling (Fundação Soong Ching-ling et al.), p. 648; Soong Ching-ling (Shang Ming-xuan et al.), v. 2, p. 1179.

8. Israel Epstein, p. 548.

9. Zheng Peng-nian, pp. 270-3; Hua-ping.

10. He Da-zhang, pp. 189-94.

11. Soong Chingling (Fundação Soong Ching-ling et al.), pp. 401-2.

12. Soong Ching-ling (Shang Ming-xuan et al.), v. 2, p. 1180.

13. Soong Ching-ling (Fundação Soong Ching-ling et al.), pp. 395-6; Tang Xiong, 2006, pp. 204-8.

14. Soong Ching-ling, China Welfare (Org.), p. 39.

15. Ching-ling para Paul Lin, 11 jun. 1972, Documentos de Paul T. K. Lin, Arquivo da Universidade de Ciência e Tecnologia de Hong Kong.

16. Soong Chingling (Fundação Soong Ching-ling et al.), pp. 452-3; cf. Soong Ching-ling, China Welfare (Org.), p. 74.

17. Soong Ching-ling, China Welfare (Org.), p. 94.

18. Soong Chingling (Fundação Soong Ching-ling et al.), p. 459.

19. Soong Ching-ling (Shang Ming-xuan et al.), v. 2, p. 1249.

20. Soong Ching-ling (Shang Ming-xuan et al.), v. 2, p. 1263; Soong Ching-ling, China Welfare (Org.), p. 129.

21. Entrevista de Yolanda na televisão. Disponível em: <https://www.youtube.com/watch?v=RRrPJo1gAyk>. Acesso em: 15 nov. 2019; com *Huanqiu Renwu* (*Global Personalities*). Disponível em: <http://history.sina.com.cn/bk/wgs/2015-04-13/1440118715.shtml>. Acesso em: 15 nov. 2019.

22. Jung Chang e Jon Halliday, começo do cap. 47 e última parte do cap. 56.

23. Soong Ching-ling, China Welfare (Org.), pp. 167, 145; Soong Ching-ling (Fundação Soong Ching-ling et al.), p. 669.

24. Entrevista de Yolanda com *Huanqiu Renwu* (*Global Personalities*). Disponível em: <http://history.sina.com.cn/bk/wgs/2015-04-13/1440118715.shtml>. Acesso em: 15 nov. 2019.

25. Soong Ching-ling (Fundação Soong Ching-ling et al.), pp. 456-8.

26. Soong Ching-ling (Fundação Soong Ching-ling et al.), pp. 516, 555-6, 595, 562, 602, 616, 670 etc.; Israel Epstein, p. 591; Earnest Tang, pp. 120-3; entrevista de Yolanda com Lu Yu. Disponível em: <http://phtv.ifeng.com/a/20160624/41628425_0.shtml>. Acesso em: 15 nov. 2019; Soong Ching-ling, China Welfare (Org.), p. 115.

27. Soong Ching-ling (Fundação Soong Ching-ling et al.), pp. 516, 555-6, 595, 562, 602, 616, 670 etc.; Israel Epstein, p. 591; Earnest Tang, pp.120-3; entrevista de Yolanda com Lu Yu. Disponível em: <http://phtv.ifeng.com/a/20160624/41628425_0.shtml>. Acesso em: 15 nov. 2019; Soong Ching-ling, China Welfare (Org.), p. 115.

28. Fox Butterfield, p. 130.

29. Entrevista de Yolanda com *Huanqiu Renwu* (*Global Personalities*). Disponível em: <http://history.sina.com.cn/bk/wgs/2015-04-13/1440118715.shtml>. Acesso em: 15 nov. 2019.

30. Israel Epstein, p. 592; entrevista de Yolanda. Disponível em: <https://v.qq.com/x/page/t0163kzni44.html>. Acesso em: 15 nov. 2019.

31. Fox Butterfield, p. 131; Soong Ching-ling (Fundação Soong Ching-ling et al.), pp. 663--70; Harold Isaacs, p. 69; entrevistas de Yolanda; Earnest Tang, pp. 126-7.

32. Soong Ching-ling (Fundação Soong Ching-ling et al.), pp. 533, 555, 608-9, 618; Soong Ching-ling, China Welfare (Org.), p. 186; Earnest Tang, pp. 114, 123-5.

33. Harold Isaacs, pp. 69-72.

34. Entrevista com Yolanda, *Huanqiu Renwu* (*Global Personalities*). Disponível em: <http://history.sina.com.cn/bk/wgs/2015-04-13/1440118715.shtml>. Acesso em: 15 nov. 2019; Earnest Tang, p. 127.

35. Soong Ching-ling (Shang Ming-xuan et al.), v. 2, p. 1430.

36. Chiang Ching-kuo. Zhou Mei-hua e Xiao Li-ju (Org.), p. 152.

37. Harold Isaacs, p. 73; cf. Earnest Tang, p. 134.

38 Entrevista de Yolanda. Disponível em: <https://tv.sohu.com/v/dXMvMzM4NDUwMzYxLzExNzkwMTUzNS5zaHRtbA==.html>; <https://v.qq.com/x/page/t0163kzni44.html>. Acesso em: 15 nov. 2019.

39. Earnest Tang, p. 101.

40. Earnest Tang, pp. 112-6, 140-1.

41. *Shiji* [O século], fev. 2008; Earnest Tang, p. 127.

21. OS DIAS EM TAIWAN [pp. 290-306]

1. Soong May-ling (Madame Chiang Kai-shek), 1955, pp. 27-31.

2. Para Emma, 25 jul. 1950, 26 jan. 1951, documentos de Emma DeLong Mills, MSS.2, Arquivo da Wellesley College.

3. Para Emma, 21 out. 1951, Emma para May-ling, 11 fev. 1952, documentos de Emma DeLong Mills, MSS.2, Arquivo da Wellesley College.

4. Weng Yuan (com Wang Feng), p. 61.

5. Chiang Kai-shek, Correspondência Familiar, pp. 39ff.

6. Wu Kuo-Cheng, Passim; Chiang Kai-shek, Correspondência Familiar, p. 41.

7. 19 dez. 1953, documentos de Emma DeLong Mills, MSS.2, Arquivo da Wellesley College.

8. 20 fev. 1954, documentos de Emma DeLong Mills, MSS.2, Arquivo da Wellesley College; cf. Chiang Kai-shek (Chin Hsiao-i ed.), v. 8, pp. 3899-900; Chiang Kai-shek, Correspondência Familiar, p. 41.

9. 4 jun. 1951, Diários de Chiang Kai-shek, Arquivo da Hoover Institution.

10. Chiang Kai-shek, 1957.

11. Hu Zi-dan.

12. Chiang Ching-kuo (Zhou Mei-hua e Xiao Li-ju eds.), v. 1, pp. 198ff; v. 2, p. 4.

13. 28 dez. 1958, Thomas A. DeLong, p. 213.

14. 30 maio 1960, Documentos de Emma DeLong Mills, MSS.2, Arquivo da Wellesley College.

15. 10 dez. 1962, *Documentos de T. V. Soong*, caixa 61, pasta n. 31, Arquivo da Hoover Institution.

16. 14 jul. 1956, para T. V., *Documentos de T.V. Soong*, caixa 61, pasta n. 31, Arquivo da Hoover Institution.

17. Huang Ke-wu et al., v. 2, p. 485.

18. Huang Ke-wu et al., v. 2, pp. 295, 432-4; Weng Yuan (com Wang Feng), pp. 112-3.

19. Weng Yuan (com Wang Feng), p. 155; Huang Ke-wu et al., v. 2, p. 490.

20. I Fu-en, pp. 109-11.

21. Weng Yuan (com Wang Feng), p. 74.

22. Chen Li-wen (Org.), 2014, p. 92.

23. 8 jun. 1972, documentos de Emma DeLong Mills, MSS.2, Arquivo da Wellesley College.

24. Nov. 1971ff, Diários de Chiang Kai-shek, Arquivo da Hoover Institution; Yang Tian--shi, 2014, pp. 217-8.

25. 14 e 25 dez. 1971, Diários de Chiang Kai-shek, Arquivo da Hoover Institution; Yang Tian-shi, 2014, p. 217.

26. Huang Ke-wu et al., v. 1, pp. 252-3.

27. Shong Wen, pp. 118-9, 126; Weng Yuan (com Wang Feng), pp. 199-201, 233-8.

28. Entrevista com um parente que deseja permanecer anônimo.

29. Huang Ke-wu et al., v. 1, pp. 304, 338; v. 2, p. 165.

30. Jan. 1972ff, Diários de Chiang Kai-shek, Arquivo da Hoover Institution; Shong Wen, pp. 112, 120-1; Huang Ke-wu et al., v. 1, p. 256.

31. 17 e 26 mar., 17 e 27 maio, 12 jun., 11 jul. 1972, Diários de Chiang Kai-shek, Arquivo da Hoover Institution; Yang Tian-shi, 2014, pp. 268-9.

32. 20 jul. 1972, Diários de Chiang Kai-shek, Arquivo da Hoover Institution.

33. 21 jul. 1972, Diários de Chiang Kai-shek, Arquivo da Hoover Institution.

34. Weng Yuan (com Wang Feng), pp. 208-10, 223-8.

35. Chen Li-wen (Org.), 2014, p. 195; Shong Wen, p. 121; Huang Ke-wu et al., v. 1, p. 386.

36. Huang Ke-wu et al., v. 1, p. 615; v. 2, p. 461; Chen Li-wen (Org.), 2014, pp. 45-6, 667.

37. Chen Li-wen (Org.), 2014, pp. 45-6; Huang Ke-wu et al., v. 1, p. 666; Chiang Ching-kuo (Zhou Mei-hua e Xiao Li-ju, org.), v. 2, p. 29.

38. Chiang Ching-kuo (Zhou Mei-hua e Xiao Li-ju, org.), v. 1, pp. 326, 342-9.

39. Chiang Ching-kuo (Zhou Mei-hua e Xiao Li-ju, org.), v. 1, p. 366.

40. Jung Chang e Jon Halliday, cap. 58.

41. Chen Li-wen (Org.), 2014, pp. 18-9, 131.

42. Entrevistas com o dr. Jan Kung-ming, médico que cuidou de May-ling durante seus últimos anos; cf. Huang Ke-wu et al., v. 2, pp. 295, 462-3.

43. Chiang Ching-kuo (Zhou Mei-hua e Xiao Li-ju, Org.), v. 1, pp. 325ff, 373, 586-8.

22. UM CONTATO EM HOLLYWOOD [pp. 307-13]

1. Huang Ke-wu et al., v. 2, pp. 482-3.

2. Ch'en Chieh-ju, pp. 5-10.

3. Shong Wen, p. 172; entrevista com um parente que deseja permanecer anônimo.

4. K'ung Hsiang-hsi, pp. 114, 121-3, 147.

5. Entrevistas com parentes que desejam permanecer anônimos; <https://www.pinterest.com/pin/308848486919331646/>; Milton Berle, entrevista com Elvis: <https://www.youtube.com/watch?v=8x0uKy5GfMw>; Shearer, Lloyd (15 jul. 1956), "More glamor for Hollywood", *Albuquerque Journal*, pp. 68-9, *Newspapers.com*; <https://en.wikipedia.org/wiki/Debra_Paget - cite_note-aj-2>; "When You Wish Upon a Star, or It's a Star-Spangled Life: Family Cas"',

em Wayback Machine; <http://www.elvis-history-blog.com/debra-paget.html>; <https://www.elvispresleyphotos.com/celebrities/debra-paget.html>; <https://www.newspapers.com/clip/2595360/the_san_bernardino_county_sun/>. Acesso em: 15 nov. 2019.

6. <https://www.elvis.com.au/presley/interview-miltonberle-elvis-presley.shtml>; <https://www.elvispresleyphotos.com/celebrities/debrapaget.html>. Acesso em: 15 nov. 2019.

7. Debra Paget conversa com Rick Stanley (meio-irmão de Elvis Presley). Disponível em: <https://www.youtube.com/watch?v=EBZ5LPeRNJA>.

8. Disponível em: <https://www.newspapers.com/clip/2595390/independent/>; <https://www.newspapers.com/clip/2595390/independent/>; "Debra Paget casa-se com empresário do ramo do petróleo, sobrinho da Madame Chiang". Disponível em: <http://www.glamourgirlsofthesilverscreen.com/show/214/Debra+Paget/index.html>. Acesso em: 15 nov. 2019.

9. Ver: <https://www.google.co.uk/search?q=westlin+bunkerandtbm=ischandimgil=5axDGko2mwycM%3A%3BSYgUZJduRR2OnM%3Bhttp%3A%2F%2Fwww.houstonarchitecture.com%2FBuilding%2F2124%2FThe-Westlin-Bunker.phpandsource=iuandpf=mandfir=5axDGko2mwycM%3A%2CSYgUZJduRR2OnM%2C_andusg=__Oy5SF_7nb4TeMhfR9FthaHc-7n3I%3Dandbiw=1407andbih=892andved=0ahUKEwjO_PSb9PnVAhUoJ8AKHT8GD-20QyjcIXgandei=mQmkWY7MKajOgAa_jLzoBg#imgrc=zP9BUecaM81YeM>; <http://www.houstonarchitecture.com/Building/2124/The-Westlin-Bunker.php>; *Wall Street Journal*, 2 out. 2006, "Continental Airlines encontra refúgio seguro em bunker do Texas"; Melanie Trottman, "Relíquia da Guerra Fria ganha nova função com companhias preocupadas com a próxima grande tempestade", <https://cryptome.org/eyeball/cal-bunker/calbunker.html>; entrevista com o neto de T. V. Michael Feng, 26 jan. 2016.

10. T. V. para May-ling, 22 mar. 1969, *T. V. Soong Papers*, caixa 61, pasta n. 31, Arquivo da Hoover Institution; Huang Ke-wu et al., v. 1, pp. 403-7; entrevista com o neto Michael Feng, 19 out. 2015.

11. <http://www.glamourgirlsofthesilverscreen.com/show/214/Debra+Paget/index.html>.

12. Chiang Ching-kuo (Zhou Mei-hua e Xiao Li-ju, org.), v. 2, p. 210.

23. NEW YORK, NEW YORK [pp. 314-20]

1. Soong Ching-ling (Fundação Soong Ching-ling e China Welfare, Org.), v. 2, p. 823; Soong Ching-ling (Shang Ming-xuan et al., Org.), v. 2, p. 1437.

2. Wu Jing-ping e Kuo Tai-chun, 2008a, pp. 130-7; Wu Kuo-Cheng, p. 161; entrevista com a filha Laurette e o neto Michael Feng, 26 jan. 2016.

3. K'ung Hsiang-hsi, Passim; cartas de T. V., em *T. V. Soong Papers*, caixa 61, pasta n. 32, Arquivo da Hoover Institution; entrevista com o neto Michael Feng, 19 out. 2015.

4. 2 jul. 1962, *T. V. Soong Papers*, caixa 61, pasta n. 31, Arquivo da Hoover Institution.

5. 31 out. 1962, *T. V. Papers*, caixa 61, pasta n. 31, Arquivo da Hoover Institution.

6. Wu Jing-ping e Kuo Tai-chun, 2008a, p. 134.

7. Cartas de T. V. para May-ling, 1º set. e 7 out. 1963, *T. V. Soong Papers*, caixa 61, pasta n. 31, Arquivo da Hoover Institution.

8. Wu Jing-ping e Kuo Tai-chun, 2008a, p. 146; entrevista com a filha Laurette e o neto Michael Feng, 26 jan. 2016.

9. 22 [sic] e 29 abr. 1971, Diários de Chiang Kai-shek, Arquivo da Hoover Institution.

10. Entrevista com a filha Laurette e o neto Michael Feng, 26 jan. 2016.

11. Israel Epstein, p. 563.

12. 15 abr. 1971, Diários de Chiang Kai-shek, Arquivo da Hoover Institution.

13. 9 nov. 1971, documentos de Emma DeLong Mills, MSS.2, Arquivo da Wellesley College.

14. May-ling para Emma, 15 mar. e 9 nov. 1971, documentos de Emma DeLong Mills, MSS.2, Arquivo da Wellesley College.

15. 24 ago. 1967, documentos de Emma DeLong Mills, MSS.2, Arquivo da Wellesley College; Chiang Ching-kuo (Zhou Mei-hua e Xiao Li-ju, org.), v. 1, pp. 315-22; v. 2, p. 624.

16. 12 maio 1969, 7 dez. 1973, documentos de Emma DeLong Mills, MSS.2, Arquivo da Wellesley College; Shong Wen, p. 172.

17. Entrevistas com dr. Jan Kung-ming, o médico de Jeanette, que também cuidou de May-ling; Shong Wen, pp. 149-58; Huang Ke-wu et al., v. 1, pp. 246, 256, 391-2; v. 2, pp. 164, 392-5, 406.

18. Chen Li-wen (Org.), 2014, pp. 112-3, 219-30, 264; entrevista com um funcionário doméstico de May-ling em Nova York que deseja permanecer anônimo, 21 out. 2015.

19. Chen Li-wen (Org.), 2014, p. 55.

24. DIANTE DE UM NOVO TEMPO [pp. 321-8]

1. Chiang Ching-kuo (Zhou Mei-hua e Xiao Li-ju, Org.), v. 2, pp. 3-29, 92-9, 677-86.

2. Chiang Ching-kuo (Zhou Mei-hua e Xiao Li-ju, Org.), v. 2, pp. 601, 607, 675.

3. Entrevista com um funcionário doméstico de May-ling em Nova York que deseja permanecer anônimo, 21 out. 2015; Chiang Ching-kuo (Zhou Mei-hua and Xiao Li-ju, Org.), v. 2, pp. 152-3.

4. Chiang Ching-kuo (Zhou Mei-hua e Xiao Li-ju, Org.), v. 2, pp. 163-9.

5. Chiang Ching-kuo (Zhou Mei-hua e Xiao Li-ju, Org.), v. 2, pp. 278-88.

6. Chiang Ching-kuo (Zhou Mei-hua e Xiao Li-ju, Org.), v. 2, pp. 512ff; Thomas A. DeLong, p. 244.

7. Disponível em: <https://www.youtube.com/watch?v=les3zpWSPXs>. Acesso em: 15 nov. 2019.

8. Chiang Ching-kuo, em Ray S Cline.

9. Weng Yuan (com Wang Feng), pp. 428-9.

10. Seu discurso em 8 jul. 1988. Disponível em: <http://blog.sciencenet.cn/blog-51807-883264.html>. Acesso em: 15 nov. 2019.

11. Weng Yuan (com Wang Feng), pp. 432-5.

12. Chiang Ching-kuo (Zhou Mei-hua e Xiao Li-ju, org.), v. 2, p. 399.

13. Zhou Hong-tao (com Wang Shi-chun), pp. 485-90.

14. Shaw Yu-ming, p. 260; discurso, 8 jul. 1988. Disponível em: <http://blog.sciencenet.cn/blog-51807-883264.html>. Acesso em: 15 nov. 2019.

15. Chen Li-wen (Org.), 2014, pp. 32-3, 326-7, Passim.
16. Chen Li-wen (Org.), 2014, pp. 19-20.
17. Chen Li-wen (Org.), 2014, pp. 137-8.
18. Chen Li-wen (Org.), 2014, pp. 120, 341, 348, Passim.
19. Chen Li-wen (Org.), 2014, pp. 18, 265.
20. Chen Li-wen (Org.), 2014, pp. 113, 219.
21. Chen Li-wen (Org.), 2014, p. 270.
22. Chen Li-wen (Org.), 2014, pp. 307-8.

Arquivos consultados

Academia Histórica, Taipé, Taiwan

AVPRF (Arquivo de Política Exterior do Ministério das Relações Exteriores da Federação Russa), Moscou, Rússia

Arquivo da Universidade Columbia, Nova York, Estados Unidos

Biblioteca da Universidade de Duke, Durham, Carolina do Norte, Estados Unidos

Arquivo da Igreja Metodista Unida da Quinta Avenida, Wilmington, Carolina do Norte, Estados Unidos

Arquivo da Hatfield House, Hertfordshire, Reino Unido

Arquivo da Universidade de Ciência e Tecnologia de Hong Kong, Hong Kong

Arquivo da Hoover Institution, Stanford, Califórnia, Estados Unidos

Arquivo Nacional, Londres, Reino Unido

Arquivo Nacional, Washington DC, Estados Unidos

Arquivo da História do Partido Nacionalista, Taipé, Taiwan

Arquivo Real, Windsor, Reino Unido

Arquivo da Wellesley College, Wellesley, Massachusetts, Estados Unidos

Arquivo da Wesleyan College, Macon, Geórgia, Estados Unidos

Bibliografia

Alanbrooke, Viscount (Alan Brooke). *War Diaries 1939-1945*. Londres: Weidenfeld & Nicolson, 2002.

Alsop, Joseph W. *I've Seen the Best of It: Memoirs*. Nova York: W. W. Norton & Company, 1992.

Ao Guang-xu. "Lun sun zhongshan zai 1924 nian xiabannian de shishifeifei" [Sobre o que Sun Yat-sen fez de certo e de errado na segunda metade de 1924]. Em *Modern History Studies*, Beijing, 1995.

Arquivo Central (Org.). *Zhongguo gongchandang guanyu xian shibian dangan shiliao xuanbian* [Uma seleção de arquivos do PCC sobre o incidente de xian]. Beijing: Zhongguo dangan chubanshe, 1997.

Arquivo da Igreja Metodista Unida da Quinta Avenida: Charles Jones Soong, Wilmington, NC.

Arquivo das Dinastias Ming e Qing (Org.). *Qingmo choubei lixian dangan shiliao* [Documentos sobre os preparativos para o estabelecimento de uma monarquia constitucional]. Beijing: Zhonghuashuju, 1979.

Arquivo de Nanjing e Administração do Mausoléu de Sun Yat-sen. *Zhongshanling dangan shiliao xuanbian* [Documentos selecionados do Mausoléu de Sun Yat-sen]. Nanjing: Jiangsu guji chubanshe, 1986.

Arquivo do Ministério de Segurança Pública (Org.). *Zai jiang jieshi shenbian banian* [Oito anos ao lado de Chiang Kai-shek]. Beijing: Qunzhong chubanshe, 1997.

Arquivos e Coleções Especiais da Wesleyan College: Soong Sisters, Macon, Geórgia.

Associação de Historiadores Chineses (Org.). *Xinhai geming* [A Revolução de 1911]. Shanghai: Shanghai renmin chubanshe e Shanghai shudian chubanshe, 1956.

AVPRF (Arquivo de Política Exterior do Ministério das Relações Exteriores da Federação Russa), Moscou, Rússia.

Beal, John Robinson. *Marshall in China*. Toronto; Nova York: Doubleday, 1970.
Bergère, Marie-Claire. *Sun Yat-sen*. Stanford, CA: Stanford University Press, 1994.
Bickers, R.; Jackson, I. (Org.). *Treaty Ports in Modern China: Law, Land and Power*. Londres: Routledge, 2016.
Boulger, Demetrius C. *The Life of Sir Halliday Macartney, KCMG*. Cambridge University Press, publicação on-line, 2011.
Burke, James. *My Father in China*. Londres: Michael Joseph Ltd., 1945.
Butterfield, Fox. *China: Alive in the Bitter Sea*. Londres: Hodder & Stoughton, 1982.
Cantlie, James; Sheridan, Charles Jones. *Sun Yat-sen and the Awakening of China*. Nova York: Fleming H. Revell, 1912.
Cantlie, Neil; Seaver, George. *Sir James Cantlie: A Romance in Medicine*. Londres: John Murray, 1939.
Chan, Luke; Taylor, Betty Tebbetts. *Sun Yat-sem: As I Knew Him*. Editora e local de publicação desconhecidos, 1955.
Chang, David Cheng. "Democracy Is in Its Details: The 1909 Provincial Assembly Elections and the Print Media". Em Cochran, Sherman; Pickowicz, Paul (Org.), *China on the Margins*. Ítaca, NY: Cornell East Asia Program, 2010.
Chang, Jung, *Empress Dowager Cixi: The Concubine Who Launched Modern China*. Londres; Nova York: Random House, 2013. [Ed. bras: *A imperatriz de ferro: A comcubina que criou a China moderna*. Trad. de Donaldson M. Garschagen. São Paulo: Companhia das Letras, 2014.]
______. *Wild Swans: Three Daughters of China*. Londres; Nova York: Simon & Schuster; HarperCollins; 1991. [Ed. bras: *Cisnes selvagens: Três filhas da China*. Trad. de Marcos Santarrita. São Paulo: Companhia das Letras, 2006.]
Chang, Jung; Halliday, Jon. *Mao: The Unknown Story*. Londres; Nova York: Random House, 2005. [Ed. bras: *Mao: A história desconhecida*. Trad. de Pedro Maia Soares. São Paulo: Companhia das Letras, 2006.]
Charlie Soong na Trinity College, Biblioteca da Universidade de Duke. Disponível em: <http://blogs.library.duke.edu/rubenstein/2014/05/22/charlie-soong-at-trinity-college/>. Acesso em: 15 nov. 2019.
Ch'en Chieh-ju. *Chen jieru huiyilu* [Memórias de Ch'en Chieh-ju]. Beijing: Zhongguo youyi chubabgongsi, 1993.
______. *Chiang Kai-shek's Secret Past: The Memoir of His Second Wife, Ch'en Chieh-ju*. Eastman, Lloyd E. (Org.). Boulder, CO: Westview Press, 1993.
Chen Jiong-ming. *Chen jingcun (jiongming) xiansheng nianpu* [Cronologia Chen Jiong-ming]. Chen Ding-yan (Org.). Taipé: Li Ao chubanshe, 1995.
Chen Li-fu. *The Reminiscences of Chen Li-fu*. Nova York: Arquivo da Universidade Columbia.
______. *The Storm Clouds Clear Over China: The Memoir of Ch'en Li-Fu*. Stanford, CA: Hoover Institution Press, 1994.
Chen Li-wen (Org.). *Jiang zhongzhen de xinyang jiqing* [O destino de Chiang Kai-shek]. Taipé: Zhongzheng jiniantang, 2005.
______ (Org.). *Jiangfuren soong meiling nushi xingyi koushu fangtanlu* [Entrevistas com os

funcionários de Soong May-ling, Madame Chiang Kai-shek]. Taipé: Academia Histórica e Memorial Nacional Sun Yat-sen, 2014.

Chen Peng Jen. *Sun zhongshan xiansheng yu riben youren* [Sr. Sun Yat-sen e amigos japoneses]. Taipé: Shuiniu tushu chuban shiye youxian gongsi, 1990.

Chen Qi-mei. *Chen yingshi jinian* [Uma cronologia de Chen Qi-mei]. Mo Yong-ming; Fan Ran (Org.). Nanjing: Nanjing daxue chubanshe, 1991.

Chen Shao-bai. *Chen shaobai zishu* [As reminiscências de Chen Shao-bai]. Beijing: Renmin ribao chubanshe, 2011.

Chen, Percy. *China Called Me*. Boston, MA: Little, Brown, 1979.

Chennault, Anna. *The Education of Anna*. Nova York: Times Books, 1980.

Chennault, Claire Lee. *Way of a Fighter*. Nova York: G. P. Putnam's Sons, 1949.

Chiang Ching-kuo. "My Days in Soviet Russia" (1937). Em Cline, Ray S. *Chiang Ching-kuo Remembered*. Washington, DC: US Global Strategy Council, 1989.

______. *Jiang jingguo huiyilu* [Memórias de Chiang Ching-kuo]. Beijing: Dongfang chubanshe, 2011.

______. *Jiang jingguo shuxinji: yu song meiling wanglai handian* [Correspondência de Chiang Ching-kuo com Madame Chiang Kai-shek]. Zhou Mei-hua; Xiao Li-ju (Org.). Taipé: Academia Histórica, 2009.

Chiang Kai-shek: Correspondência Familiar. Taipé: Academia Histórica.

______. *Soviet Russia in China: A Summing-up at Seventy*. Nova York: Farrar, Straus & Cudahy, 1957.

______. *Zongtong jianggong dashi changbian chugao* [Esboço de um longo registro cronológico do presidente Chiang Kai-shek]. Chin Hsiao-i (Org.). Taipé, 1978, cortesia do editor.

______. *Jiang jieshi nianpuchugao* [Esboço cronológico de Chiang Kai-shek]. Segundo Arquivo Histórico da China (Org.). Beijing: Dangan chubanshe, 1992.

Coleção de Referência de Charles Jones Soong, Biblioteca da Universidade de Duke, Durham, NC.

Chow Lien-hwa, *Zhou lianhua mushi fangtanlu* [Entrevistas com o pastor Chow Lien-hwa]. Taipé: Academia Histórica, 2012.

Chung Kun Ai. *My Seventy-Nine Years in Hawaii, 1879-1958*. Hong Kong: Cosmorama Pictorial Publisher, 1960.

Clark, Elmer T. *The Chiangs of China*. Nova York; Nashville: Abingdon-Cokesbury Press, 1943.

Cline, Ray S. *Chiang Ching-kuo Remembered*. Washington, DC: US Global Strategy Council 1989.

Comitê Administrativo dos Objetos Históricos de Sun Yat-sen e Soong Ching-ling em Shanghai (Org.). *Sun zhongshan song chingling wenxian yu yanjiu* [Sun Yat-sen e Soong Ching-ling: Arquivos e pesquisa. Shanghai: Shanghai shudian chubanshe, 2009.

Comitê Administrativo dos Objetos Históricos de Sun Yat-sen e Soong Ching-ling em Shanghai; Associação de Shanghai para Estudos sobre Ching-ling (Org.). *Song Yaoru shengping dangan wenxian huibian* [Uma coleção de documentos de arquivo sobre a vida de Soong Charlie]. Shanghai: Dongfang chuban zhongxin, 2013a.

______. *Huiyi song qingling* [Memórias de Soong Ching-ling]. Shanghai: Dongfang chuban zhongxin, 2013b.

Comitê Central do Partido Democrático dos Trabalhadores e Camponeses Chineses (Org.). *Deng yanda (Deng Yan-da)*. Beijing: Wenshi ziliao chubanshe, 1985.

Comitê de Cantão da CPPCC (Conferência Política Consultiva do Povo Chinês), Comitê de Estudos de Documentos Históricos (Org.). *Guangzhou wenshi ziliao* [Documentos históricos de Cantão]. Guangzhou, anos 1950.

Comitê Memorial de Soong Ching-ling (Org.). *Song qingling jinianji* [Comemorando Soong Ching-ling]. Beijing: Renmin chubanshe, 1982.

Comitê Nacional da CPPCC (Conferência Política Consultiva do Povo Chinês), Comitê de Estudos de Documentos Históricos (Org.), *Bansheng fengyulu: jia yibin huiyilu* [Memórias de Jia Yi-bin]. Beijing: Zhongguo wenshi chubanshe, 2011.

______. *Xinhai geming huiyilu* [Memórias da Revolução de 1911]. Beijing: Wenshi ziliao chubanshe, 1981.

______. *Heping laoren shao lizi* [Homem da Paz Shao Li-zi]. Beijing: Wenshi ziliao chubanshe, 1985.

Comitê Nacional da CPPCC (Conferência Política Consultiva do Povo Chinês), Comitê de Estudos de Documentos Históricos e Museu da Revolução Chinesa (Org.). *Sun zhongshan xiansheng huace* [Dr. Sun Yat-sen: Um álbum fotográfico]. Beijing: Zhongguo wenshi chubanshe, 1986a.

Comitê Nacional da CPPCC (Conferência Política Consultiva do Povo Chinês), Comitê de Estudos de Documentos Históricos e Museu da Revolução Chinesa (Org.), *Sun zhongshan xiansheng huace* (Dr. Sun Yat-sen: Um álbum fotográfico), Zhongguo wenshi chubanshe, Beijing, 1986a.

Comitê de Shanghai da CPPCC (Conferência Política Consultiva do Povo Chinês), Comitê de Estudos de Documentos Históricos (Org.). *Jiu shanghai de bang hui* [Sociedades secretas da velha Shanghai]. Shanghai: Shanghai renmin chubanshe, 1986b.

Comitê de Zhejiang da CPPCC (Conferência Política Consultiva do Povo Chinês), Comitê de Estudos de Documentos Históricos (Org.). *Jiang jieshi jiashi* [História familiar de Chiang Kai-shek]. Hangzhou: Zhejiang renmin chubanshe, 1994.

______. *Chen Yingshi* [Chen Qi-mei]. Hangzhou: Zhejiang renmin chubanshe, 1987.

Daily News, Perth.

DeLong, Thomas A. *Madame Chiang Kai-shek and Miss Emma Mills*. Jefferson, NC; Londres: McFarland & Company, Inc., 2007.

Deng Mu-han, "Yiwei Guangzhou geming shimoji" [A história completa da Revolução de Cantão de 1895]. Em *Xinhai geming shiliao xuanji* [Documentos históricos selecionados sobre a Revolução de 1911]. v. 1: Hunan renmin chubanshe, 1981.

Deng Yan-da *Deng yanda wenji xinbian* [Uma nova edição dos trabalhos de Deng Yan-da]. Mei Ri-xin; Deng Yan-chao (Org.). Guangzhou: Guangdong renmin chubanshe, 2000.

Diários de Chiang Kai-shek, Arquivos da Hoover Institution, Universidade de Stanford.

Dikötter, Frank. *The Age of Openness: China before Mao*. Berkeley; Los Angeles: University of California Press, 2008.

Ding Zhong-jiang. *Beiyang junfa shihua* [Uma história dos senhores da guerra de Beiyang]. Beijing: Zhongguo youyi chuban gongsi, 1992.

Documentos de Emma DeLong Mills, MSS.2. Wellesley, MA: Arquivo da Wellesley College.

Documentos do III marquês de Salisbury, Arquivo da Hatfield House/3M/B24.

Duan Qi-rui. *Minguo zongtong zixu: Duan Qi-rui* [Presidentes da República da China sobre eles mesmos: Duan Qi-rui]. Liu Chun-zi; Yin Xiang-fei (Org.). Nanjing: Jiangsu fenghuang wenyi chubanshe, 2014.

Duli Pinglun [Independent Commentary], Beijing.

DVP [Documentos de Política Exterior], Ministério das Relações Exteriores da Rússia, Moscou.

Eden, Anthony. *The Eden Memoirs: The Reckoning*. Londres: Cassell, 1965.

Epstein, Israel. *Woman in World History: Life and Times of Soong Ching Ling*. Beijing: New World Press, 1993.

Far Eastern Affairs (Jornal do Instituto de Estudos sobre o Extremo Oriente), Academia de Ciência da Rússia, Moscou.

Fenby, Jonathan. *Generalissimo: Chiang Kai-shek and the China He Lost*. Londres: The Free Press, 2003.

Feng Yu-xiang. *Wode shenghuo* [Minha vida]. Beijing: Zhongguo qingnian chubanshe, 2015.

Feng Zi-you. *Feng ziyou huiyilu* [Memórias de Feng Zi-you]. Beijing: Dongfang chubanshe, 2011.

FRUS [Relações Exteriores dos Estados Unidos], 1944, v. VI: *China*. Washington, DC, 1967.

Gascoyne-Cecil, Lord William. *Changing China*. Londres: James Nisbet & Co. Ltd, 1910.

Documentos de George W. e Clara Sargent Shepherd, Biblioteca Histórica de Bentley, Universidade de Michigan. Disponível em: <http://quod.lib.umich.edu/b/bhlead/umich-bhl-2014151?view=text>. Acesso em: 15 nov. 2019.

Gu Li-juan; Yuan Xiang-fu. *Zhonghua minguo guohuishi* [Uma história do Parlamento da República da China]. Beijing: Zhonghua shuju, 2012.

Gunther, John. *Inside Asia*. Londres: Hamish Hamilton, 1939.

Guo Song-tao, *Lundun yu bali riji* [Diários de Londres e Paris]. Changsha: Yuelu shushe, 1984.

Haag, E. A. *Charlie Soong: North Carolina's Link to the Fall of the Last Emperor of China*. Greenboro, NC: Jaan Publishing, 2015.

Hager, Charles R. "Doutor Sun Yat-sen: Algumas reminiscências pessoais". Em Sharman, Lyon. *Sun Yat-sen: His Life and Its Meaning*. Stanford, CA: Stanford University Press, 1934.

Hahn, Emily. *Chiang Kai-shek*. Nova York: Doubleday & Company, Inc., 1955.

______. *China to Me*. Nova York: Open Road Integrated Media, Inc., 2014a.

______. *The Soong Sisters*. Nova York: Open Road Integrated Media, Inc., 2014b.

Han Li-guan; Chen Li-ping. *Qinding yaofan hua kezhi chuanqi* [A história extraordinária de Hua Ke-zhi]. Nanjing: Jiangsu renmin chubanshe, 1998.

Han Su-yin, *Eldest Son: Zhou Enlai and the Making of Modern China, 1898-1976*. Londres: Jonathan Cape, 1994.

Hawaii's Queen, Liliuokalani. *Hawaii's Story*. Honolulu: Mutual Publishing, 1990.

He Da-zhang, *Song qingling wangshi* [A vida passada de Soong Ching-ling]. Beijing: Renmin wenxue chubanshe, 2011.

Heinzig, Dieter, "The Soviet Union and Comunist China, 1945-1950", *Far Eastern Affairs*, 4, 1996.

Hemingway, Ernest. *By-Line: Selected Articles and Dispatches of Four Decades*. Londres: Grafton Books, 1989.

Hsu Chieh-lin, *Sun wen: zuihou baituo ribenren de kongzhi* [Sun Yat-sen e o Japão: A história real]. Taipé: Wenyingtang chubanshe, 2011.

Hsu Shih-chang. *Minguo zongtong zixu: xu shichang* [Presidentes da República da China sobre eles mesmos: Hsu Shih Chang]. Jin Hong-kui (Org.). Nanjing: Jiangsu fenghuang wenyi chubanshe, 2014.

Hu Han-min. *Hu Hanmin Huiyilu* [As memórias de Hu Han-min]. Beijing: Dongfang chubanshe, 2013.

______. *Hu hanmin zizhuan* [Autobiografia de Hu Han-min]. Taipé: Zhuanji wenxue chubanshe, 1987.

Hu Lan-xi. *Hu lanxi huiyilu* [Memórias de Hu Lan-xin]. Chengdu: Sichuan renmin chubanshe, 1995.

Hu Shih. *Hu shi wenji* [Obras de Hu Shih]. Beijing: Beijing daxue chubanshe, 1998.

Hu Zi-dan. "He zhou lianhua mushi de wuci jianmian" [Cinco encontros com o pastor Chow Lien-hwa]. Disponível em: <https://2011greenisland.wordpress.com/2012/11/20/>. Acesso em: 15 nov. 2019.

Hua Ping. "Cong song qingling gei jin zhonghua de xin shuoqi" [A partir das cartas de Soong Ching-ling para Jin Zhong-hua]. Disponível em: <https://big5.termitespest.com/article/e0e4effc-4b40-4e22-aaa0-bb7402cded08_2.htm>.

Hua Shang Daily, Hong Kong.

Huanqiu Renwu [Personalidades globais], Beijing.

Huang Ke-wu et al. *Jiang zhongzheng zongtong shicong renyuan fangwen jilu* [Registros de Entrevistas com a equipe do presidente Chiang Kai-shek]. Taipé: Zhongyang yanjiuyuan jindaishi yanjiusuo, 2013.

Huang San-de. *Hongmen genmingshi* [Uma história revolucionária dos carrascos]. S/l, 1936.

Huang Xing. *Huang xing nianpu changbian* [Cronologia completa de Huang Xing]. Mao Zhu--qing (Org.). Beijing: Zhonghua shuju, 1991.

Huang Xiu-rong et al. (Org.). *Gongchan guoji, liangong (bu) yu zhongguo guomin geming yundong: 1920-1925*. Beijing: Beijing tushuguan chubanshe, 1997.

______. *Gongchan guoji, liangong (bu) yu zhongguo geming wenxian ziliao xuanji: 1917-1925*. Beijing: Beijing tushuguan chubanshe, 1997.

______. *Gongchan guoji, liangong (bu) yu zhongguo guomin geming yundong: 1926-1927*. v. 1. Beijing: Beijing tushuguan chubanshe, 1998.

Huang Zi-jin; Pan Guang-zhe. *Jiang jieshi yu xiandai zhongguo de xingsuo* [Chiang Kai-shek e a formação da China moderna]. Taipé: Zhongyang yanjiuyuan jindaishi yanjiusuo, 2013.

I Fu-em. *Wode huiyi* [Minhas memórias]. Taipé: Liqing wenjiao jijinhui, 2000.

International Security, Centro Belfer de Ciências e Assuntos Internacionais na Harvard University (Org.). Cambridge, MA: MIT Press, 1976.

Isaacs, Harold. *Re-Encounters in China*. Armonk, NY; Londres: M. E. Sharpe, 1985.

Ishikawa, Yoshihiro. "Guanyu sun zhongshan zhi suliande yishu" [Sobre a carta de Sun Yat-sen no leito de morte para a União Soviética]. Disponível em: <http://jds.cssn.cn/webpic/web/jdsww/UploadFiles/upload/201011041311408553.pdf>. Acesso em: 15 nov. 2019.

Jiang Ting-fu, *Jiang tingfu huiyilu* [Memórias de Jiang Ting-fu]. Taipé: Zhuanji wenxue chubanshe, 1984.

Koo, Juliana Young (sra. V. K. Wellington), com Genevieve Young. *My Story*. Cortesia das autoras.

Koo (Madame Wellington Koo). *No Feast Lasts Forever*. Nova York: Quadrangle; The New York Times Book Co., 1975.

Koo, V. K. Wellington. *Gu weijun huiyilu* [Memórias de Wellington Koo]. Beijing: Zhonghua shuju, 2013.

______. *The Reminiscences of Wellington Koo*. Nova York: Arquivo da Universidade Columbia.

______. Wellington Koo Papers. Nova York: Arquivo da Universidade Columbia.

Kriukov, Mikhail. "Once Again anou Sun Yatsen's North-west Plan". *Far Eastern Affairs*, 5, 9 jan. 2000.

K'ung Hsiang-hsi. *The Reminiscences of K'ung Hsiang-his*. Nova York: Arquivo da Universidade Columbia.

Kuo Tai-chun; Lin Hsiao-ting. *T. V. Soong in Modern Chinese History*. Stanford, CA: Hoover Institution Press, 2006.

Lattimore, Owen. *China Memoirs*. Toronto: University of Tokyo Press, 1991.

Leonard, Royal. *I Flew for China: Chiang Kai-shek's Personal Pilot*. Garden City: Doubleday, Doran, 1942.

Li Gong-zhong. *Zhongshanling: yige xiandai zhengzhi fuhaode dansheng* [O mausoléu de Sun Yat-sen: A criação de um símbolo político na China moderna]. Beijing: Shehui kexue wenxian chubanshe, 2009.

Li Guo-qi. "Deguo danganzhong youguan zhongguo canjia diyici shijie dazhande jixiang jizai" [Alguns documentos de arquivos alemães sobre a participação da China na Primeira Guerra]. Em *Zhongguo xiandaishi zhuanti yanjiu baogao* [Relatórios sobre temas especiais dos estudos sobre história moderna chinesa]. v. 4.

Li Jin-zhou (Org). *Xian shibian qinliji* [Experiências pessoais no incidente de Xian]. Taipé: Zhuanji wenxue chubanshe, 1982.

Li, Laura Tyson. *Madame Chiang Kai-shek: China's Eternal First Lady*. Nova York: Grove Press, 2006.

Li Tsung-jen; Tong Te-Kong. *Li zongren huiyilu* [Memórias de Li Tsung-jen]. Taipé: Li Ao chubanshe, 1995.

Li Yuan-hong. *Minguo zongtong zixu: Li yuanhong* [Presidentes da República da China sobre eles mesmos: Li Yuan-hong]. Zhang Bei (Org.). Nanjing: Jiangsu fenghuang wenyi chubanshe, 2014.

Li Yun. "Sui song qingling zouguo sanshinian" [Trinta anos com Soong Ching-ling]. Em *Yanhuang chunqiu* [Anais do povo chinês], 2002, n. 3.

Life Magazine.

Lin Hsiao-ting. *Taihai lengzhan jiemi dangan* [A Guerra Fria entre China e Taiwan: Os documentos não confidenciais]. Hong Kong: Sanlian shudian, 2015.

Lin Hsiao-ting; Wu Jing-ping (Org.). *Song ziwen yu waiguo renshi wanglai handiangao* [T. V. Soong: Importante correspondência de guerra, 1940-1942]. Shanghai: Fudan University Press, 2009.

Lin Ke-guang et al. *Jindai jinghua shiji* [Sítios históricos e histórias de Beijing]. Beijing: Zhongguo renmin daxue chubanshe, 1985.

Linebarger, Paul. *Sun Yat-sen and the Chinese Republic*. Nova York; Londres: The Century Co., 1925.

Liu Ban-nong et al. *Sai jinhua benshi* [A história extraordinária de Sai Jinhua]. Changsha: Yuelu shushe, 1985.

Liu Jia-quan. *Song qingling liuwang haiwai suiyue* [Os anos de exílio de Soong Ching-ling]. Beijing: Zhongyang wenxian chubanshe, 1994.

Lo Hui-Min. *The Correspondence of G. E. Morrison: 1895-1912*. Cambridge: Cambridge University Press, 1976.

Lo Hui-Min. *The Correspondence of G. E. Morrison: 1912-1920*. Cambridge: Cambridge University Press, 1978.

Lou Wen-yuan. *Wenyuan wenji* [Collected Writings of Lou Wen-yuan]. Taipé: Hanya zixun, 2008.

Lu Fang-shang (Org.). *Jiang jieshide qinqing, aiqing yu youqing* [A relação familiar, amor e amizade de Chiang Kai-shek]. Taipé: Shibao wenhua chubanshe, 2011.

Luo Jia-lun. *Zhongshan xiansheng lundun beinan shiliao kaoding* [Um estudo dos infortúnios de Sun Yat-sen em Londres]. Shanghai: Shangwu yinshuguan, 1930.

Luo Jiu-fang; Luo Jiu-rong (Org.). *Luo jialun xiansheng wencun buyi* [Escritos suplementares de Luo Jia-lun]. Taipé: Zhongyang yanjiuyuan jindaishi yanjiusuo, 2009.

Manson-Bahr, Philip. *Patrick Manson*. Londres: Thomas Nelson & Sons Ltd., 1962.

Manson-Bahr, Philip H.; Alcock, A. *The Life and Works of Sir Patrick Manson*. Londres: Cassell & Company, 1927.

McCormack, Gavan. *Chang Tso-lin in North-east China: 1911-1928*. Stanford, CA: Stanford University Press, 1977.

Mei Ri-xin; Deng Yan-chao (Org.). *Huiyi deng yanda* [Recordando Deng Yan-da]. Guangzhou: Guangdong renmin chubanshe, 1999.

Melby, John F. *The Mandate of Heaven*. Londres: Chatto & Windus, 1969.

Miller, Merle. *Plain Speaking: An Oral Biography of Harry S. Truman*. Nova York: Berkeley Publishing Corporation, 1974.

Mitter, Rana. *A Bitter Revolution: China's Struggle with the Modern World*. Oxford: Oxford University Press, 2005.

Miyazaki, Tōten. *Gongqi taotian lun sun zhongshan yu huang xing* [*Tōten Miyazaki sobre Sun Yat-sen e Huang Xing*]. Trad. de Chen Peng Jen. Taipé: Zhengzhong shuju, 1977.

______. *Sanshisan nian zhimeng* [Meu sonho de 33 anos]. Trad. de Chen Peng Jen. Taipé: Shuiniu chubanshe, 1989.

Moran, Lord. *Winston Churchill: The Struggle for Survival — 1940-1965*. Londres: Sphere Books Ltd., 1968.

Munholland, J. Kim. "The French Connection that Failed: Fance and Sun Yat-sen, 1900-1908". *Journal of Asian Studies*, v. 32, n. 1, nov. 1972.

Nova York Times.

Newspapers.com.

North China Herald, Shanghai.

Oursler, Fulton. *Behold This Dreamer!*. Boston, MA: Little, Brown & Company, 1964.

Pakula, Hannah. *The Last Empress*. Nova York: Simon & Schuster Paperbacks, 2009.

Paul T. K., Lin Papers, Arquivo da Universidade de Ciência e Tecnologia de Hong Kong, Hong Kong.

People's Daily, Beijing.
Publicação em microfilme M329, Registros do Departamento do Estado Relacionados a Assuntos Internos da China, 1910-29, Arquivo Nacional, Washington, DC.
Qi Gao-ru. *Jiang jinguode yisheng* [A vida de Chiang Ching-kuo]. Taipé: Zhuanji wenxue chubanshe, 1991.
Qian Gang; Geng Qing-guo (Org.). *Ershi shiji zhongguo zhongzai bailu* [Catástrofes do século XX chinês]. Shanghai: Shanghai renmin chubanshe, 1999.
Qian Yong-he. *Qian yonghe huiyilu* [O livro de memórias de Qian Yong-he]. Beijing: Dongfang chubanshe, 2011.
Qiu Jie. "Guangzhou shangtuan yu shangtuan shibian", *Lishi yanjiu* [Estudos históricos], 2, 2002, Beijing.
Qiu Zheng-quan; Du Chun-he (Org.). *Xinhai gemming shiliao xuanji* [Documentos históricos selecionados da revolução de 1911]. Changsha: Hunan renmin chubanshe, 1981.
Rosholt, Malcolm. "The Shoe Box Letters from China, 1913-1967", *Wisconsin Magazine of History*, v. 73, n. 2, 1989-90.
Schell, Orville; Delury, John. *Wealth and Power: China's Long March to the Twenty- First Century*. Nova York: Random House Trade Paperbacks, 2014.
Schiffrin, Harold Z. *Sun Yat-sen and the Origins of the Chinese Revolution*. Berkeley; Los Angeles; Londres: University of California Press, 1970.
Seagrave, Sterling. *The Soong Dynasty*. Londres: Corgi Books, 1996.
Selle, Earl Albert. *Donald of China*. Nova York; Londres: Harper, 1948.
Shang Ming-xuan; Tang Bao-lin. *Song qingling zhuan* [Uma biografia de Soong Chingling]. Beijing: Xiyuan chubanshe, 2013.
Shang Ming-xuan et al. (Org.). *Sun Zhongshan shengping shiye zhuiyilu* [Memórias da vida e da carreira de Sun Yat-sen]. Beijing: Renmin chubanshe, 1986.
Sharman, Lyon. *Sun Yat-sen: His Life and Its Meaning*. Stanford, CA: Stanford University Press, 1934.
Shaw Yu-ming. *Cisheng buyu: wode taiwan, meiguo, dalu suiyue* [Meus anos em Taiwan, nos Estados Unidos e no continente]. Taipé: Lianjing chuba, 2013.
Sheean, Vincent. *Personal History*. NJ: Citadel Press, 1986.
Shen, Inyeening. *Jinling yiwang* [Meus anos em Nanjing]. Taipé: Shenyupei pub., 2016.
Shen Yun-long et al. *Fu bingchang xiansheng fangwen jilu* [Registros de entrevistas com Fu Bing-chang]. Taipé: Zhongyang yanjiuyuan jindaishi yanjiusuo, 1993.
Shen Zui. *Wo zhe sanshinian* [Esses trinta anos da minha vida]. Beijing: Beijing shiyue wenyi chubanshe, 1991.
Sheng Yong-hua et al. (Org.). *Sun zhongshan yu aomen* [Sun Yat-sen e Macau]. Beijing: Wenwu chubanshe, 1991.
Shiji [O *século*]. Beijing.
Shong Wen. *Xiong wan xiangsheng fangwen jilu* [As reminiscências do dr. Shong Wen]. Com Chen San-jing e Li Yu-qing. Taipé: Zhongyang yanjiuyuan jindaishi yanjiusuo, 1998.
Shou Chong-yi (Org.). *Kong xiangxi qiren qishi* [Reminiscências sobre H. H. Kung]. Beijing: Zhongguo wenshi chubanshe, 1987.

Smith, Sebie Biggs. *The Reminiscences of Sebie Biggs Smith*. Arquivo da Universidade Columbia, Nova York.

Snow, Edgar. *Journey to the Beginning*. Nova York: Vintage, 1972.

Song Jiao-ren. *Song Jiaoren ji* [Escritos reunidos de Song Jiao-ren]. Chen Xu-lu (Org.). Beijing: Zhonghua shuju, 2011.

Song Jiao-ren. *Song jiaoren riji* [Diário de Song Jiao-ren]. Liu Yang-yang (Org.). Beijing: Zhonghua shuju, 2014.

Song Yong-yi. "Didi Soong Ching-ling Oppose Mao's Anti-rightist Campaign?". Disponível em: <https://www.aboluowang.com/2017/0904/988392.html>. Acesso em: 15 nov. 2019.

Soong Ching-ling. *Song qingling xuanji* [Obras selecionadas de Soong Ching-ling]. Beijing: Renmin chubanshe, 1992.

______. *The Struggle for New China*. Beijing: Foreign Language Press, 1952.

______. *Song qingling nianpu changbian* [Uma cronologia completa de Soong Ching Ling]. Shang Ming-xuan et al. (Org.). Beijing: Shehui kexue chubanshe, 2003, 2009.

______. *Song qingling laiwang shuxin xuanji* [Uma seleção de cartas de Soong Ching-ling]. Residência Memorial de Shanghai de Soong Ching-ling (Org.). Shanghai: Shanghai renmin chubanshe, 1995.

______. *Song qingling zhi chen hansheng shuxin* [Cartas de Soong Ching-ling para Chen Han--sheng]. China Welfare (Org.). Shanghai: Dongfang chuban zhongxin, 2013.

______. *Song qingling shuxinji* [Correspondência completa de Soong Ching-ling]. Fundação Soong Ching-ling e China Welfare (Org.). Beijing: Renmin chubanshe, 1999.

______. *Song qingling shuxinji (xubian)* [Uma sequência para a correspondência completa de Soong Ching-ling]. Fundação Soong Ching-ling et al. (Org.). Beijing: Renmin chubanshe, 2004.

Soong May-ling (Madame Chiang Kai-shek). "What Religion Means to Me". *The Forum*, mar. 1934.

______. "Fighting Communists in China". *The Forum*, fev. 1935a.

______. "New Life in China". *The Forum*, jun. 1935b.

______. *China in Peace and War*. Londres: Hurst & Blackett, 1940.

______. *Conversations with Borodin*. S/l: Free Chinese Centre, 1977.

______. *The Sure Victory*. Westwood, NJ: Fleming H. Revell Company, 1955.

______; Chiang Kai-shek, *A Fortnight in Sian: A Coup d'état*. Shanghai: China Pub. Co., 1937.

Spooner, Paul B. "Song Ailing and China's Revolutionary Elite". Academia.edu.

Sui Yong-qing; Zhang Lu-ya. "Song qingling de xingfu he yihan" [Alegrias e arrependimentos de Soong Chingling]. Em *Wenshi cankao* [Referência histórica], 4, 2011.

Suleski, Ronald. *Civil Government in Warlord China: Tradition, Modernization and Manchuria*. Nova York: Peter Lang Publishing, 2002.

Sun Hui-fen. *Wode zufu sun zhongshan* [*Meu avô Sun Yat-sen*]. Nanjing: Nanjing daxue chubanshe, 2011.

Sun Yat-sen. *Collected Works of Sun Yat-sen*. Sistema de Recuperação do Texto Integral, Centro de Memória Nacional Dr. Sun Yat-sen & Banco de Dados dos Estudos sobre Sun Yat-sen (Org.). Disponível em: <http://sunology.culture.tw/cgi-bin/gs32/s1gsweb.cgi/ccd=0YAcvF/search>. Acesso em: 15 nov. 2019.

Sun Yat-sen. *Kidnapped in London*. Londres: The China Society, 1969.

______. *Sun zhongshan jiwaiji* [Um suplemento para as obras completas de Sun Yat-sen]. Chen Xu-lu; Hao Sheng-chao (Org.). Shanghai: Shanghai renmin chubanshe, 1990.

______. *Sun zhongshan nianpu changbian* [Cronologia completa de Sun Yat-sen]. Chen Xi-qi et al. (Org.). Beijing: Zhonghua shuju, 2003.

Sun, Victor. *Sun Mei, My Great-Grandfather*. Guangzhou: Guangdong renmin chubanshe, 2011.

Sun zhongshan soong chingling yanjiu dongtai [Novos estudos sobre Sun Yat-sen e Soong Ching-ling], periódico, Shanghai.

Sydney Morning Herald.

Tang, Earnest. *Yongbu piaoshide jiyi* [Memórias eternas: A amizade entre minha família e Soong Ching-ling]. Shanghai: Dongfang chubanshe, 2013.

Tang Qi-hua. *Bali hehui yu zhongguo waijiao* [Conferência da Paz de Paris e a diplomacia chinesa]. Beijing: Shehui kexue wenxian chubanshe, 2014.

Tang Qi-hua. *Beiyang xiuyue shi* [Campanha de revisão do tratado do governo de Beijing, 1912--28]. Beijing: Shehui kexue wenxian chubanshe, 2010.

Tang Jia-xuan (Org.). *Zhongguo waijiao cidian* [Dicionário da diplomacia chinesa]. Beijing: Shijie zhishi chubanshe, 2000.

Tang Rui-xiang. *Sun zongshan yu haijun hufa yanjiu* [Pesquina sobre Sun Yat-sen e a Marinha na defesa da Constituição, 1917-1923]. Beijing: Xueyuan chubanshe, 2006.

Tang Xiong. *Song qingling he tade baojian yisheng* [Soong Ching-ling e seus médicos]. Beijing: Hualing chubanshe, 2014.

Tang Xiong. *Song qingling yu tade weishizhang* [Soong Ching-ling e seu chefe de segurança]. Beijing: Qunzhong chubanshe, 2006.

Taylor, Jay. *The Generalissimo: Chiang Kai-shek and the Struggle for Modern China*. Cambridge, MA: Harvard University Press, 2011.

______. *The Generalissimo's Son: Chiang Ching-kuo and the Revolutions in China and Taiwan*. Cambridge, MA: Harvard University Press, 2000.

Time Magazine.

Topping, Seymour. *Journey Between Two Chinas*. Nova York; Evanston; San Francisco; Londres: Harper & Row, 1972.

Tse, Tsan Tai. *The Chinese Republic: Secret History of the Revolution, South China Morning Post*. Hong Kong, 1924.

Tuchman, Barbara W. *Stilwell and the American Experience in China*. Nova York: The Macmillan Company, 1971.

Tung, William L. *Gu weijun yu zhongguo zhanshi waijiao* [Wellington Koo e a diplomacia chinesa durante a guerra]. Taipé: Zhuanji wenxue chubanshe, 1978.

T. V. Soong Papers, Arquivo da Hoover Institution, Universidade de Stanford.

Universidade do Povo (Org.). "Gongchan zhuyi xiaozu he dangde yida ziliao huibian" [Uma coleção de documentos e entrevistas sobre os primeiros grupos comunistas e o primeiro congresso do Partido]. Não publicado, Beijing, 1979.

Waldron, Arthur. *From War to Nationalism: China's Turning Point, 1924-1925*. Cambridge; Nova York; Melbourne: Cambridge University Press, 1995.

Wall Street Journal.

Wang Da-lu; Liu Qing-yun, *Huang qixiang zhuan* [Uma biografia de Huang Qi-xiang]. Beijing: Zhongguo wenshi chubanshe, 1994.

Wang Jian; Chen Xian-chun. "An Analysis of the Changes of Sino-German elationship during WWI". *Silin* [História], 1993.

Wang Jing-wei. *Wang jingwei shengping jishi* [Um registro da vida de Wang Jing-wei]. Cai De-jin; Wang Sheng (Org.). Beijing: Zhongguo wenshi chubanshe, 1993.

Wen Fei (Org.). *Wo suo zhidaode wu peifu* [O Wu Pei-fu que eu conheço]. Beijing: Zhongguo wenshi chubanshe, 2004.

______. *Wo suo zhidaode zhang zuolin* [O Zhang Zuo-lin que eu conheço]. Beijing: Zhongguo wenshi chubanshe, 2004.

Wen Xiao-hong. "1924nian guangdong 'shangtuan shibian' zaitan" [Um estudo adicional do incidente dos comerciantes de Cantão em 1924]. *Zhejiang Social Science*, 3, 2001.

Weng Yuan (com Wang Feng). *Wozai jiang jieshi fuzi shenbian sishisan nian* [Estive com Chiang Kai-shek e seu filho por 43 anos]. Beijing: Huawen chubanshe, 2003.

West Australian.

Wilbur, C. Martin. *Sun Yat-sen: Frustrated Patriot.* Nova York: Columbia University Press, 1976.

Wong, J. Y. *Sanshisui qian de sun zhongshan* [Sun Yat-sen antes dos trinta]. Hong Kong: Zhonghua shuju, 2012.

Wong, J. Y. *Sun yixian lundun mengnan zhenxiang* [A verdadeira história do infortúnio de Sun Yat-sen em Londres]. Taipé: Lianjing chuban shiye gongsi, 1998.

Wong, J. Y. *Sun yixian zai lundun: 1896-1897* [Sun Yat-sen em Londres: 1896-1897]. Taipé: Lianjing chuban shiye gongsi, 2006.

Wong, J. Y. *Zhongshan xiansheng yu yingguo* [Sun Yat-sen e a Grã-Bretanha]. Taipé: Xuesheng shuju, 2005.

World Outlook Journal.

Wu Chang-yi (Org.). *Bashisantian huangdi meng* [Um sonho de um imperador que durou 83 dias]. Beijing: Wenshi ziliao chubanshe, 1985.

Wu Jing-ping; Kuo Tai-chun. *Song ziwen yu tade shidai* [T. V. Soong: Sua vida e sua época]. Shanghai: Fudan University Press, 2008a.

______; Kuo Tai-chun. *Song ziwen zhumei shiqi dianbao xuan* [Telegramas selecionados entre Chiang Kai-shek e T. V. Soong, 1940-1943]. Shanghai: Fudan University Press, 2008b.

Wu Xiang-xiang. *Chen guofu de yisheng* [A vida de Chen Guo-fu]. Taipé: Zhuanji wenxue chubanshe, 1980.

______. *Song jiaoren zhuan* [Uma biografia de Song Jiao-ren]. Beijing: Zhongguo dabaike quanshu chubanshe, 2009.

______. *Sun yixian zhuan* [Uma biografia de Sun Yat-sen]. Taipé: Zhuanji wenxue chubanshe, 1969.

Wu Kuo-Cheng. *Cong shanghai shizhang dao "taiwan shengzhuxi": wu guozhen koushu huiyi* [As reminiscências de Wu Kuo-cheng]. Shanghai: Shanghai renmin chubanshe, 2015.

Xiao Jian-dong, "'Yizhan' shiqi zhongguo duide xuanzhande lishi zhenxiang" [A verdade histórica sobre a declaração de guerra da China contra a Alemanha durante a Primeira Guerra Mundial]. *Journal of Wuhan University of Technology: Social Science Edition*, v. 21, 1, 2008.

Xu Feng-hua, "The Partu Member outside the Party: A New Discussion about the relationship between Soong Ching-ling and Both the Nationalists and the Communists". História na China Welfare. Disponível em: <http://www.cwi.org.cn/zh/zgflhhsg/content.aspx?id=8487>. Acesso em: 15 nov. 2019; Xu Xue-er et al. (Org.). *Song jiaoren xuean* [O assassinato de Song Jiao-ren]. Changsha: Yuelu shushe, 1986.

Yan Hui-qing, *Yan huiqing zizhuan* [A autobiografia de Yan Hui-ching]. Taipé: Zhuanji wenxue chubanshe, 1989.

Yang Kui-song. "Song qingling heshi jiaru gongchandang" [Quando Soong Ching-ling ingressou no Partido Comunista?]. *Sun zhongshan soong chingling yanjiu dongtai* [Novos estudos sobre Sun Yat-sen e Soong Ching-ling], 4, 2003.

Yang Kui-song. *Yang kuisong zhuzuoji: geming* [Obras completas de Yang Kui-song: Revolução]. Guilin: Guangxi shifan daxue chubanshe, 2012.

Yang Tian-shi. *Jiangshi midang yu jiang jieshi zhenxiang* [Os arquivos secretos de Chiang Kai-shek e a verdade sobre ele]. Beijing: Shehui kexue wenxian chubanshe, 2002.

______. *Jindai zhongguo shishi gouchen: haiwai fangshilu* [Descobertas além-mar sobre eventos da história chinesa moderna]. Beijing: Shehui kexue wenxian chubanshe, 1998.

______. *Wanqing shishi* [Miscelânea de eventos da história tardia da dinastia Qing]. Beijing: Zhongguo renmin daxue chubanshe, 2007.

______. *Zhaoxun zhenzhengde jiang jieshi* [Em busca do verdadeiro Chiang Kai-shek]. v. 1, Shanxi renmin chubanshe, Taiyuan; v. 2. Beijing: Huawen chubanshe, 2008.

______. *Zhaoxun zhenzhengde jiang jieshi* [Em busca do verdadeiro Chiang Kai-shek]. II. Beijing: Huawen chubanshe, 2010

______. *Zhaoxun zhenzhengde jiang jieshi: huanyuan 13ge lishi zhenxiang* [Em busca do verdadeiro Chiang Kai-shek: A verdade sobre treze eventos históricos]. Beijing: Jiuzhou chubanshe, 2014.

Yanhuang chunqiu [Anais do povo chinês], Beijing.

Ye Bang-zong. *Jiang jieshi shiweizhang huiyilu* [As memórias do chefe de segurança de Chiang Kai-shek]. Beijing: Tuanjie chubanshe, 2012.

Yi Zhu-xian. *Hu shi zhuan* [Uma biografia de Hu Shih]. Wuhan: Hubei renmin chubanshe, 1987.

Yu Xin-chun; Wang Zhen-suo (Org.). *Sun zhongshan zairi huodong milu: riben waiwusheng dangan* [Os registros secretos de Sun Yat-sen no Japão: Arquivos do Ministério das Relações Exteriores do Japão]. Tianjin: Nankai daxue chubanshe, 1990.

Yuan Wei-shi. *Zuotiande zhongguo*. Hangzhou: Zhejiang daxue chubanshe, 2012.

Zhang Bo-feng; Li Zong-yi (Org.). *Beiyang junfa* [Os Senhores do Norte]. Wuhan: Wuhan chubanshe, 1991.

Zhang Hai-lin. *Duanfang yu qingmo xinzheng* [Duanfang e o novo sistema ao fim da dinastia Qing]. Nanjing: Nanjing daxue chubanshe, 2007.

Zhang Kai-yuan et al. (Org.). *Xinhai gemingshi congkan* [Periódico da história da Revolução de 1911]. Beijing: Zhonghua shuju.

Zhang Peng-yuan. "Cong minchu guohui xuanju kan zhengzhi canyu" [Participação política vista através das eleições parlamentares nos primeiros anos de República da China]. *Bulletin of Historical Research*, Taiwan Normal University, Taipé, 1979.

Zhang Peng-yuan. *Cong minquan dao weiquan* [Do poder do povo para o poder do autocrata]. Taipé: Zhongyang yanjiuyuan jindaishi yanjiusuo, 2016.

______. *Zhongguo minzhu zhengzhi de kunjing: 1909-1949 wanqing yilai lijie yihui xuanju shulun* [Política democrática na China: Um estudo das eleições parlamentares desde a dinastia Qing tardia, 1909-1949]. Shanghai: Shanghai Sanlian shudian, 2013.

Zhang Tai-yan. *Zhang taiyan xiansheng ziding nianpu* [Cronologia de Zhang Tai-yan escrita por ele mesmo]. Shanghai: Shanghai shudian, 1986.

Zhang Xue-liang. *Zhang xueliang nianpu* [Um registro cronológico de Zhang Xue-liang]. Beijing: Shehui kexue wenxian chubanshe, 1996.

Zhang Yao-jie. *Shui moushale song jiaoren* [Quem matou Song Jiao-ren]. Beijing: Tuanjie chubanshe, 2012.

Zhang Zhu-hong. "Meiguo guanyu Sun zhongshan he xinhai geming de yanjiu" [Estudos sobre Sun Yat-sen e a Revolução de 1911 nos Estados Unidos]. Disponível em: <http://jds.cssn.cn/ztyj/wqzzs/201605/t20160506_3323423.shtml>. Acesso em: 15 nov. 2019.

Zheng Hui-xin. *Dudang yueshi: minguo zhengshi yu jiazu liyi* [Dos arquivos e estudos: A política da República chinesa e interesses familiares]. Beijing: Zhonghua shuju, 2014.

Zheng Peng-nian. *Song qingling he tade zhushou jin zhonghua* [Soong Ching-ling e seu assistente Jin Zhong-hua]. Beijing: Xinhua chubanshe, 2001.

Zhong Bo-yi; Deng Jia-yan. *Zhong boyi deng jiayan koushu zizhuan* [As reminiscências de Zhong Bo-yi e Deng Jia-yan]. Beijing: Zhongguo dabaike quanshu chubanshe, 2009.

Zhou En-lai. *Jianguo yilai zhou enlai wengao* [Escritos de Zhou En-lai desde a fundação da China comunista]. Centro de Estudos de Documentos e Arquivo Central do PCC (Org.). Beijing: Zhongyang wenxian chubanshe, 2008.

Zhou Hong-tao (com Wang Shi-chun). *Jianggong yu wo: jianzheng zhonghua minguo guanjian bianju* [Sr. Chiang Kai-shek e eu: Testemunhando momentos-chave de mudança na República da China]. Taipé: Tianxia yuanjian, 2003.

Zhou Zhi-ping. "Zhangchi zai ziyou yu weiquan zhijian: hu shi, lin yutang yu jiang jieshi" [Entre liberdade e governo autoritário: Hu Shih, Lin Yu-tang e Chiang Kai-shek]. Disponível em: <http://www.cuhk.edu.hk/ics/21c/media/articles/c146-201406005.pdf>. Acesso em: 15 nov. 2019.

Zhu Zong-zhen; Yang Guang-hui (Org.). *Minchu zhengzheng yu erci geming* [Conflitos políticos no começo da República e da Segunda Revolução]. Shanghai: Shanghai renmin chubanshe, 1983.

Zou Lu, *Zou lu huiyilu* [Memórias de Zou Lu]. Beijing: Dongfang chubanshe, 2010.

Agradecimentos

Tive a sorte de contar com o apoio de muitas pessoas durante as pesquisas para esta biografia. Bibliotecários e arquivistas solícitos dos seguintes arquivos e museus tornaram meu trabalho muito mais fácil, me ajudando a obter os documentos (e as fotografias) que formam a base deste livro. Nos Estados Unidos: Arquivo da Universidade Columbia; Bibliotecas da Universidade de Duke; Arquivo da Igreja Metodista Unida da Quinta Avenida (Wilmington); Arquivo da Hoover Institution; Biblioteca do Congresso; Arquivo Nacional, Departamento de História do Senado Americano; Arquivo da Wellesley College; e Arquivo da Wesleyan College. No Reino Unido: Arquivo da Hartfield House (agradeço ao marquês e à marquesa de Salisbury pela permissão especial para usar seus arquivos pessoais); Fotografias Históricas da China na Universidade de Bristol; Arquivo Nacional; e Arquivo Real. Em Taiwan: Academia Histórica; Memorial Nacional Chiang Kai-shek; Memorial Nacional Dr. Sun Yat-sen; Museu Nacional dos Direitos Humanos; e Arquivo da História do Partido Nacionalista. Em Hong Kong: Arquivo da Universidade de Ciência e Tecnologia de Hong Kong. Agradeço às pessoas que me ajudaram e lamento apenas não poder nomeá-las todas aqui.

Uma pessoa que gostaria de mencionar é Sue Hammonds, do Arquivo da Igreja Metodista Unida da Quinta Avenida, que coletou documentos para este livro mesmo quando se encontrava muito doente. Lamentavelmente, ela morreu quando ainda preparava o arquivo. (Barbara Gallagher, sua colega, me enviou o conjunto que Sue havia reunido.) Sempre me lembrarei dela com gratidão.

Descendentes das famílias Soong e Chiang, alguns de seus empregados domésticos e amigos compartilharam suas lembranças e percepções. Quero agradecer, em particular, à Mme. Laurette Soong Feng, ao sr. Michael Feng, ao sr. Chiang Wan-na, ao sr. Victor Sun, ao dr. Kung-ming Jan, à Mme. Juliana Young Koo, à Mme. Gene Young e às testemunhas-chave que preferiram permanecer anônimas. Devo especialmente a Gene Young, que me apresentou à família Soong em Nova York.

A Fundação Cultural Lung Yingtai me convidou para ir a Taiwan e fez os devidos preparativos para minha pesquisa, pelo que me sinto em grande dívida. Foi uma alegria trabalhar com a equipe diligente e eficiente da Fundação. A própria Lung Ying-tai, escritora influente que contribuiu para a democratização de Taiwan, me possibilitou um entendimento melhor daquele momento histórico e da Taiwan democrática em geral.

Beneficiei-me enormemente de entrevistas com os seguintes estudiosos e testemunhas, aos quais sou grata: dr. Hugh Cantlie, sr. Chin Him-san, sr. Lou Wen-yuan, dr. P. G. Manson-Bahr, sr. Howard Shiang, sr. Su You, Mme. Tu Kui-mei, prof. Chang Cheng, prof. Chang Peng-yuan, prof. Chao Chien-min, prof. Chen Li-wen, prof. Peng-jen, sr. Hsieh Ying-chung, prof. Huang Ko-wu, prof. Kuo Tai-chun, prof. Li Chun-shan, dr. Lin Hsiao-ting, dr. Lin Kuo-chang, prof. Lin Tung-fa, prof. Liu Wei-kai, prof. Lu Fang-shang, prof. Pang Chien-kuo, prof. Shaw Yu-ming, prof. Tang Chi-hua, sr. Jay Taylor, sr. Wang Shinn-huey, prof. Wang Wen-lung e prof. Wu Mi-cha.

Nas últimas décadas, enquanto escrevia minhas biografias anteriores, especialmente *Mao: A história desconhecida* (com Jon Halliday), conduzi centenas de entrevistas, e muitas delas foram de grande relevância para este livro. Algumas figuras históricas, agora falecidas, eram próximas das irmãs Soong. Revisitando os registros daquelas entrevistas, me senti abençoada por terem me permitido preservar suas experiências únicas e inestimáveis. Entre tais figuras, incluíam-se: Zhang Xue-liang (O Jovem Marechal), Chen Li-fu, general Chiang Wei-go, general I Fu-en, general Hau Pei-tsun, Emily Hahn, Israel Epstein, Rewi Alley, George Hatem, Percy Chen, Jin Shan-wang e Li

Yun. Minhas duas grandes amigas, já falecidas, Maggie Keswick (que conheceu Ching-ling) e Emma Tennant, foram as primeiras a me incentivarem a escrever sobre as irmãs Soong.

As seguintes pessoas realizaram apresentações, responderam questionários, fizeram sugestões e, de modo geral, facilitaram minha pesquisa: Jeffrey Bergner, Marie Brenner, Marco Caboara, Eddy Chancellor, David Chen Chang, John Chow, Anhua Gao, Jane Hitchcock, Jong Fang-ling, Kan Shio-yun, Yung Li, Tim Owens, Shen Lyu-shun, Jane Shen-Miller, William Taubman, Carola Vecchio, Stanley Weiss, Grace Wu, Wu Shu-feng, Xu Guo-rong, Xue Yi-wei, Shirley Young, Jeanette Zee e Pu Zhang. Peço desculpa por qualquer omissão, que será corrigida em edições futuras.

Meus agentes, Gillon Aitken e Clare Alexander, que cuidaram muito bem do livro e deram excelentes conselhos. Meus editores na Cape e na Knopf — Bea Hemming, Sonny Mehta, Dan Frank e suas equipes, incluindo meu revisor David Milner — fizeram um trabalho incrível ao editar e publicar o livro. Devo muito a todos eles.

Como nas obras anteriores, o conselho constantemente solicitado de Jon Halliday foi indispensável. É impossível exagerar a importância de tê-lo na minha vida.

Créditos das ilustrações

Todos os esforços foram feitos para determinar a origem das imagens neste livro, porém isso nem sempre foi possível. Teremos prazer em creditar as fontes, caso se manifestem.

Fotografias n. 1, 7, 10, 11, 12, 18, 24, 26, 33, 36, 48, 49, 57, 58: Alamy; 2, 3, 4, 23: Arquivos do Wesleyan College; 5: Arquivos da Fifth Avenue United Methodist Church, Wilmington, Carolina do Norte; 6: Arquivos da História do Partido Nacionalista, Taipei; 9, 15: Fotografias Históricas da China, Universidade de Bristol; 13, 39: com permissão do detentor dos direitos da fotografia; 14, 16, 19, 38: Michael Feng; 17, 20, 21, 22, 25, 27, 28, 30, 31, 32, 34, 35, 37, 41, 42, 44, 46, 47, 52, 53, 61: Academia Histórica, Taipei; 29, 40, 54, 55, 56, 60, 62: Gregory Kung; 51: Biblioteca da Universidade de Ciência e Tecnologia de Hong Kong; 59: Getty; 63: coleção particular; 64: Jung Chang.

Índice remissivo

ESTA OBRA FOI COMPOSTA PELA SPRESS EM MINION E IMPRESSA EM OFSETE
PELA GRÁFICA SANTA MARTA SOBRE PAPEL PÓLEN SOFT DA SUZANO S.A.
PARA A EDITORA SCHWARCZ EM JANEIRO DE 2021

A marca FSC® é a garantia de que a madeira utilizada na fabricação do papel deste livro provém de florestas que foram gerenciadas de maneira ambientalmente correta, socialmente justa e economicamente viável, além de outras fontes de origem controlada.